中国非洲研究评论

(2013) ◆ 总第三辑

ANNUAL REVIEW OF
AFRICAN STUDIES
IN CHINA (2013)

李安山／主　编　　林丰民／执行主编

社会科学文献出版社
SOCIAL SCIENCES ACADEMIC PRESS (CHINA)

学术委员会

（按拼音排序）

付志明　李安山　林丰民　林毅夫
刘海方　潘华琼　秦大树　沙宗平
王锁劳　王逸舟　魏丽明　吴冰冰
查道炯　赵白生

北京大学非洲研究中心简介

北京大学非洲研究中心成立于1998年，以北京大学亚非研究所为基础，是一个综合性、跨学科、跨院系（所）的非洲研究机构，同时也是中国首个研究非洲问题的高校中心。中心的主要任务是协调和组织全校的非洲研究，举办报告会、讲座和国际研讨会，协助培养硕士和博士生，接受来自校内外的咨询和人才培训任务，组织和推进国内外各种学术交流。

作为20世纪60年代国家领导人远见卓识地提倡非洲研究的重要基地之一，北京大学的非洲研究迄今已积累了丰厚的人文底蕴。自1998年非洲研究中心成立以来，各种高品质的研究成果更是为中心在社会取得了广泛的认可和尊重。目前，有关非洲研究的多位来自外语学院阿语系、亚非系、考古学系、国关学院和历史系的老师，足以构成建设一个多视角、交叉学科优势的研究群。中心的各位老师，无论是从在非洲学习研究的经历还是从已经展开的科研和教学工作来看，在各自的学科领域也都可以独当一面，而且都与国内外相关学界保持着紧密联系与合作关系。中心每年举行聚会、学术交流活动，并已形成传统。

中心出版《北京大学非洲研究论丛》，荟萃国内外非洲研究的学术成果，也是我们中心的重要任务。至今我们已出版了四辑学术论文集。目前，中心每年的固定出版物为《中国非洲研究评论》。另外，自2010年7月北大非洲研究中心志愿向社会各界定期（每周）发送《北大非洲电讯》以来，中外固定订户已经超过6000人，而且还在不断增加中。

非洲研究中心的宗旨和任务：
（1）协调和组织全校的非洲研究；
（2）举办报告会、讨论会和讲座等学术活动，协助培养研究生；
（3）接受来自校外的咨询和人才培养任务；

（4）组织和推进同校外、国外非洲研究机构和高等院校的研究生培养、学术交流合作研究；

（5）编辑出版《非洲研究丛书》《中国非洲研究评论》（年刊）等；

（6）收藏有关非洲的图书资料、建立中国非洲研究的数据库。

Introduction of PKUCAS

Founded in 1998 and based on Institute for Asian and African Studies of Peking University, the Centre for African Studies Peking University (PKUCAS) is an integrated, trans – disciplinary and cross – department institution for African studies, making Peking University one of the few first universities in China to set up a center specifically for African studies. The missions of PKUCAS include organizing and coordinating African studies within the university, holding seminars and lectures, assisting in fostering Master and PhD students, providing consultation and personnel training on and off campus, organizing and promoting various domestic and overseas academic exchanges.

As one of the bases of African studies insightfully initiated by country leader back in the 1960s, African studies in Peking University have so far accumulated a rich cultural heritage. Since PKUCAS was founded in 1998, a variety of qualified researches have gained recognition and therefore brought high respect from the whole society to the center. So far, PKUCAS link together researchers and professors from Department of Arabic Language and Culture, Department of Asian and African Languages and Cultures, School of Archaeology and Museology, School of International Studies, and Department of History, sufficient to form a kind of strength of interdisciplinary approach to any research project. All the researchers of the center are very experienced in their own fields of studies and have close connections and cooperation with the academia in China and abroad. It has been a tradition for the centre to frequently hold academic exchange activities with scholars on and off the campus, and it is also a powerhouse for African students in China to get both spiritual and physical support now and then. The centre published *PKU – African – Tele – info* (weekly), *Annual Review of African Studies in China* and series in order to provide information about Africa and present the achievements of both Chinese and international Africanist.

Missions of PKUCAS:

1. Organizing and coordinating African studies within the university;

2. Holding seminars and lectures, assisting in fostering Master and PhD students;

3. Accepting consultation and personnel training on and off campus;

4. Organizing and promoting various domestic and overseas academic exchanges, especially working with Peking University African Students Association (PUASA);

5. Publishing the African Studies Series;

6. Collecting books and materials about African studies and making databases for relevant topics.

目 录

中国与非洲的文化相似性（代序）
　　——兼论中国应该向非洲学习什么 …………………… 李安山 / 1

中国与非洲

中国的崛起与非洲的机遇 ……………………………… 林毅夫 / 19
"全球帝国的开端？"
　　——关于"中国在赞比亚铜矿采掘"的论述与争论
　　　………………………………………… 严海蓉　沙伯力 / 34
中国与西非地区发展和安全 ……… 〔加纳〕伊曼纽尔·艾吉亚姆蓬 / 69
广州非洲城的草根多语主义：国家在全球化中扮演
　　的角色 …………………………………………… 韩华梅 / 86
非洲人在中国：研究综述 ………… 〔加纳〕亚当斯·博多姆 / 109

非洲与世界

试论图阿雷格人与马里危机
　　——兼论马里的民族国家建构问题 ……………… 潘华琼 / 125
泛非主义和反对新殖民主义的斗争 ………………… 尼尔斯·哈恩 / 145
突尼斯妇女法律地位浅析 ………………… 〔突尼斯〕伊美娜 / 181
浅析北非剧变与摩洛哥政治改革 ………… 〔摩洛哥〕李　杉 / 201

1

摩洛哥阿拉维君主制统治高度稳定性研究
　　——国际学术界主要研究成果概述 ………………… 曾爱平 / 217
论利比里亚内战的进程及影响 ………………… 王　涛　姚　琪 / 232
浅析安哥拉内战与苏联的作用 …………………………… 南　江 / 257

调研报告

中国与利比里亚
　　——与一个走出冲突国家的交往（2003~2013）
　　…………………………………………〔贝宁〕吉尤姆 / 285
加纳人对中国和中国人的认知 …………………………… 刘少楠 / 309

青年园地

西非阿拉伯语文学的思想与文学特征 …………………… 阎鼓润 / 333
浅析基库尤人在东非保护地初期社会决策阶层的变化
　　及其影响 ……………………………………………… 王　唱 / 343
卡扎菲的文学情缘
　　——试析卡扎菲作品中的文学特征 ………………… 徐　娴 / 363
中非合作论坛与东京非洲发展国际会议之比较 ………… 宛　如 / 370

附　录

北京大学非洲研究中心大事记 …………………………… 沈晓雷 / 395

中国与非洲的文化相似性（代序）
——兼论中国应该向非洲学习什么[*]

李安山[**]

一 变化世界中的中国与非洲

"这是最好的时代，这是最坏的时代。"英国作家狄更斯曾用这样的语言描述他所处的时代。

今天，我们似乎也生活在这样一个时代。

在发达的西方社会，一方面，人类因高科技而生活在便利之中，一切都变得唾手可得，自由自在似乎成为生活的最理想状态；另一方面，国家成为最为复杂的巨大机器，人们的一切都在其掌控之中，电子眼和监视器让个人生活毫无隐私可言，"利维坦"成为生活中的现实。一方面，在西方社会，强调民主和平等成为日常生活的圭臬；另一方面，在世界权力舞台上，强制和暴力无处不见，无人机和炸弹可以在任何时候攻击任何地点，国际社会毫无平等可言，国际事务的处理缺乏民主。

在中国，一方面，我们取得了巨大的经济成就，人民更加富有，生活水平不断提高。我们有更多途径来表达自己的意愿，享有比以往更多的自由，这是"最好的时代"。另一方面，我们正在失去很多美好

---

[*] 本文发表于《西亚非洲》2014年第1期。作者感谢《西亚非洲》允许在此再次发表。本文原载于《中非伙伴关系——探求双赢》（James Shikwati ed., *China-Africa Partnership: The Quest/for a Win-win Relationship*, Nairobi: Inter Region Economic Network, 2012），原标题为《中国与非洲：文化相似性与相互学习》（China and Africa: Cultural Similarity and Mutual Learning）。版权归本文作者所有。感谢田欣同学将原文译成中文，作者本人在原文基础上有所增删修改。特此说明。

[**] 李安山，北京大学非洲研究中心主任、教授。

的东西，例如道德、友谊、慷慨、忍耐、宽容。人们变得短视浮躁，社会变得戾气弥漫。更有甚者，普通人要为食品安全而担心，纯净的空气和清洁的水都成了奢望，人们还要为资源分配和社会稳定的基本条件而担忧。中国国务院前总理温家宝曾指出：中国取得了快速稳定的发展，然而，中国发展中"不平衡、不协调、不可持续的问题依然突出"。①

在非洲，我们已经看到许多非洲崛起的信号，如国内生产总值连续十年以上保持4%~5%的增长，许多国家建立了相对稳定的政治体制。一些国家，如卢旺达、埃塞俄比亚、安哥拉在经济上取得了巨大进步，赢得了国际社会的赞赏；另一些国家，如尼日利亚、苏丹则一度还清了本国外债。2010年，麦肯锡全球研究所发表题为《狮子在移动：非洲经济的进步与潜力》的报告，充分肯定非洲近年来的经济增长，并对这个大陆的未来发展进行了乐观预测。在非洲投资的回报率要比投资中国、印度、越南等亚洲国家的高出60%，非洲已成为全球投资回报率最高的地区之一。非洲也是全球发展速度最快的地区之一。2008年，非洲家庭花费已经达到8600亿美元，比俄罗斯或印度的家庭消费还要多。非洲大陆的人口红利也颇为可观，其劳动力到2040年将达到11亿人以上。该报告称："2000年以后，非洲经济加速增长，成为世界上第三大经济增长区。""一些国家进行了微观经济改革，这促使经济更快地增长。"2008年，非洲的国民生产总值达到1.6万亿美元，手机用户增长到3.16亿户，营业收入在30亿美元以上的公司达到20家。此外，非洲未经耕种的可耕地面积占到世界的60%。②《经济学家》杂志曾在2000年将非洲称为"无望的大陆"；然而，在2011年，它来了个180度的大转变，将非洲称为"充满希望的大陆"。2013年春季，皮尤研究中心的"全球态度项目"从3月2日到5月1日在世界39个国家发放问卷以调查全球民众对总体发展趋势的看法，其中包括8个非洲国家（埃及、加纳、肯尼亚、尼日利亚、塞内加尔、南非、突尼斯和乌干达）。调查结果表明：非洲国家的民众在面对挑战的情况下对前景乐观。

---

① 温家宝：《我国发展中不平衡、不协调、不可持续的问题依然突出》，http://news.cntv.cn/20110305/105099.shtml，2011-03-05。
② McKinsey Global Institute, "Lions on the Move: The Progress and Potential of African Economies," McKinsey Company, 2010.

这无疑是一个好的预测。①

但是，非洲也存在诸多严重问题。非洲有相当部分普通民众并未享受到经济发展所带来的好处，他们依然生活在贫困中。在一些自然资源丰富的国家，"资源诅咒"逐渐显现，带来严重的政治灾难和社会动荡；在另一些国家，青年失业率居高不下，热带病、艾滋病和疟疾横行，温饱问题未能解决，贪污腐败，贫富不均，资金外流。此外，西方势力不断无耻地干涉非洲事务，导致卡扎菲政权倒台，引发萨赫勒地带一连串严重的动荡。

当前，国际经济正面临着大萧条后最严重的经济危机。一方面，欧元区的衰落给世界经济带来严重影响，美国在金融危机后5年依然保持高失业率；另一方面，非洲和亚洲的经济虽然也受到了严重影响，但状况相对较好，一直保持着稳步增长。汉语中"危机"一词由两个字组成，表示危险且充满机遇。对于那些准备充分且善于利用自身优势的人，危险时刻通常伴随着机遇。

在这个充满机遇与挑战的时代，中非关系不断升温。中国和非洲的文化是否存在相似性？两者能否互相学习与借鉴？这是本文希望探讨的两个问题。"文化"是一个内涵丰富且意思含糊的概念。塞缪尔·亨廷顿曾在他的那本给国际学术界带来巨大冲击的著作《文明的冲突与世界秩序的重建》中明确指出，语言和宗教是任何文化或者文明中最主要的两个因素。② 在此，笔者不愿讨论这两个"关键"因素，而愿从价值观的层面来探讨文化。实际上，早在20世纪50年代，克罗伯和克鲁克洪曾在《文化：关于概念和定义的检讨》一书中探讨了近代以来几乎所有重要的关于"文化"的概念。他们分析了自英国人类学家泰勒的代表作《原始文化》发表以来西方流行的各种文化定义，并将1871～1951年的164种文化定义概括为6种类型，但最后仍认为文化最好被理解为一种行为系统，其核心要素是由传统观念尤其是价值系统所构成，并同时指出了文化的整体

---

① "Despite Challenges, Africans Are Optimistic about the Future," *The Africa Daily*, November 8, 2013, http://www.theafricadaily.com/10/post/2013/11/despite-challenges-africans-are-optimistic-about-the-future.html#.Un9BdmZaNw8.email, 2013-11-10.

② 〔美〕塞缪尔·亨廷顿：《文明的冲突与世界秩序的重建》，周琪等译，新华出版社，1998，第47页。

性和历史性。① 笔者认为，将文化的关键因素归纳为语言和宗教过于机械，并明显带有种族优越感的成分。② 因此，从价值观念去探讨文化更具有普遍意义。本文中的"文化"特指"价值观念"，更接近于理查德·A.史威德所理解的文化：各社会共同体特定的真、善、美及有效率的概念。"要成为'文化'的成分，这些真、善、美并直接生效的概念必须是该社会的遗产且普遍享有的，它们还必须是不同生活方式的构成因素。"③ 本文首先将分析中国与非洲之间文化层面的相似性，其次会简要提及中国和非洲共同面临的挑战，最后将探讨中非之间应如何相互学习，特别是中国应向非洲学什么。由于学识和篇幅所限，本文只想就有关中国与非洲文化相似性提出一个整体思路或研究大纲，并试图通过指出中国应向非洲学习的方面以纠正目前中非关系一边倒的趋势，以求教于大方之家。

二 中国与非洲的文化相似性

首先，中国和非洲在文化层次上有许多相似性，本文将谈到四点：集体主义、敬老尊贤、平等观念以及宽容待人。

（一）集体主义

中国与非洲的价值观都强调集体主义而非个人主义。集体主义可以用不同术语来描述，例如地方自治（在东非的斯瓦希里语中即"乌贾马"，"Ujama"）、村社主义（Communalism）、民族主义、社会主义等。在中国，集体主义作为一项基本概念和生存技能已经延续了数千年。孔子曰："大道之行也，天下为公。"④ "君子敬而无失，与人恭而有礼。四海之内，皆

---

① Alfred Iouis Kroeber and Clyde Kluckhohn, *Culture, A Critical Review of Concepts and Definitions*, Peabody Museum of American Archaeology and Ethnology, Harvard University, 1952.
② 西方人曾经认为只有基督教是正统宗教，信奉基督教的才是文明民族，其他都是蛮族和异教徒。后来，他们不得不承认伊斯兰教。对非洲的本土宗教，他们往往用带有贬义的"Fetish"来形容。
③ Richard A. Shweder, "Moral Maps, 'First World' Conceits, and the New Evangelists," in Lawrence E. Harrison and Samuel P. Huntington, eds., *Culture Matters, Hou Values Shape Human Progress*, Basic Books, 2000, p. 163.
④ 《礼记·礼运》。

兄弟也。"① 老子也曾将"小国寡民"描述为一种理想社会："小国寡民，使有什伯之器而不用，使民重死而不远徙；虽有舟舆，无所乘之；虽有甲兵，无所陈之；使人复结绳而用之。甘其食，美其服，安其居，乐其俗。"② 孟子则曰："人有恒言，皆曰天下国家，天下之本在国，国之本在家。"③ 虽然孟子将"家"和"国"等同并将这种社会列为自己的理想社会的观点我们难以认同，但其中表现出来的以集体为主而非强调私人利益的观念十分明显，也有其积极之处。此外，现代中国将社会主义作为其指导性的意识形态，实为这一观念更加符合中国社会的现实。

在近代非洲，各种意识形态影响着非洲社会，从而相应产生了各种思想观念。当然，诚如张宏明指出的，"非洲思想源远流长，如同非洲历史一样，非洲思想亦非起始于地理大发现时期，而是一个持续发展、演变的过程"。④ 就集体主义而言，非洲人常说："如果你想走得快，请独自行走，如果你想要走得远，请结伴同行"；"走大家走的路，如果你单独走，你有理由感到伤心。"这些谚语十分贴切地表达了非洲人的集体主义观念：个人的价值与安全都与群体相连。非洲还有更多表示团结合作的重要性的谚语，如"人多势大"（莫西族），"团结一致，胜券在握"（莫桑比克），"一个人拉不动一条船"（斯瓦希里语），"蜂鸟总是比翼双飞"（祖鲁族）等。这些谚语清楚地表达了非洲人重视团结、强调互助的禀性。⑤ 非洲大陆产生过各种与集体主义相关的思想，如布莱登的黑人意识与非洲个性⑥，伦贝迪的非洲民族主义哲学⑦，恩克鲁玛等人的泛非主义⑧，桑戈尔

---

① 《论语·颜渊》。
② 《老子》，第八十章。
③ 《孟子·离娄》。
④ 张宏明：《近代非洲思想经纬：18、19世纪非洲知识分子思想研究》，社会科学文献出版社，2010，第2页。有关对非洲思想观念的话语和论争的研究，参见 Pieter Boele van Hensbroek, *PoLitical Discourses in African Thought: 1860 to Present*, London: Praeger, 1999。
⑤ 李保平：《传统与现代：非洲文化与政治变迁》，北京大学出版社，2011，第36页。
⑥ E. D. Blyden, *Christianity, Islam and the Negro Race*, Edinburgh University Press, 1967 (1888), pp. 221, 276.
⑦ Gail M. Gerhart, *Black Power in South Africa: The Evolution of on Ideology*, London, 1978, pp. 54-64.
⑧ Kwame Nkrumah, *Africa Must Unite*, London, 1963.

的黑人文化认同①，尼雷尔的乌贾马思想②，马兹鲁伊的非洲和平主义③以及曾经一度流行的非洲社会主义④等。非洲领袖或先哲们的这些思想观念既是对非洲传统价值观的继承，也是与世界文明互动的结果。这些思想深深地影响着一代又一代的非洲民众，并对今天非洲联盟的意识形态产生了重要作用。根据现有的协商一致的非洲共同价值观，我们可以将非洲分为四个层次：个人、国家、地区和大陆。尽管第一层次是个人，即"包括普遍的、不可剥夺的人权在内的价值观"，然而更多内容反映了集体主义，如"宽容""参与治理与开发过程""在需要的时候互相帮助，共同分享""尊严与尊重""正义""公平感""人人平等""尊敬老人""诚信""社会凝聚力和包容性社会"，⑤等等。

（二）敬老尊贤

中国与非洲都有尊敬老人的价值观念。敬老尊贤是中华民族传统美德之一。孔子说"为人也孝弟"⑥，古人的注释为"善事父母曰孝，善事兄长曰弟"，可见"弟"（悌）是孝的引申，即"孝"包括孝顺父母，也包括尊敬兄长，"弟"成为"孝"的规范体系的组成部分。孔子认为，"孝弟也者，其为仁之本与"，即孝敬老人是"仁"的根本所在。实际上，无论是一个服务于民众的好人，还是一个不利于社会的坏人，都是将孝敬老人放在自己生活的重要位置。另一位儒家思想家孟子提出的有关敬老爱幼的名言"老吾老，以及人之老；幼吾幼，以及人之幼"⑦，明确表达了他人的父母等于自己的父母，一个人不仅要尊敬自己家的老人，也要尊敬其他老人。敬老爱老的孝道精神表现在多个方面。首先是不违，即听从父母的教

---

① L. S. Senghor, *Negritude or humanime*, Paris, 1964.
② J. Nyerere, *Ugamaa, Essays on Socialism*, London, 1968.
③ Linda Mhando, "Pax Africana: Relections on Paradoxes of Violence and African Cultural and Moral Values," in Seifudeir Adem ed., *Public Intellectuals and the Politics of Global Africa: Essays in Honour of Ali A. Mazrui*, London, 2011, pp. 131–161.
④ 有关中国学者对非洲社会主义的研究，参见唐大盾等《非洲社会主义：历史理论实践》，世界知识出版社，1988；唐大盾、徐济明、陈公元主编《非洲社会主义新论》，教育科学出版社，1994。
⑤ Africar Union Commission, *Strategic Plan 2009–2012*, May 19, 2009.
⑥ 《论语·为政》。
⑦ 《孟子·梁惠王上》。

海，不违抗父母的意志；其次是奉养，即从物质生活的各个方面奉养父母；再次是体贴，即关心和照顾父母的身体健康；最后是感恩，通过"葬之以礼，祭之以礼"的仪式来表达自己对父母的感恩和追思情愫。这种孝道已经成为中华民族的优良传统。

"敬老"在非洲人的观念中也占有重要地位。非洲存在很多表达尊敬老人的谚语，如"一个老人如同一个图书馆"（坦桑尼亚等国家），"欲学好谚语，就去问老人"（尼日利亚），"秃头和白发应当受到尊重，因为这是杰出的标志"（利比亚），"人老智慧至"（刚果），"老人能讲出最好的故事"（斯瓦希里语），"老猎人不会落入陷阱"（南部非洲），"老人劝诫是菜里的盐"（加纳），等等。①

实际上，敬老往往是与尊贤联系在一起的。由于社会的交往需要经验，关系的处理需要智慧，知识的积累需要时间，老人往往成为一个社会的睿智之人、贤达之人。因篇幅的关系，此处不再展开。这种观念是一种具有历史感的社会的必然表现，也是人类社会智慧的象征，中国人与非洲人都从他们的传统中认识到：时间创造经验，老年人的知识能够服务于社会，为人们提供经验教训。这也是敬老尊贤成为中国与非洲共有价值观念之一的重要原因，这与一味强调理性的社会有所不同。

(三) 平等观念

中非文化价值观念都强调平等和共享。尽管"平等"在西方是一个相对近期的概念，也成为近代以来社会运动和历史活动中最重要的关注点之一，但这一概念在中国社会已有很长的历史。② 这一概念蕴含在中国古代哲学中，并以不同方式表现出来。儒家思想中有着强烈的平等意识。孔子自己便将平等作为其教育原则，提出"有教无类"③，认为不分贵族与平民，不分国界与华夷，只要有心向学，都可以入学受教。中国教育思想中也有"教学相长"④的提法，认为老师与学生之间地位平等，可以互相学习，共同进步。孟子著名的"民本"思想认为人民并不比

---

① 李保平：《传统与现代：非洲文化与政治变迁》，第39页。
② 有关平等观念的历史，参见高瑞泉《平等观念史论略》，上海人民出版社，2012。
③ 《论语·卫灵公》。
④ 《礼记·学记》。

君主低贱，而是具有平等的地位，他认为"民为贵，社稷次之，君为轻"①。虽然中国是一个等级制十分严格的社会，但平民享有的权利使得他们有机会成为统治阶级的一员，相当多的将相出身贫寒，但平等的教育为他们提供了一条可以通过自身努力而显达的仕途。平等之所以被认为是社会主义内涵之一并成为中国共产党的指导原则，主要是因为这一观念在中国人民中有着深厚的历史根源。

在非洲的传统政治制度中，虽然也存在着严格的等级制度，但平民有自己参政议政的权利，也有自己的组织，在社会和政治生活中占有一定的地位。他们可以根据酋长（或国王）的表现来决定其是否应该继续任职。以加纳为例，早期民族主义学者凯斯利·海福德曾这样描述黄金海岸（今加纳）的平民的作用：必要时，"那些将他（酋长或国王）扶上王位的人们有权根据正当的理由将他从职位上拉下来"②。黄金海岸的平民组织称为"阿萨夫"（原译"阿萨乎"），其首领并非官方议事会的成员，但由于他是公认的平民代表，长老议事会对他的意见十分尊重。每次选举时，平民坐在他们的首领后面。当选举委员会将母后提出的候选人公布于众时，选举委员会的发言人会问："这是母后说的，大家的意见如何？"平民们则回答说："我们愿意听长老们的意见。"然后，他们再对长老们的意见表达自己的看法。③ 平民享有的这种参政议政的权利在一定程度上制约了王权，并一直保持着黄金海岸政治制度的延续。④ 实际上，在非洲的诸多社会，均存在着这种平等的理念和实践。"大树下的民主"这一对非洲民主制的表述是对非洲存在的平等观念的最好概括。在非洲联盟发表的含有非洲共同价值观的文件中，"共同分享""尊严与尊重""正义""公平感""人人平等"等表述都说明了平等的重要性。⑤

---

① 《孟子·尽心下》。
② Casely Hayford, *Gold Coast Native Institutions*, London: Frank Cass, 1970 (1903), p. 33.
③ K. A. Busia, *The Position of the Chief in The Modern Political System of Ashanti*, Oxford University Press, 1951, pp. 10 – 11. 有关平民组织在加纳政治中的作用，参见李安山《殖民主义统治与农村社会反抗——对殖民时期加纳东部省的研究》，湖南人民出版社，1999，第108~172页；Anshan Li, "Asafo and Destoolment in Colonial Southern Ghana, 1900 – 1953," *The International Journal of African Historical Studies*, Vol. 28, No. 2, 1995, pp. 327 – 357。
④ 李安山：《阿散蒂王权的形成、演变及其特点》，施治生、刘欣如主编《古代王权与专制主义》，中国社会科学出版社，1993，第161~185页。
⑤ African Union Commission, *Strategic Plan 2009 – 2012*, May 19, 2009, p. 31.

中国与非洲的文化相似性（代序）

人类应当互相关心，互相尊重，这是中国与非洲社会的共同理想。在世界历史上，平等原则曾是英、美、法等国人民奋斗的主要目标，也是其近代多次革命所追求的理想，直到现在仍受到西方的赞誉。然而，在国际政治中，"强权即公理"的观念无处不在，"平等"这一原则却从未被人提及。毛泽东在与非洲朋友交谈时提到，中国人与非洲人有着相同的历史经历，也都受到西方国家的轻视和帝国主义的欺凌。中国与非洲国家间的关系是平等的，"我们之间的关系是兄弟关系，而不是父子关系"[1]。邓小平对非洲领导人的态度也是一样，他曾与布隆迪和乌干达的国家领导人结为朋友。[2] 继任的中国领导人江泽民、胡锦涛都与非洲领导人保持着平等的关系。[3]

（四）宽容待人

中国与非洲都强调宽容的价值观。当孔子的弟子子贡问他什么是生活中最重要的品质时，孔子答曰："是恕乎！己所不欲勿施于人。"[4] 自己不愿意接受的事，为什么要强加给其他民族呢？当今世界，由于西方国家往往喜欢按照自己的价值标准来评价别国的政治、经济、社会和文化，并使用各种手段强加于人，"宽容"和"忍耐"的观念便显得日益重要。在非洲，"宽容"是一种传统、一种人生哲学，也是一种处事方式。非洲很多谚语表达了这一观念，如"应当宽恕请求原谅的人""谁损人利己，谁就会失去友谊""千万不能向朋友提出过分要求""在吵架的房间里，啤酒会变得酸苦难咽"等。[5] 在处理政治问题时，非洲人的原则是协调和妥协，即通过协商和调解的灵活方式，而非零和游戏，即从政治上去消灭对手。南非的种族隔离制存在了几个世纪，白人种族主义政权对黑人和其他族裔

---

[1] 中华人民共和国外交部、中共中央文献研究室编《毛泽东外交文选》，中央文献出版社、世界知识出版社，1994，第 490~492 页；黎家松主编《中华人民共和国外交大事记》（第 2 卷），世界知识出版社，2001，第 432~433、438 页。

[2] 《邓小平文选》（第 3 卷），人民出版社，1993，第 289~290 页。

[3] 笔者于 2006 年 11 月 10~11 日在香港科技大学参加"中国—非洲关联"（China – African Links）国际研讨会时，大会曾邀请尼日利亚驻香港总领事做午餐发言，他在发言时表示："我们就是愿意与中国人打交道。为什么呢？因为无论我们碰到什么问题，双方都可以坐下来谈，平等地讨论以找到解决问题的办法。我们与西方人打交道时没有这种地位。"

[4] 《论语·卫灵公》。

[5] 李保平：《传统与现代：非洲文化与政治变迁》，第 27、32 页。

犯下了滔天大罪，但以曼德拉为代表的非洲人国民大会和广大黑人群众以博大的胸怀和宽容的态度，通过和平方式解决了极其尖锐的种族矛盾，实现了民族和解。这是当今世界的奇迹，这也是为什么曼德拉成为当代世界唯一一位既受到东方人敬仰也受到西方人推崇的伟人的原因所在。塞内加尔第一任总统桑戈尔是一位天主教徒，但他在治理自己所属的这个伊斯兰国家近20年的时间里与穆斯林相安无事。一位非洲酋长告诉笔者：非洲人可能是世界上唯一会邀请自己的敌人赴宴的人民。[1] 非洲人民深深认识到，只有通过践行宽容这一原则，非洲大陆才能保持"其社会凝聚力和包容性社会"[2]。

"宽容"作为中国人日常社会交往中一项重要原则，也在中国外交政策上打下了深刻烙印。[3] 中国对非洲的援助一直秉承不附加任何政治条件的原则，这一点引起了西方国家的反复攻击。然而，某些国家喜欢从自身利益出发，以自身的标准来比照其他国家，动辄批评他国。这些批评往往披着"普世价值"或者"国际标准"的外衣，认为西方信条原是普世的原则。这种蛮横的做法已经时兴一段时期了，现在日益遭到他国的抵制。美国总统奥巴马在访问非洲时，在塞内加尔总统面前批评该国严厉的同性恋政策，遭到塞内加尔总统的抵制；他在南非总统祖马面前对南非与中国的合作说三道四，被祖马严词反驳。历史经验告诉我们，对他国的干涉（特别是武装干涉）往往不能解决问题，而是制造更多的问题。

今天，中国与非洲都面临着相似的挑战。在非洲，"传统社群通常意味着归属与分享，但这些社群也面临着贫困、无力、违背人类尊严、社会孤立、性别歧视、贪腐、缺乏效率等一系列问题，从而导致人们为了生存越来越多地转向国家机构和民间社会组织等"[4]。这种挑战之中既有发展过程中滋生的问题，也有因为国家治理不当而产生的问题。中国社会也面临相同的挑战。一方面，传统社群依然存在，并在社会生

---

[1] 笔者与非洲酋长访华团成员的交流，2013年11月29日于北京万寿宾馆。
[2] African Union Commission, *Strategic Plan 2009 – 2012*, May 19, 2009, p. 31.
[3] Li Anshan, "Cultural Heritage and China's African Policy," in Jing Men and Benjamin Barton, eds., *China and the European Union in Africa: Partners or Competitors?* Ashgate, 2011, pp. 41 – 59.
[4] African Union Commission, *Strategic Plan 2009 – 2012*, May 19, 2009, p. 30.

活中发挥重要作用；另一方面，每一项传统都正在被社会发展进程所侵蚀。除了传统与现代化之间的困境，发展本身也蕴含着诸多矛盾，如集体主义与个人主义之间的矛盾、经济发展与环境保护之间的矛盾、国家干预与自由市场之间的矛盾等。如何妥善解决这些矛盾是中国与非洲共同面临的挑战。

三　非洲值得中国学习

在分析了中国和非洲在价值观念方面的相似性和所面临的共同挑战后，我们可以提出一个问题：中非之间可以相互学习吗？答案是肯定的。

目前，学术界常见的观点是中国的经济社会发展迅速，非洲应该向中国学习。这种观点在中国的知识界中尤为突出，也非常普遍。然而，笔者可以肯定地说：这种观点是十分片面的。事实上，中非之间应当相互学习。那么，中国能够从非洲学到些什么？

第一，非洲人深信人与自然之间应保持和谐与平衡。人是自然的一部分，二者之间通过多种方式相互联系。在非洲的传统信仰中，土地属于整个群体，包括逝去的祖先、当前活着的人们以及未来将诞生的后代。土地和人群都属于一个未隔离的世界。非洲妇女之所以多在田间劳作，其原因并非如外界所认为是大男子主义的表现，而是因为人们认为作为孩子母亲的妇女与作为人类母亲的土地之间有着更紧密的联系，她们的劳作会给人们带来更丰硕的成果。当然，非洲还有许多仪式与敬畏土地或崇尚大自然有关。在中国的文化传统中，尽管人们也强调"天人合一"的观念，但相对恶劣的自然条件和庞大的人口迫使人们不得不从大自然中获取更多的食物和生活必需品，因此人与自然和谐发展的意识并不强烈（在一些地多人少的地区如少数民族居住区则不同）。新中国成立后，"人定胜天"的观念在实践中带来无法计量的后果。更糟糕的是，自20世纪80年代改革开放以来，尽管中国经济迅速发展，但不断增加的能源、资源需求也给自然环境带来了巨大的压力。近年来，由于自然对过度开发这一现象的惩罚，迫使中国人重新认识自然，科学发展观逐渐贯彻到国家建设之中。不论怎样，非洲人尊重自然、崇尚自然是一种与自然和谐共存的理念，值得中国人学习。

第二，非洲人的家庭与社群观念（sense of community）十分强烈，而这恰好是当代生活在城市里的中国人正逐渐丢失的。在非洲，无论一个人多么富有，多么有权有势，他都必须承担对家庭和亲人的责任。我们多次听到这样的事情，一些非洲政府官员必须照顾整个家族，招待许多来访的亲人。笔者的非洲朋友们拿到工资后都会立刻给家人寄去，笔者的学生也经常给家里寄钱，"否则他们（指家人）如何生活"？尽管他们自己的钱并不多。这种社群观念是一种"上帝制造"的，因为它可以超越居住在一个地方的人群；它也是人制造的，因为它只能通过实实在在的每一个人才能体现。人们来到社区中心进行各种活动，因为这是人们的社会、政治、法律、文化中心，是社会交流的平台。毫无疑问，当前中国的农村依然以家庭为纽带，家庭在人们心中占有非常重要地位。然而，随着城镇化的发展和物质主义的强化，个人主义正在逐渐侵蚀我们的家庭观念和社区观念。家庭作为社会结构的基本元素在人类发展中扮演着重要角色。从发展的角度看，家庭的地位决定了社会结构的稳定性。强调并保持家庭的重要地位是中国应该向非洲学习的第二点。

第三，在非洲国家，女性通常可以享有更多权利，这一点也值得中国学习。一些听说过非洲女性受到歧视的中国人也许会感到奇怪。然而，事实的确如此。和中国女性一样，历史上非洲女性也在维持家庭和保卫国家中发挥过重要作用。非洲联盟委员会的主席恩科萨扎娜·德拉米尼－祖马在就职前所做的一次演讲中提到两个有关非洲女性的历史事实。公元690年，一位名为达希亚·艾尔－卡希纳（Dahia Al-Kahina）的北非自由女战士在抵御阿拉伯人入侵的战斗中，勇敢地指挥军队与阿拉伯人作战，她宁愿牺牲自己的生命也不愿投降阿拉伯人。非洲著名的知识之城——马里的廷布克图（Timbuktu，又译廷巴克图）就是以一位名为布克图（Buktu）的女性命名的，城中的桑科雷（Sankore）清真寺也是由一名女性所建。[①]在19世纪的反殖民斗争时期，非洲女性为她们的民族做出了巨大贡献。尽管历史上的非洲女性（特别是母后或王室女性）在政治制度中扮演过十分重要的角色，但殖民统治的建立将女性彻底排除出了政治领域，导致非洲

---

① "Lecture by Incoming AU Commission Chairperson, Dr Nkosazana Dlamini-Zuma to the ANC Women's League," July 29, 2012. http://www.safpi.org/news/article/2012/nkosazana-dlamini-Zuma-auc-lecture, 2012-08-12.

女性完全丧失了在政治上表现的机会。①

我们知道，一些欧洲国家的妇女在历史上长期受到歧视，妇女的选举权和投票权经过长期斗争才取得。法国（1945年）、意大利（1946年）和比利时（1948年）均在现代国家形成后的相当长时间内才普遍实行了男女平等的选举制。② 与欧洲国家不同，非洲国家独立以后，女性马上享有政治权利。不可否认，女性在一些非洲国家依然被轻视，有的国家存在着严重的性别歧视。然而，早在1969年，利比里亚女性安吉·布鲁克斯（Angie Brooks）就已经当选为联合国大会主席，她表示：她为她所在的大陆、她的祖国、她的性别而骄傲。有"非洲公主"之称的托罗·伊丽莎白·巴加亚·尼亚邦戈（Toro Elizabeth Bagnya Nyabongo）女士从20世纪60年代起就是一位乌干达律师、政治家、外交家、模特及演员。作为乌干达的第一位女性律师，她在1974年被任命为乌干达外长。③ 20世纪七八十年代，在巴黎的非洲女大使们吸引了其他国家的注意力。④ 如今，越来越多的非洲女性参与到社会和政治活动当中，成为举世闻名的诺贝尔奖得主或者国家领导人。两位杰出女性——埃伦·约翰逊－瑟利夫和乔伊丝·班达分别当选为利比里亚总统和马拉维总统。非洲著名政治学家阿里·A. 马兹鲁伊曾在20世纪80年代末写道："将来，非洲统一组织一位女秘书长的产生，究竟会先于还是后于任何非洲国家的第一位女总统，我们拭目以待。"⑤ 现在，结果已经出来。恩科萨扎娜·德拉米尼－祖马当选为非洲联盟委员会主席。

---

① Kwame Arbin, "The Political and Military Roles of Akan Women," in Christine Oppong ed., *Female and Male in West Africa*, London: George Allen and Unwin, 1983, pp. 91 – 98. 尽管学界对此主题研究不多，但阿散蒂母后率领民众抵抗英军侵略的史实却鼓舞着加纳人民。有关英军侵略阿散蒂的史实，参见 Thomas J. Lewin, *Asante before the British: The Prempean Years, 1875 – 1900*, Lawrence: The Regents Press of Kansas, 1978, pp. 177 – 222。
② C. L. 莫瓦特编《新编剑桥世界近代史》（第十二卷），中国社会科学院世界历史研究所组译，中国社会科学出版社，1987，第34页。
③ Princess Elizabeth of Toro, *African Princess The Story of Princess Elizabeth of Toro*, London: Hanish Hamilton, 1983.
④ A. A. 马兹鲁伊主编《非洲通史：一九三五年以后的非洲》（第八卷），中国对外翻译公司、联合国教科文组织，2003，第660~664页。中国第一位女性大使是丁雪松女士，她于1979年任中国驻荷兰大使。
⑤ A. A. 马兹鲁伊主编《非洲通史：一九三五年以后的非洲》（第八卷），第663~664页。

这种女性大量走上政治舞台是世界政治中的一个独特现象。在相当多的非洲国家包括非洲联盟里，政府中女性任职的比率都有法律规定，一些国家和机构为保护妇女就业制定了严格规定。例如，在南非，越来越多的妇女成为公务员，外交部2382名职员中有1300人为女性，1082人为男性。① 在这一点上，中国在某种程度上无法与之相比。中国历史上女性长期处于弱势地位，中华人民共和国成立后，男尊女卑的传统观念得到很大改变，但歧视女性的现象依然存在，特别是在近年来的就业形势中。② 就妇女在政治生活中的作用而言，1995年在中国召开的第四届妇女大会制定的《行动纲领》明确规定，女性在各级权力机构中的比例在2000年要达到30%。然而，尽管中国一直在努力，但在各级政治权力机构中，女性比例远远低于这一标准。虽然中国政府为女性保留了一些职位，但女性所占比例一直徘徊在20%左右，身居高位的女性更少。世界经济论坛在《2013年全球性别差距报告》中对136个国家进行排名，主要考察妇女在卫生与生存、教育、政治和经济四个领域的地位，非洲有不少国家排名在中国之前。在该年度报告中得分相对较高的有莱索托（第16位）、南非（第17位）、布隆迪（第22位）和莫桑比克（第26位）等，它们均挺进前30位，中国则排名第69位。③

第四，非洲国家处理边界问题的技巧也值得中国关注。非洲的边界是殖民时期的一项重要遗产。统计资料显示，44%的非洲现有边界是按照经纬度划分的，30%是按照几何直线划分的，只有26%属于自然边界，如河流或山脉。④ 这种边界的产生表明了三点：一是这种边界是在柏林、伦敦或巴黎由当时的欧洲殖民大国划分的；二是非洲人民对此根本不知情；三是这种边界的划定并未考虑有关人文地理和疆域位置等因素。这种边界无疑为独立后的非洲留下了诸多严重问题，导致同一民族被分隔在不同国家，

---

① Department of Foreign Affairs of South Africa, *Strategic Plan 2008 - 2011*, p. 22. 转引自张伟杰《南非外资战略中的非洲议程：以南非—非盟关系为例》，北京大学国际关系学院博士学位论文，2012，第44页。
② 郭毅玲：《当前我国女性就业歧视原因浅析》，《中华女子学院山东分院学报》2009年第2期，第17~21页。
③ *The Global Gender Gap Report 2013*, 2013 World Economic Forum, http://reports.wefomm.org/global - gender - gap - report - 2013, 2013 - 11 - 29.
④ 〔埃及〕布特罗斯·加利：《非洲边界冲突》，仓友衡译，商务印书馆，1979，第5页。

如巴刚果人被分割为四地，即安哥拉、比属刚果、法属刚果以及加蓬，埃维人则分别居住于加纳、多哥和贝宁等地。此外，海岸线、河流、矿产、资源、草地等自然资源问题也由此而生。我们可以看到，在近代国家产生后，欧洲地区因各种边界问题而产生的战争此起彼伏。如果按照非洲的情况，这些问题足以引发许多冲突和战争。然而，非洲统一组织发表的《关于非洲边界不得改变的决议》明确指出，"考虑到边界问题是一种严重的和永久性的不和因素；意识到存在着来自非洲以外的旨在分裂非洲国家的阴谋诡计；还考虑到非洲各国独立时的边界，已成为一个既成事实"等各种因素，"郑重宣布所有成员国保证尊重它们取得民族独立时存在的边界"。[1] 显然，非洲领导人用他们的智慧和宽容避免了诸多战争，拯救了无数生命。中国与某些邻国存在陆地和海洋边界的分歧，甚至还导致了一些冲突。从这个方面讲，中国在处理边界问题的方针、态度、方法和技巧上应该可以向非洲学习。

非洲是一个拥有悠久文明史的大陆。[2] 非洲文化如音乐、乐器、舞蹈、绘画、雕刻等为世界做出了巨大贡献。西方已经从中借鉴了很多，而中国则刚刚发现这一宝库。在学习的道路上，中国还有很长的路要走。乐观不仅是非洲人的态度，而且是一种生活方式和价值体系，这也是中国需要学习的重要特质。

自从中非合作论坛提出"文化互鉴"以来，中国学者和非洲学者多强调非洲应向中国学习的诸方面，天平似乎多倒向中国一边。至于非洲应向中国学习哪些方面，学界同行似乎谈得很多，在此不赘述。中国在发展中最重要的成功经验是中国将国家战略中的自主意识与市场经济、社会稳定相结合，这可能是最值得非洲学习的。当然，改革是必要的，但改革也是一个不断学习的过程，它不是复制，而是向伙伴或者其他国家学习改革的经验教训。[3] 非洲拥有丰富的人力资源和自然资源，如果领导人能够将个人能力、责任与勤劳的人们联合起来，那么非洲将有一个光明的未来。

---

[1] 参见唐大盾选编《泛非主义与非洲统一组织文选（1900~1990）》，华东师范大学出版社，1995，第173~174页。

[2] Cheikh Anta Diop, *The African Origin of Civilization: Myth or Reality*, Lawrence Hill Books, 1974; Graham Connah, *African Civilizations: Precolonical Cities and States in Tropical Africa: An Archaeological Perspective*, Cambridge University Press, 1987.

[3] Li Anshan, "China's Experiences in Development: Implications for Africa," http://www.pambazuka.org/en/category/africa_china/57079, 2010-10-02.

中国与非洲

中国非洲研究评论
（2013）

中国的崛起与非洲的机遇*

林毅夫**

在 20 世纪 70 年代末开始由计划经济向市场经济转型之前,和非洲国家一样,中国已经深陷贫困几百年了。1978 年,中国的人均国内生产总值仅为 154 美元,不足撒哈拉以南非洲国家平均人均国内生产总值的 1/3。① 同时,中国经济属内向型,贸易依存度(贸易额占 GDP 的比重)仅为 9.7%,而且出口的 3/4 是农产品,或是初加工的农产品。但改革开放后,中国取得的经济发展成就堪称人类经济史上的一个奇迹。从 1978 年到 2012 年的 34 年间,中国 GDP 的平均增长率达 9.8%,国际贸易的平均增长率达 16.6%。目前,中国已经是一个中等偏上收入国家。2012 年,中国人均 GDP 达 6100 美元,有 6.8 亿人口实现脱贫,贸易依存度达 50%,在全世界人口超过 1 亿的大型经济体中居于首位。2009 年,中国超过日本,成为世界第二大经济体,同时取代德国,成为世界最大的出口国。过去 30 多年的惊人增长,不仅让中国成为世界发展的引擎,而且成为稳定世界经济的重要力量,这在 20 世纪 90 年代末东亚金融危机期间和本轮全球经济金融危机期间已有充分表现。中国巨大的发展成就远超出转型之初任何人的期望,包括改革开放的总设计师邓小平同志。②

---

* 本文为经济合作与发展组织发展援助委员会(OECD-DAC)组织的 2013 年 9 月 27 日法国巴黎"中国与经合组织:分享促进发展的观点"讨论会而准备。本文思想取自"Demystifying the Chinese Economy"(Lin,2012a)。
** 林毅夫,北京大学国家发展研究院荣誉院长。
① 除非另有说明,本文所用有关中国经济的数据来自《2010 年中国统计摘要》《新中国六十年统计资料汇编》,以及中国统计出版社出版的相关各期《中国统计年鉴》。
② 当时,邓小平的目标是在 20 年内将中国经济翻两番,这意味着在此期间中国经济的平均年增长率为 7.2%。20 世纪 80 年代甚至 90 年代初,大多数人都认为这个目标不可能实现。

本文将讨论五个相关问题：第一，为什么中国可以在转型中有如此不同寻常的增长表现？第二，为什么中国在转型前无法取得类似的成功？第三，为什么大多数其他转型经济体，不论是不是社会主义的，均未能取得类似表现？第四，非洲国家能否取得像中国过去三十多年那样的表现以及如何才能做到？第五，中国崛起为其他发展中国家提供了哪些机遇？

一 中国转型中非凡表现的原因

人均收入的快速持续增加是一个现代经济现象。经济史学家如安格斯·麦迪森（Angus Maddison，2001）的研究表明，18 世纪以前，西方的人均收入年均增长率仅为 0.05%；到 19 世纪中叶，跃升至 1%；19 世纪中叶到现在高达 2%。这些数据表明，18 世纪前欧洲人均收入要 1400 年才能翻一番，到 19 世纪就迅速下降为 70 年翻一番，之后只需 35 年。

对于任何经济体而言，技术不断创新是经济持续增长的基础。现代经济的快速增长是技术创新模式转换的一个产物。18 世纪工业革命之前，技术创新多由手工业者和农民在其日常生产活动中产生。工业革命之后，基于经验的创新日益被实验室里的实验所取代，之后又转为在科学指导下的实验成为新技术的主要来源（Lin，1995；Landes，1998）。这一模式转换加速了技术创新，标志着现代经济增长的到来，并推动了 19～20 世纪收入的加速增长（Kuznets，1966）。

工业革命不仅加速了技术创新，而且改变了产业结构、经济结构和社会结构。18 世纪之前，所有经济体都是农业经济，85% 或更多的劳动力从事农业生产，且大多为家庭自给自足的生产。增长加速的过程伴随着劳动力不断从农业向制造业和服务业转移。制造业则逐步从起初的劳动密集型产业向资本更加密集的重工业和高科技产业转型。最终，服务业在经济中居于主导地位。伴随着产业结构的升级，生产规模不断扩大，所需资本和技术、市场范围和风险也相应增加。为了开发和释放新技术和新产业带来的潜力，为了降低交易费用和分担风险，需要创新，也需要不断改善电力和交通网络等基础设施"硬件"，还需要不断完善信念、法律体系、金融制度和教育体系等"软件"（Lewis，1954；Kuznets，1966；North，1981；

Lin，2011，2012b）。

作为一个发展中国家，中国在1949年启动其现代化进程，在追求技术创新和结构转型中，潜在的后发优势十分巨大（Gerschenkron，1962）。在发达的高收入国家，由于其技术和产业处于全球前沿，其技术创新和产业升级需要在研发中进行成本高昂且有风险的投资。此外，为发挥新技术和新产业的潜力所需的制度创新常常以巨大成本的试错式的、路径依赖的、演化的过程进行（Fei and Ranis，1997）。与此相反，在追赶过程中的后发国家能够以低风险和低成本借鉴发达国家的技术、产业和制度。所以，如果一个发展中国家掌握了如何利用在技术、产业和社会经济制度创新方面的后发优势，就能够以几倍于高收入国家的增长率增长数十年，直到缩小与这些国家的收入差距。

二战后，世界上有13个经济体实现了在25年或更长的时间里年均经济增长7%或更高。以诺贝尔奖得主迈克尔·斯宾塞（Michael Spence）为首的"增长和发展委员会"发现，在这13个经济体共有的五个特征中，第一个就是它们能够利用后发优势潜力。该委员会认为，这13个经济体"进口世界上其他国家所知，出口其他国家所需"（世界银行，2008，第22页）。[1]

1979年邓小平启动经济转型之后，中国采取改革开放政策，并且开始利用"进口世界上其他国家所知，出口其他国家所需"的潜力。中国国际贸易的快速增长、贸易依存度的大幅上升以及外商直接投资（FDI）的大量流入，均表明了这一点。尽管1979年中国超过75%的出口是初级产品或简单加工后的初级产品，但到2009年，制造业产品份额已上升至95%以上。而且，中国工业制品出口从20世纪八九十年代的玩具、纺织品和其他廉价产品升级到2000年之后的高价值的和技术尖端的机械、信息和通信技术产品。利用后发优势使得中国作为世界工厂而崭露头角，并通过降低创新、产业升级和社会经济转型的成本，实现了快速持续的经济增长。

---

[1] 剩下四个特征分别是：宏观经济稳定，储蓄率和投资率均高，市场体系，以及坚定的、可信的、有为的政府。Lin and Monga（2012）证明前三个特征是发展中国家在各个发展阶段按比较优势发展经济的结果，而后两个是发展中国家按比较优势发展经济的前提条件。

二 为什么1979年之前中国未能快速增长？

在1979年转型开始之前，中国一直拥有后发优势。1949年社会主义革命取得胜利，1953年中国政府真正开始现代化建设。那么，为何1979年以前，中国未能利用后发优势的潜力，实现有活力的增长？这与中国那时采取的发展战略有关。

在古代，中国是世界上最大的经济体和最先进、最强大的国家之一（Maddison，2007）。毛泽东、周恩来以及其他第一代中国革命领导人和许多其他社会政治精英一样，梦想着快速实现中国的现代化。

工业发展滞后，特别是作为军事力量和经济实力基础的大型重工业的匮乏，被认为是国家落后的根本原因。因此，当革命后中国的社会政治精英开始建设国家时，他们自然会优先发展大型的、先进的重工业。① 19世纪，法国、德国、美国和其他西方国家的领袖，为英国崛起的工业实力和本国落后工业的反差所刺激，曾经有效地采取优先发展重工业的战略（Gerschenkron，1962；Chang，2003）。

从1953年开始，中国实施了一系列雄心勃勃的"五年计划"，加速建设现代先进产业，希望十年超过英国，十五年赶上美国，但那时中国还是一个低收入的农业经济国家。1953年，83.5%的劳动力在初级部门工作，而且其人均收入（以购买力平价计）仅为同期美国人均收入的4.8%（Maddison，2001）。中国在当时的就业结构和收入状况下，没有发展高收入国家的现代先进产业的比较优势，而且在开发竞争市场中，这些产业的中国企业并不具备自生能力。②

为实现战略目标，中国政府需要通过给予优先发展部门中的企业垄断权，以及以压低利率、高估汇率和压低各种投入品价格等价格扭曲的方式来补贴那些企业，以保护那些优先发展的产业。价格扭曲造成短缺，而政

---

① 在社会主义的精英分子取得政权之前，一直存在发展重工业的愿望。孙中山在其1919年的中国工业化计划（《实业计划》）中就提出要发展"关键及根本工业"（Sun，1929）。
② 19世纪末，尽管法国、德国、美国的政策目标和20世纪50年代的中国类似，那时这三国的人均收入约为英国人均收入的60%～75%。人均收入差距小表明在这三国政府优先发展名单上的产业是有潜在比较优势的（Lin and Monga，2011）。

府被迫利用行政手段，动员和配置资源于没有自生能力的企业（Lin，2009；Lin and Li，2009）。

这些干预措施使得中国很快建立起现代先进产业，于20世纪60年代试爆了核弹，于70年代发射人造卫星。但资源被错配，激励机制被扭曲，中国具备比较优势的劳动密集型部门的发展被严重抑制，导致经济效率低下，而且1979年前的增长主要依赖要素投入。[①] 尽管1952~1978年取得年均经济增长6.1%的成绩，而且建立了大型现代产业体系，中国仍是一个封闭经济体系，71.3%的劳动力仍集中在传统农业部门。1952~1978年，中国家庭消费年均增长只有2.3%，与1979年之后的年均增长7.1%形成鲜明对比。

三　为什么其他转型经济体没有同样的表现？

二战后，受二战前苏联快速工业化经验和基于战后主流的结构主义发展思维的进口替代战略的影响，所有其他社会主义国家和包括非洲国家在内的大多数发展中国家都采取了与中国类似的发展战略（Lin，2012b，2012c）。20世纪50年代后，大多数殖民地获得政治独立。与发达国家相比，这些刚独立的发展中国家的人均收入极低，出生率和死亡率高，平均教育水平低，基础设施不多且集中于初级产品的生产和出口，同时进口大量制成品。发展现代先进产业被认为是实现经济快速起飞，成为先进国家和避免依赖于西方工业化强权的唯一道路（Prebisch，1950）。

20世纪50年代后，不论是否社会主义阵营中的发展中国家，采取重工业导向的发展战略风行一时（Lal and Mynt，1996）。但是，被它们列为优先发展的资本密集型现代产业，没有利用低收入农业经济的要素禀赋结构所决定的比较优势。为实行该发展战略，许多社会主义和非社会主义发展中国家采用像中国那样的扭曲和政府干预。[②] 这一战略有助于建立若干

[①] Perkins 和 Rawski（2008）估计，全要素生产率在1952~1978年的平均年增长率是0.5%，而在1978~2005年是3.8%。

[②] 对发展中国家广泛存在的扭曲有多种解释。Acemoglu, Johnson and Robinson（2005）；Engerman and Sokoloff（1997）；Grossman and Helpman（1996）提出扭曲源于政府被既得利益所控制。Lin（2009，2013），Lin and Li（2009）提出扭曲源于经济的比较优势和优先发展的产业间存在冲突，而受到当时主流社会思潮影响的政治精英为了国家的现代化将这些产业的发展置于优先位置。

现代产业，并实现了 50~70 年代的投资拉动型经济增长，但扭曲也导致了广泛的预算软约束、寻租和资源错配，经济效率低下成为必然。到了 20 世纪七八十年代，经济停滞和频繁的社会经济危机开始困扰大多数社会主义和非社会主义发展中国家。70 年代后，结构主义被新自由主义所取代（Lin，2012b，2012c）。到八九十年代，作为"华盛顿共识"的一部分，从过度的国家干预中解放出来的自由化政策成为新的潮流。

经济绩效不佳和社会经济危机的症状，以及扭曲和政府干预的根本原因，不论在中国，还是在其他社会主义转型国家，或是其他发展中国家，具有普遍的共性。然而，80 年代学术界和政策界倡导的华盛顿共识改革，没有意识到这些扭曲源于次优的制度安排，是内生于保护优先发展产业中的企业的需要。没有这些保护，那些企业根本无法生存。因此，政策制定者和学术界建议，社会主义国家和其他发展中国家应立刻消除所有扭曲，同时实施自由化、私有化和市场化改革，以达到迅速实现有效的、最优结果的目标。

但若那些扭曲被立刻消除，很多在优先发展产业中不具备自生能力的企业就会倒闭，这必然导致 GDP 降低、失业骤增和严重的社会动乱。为了避免这些可怕的后果，许多政府继续通过其他隐蔽的、更低效的补贴来保护那些不具备自生能力的企业（Lin and Tan，1999）。在 20 世纪八九十年代，转型和发展中国家的增长表现和经济稳定甚至比六七十年代更差（Easterly，2001）。

在转型过程中，中国采取了务实、渐进和双轨制的方式。为提高积极性和劳动生产率，政府允许集体农场和国有企业中的工人，在以固定价格向政府缴纳配额任务后，可以保留剩余产品，并且可以自行在市场上定价出售产品（Lin，1992）。与此同时，政府继续向优先发展的产业中不具备自生能力的企业提供必要的保护，以避免其倒闭，并允许私营企业、合资企业和外商直接投资进入劳动密集型产业，以推动经济增长。这些劳动密集型产业在中国具有比较优势，但其在转型前一直被压抑。

随着进入新产业的开放，中国政府认识到，需要帮助企业克服转型过程中可能遇到的各种障碍，如商业环境差[①]、基础设施薄弱[②]、投资环境恶劣[③]。基于"华盛顿共识"所制定的政策建议，其旨在全国范围内同时改善一切，并非只关注某些产业和地区。实际上，商业和投资环境中许多"不尽如人意的"扭曲，如控制进口和外资拥有权管制，对于保护原有优先发展产业中不具备自生能力的企业而言，是十分必要的。如果中国消除所有扭曲或管制，许多不具备自生能力的企业会破产，进而导致经济崩溃，这就可能重蹈许多东欧国家以及苏联的覆辙。即使中国采取此种方式，由于政府执行能力和可用资源有限，营造良好的商业环境和完善的基础设施，可能需要数十年或几代人的努力。相反，中国政府通过调动其有限的资源和能力，建设经济特区和工业园区（Zeng, 2010, 2011）。在经济特区和工业园区内，基础设施完善，商业环境良好，具有很强的竞争力，但园区外，基础设施和商业环境是逐步改善的。中国转型之初，由于存在大量农村富余劳动力，劳动力成本低廉。但是，中国未能将此优势转化为生产国际市场能接受的高质量的劳动密集型产品，国际买家对中国厂商能否按时交付产品也缺乏信心。为了克服这些困难，中国各级地方政府积极招商引资，特别是对亚洲新兴经济体的制造商，吸引他们来经济特区和工业园区投资。因为这些新兴经济体的工资水平不断上升，这些外商有提升其产业链价值和将劳动密集型加工业转至其他低工资经济体的愿望（Wei and Liu, 2001; Graham and Wada, 2001）。通过招商引资，中国劳动密集型轻工业顺利发展，并迅速成为"世界工厂"。

这一转型战略，不仅使中国避免了原有优先发展产业的倒闭而保持经济稳定，而且利用产业升级过程中的后发优势和比较优势实现了强劲增长。此外，新开放产业的增长活力为原优先发展产业的改革创造了条件。通过渐进、双轨方式，中国实现了"没有输家的改革"（Lau, Qian and

---

[①] 2013年，在市场导向的改革三十多年后，中国的商业环境仍然仅名列世界第91位，http://www.doingbusiness.org/rankings。

[②] 笔者仍然能清晰地记得1984年第一次坐汽车从广州到深圳的旅行经历。路上要三次经过渡口摆渡过河；全程300公里，却花了十多个小时。当时，中国的基础设施要差于笔者在2008~2012年担任世界银行首席经济学家期间访问的任何一个非洲国家。

[③] 世界银行2010年"Investing Across Borders"报告，中国的投资环境在该研究所涉及的87个国家中排名最后，http://iab.worldbank.org/~/media/FPDKM/IAB/Documents/IAB-report.pdf。

Roland, 2000; Lin, Cai and Li, 2003; Naughton, 1995; Lin, 2012a），并逐渐稳步向完善的市场经济迈进。

通过同样的渐进式双轨制路径，少数其他社会主义经济体，如越南、柬埔寨和老挝，在其转型过程中，能够在非常落后的基础设施和十分恶劣的商业环境下实现经济快速发展。[①] 70年代，毛里求斯也采取此方式，改革由进口替代战略导致的扭曲，并成为非洲的成功典型（Subramanian and Roy, 2013）。[②]

四 非洲国家能与中国一样，富有活力地增长吗？

答案是肯定的。现代经济增长的本质是以技术不断创新和产业不断升级为特征的结构变迁过程。只要懂得如何在基础设施落后和商业环境恶劣的状况下，根据其比较优势促进产业发展，并在结构变迁过程中利用其技术创新和产业升级的后发优势，任何一个发展中国家都有加快其经济增长的机会。

从理论上讲，一个完善的市场是根据比较优势发展产业的前提条件，因为只有在完善的市场中，相对价格才能反映生产要素的相对稀缺程度。完善的市场自然会促使企业进入符合该国比较优势的产业。如果发展中国家遵循其技术和产业发展上的比较优势，在国内外市场上它都将有竞争力。换言之，它的经济增长就快，资本积累就快，要素禀赋结构也将快速升级。当要素禀赋结构升级后，其比较优势也随之改变，其产业结构和软硬件基础设施就需要相应地升级。在此过程中，政府要发挥积极的因势利导作用。为此，政府应补偿在产业升级过程中先行企业所产生的外部性。政府还应协调改善软硬件基础设施的投资，因为对于这些投资，单个企业

---

① 2013年的"Doing Business Ranking"中，越南、柬埔寨、老挝的排名分别是第99、133、163名，而这些国家2000~2011年的国民收入平均年增长率分别是7.8%、7.7%和7.1%。

② 20世纪80年代，苏联、匈牙利和波兰采取过渐进改革方式。但是，与中国不同，其国有企业在完成其配额任务后仍不能自行定价销售产品。同时，私有企业仍被严格限制进入被抑制的部门，但是工资被放开了（在中国，工资增长受政府管制）。这些改革导致工资膨胀和物资短缺。请参见有关中国和苏联东欧渐进改革不同的讨论（Lin, 2009: 88 - 89）。

无法将其内化于企业自己的决策中。通过竞争市场和积极有为、因势利导的政府，发展中国家就能够利用后发优势的潜力，实现有活力的增长（Lin，2011，2012b）。

由于政府以往政策的失误，大多数非洲国家的商业环境和基础设施不佳。① 在这一方面，中国过去三十多年的经验也能提供有益的教训。非洲国家政府应该将其有限的资源和行政能力策略性地、务实地用于建设必要的基础设施和改善商业环境，以发展符合其比较优势的产业，像马里为杧果产业和埃塞俄比亚为鲜花产业的发展所做的那样（Chuhan – Pole and Angwafo，2011）。②

对于很多非洲国家具有比较优势但目前还未发展的轻工业，政府也可以设立经济特区和产业园区，积极招商引资，以吸引快速发展的新兴国家中有积极性转移到非洲来利用非洲低工资的企业（Monga，2013）。埃塞俄比亚的华坚鞋厂的快速成功为该方式提供了令人信服的例子。根据世界银行 2010 年的一项研究（Hind 和合作者，2012），埃塞俄比亚制鞋业的工资仅为中国制鞋业工资的 10%~12.5%，约为越南鞋业工资的一半，而其劳动生产率约为中国的 70%，与越南的几乎一样，所以埃塞俄比亚的制鞋产业具有高度竞争力。但是，2010 年，制鞋业在中国大约有 1900 万工人，在越南有 120 万工人，而埃塞俄比亚只有 8000 名工人。了解到该研究结果，又看到中国的工资水平不断上升，且有众多制鞋厂有待迁往其他低收入国家的状况，埃塞俄比亚前总理梅莱斯·泽纳维（Meles Zenawi）于 2011 年 8 月来到深圳，邀请中国制鞋商赴埃塞俄比亚投资。作为一家高端制鞋商，华坚集团于 2011 年 10 月造访了亚的斯亚贝巴，发现当地商机巨大，其于 2012 年 1 月在亚的斯亚贝巴附近的"东方工业园"开办了一家鞋厂。这家工厂起初雇用了 550 名埃塞俄比亚工人，到 2013 年 8 月，雇用的工人增加至 2500 名，预计到 2016 年将雇用 30000 名当地工人。截至 2012 年年底，华坚已经将埃塞俄比亚鞋类出口额翻了一番以上，并占有埃塞俄比亚鞋类出口份额的 57%（ACET，2013）。

华坚的成功、马里的杧果产业、莱索托的服装业、肯尼亚的园艺业以

---

① 在 2013 年世界银行的"Doing Business Ranking"中的 44 个非洲国家中，有 36 国排名在 120 名之后。
② 2013 年，马里的"Doing Business Ranking"排名第 151 位，埃塞俄比亚排名第 127 位。

及非洲其他的成功故事都表明，尽管基础设施和商业环境差，非洲国家仍然能够通过政府积极有为的因势利导，为其具有比较优势的产业发展消除瓶颈，从而迅速推动有活力的结构转型。在基础设施和商业环境总体较差的状况下，为了利用有限的资源和行政能力以降低交易成本，政府进行有针对性的干预是至关重要的。此类干预可以使那些符合比较优势，故而要素成本较低的产业迅速成为该国的竞争优势。

五　中国崛起为非洲敞开的机遇

在三十多年的高速增长后，中国已基本没有剩余劳动力，而且工资水平开始快速上涨。制造业工资已经从 2005 年的每月 150 美元上升到 2010 年的每月 350 美元（Lin，2012d）。2012 年 10 月召开的中共十八大提出了到 2020 年人均收入要在 2010 年的基础上翻一番的目标。2010 年中国的人均收入是 4400 美元。考虑到人民币升值的因素，很可能到 2020 年或稍晚时候，中国的人均收入将达到 12700 美元，成为高收入国家。中国势必步其他东亚成功经济体的后尘，如同 60 年代的日本、80 年代的中国香港、韩国、新加坡和中国台湾那样，把劳动密集型产业转移到低收入国家。[①]事实上，这种情况正在出现。2009 年年底，中国投向非洲的对外直接投资达到 93 亿美元，其中很大比例投向了制造业（22%），仅次于矿业（29%）。同时，中国正在埃及、埃塞俄比亚、毛里求斯、尼日利亚和赞比亚兴建六处经济贸易合作区。[②] 将来还会有更多类似的动议。

随着中国不断发展，与东亚先前模式有一个重要不同：中国经济总量比其他经济体要大得多。根据北京大学国家发展研究院卢锋教授的估算，中国制造业雇用人数高达 1.5 亿人，多数集中在劳动密集型产业，而 60 年代的日本制造业只有 970 万名工人，80 年代的韩国制造业只有 230 万名工人。中国制造业升级到更高端、更高附加值产品和生产活动，将为劳动力

[①] Maddison（2010）估计 2008 年中国的人均收入（以购买力平价计）为 6725 美元，和日本 1966 年的收入相同，和韩国 1986 年收入相同，和中国台湾 1983 年收入相同。这些经济体在这个收入水平时开始将劳动密集型制造业转移，日本向亚洲四小龙转移，韩国、中国台湾向中国大陆转移。

[②] 参见中国国务院（2010）。

丰富、收入较低的国家发展中国不再生产的劳动密集型工业品提供巨大机遇。中国不会是传统雁阵模式中的一只"雁",而是"领头龙",将为无数低收入国家填补中国产业升级留下的真空提供巨大商机（Lin, 2012d; Chandra, Lin and Wang, 2013）。

非洲将是中国向外转移劳动密集型制造业的重要目的地。虽然越南、柬埔寨和缅甸在地理上靠近中国,但与中国相比,它们人口总量较小：与中国 13 亿多人口相比,越南人口只有约 8800 万,柬埔寨人口只有约 1400 万,缅甸人口只有约 4800 万。如中国 8500 万个劳动密集型产业的就业岗位大多转移到这些国家,那么它们的工资就会快速增长,与中国的差距将不断缩小。唯独有 10 亿多人口且多数是年轻人的非洲,才能承接中国加工制造业的转移。

据估计,目前非洲制造业工人大约有 1000 万,这表明即使中国只转移 1.5 亿个劳动密集型制造业就业岗位中的一小部分,就能为非洲提供长期的就业机会和持续增长（Monga, 2013）。

日本 970 万制造业就业岗位转移到亚洲"四小龙"时,促进了后者快速的结构转型和经济增长。"四小龙"制造业就业岗位向中国的转移,有力推动了中国出口导向型轻工业的发展,并成为"世界工厂"。如果非洲和其他低收入国家能采取务实措施,改善基础设施和商业环境,并吸引中国劳动密集型制造业转移到它们国家,中国的崛起将有助于所有低收入国家发展轻工业,从而推动其结构转型。它们将在一两代人的时间内摆脱低收入陷阱,成为中等收入国家,甚至高收入国家。

六　结论

与其他许多发展中国家一样,在 1979 年开始从计划经济向市场经济转型并奇迹般地崛起之前,中国曾经陷于贫困落后境况几百年。在转型过程中,中国没有遵循主流思想消除所有扭曲,也没有避免实施针对特定地区或产业的政策。相反,中国一方面实施双轨制,为原有的优先发展产业提供转型期保护和补贴,另一方面放开了转型前受压抑却符合比较优势的新产业的准入。中国兴办经济特区和工业园区,以克服基础设施和商业环境总体较差的困难,积极吸引劳动密集型制造业从东亚新兴工业化经济体和其他高收入国家转移到中国的经济特区和工业园区。这一务实方式使中国在基础设施和商业环境总体较差的状况下既保持了稳定，又实现了奇迹般的增长。

华坚鞋厂在埃塞俄比亚的迅速成功，以及其他非洲本土的成功故事，如马里的杧果业、埃塞俄比亚的插花业、肯尼亚的园艺业、莱索托的服装业，都表明这一务实方式同样适用于非洲。非洲不必等到基础设施、商业环境、政府治理、教育、医疗等总体环境改善后，才开始通过发展工业实现快速的增长和结构转型，尽管目前全球学术界和发展政策界往往优先强调上述领域的完善。只要政府利用其资源与行政力量吸引外商直接投资，帮助国内企业进入其拥有比较优势的产业，并为那些产业的交易成本的降低改善必要的基础设施和商业环境，即使基础设施和商业环境总体状况不佳，它们的产品也能在国际市场上具有竞争力。这些产业的成功将为产业进一步升级、基础设施和商业环境的改善，创造更多资源并提振信心，从而形成一个良性循环。如果非洲国家能够采用这种务实方式，中国 1.5 亿制造业就业岗位的转移，将使非洲国家像中国和其他东亚国家一样，实现快速增长。

参考文献

Acemoglu, D., S. Johnson and J. A. Robinson (2005), "Institutions as the Fundamental Cause of Long - Run Growth," In P. Aghion and S. N. Durlauf, eds., *Handbook of Economic Growth*, Vol. 1A, Amsterdam: Elsevier, pp. 385 - 472.

ACET, (2013), *African Transformation Report*.

Brandt, L., and T. G. Rawski, eds. (2008), *China's Great Economic Transformation*, Cambridge: Cambridge University Press.

Chang, H. (2003), *Kicking Away the Ladder: Development Strategy in Historical Perspective*, London: Anthem Press.

Chuhan - Pole, P. and M. Angwafo (2011), *Yes Africa Can: Success Stories from Dynamic Continent*, Washington, DC.: World Bank.

Easterly, W. (2001), *The Elusive Quest for Growth: Economists' Adventures and Misadventures in the Tropics*, Cambridge, MA: MIT Press.

Engerman, S. L., and K. L. Sokoloff (1997), "Factor Endowments, Institutions, and Differential Paths of Growth among New World Economies: A View from Economic Historians of theUnited States," In S. Haber ed., *How Latin America Fell Behind*, Stanford, CA: Stanford University Press, pp. 260 –304.

Fei, J., and G. Ranis (1997), *Growth and Development from an Evolutionary Perspective*, Malden, MA: Blackwell.

Gerschenkron, A. (1962), *Economic Backwardness in Historical Perspective: A Book of Essays*, Cambridge, MA: Belknap Press of Harvard University Press.

Graham, E. M. and E. Wada (2001), "Foreign Direct Investment in China: Effects on Growth and Economic Performance," in Peter Drysdale ed. *Experience of Transitional Economies in East Asia*, Oxford: Oxford University Press.

Grossman, G. M., and E. Helpman (1996), "Electoral Competition and Special Interest Politics," *Review of Economic Studies* 63 (2): 265 – 286.

Dinh, H. T., V. Palmade, V. Chandra, and F. Cossar (2012), *Light Manufacturing in Africa*, Washington, DC: World Bank.

Kuznets, S. (1966), *Modern Economic Growth: Rate, Structure and Spread*. New Haven, CT: Yale University Press.

Lal, D., and H. Mynt (1996), *The Political Economy of Poverty, Equity, and Growth: A Comparative Study*, Oxford: Clarendon Press.

Landes, D. (1998), *The Wealth and Poverty of Nations: Why Some Are So Rich and Some So Poor*, New York and London: Norton.

Lau, L. J., Y. Qian, and G. Roland (2000), "Reform without Losers: An Interpretation of China's Dual –Track Approach to Transition," *Journal of Political Economy* 108 (1): 120 – 143.

Lewis, W. A. (1954), "Economic Development with Unlimited Supply of Labour," *Manchester School of Economic and Social Studies* 22 (2): 139 – 191.

Lin, J. Y. (1992), "Rural Reforms and Agricultural Growth in China," *American Economic Review* 82 (1): 34 – 51.

— (1995), "The Needham Puzzle: Why the Industrial Revolution Did Not Originate in China," *Economic Development and Cultural Change* 43 (2): 269 – 292.

— (2003), "Development Strategy, Viability and Economic Convergence," *Economic Development and Cultural Change* 53 (2): 277 – 308.

— (2009), *Economic Development and Transition: Thought, Strategy, and Viability*, Cambridge: Cambridge University Press.

— (2010), "New Structural Economics: A Framework for Rethinking Development," Policy Research Working Paper 5197, World Bank, Washington, D. C.

— (2011), "New Structural Economics: A Framework for Rethinking Development," *World Bank Research Observer*, 26 (2), September 2011: 193 -221.

— (2012a), *Demystifying the Chinese Economy*, Cambridge: Cambridge University Press.

— (2012b), *The Quest for Prosperity: How Developing Economies Can Take Off*, Princeton, NJ: Princeton University Press.

— (2012c), *New Structural Economics: A Framework for Rethinking Development and Policy*, Washington, D. C.: World Bank.

— (2012d), "From Flying Geese to Leading Dragons: New Opportunities and Strategies for Structural Transformation in Developing Countries," *Global Policy*, Vol. 3, Issue 4, November 2012: 397 -409.

Lin, J. Y., and F. Li (2009), "Development Strategy, Viability, and Economic Distortions in Developing Countries," Policy Research Working Paper 4906, World Bank, Washington, D. C.

Lin, J. Y., and C. Monga (2012), "The Growth Report and New Structural Economics," in Lin, J. Y (2012), *New Structural Economics: A Framework for Rethinking Development and Policy*, Washington, D. C.: World Bank.

— (2011), "Growth Identification and Facilitation: The Role of the State in the Dynamics of Structural Change," *Development Policy Review*, Vol. 29, No. 3, (May 2011): 264 -290.

Lin, J. Y., and G. Tan (1999), "Policy Burdens, Accountability, and Soft Budget Constraints," *American Economic Review* 89 (2): 426 - 431.

Lin, J. Y., F. Cai, and Z. Li (2003), *The China Miracle: Development Strategy and Economic Reform*, Hong Kong SAR, China: Chinese University Press.

Maddison, A. (2001), *The World Economy: A Millennial Perspective*, Paris: OECD Development Centre.

— (2007), *Chinese Economic Performance in the Long Run—Second Edition, Revised and Updated: 960 - 2030 AD*, Paris: OECD Development Centre.

Monga, C. (2013), "The Mechanics of Job Creation: Seizing the New Dividends of Globalization," Policy Research Working Paper No. 6661, World Bank.

Naughton, B. (1995), *Growing Out of the Plan: Chinese Economic Reform, 1978 - 1993*, New York: Cambridge University Press.

North, D. (1981), *Structure and Change in Economic History*, New York: W. W. Norton.

Perkins, D. H., and T. G. Rawski (2008), "Forecasting China's Economic Growth to 2025," In L. Brandt and T. G. Rawski, eds., *China's Great Economic Transformation*, Cambridge: Cambridge University Press, pp. 829 −885.

Prebisch, R. (1950), *The Economic Development of Latin America and Its Principal Problems*, New York: United Nations, Reprinted in *Economic Bulletin for Latin America* 7, No. 1 (1962): 1 − 22.

Ravallion, Martin and Shaohua Chen (2007), "China's (Uneven) Progress Against Poverty," *Journal of Development Economics*, 82 (1): 1 −42.

Subramanian, A., and D. Roy (2003), "Who Can Explain the Mauritian Miracle? Mede, Romer, Sachs, or Rodrik?" In D. Rodrik ed., *In Search of Prosperity: Analytic Narratives on Economic Growth*, Princeton: Princeton University Press, pp. 205 −243.

Sun, Y. S. (1929), *The International Development of China* (Shih yeh chi hua), 2nd edition, New York: G. P. Putnam's Sons.

Chandra, V., J. Y. Lin, and Y. Wang (2013), "Leading Dragon Phenomenon: New Opportunities for Catch-up in Low-Income Countries," *Asian Development Review*, Vol. 30, No. 1: 52 −84.

Wei, Yingqi and Xiagming Liu (2001), *Foreign Direct Investment: Determinants and Impact*, Northampton, MA: Edward Elgar.

World Bank (on behalf Commission on Growth and Development) (2008), *The Growth Report: Strategies for Sustained Growth and Inclusive Development*, Washington, D. C. : World Bank.

Zeng, Douglas Z. (2010), *Building Engines for Growth and Competitiveness in China: Experience with Special Economic Zones and Industrial Clusters*, Washington, D. C. : World Bank.

—— (2011), "How Do Special Economic Zones and Industrial Clusters Drive China's Rapid Development," Policy Research Working Paper 5583, World Bank, Washington, D. C.

"全球帝国的开端？"

——关于"中国在赞比亚铜矿采掘"的论述与争论

严海蓉 沙伯力[*]

在西方关于"中国在非洲"的主流分析中，没有哪项中国投资像中国在赞比亚铜矿投资那样引起人们的热议。2006年，中非首脑在中非合作论坛（FOCAC）进行了会晤（Taylor, 2011）。其时，作为赞比亚反对党的爱国阵线党（Patriotic Front）开始着手反华煽动并最终借此于2011年掌握国家政权（Negi, 2008; Fraser and Larmer, 2007）。也是自那时起，西方政客与媒体便在全球范围内散布中国在赞比亚铜矿投资的言论。虽然爱国阵线党在执政后在与中国及赞比亚的中资公司的关系上来了一个180度大转变，但2006年的反华煽动在赞比亚境内外的影响至今还明显存在。

"中国在非洲"的话语直指一个铁板一块的（monolithic）的"中国"和"中国人"（Marton and Matura, 2011），其核心论调是"中国人实行的是新殖民主义的威权资本主义"。2011年，美国国务卿希拉里·克林顿在赞比亚提醒非洲人说中国可能是新殖民主义者，因为其行为不完全符合国际上关于透明和善政的标准，而且中国企业没有充分雇用非洲人才（Associated Press, 2011; International Business Times, 2011）。同年在尼日利亚，英国首相戴维·卡梅伦"承认他相当注意应对中国在非洲的'入侵'"，因为"我们看到（中国的）威权资本主义的模式（不能）提供投资所需的信任与稳定性"［Daily Mail (U.K.), 2011］。他们还指责中国的其他行为。例如，美国官方因中国不附加任何政治条件地（Wall Street Journal,

---

[*] 严海蓉（Yan Hairong），香港理工大学人类学学者；沙伯力（Barry Sautman），香港科技大学政治学、法学学者。

2006）向非洲国家发放低息贷款而将其称为"流氓债权人"，事实是大多数中国贷款按国际商业利率发放（Brautigam，2010），而西方银行更多情况下是借款给腐败政府（Global Witness，2009）。一份英国核心商业杂志声称中国在"姑息独裁者"（The Economist，2008），然而事实是，美国卖给非洲"独裁者"的军火远多于中国（Midford and De Soysa，2013），欧洲诸国在向独裁政权售卖军火方面则仅次于美国（Perkins and Neumayer，2010）。

"中国在非洲的新殖民主义"这一论调受西方精英"竞争资源和影响力"的观念影响，不管在美国政府的日常宣传还是在高层公告中，它都占据着重要位置（Voice of America，2011a）。希拉里·克林顿曾说过，"美国和中国在竞争全球影响力"（Clinton，2011：10）。美国驻非洲联盟（AU）大使迈克尔·巴特尔（Michael Battle）曾警告说："如果（美国）不马上在非洲大陆投资，我们会发现中国和印度已独自侵吞非洲的资源，而我们终将清醒，并惊奇我们投资的黄金机会去了哪里。"（Hickel，2010）据一位英国记者观察，维基解密的美国外交电报关于中非关系的内容呈现出焦虑和没有根据的断言，这些迹象显示在很多非洲国家，美国对中国的敌对非常明显（Kynge，2011）。实际上，美国非洲事务最高官员约翰尼·卡尔森（Johnnie Carson）在2010年访问西方石油高管时，称中国是"一个没有道德感、极富侵略性的险恶的经济竞争者"（Guardian，2010）。2011年他又说"中国"抢走了非洲人的工作，但是不遵守当地的劳动法，不付给非洲人适当的薪水，不培训员工，也不共享技术（African Diplomacy，2011），而中非关系方面的权威学者认为这些说法没有依据（Brautigam，2009：chap.11）。在"中国在非洲"经常重复的论调中，美国驻塞内加尔、尼日利亚前大使瓦尔特·卡林顿（Walter Carrington）是西方精英中少数持异见者之一：

> 中国人做的事和其他在非洲的外国人有什么不一样呢？总体而言，非洲政府并没有将中国人视作美国人眼中的那种妖怪。相反，他们眼中的中国人是为他们提供更多援助和贸易选择权的人，而不是像我们和我们的盟友那样，强加给他们一些让人厌恶和破坏他们主权的附加条件。（This Day，2011）

"中国在非洲"的话语中存在两个分支。如果按美国的政治光谱分类的话，一个是自由派，另一个则是保守派。受两者的影响，在7500名美国公民组成的随机样本中，有一半人认为中国在非洲的影响对美国国家利益构成了"威胁"或"极大的威胁"（United Press International，2007）。两派都没有质疑世界体系里核心国和边缘国家的贸易关系、结构调整方案中的新自由主义原则。自由派的策略是谴责中国在非洲的活动威胁到了国际规范，如治理方面的规范、劳工权益和其他一些标准（U. S. State Department，2008b）。因此，一方面自由派的策略可能会承认非洲人从中国人的活动有一点点受益，诸如基础设施建设，但它更强调为了保护普通民众，应该捍卫相应的规范和标准。举个例子，2012年希拉里·克林顿在塞内加尔的演讲中对中国进行了"隐性攻击"，她声称：美国致力于建立一种"可增值的、可持续的伙伴关系模式，而非从非洲榨取利益"。不同于其他国家，"美国坚决拥护民主和全人类的人权，尽管避免这些挑战不仅省事，并且容易获得资源"（Guardian，2012）。

另一方面，保守派强调中国在非洲的行为危及了西方的利益，认为这些行为是"中国收购世界"的一部分，对其他国家造成了"被龙吃掉"的威胁。因此，中国在非洲的存在，特别在自然资源方面，对于非洲本身和西方而言是绝对的损失。这是"中国的殖民主义"。一位美国议员曾说道："中国在非洲尽可能多地攫取自然资源，却毫不考虑这对当地人的影响，它已经在非洲开始了一种新的殖民主义。"（U. S. State Department，2009）但事实上，美国的公司控制了更多的非洲资源。例如，"2006年，中国在非洲所有生产商的石油总输出量仅占美国（Exxon Mobil）公司一家在非洲产量的大约1/3"（U. S. State Department，2008a）。以2009年为例，在中国对非洲的直接投资（FDI）中采矿业只占到29%，而在美国对非洲直接投资中采矿业却占到60%之多（Ali and Jafrani，2012）。

虽然这两派在策略上有不同的侧重，一个侧重于维护西方主导的规范和标准，另一个侧重于维护西方的利益，但这两个策略相互补充、相互加强，都在西方关于"中国在非洲"的话语中起着重要的作用。上述美国国务卿希拉里·克林顿对"中国在非洲"的谴责，表明两种策略她都有利用。而无论哪种，一般对"中国在非洲"的谴责总是和中国大型国有企业的案例联系在一起（Netherlands Institute of International Relations，2008），中国国有企业对非洲矿业投资往往成为攻击目标。实际上，在中国在非洲的2000多家企业中，大部分是中小型私企，大型国企只有上百家（Huang，2010；Lin Shi，2014）。

西方精英贬低中国国企的这种做法说明他们不喜欢中国政府，然而一般而言，中国国企的工作条件要优于私企，其优越性可以从2010年一份关于"近年来毕业生就业意向"的调查中看出来。调查显示，41%的毕业生的就业意向偏向于国企，26%偏向跨国企业，17%选择政府部门，7%选择私企（People's Daily Online，2011）。除了对国企的贬低，世界银行还规定中国必须使其"所有权多样化"，也就是说，将国企私有化（World Bank，2012：xvi）。这其实反映了一种认识，即中国大型国企最有能力参与全球竞争（Jin，2012）。

在西方关于中国国企非洲投资的论述里，中国有色矿业集团有限公司（CNMC，简称"中有色"）在赞比亚的投资常被当作反面教材。CNMC在赞比亚有四个子公司：两处铜矿和两个加工厂。CNMC于1998年成立中色非洲矿业有限公司（英文简称NFCA），购进被废弃10多年的谦比希矿（Chambishi），2003年谦比希矿复产。CNMC在2009年收购了被原瑞士矿主抛弃的卢安夏铜矿（Luanshya），成立中色卢安夏矿业有限公司（英文简称CLM）。两家炼铜厂包括谦比希湿法冶炼有限公司（英文简称SML，2004年注册，2006年投产）、谦比希铜冶炼有限公司（英文简称CCS，2006年注册，2009年投产）。2012年哈佛历史学家、著名保守派公共知识分子尼尔·弗格森（Niall Ferguson）在一个在有关中国的英国电视系列中断言，中国在赞比亚的铜矿开采或许是其全球帝国的一个开端。对于弗格森而言，这个想象中的"中华帝国"对西方精英与群众是一个威胁；它意味着竞争，其疆域所到之处，皆强加"中国式"的劳动条件。他认为CNMC下属的NFCA运营的谦比希矿便是一个极好的例子：

> 通常的月薪是54英镑，这几乎无法养活一个家庭。中国人按照中国人的工作时间、中国式的标准支付薪水。这对想获得中国投资的人们而言有着令人不安的含义。如果想让中国人为你的经济投资，那么你最好准备像他们那样为了少得可怜的薪水努力干活。（Ferguson，2012）

弗格森的数据严重失误。他引用的薪水实际上是赞比亚 2011 年的最低工资,相当于 41.9 万克瓦查（Kwacha）每月。然而,2012 年谦比希矿矿工的最低月工资是 188 万克瓦查（计 375 美元）；加上津贴福利,他们的月工资是 300 万克瓦查,相当于弗格森所说数额的 7 倍（NU-MAW,2011；Wang Chunlai,2012）。谦比希矿矿工一周的工作时间是赞比亚法律所允许的 48 小时,与中国法定正常工作时间不同,与赞比亚的西方矿业公司的劳动时间一样,这也是欧盟允许的最长周工作时间（World News Review,2008；MyWage.org/Zambia,2011；European Parliament and the Council,2003）。

相比于弗格森,人权观察（下文简称 HRW）的策略更偏向于自由派。2011 年年底,该组织发表了一份 120 多页的关于 CNMC 在赞比亚的四个子公司的报告,对赞比亚的中国铜矿进行了负面报道（HRW,2011）。默认新自由主义的 HRW 并没有质疑 20 世纪 90 年代赞比亚铜矿进行的私有化,实际上这次私有化大大降低了矿工的工作条件。该组织认为中国是个好的投资者,因为中国在赞比亚有大量的投资,却不是好雇主——它是赞比亚铜矿雇主中侵犯矿工权利最严重的（HRW,2011：22）。

作为一个全球非政府组织,HRW 自诩它所发表的报告论据确实、方法严谨、政治中立。实际上,HRW 经费中的 3/4 来自北美,其余 1/4 来自西欧（HRW,2009）。我们下面的分析显示,HRW 对 CNMC 的评估和判断并没有显示该机构自诩的特点。它没有评估非洲矿业或赞比亚矿业的人权状况,而专门审查了中国公司。"只见树木,不见森林",这是其方法论上的失误,不符合严谨的社会科学研究的要求。其报告取证只涉及一个国家的一个企业,HRW 却将它作为"审视中国在非洲劳工情况的放大镜",并以此为基础,开始描绘中国在非洲更为宏观的角色（HRW,2011：13,1）。

尼尔·弗格森关于谦比希矿的离谱论断契合了西方长期以来对中国人不尊重生命的东方主义观念（Hayot,2009；Wu,2008；Brook et al.,2008）。这样的观念在美军驻越南司令威廉·威斯特摩兰（William Westmoreland）（Jackson,2005）、前美国驻联合国大使珍妮·柯克帕特利克（Jeanne Kirkpatrick）（Thomas,1999）等人的表述中也有所体现。

HRW 的报告也暗示了同样的信息,声称 CNMC 在赞比亚的子公司在安全、薪水、工作时间和工会进入等方面都是最差的。在海外媒体关于 HRW 报告的报道中，不少媒体将中国公司的经理描述成美国内战前的小说《汤姆叔叔的小屋》里凶残的工头西蒙·列格里的化身。这部分是因为 HRW 对 CNMC 为什么是"坏"雇主给予了这样的解释：他们"倾向于认为安全和健康没有什么大不了的"，而且"似乎在出口资本的时候也出口了虐待劳工的行为方式"（HRW，2011：1-2）。换句话说，HRW 认为 CNMC 从中国带来了压迫性的劳动条件。

关于 CNMC 在赞比亚铜矿投资的论述在"中国在非洲"的话语中占有重要一席，而 HRW 的报告较好地代表了自由派的话语策略。下面将针对 HRW 的报告——分析 CNMC 在赞比亚投资的几个方面。我们将以我们自己在赞比亚的田野调查数据、统计资料和文件证据为基础，检验 HRW 关于 CNMC 在安全、薪水、工作时间和工会进入四方面的论据论点。通过讨论那些被 HRW 忽略的因素，通过将树木还原到森林中，我们会证明 HRW 关于 CNMC 实行独特的"威权资本主义"、中国人不尊重生命的论断无法立足。在结论中，我们将 HRW 报告置于"中国在非洲"话语的大背景中，并指明其政治意义。

一 问题一：安全

HRW 在 CNMC 安全方面的论断主要依据其对 CNMC 四家子公司中 95 个矿工和其他铜矿公司中的 48 个矿工的采访。报告称，因为"几乎所有的"受访者都觉得"中国公司在健康和安全方面是全国最差的"，所以报告认为中国公司肯定是全赞比亚最差的。从这样简单比较得出的判断有四个问题。

第一，在劳动力被划分为固定工和合同工，而两类工人的劳动条件差别相当大的产业中，HRW 的受访者不具有代表性。如果受访者包含既在 CNMC 又在其他公司工作过的人，既有固定工又有合同工，他们的比较才有效、有代表性。HRW 没有给出受访者的受雇类别。因为受 2008 年金融危机的影响，两家矿业大公司——英国-印度所有的孔科拉铜矿（KCM）和瑞士所有的莫帕尼铜矿（MCM）解雇了大批的工人，他们当中有一技之长的固定工有不少人被 CNMC 招进（Maseko，2012）。因此，在 HRW 的受访者中，有在其他外资铜矿公司和 CNMC 工作经历的工人很可能是有一技之长的固定工，而不是合同工。CNMC 的矿工几乎全部是固定工。而其他矿业公司，尤其是孔科拉铜矿、莫帕尼铜矿则既有固定工，也有合同工，而且两类工作条件有相当的差别。合同工不像固定工那样拥有一技之长，而承包商为了完成生产任务、追求进度和红利，经常让合同工在事故多发的不安全环境中工作（Apotheker, 2009; Mwinbe, 2011; Chola, 2009）。因此，HRW 的受访者并不能很好地代表产业的两类工人，也不能说明其他的铜矿公司的普遍劳动环境，更不能有效地评估哪家公司的安全措施更差。

第二，因 HRW 受访矿工所处的生活环境和工作地区有强烈的反华偏见，他们的观点并不可靠。这些矿工是赞比亚爱国阵线党以反华为竞选策略的主要动员对象（Africa Confidential, 2010：23）。分析家曾指出"PF 在铜带省得到了压倒性的支持，在 2006 年、2008 年的总统选举中，阵线得到了该地区大部分人的支持"，而且其领导人"迈克尔·萨塔（Michael Sata）（2011 年）在铜带省大获全胜，自 2006 年选举以来，他就在该地区得到了坚定的支持"（Negi, 2011：37; Africa – Asia Confidential, 2011）。分析家指出，鉴于 PF 多年来的反华煽动，CNMC 的矿工以及其他普通赞比亚人都"厌恶中国人"（Behar, 2008; Rajwar, 2010：32）。CNMC 矿工所用的反华标语说明他们受到了反华言论的影响（Han and Shen, 2011b, 2011c; Lusaka Times, 2008）。在中色非洲矿业有限公司、谦比希铜冶炼有限公司、中国私企科勒姆煤矿（CCM）罢工期间，出现了针对中国人的暴力活动，如殴打、石击、纵火等，矿业公司和警察也以暴力回击（Alex Mwale, 2011; Yan and Sautman, 2012）。很多赞比亚人认为，在中国公司工作的同胞有反华倾向（Hardus, 2009）。矿工和一般赞比亚人对中国人有偏见，他们偏向于白人。2007 年，针对爱国阵线党的反华宣传，一位长期在职的赞比亚政治领袖兼企业经理就告诉我们：

> 华盛顿、伦敦和巴黎放出的关于中国在非洲的消息导致在亲西方的非洲人中间滋生出对中国人的偏见，赞比亚的政治势力也助长了这种趋势……对中资矿主的聚焦使其他外资矿主免于指责。赞比亚人对中国和印度老板抱有偏见，因为在他们眼中，印度人只是

"店小二"，而中国人对采矿一无所知，只有白人精通矿业。（Lewanika，2007）

具有种族主义或潜意识里对雇主有种族敌意的工人或许不能准确地描绘出自己所处的，或看到的工作环境。研究表明，在很多情况下，种族偏见或带有种族意识的言论会在很多方面塑造人的态度、扭曲人的评价（Kellestedt，2003；Bertrand and Mullianathan，2004；Piston，2010）。偏见会影响人的感知，即使其有最充分的动机想要做到客观（Bass et al.，2012）。心理学研究表明，偏见会影响记忆，造成记忆的选择性偏见：一个对某族群有偏见的目击者对该族群人员的不当行为会"铭记在心"（Edlund and Skowronski，2008）。在赞比亚的种族紧张气氛中，矿工更能记起中资的不当行为，正如一个世纪以前政客和媒体在南非散布的反犹太情感影响了他们对犹太矿井所有者的行为的客观评价一样。（Shain，1994）

当关于中国、中国人的种族或负面政治言论普遍存在时，关于中资公司的工作环境的看法注定要被扭曲。考虑到对中国人的种族敌意，工人们的看法和评价的可信度应该通过安全统计数据来进行检验，而HRW并没有这样做。

第三，HRW没有使用安全统计数据比较中资公司和其他公司的矿工死亡率。在采矿业，衡量安全程度最可靠的指标是死亡率（Nichols，1997：126）。我们将CNMC公司死亡事故数据置于十年来赞比亚所有外资矿井死亡率的背景中。不管是2001~2008年（这段时间CNMC只有谦比希矿），还是包括2009~2011年（CNMC购买了卢安夏矿），CNMC的死亡人数占比与其雇工人数占比相当：2001~2008年，CNMC雇工占矿业雇工总数的7.2%，CNMC死亡人数占这期间行业总死亡人数的8.3%；以2001~2011年为观察时段，CNMC占行业雇工总数的10.5%、占总死亡人数的11.5%（见表1）。鉴于CNMC矿井死亡人数占比与CNMC雇工占比大致相称，我们不能断言它在安全方面是最差的。

表1　赞比亚外资铜矿的总死亡人数和中有色公司赞比亚死亡人数

年份	死亡人数	外资铜矿总雇工人数	CNMC赞比亚公司的死亡人数
2001	23	13500	1
2002	17	13500	2
2003	21	13500	4
2004	19	13500	2
2005	34	40000	1
2006	18	40000	3
2007	15	40000	0
2008	21	38000	1
2009	17	32500	4
2010	14	53000	3
2011	19	53000	4
所有年份	218	2001~2011年平均雇工=26500	25

说明：在CNMC赞比亚子公司的死亡人数中，我们没有包括2005年BGRIMM炸药厂爆炸中死亡的46人。赞比亚矿业安全局给出的数据里没有包含那次爆炸的死亡人数，因为矿业安全局认识到虽然BGRIMM在NFCA的矿区运作，但是它不是CNMC的公司。

资料来源：MUZ，2011；Mine Safety Department，2011；Sautman and Yan, Draft Manuscript。①

为了使比较更为合理，还必须考虑到地下采矿和露天采矿具有不同的安全性。美国的研究显示，地下采矿的死亡率是露天开采死亡率的3倍（Center for Disease Control，2005）。然而在澳大利亚的金属矿业中，这一比例达6：1（Minerals Council of Australia, n.d.：15）。在赞比亚的铜矿中，一份关于KCM矿业公司的研究显示这一比例高达7：1。赞比亚矿业安全局提供给我们的数据显示，2006~2011年，在赞比亚的外资铜矿公司中，92人死于地下采矿、12人死于露天采矿，比例为7.7：1②（Michelo et

---

① Barry Sautman and Yan Hairong, *Red Dragon*, *Red Metal*：China in Zambian Copper Mining, draft ms., Table 2（workforces at each foreign-owned mine, 2009-2011）。我们未包括2005年发生在BGRIMM炸药厂爆炸中丧生的46人，因为正如赞比亚矿业安全部指出的，尽管BGRIMM是在中色非洲矿业有限公司的地产上运营，但它并不是一家中国有色矿业集团有限公司下属的公司。
② 赞比亚矿业安全部巡视员向我们提供了2006~2011年的矿井死亡人数，并区分了露天采矿和地下采矿两种。巡视员将这些年铜矿工业的地下采矿和露天采矿死亡率的比率定为8~9：1。

al., 2009; Besa, 2012)。直至 2012 年,在赞比亚的所有外资矿业公司中,只有 CNMC 一家的矿井全部是地下矿井,其他外资公司的矿井要么全是露天矿井,要么兼有地下、露天矿井。考虑到地下/露天开采的死亡率有 7.7∶1 的差别,图 1 对 CNMC 的死亡率和其他外资公司地下矿井部分的死亡率做了一个比较。①

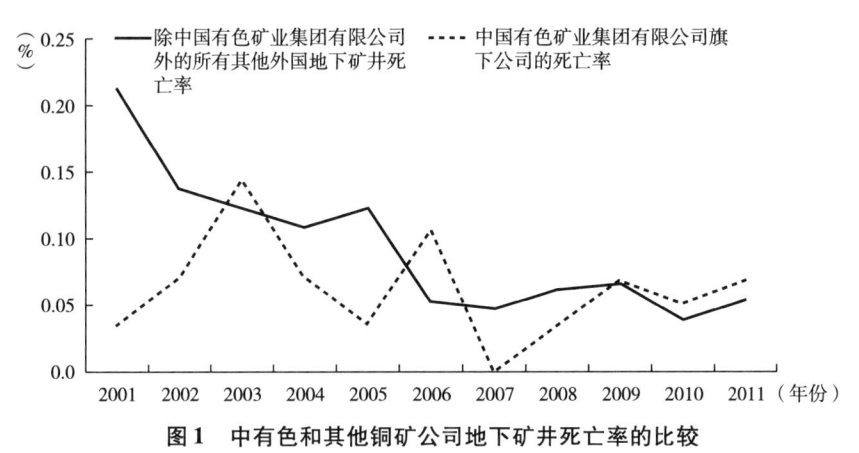

图 1　中有色和其他铜矿公司地下矿井死亡率的比较

说明:中有色雇工死亡率的曲线起伏较大,原因在于中有色雇工的死亡率和雇工人数的数值都相对较小。

第四,关于中国矿井安全是否最差,在我们 2011、2012 年度的访谈中,对赞比亚铜矿密切关注的人和 HRW 的说法并不一致。赞比亚矿工工会主席奥斯威尔·穆恩耶耶姆贝(Oswell Munyenyembe)说"矿工工会不能完全怪罪于中国公司,因为其他采矿公司同样有错"[Daily Mail (Zambia), 2011b]。赞比亚首席采矿工程师表示,NFCA 公司在安全方面做得不错,"他们正在不断努力"(Chilumbu, 2011)。赞比亚矿业安全局(MSD)矿井首席巡视员认为,"NFCA 做得不错"(Kalezi, 2011)。矿业安全部(MSD)一位局长表示中国矿井具有有益健康与安全的最先进的技术,如提升机、滑触线、除尘机(Lumamba, 2012)。该局的一位巡视员告诉我们,虽然以前 NFCA 存在问题,但它"取得了令人瞩目的进步",

---

① 我们将其他外国人所属矿井作一整体估计,地下和露天采矿约各占一半。我们将中有色在 2001~2008 年的平均工人数设为 2300 人,因为它当时只有 NFCA 的谦比希矿;2009 年以后为 5800 人,因为从那年起,中有色有了中色节安夏矿业有限公司。

"现在和其他公司一样"（Besa，2012）。2011年，MSD职业健康与安全主管、矿联工会（NFCA主要的工会）主席均告诉我们，谦比希矿的安全培训已经得到了切实改善（Mushota，2011；Kaluba，2011）。赞比亚工会大会总书记罗伊·穆娃巴（Roy Mwaba）也表示大多数中国企业遵守当地劳工法（Brautigam and Tang，2011：45）。2011年在访谈赞比亚劳动部的劳工助理委员时（Seti，2011），我们请他举例说明哪些中国公司遵守劳工法，他列出了CNMC的子公司：CLM、NFCA、CCS，这是被HRW称为四个"施虐公司"中的三个。

二　问题二：工资

HRW报告坚持认为，对于同样的工作，中国铜矿公司仅提供其他公司所付工资的1/4（HRW，2011：24）。这一判断的根据是工会和公司定期的劳资协议，这一判断假设了各铜矿公司的雇工都能享受到劳资协议里的工资标准。然而，2007年，13家公司中52%的工人加入了工会（National Economic Advisory Council，n. d. ：19，24）。他们几乎全部是固定员工（Apotheker，2009）。CNMC两家矿井的工人都是固定工，但其他的大多数矿井有大量承包商的合同工，他们不受上述的劳资协议的保护（见表2）。恰恰因为HRW忽略了这一事实，它的判断夸大了实际上的工资差距。

表2　赞比亚外资矿业公司的固定工和合同工（2009~2011年）

公司：矿	固定工	合同工	合同工占比（%）
Vedanta 韦丹塔：KCM	9696（2010）	11081（2010）	54
Glencore 嘉能可：MCM	约8250（2011）	约8250（2011）	50
FQM 第一量子：Kansanshi	约3000（2011）	约1000（2011）	25
Equinox：Lumwana	1347（2009）	1764（2009）	57
Metorex 麦特瑞克：Chibuluma	621（2010）	222（2010）	26

资料来源：Konkola Resources Plc, 2010；Davies，2011；Ngosa and Van Alstine，2011：23；Zambian Parliament，2010：19；Equinox：Annual Report - 2009，2010：19。

一个非政府组织曾表示："当我们于2009年、2010年参观MCM的穆富力拉矿时，矿工们说被分包商雇用的工人干着相同的工作，却只能拿到固定员工工资的一半。"（Counter Balance，2010：17）2011年，劳工部劳工助理委员说，合同工只能拿到固定员工工资的1/4（Seti，2011）。2011年，MCM的矿工——很可能是占其全部雇工一半之多的合同工——说他们"一般每天得到3英镑"（Davies，2011），相当于月薪120美元。2011年，劳工部报告指出，劳工办公室登记了很多地区关于一些分公司工资低于政府规定（82美元/月）的报告，特别像MCM、KCM等（Times of Zambia，2011d）。有报道说，2011年KCM合同工的月薪只有63英镑（95美元），有时甚至更少（Azaonline，2011），还有工人说他们每月只有37英镑（56美元）（"Konkola Copper Mines，Zambia，"2011）。2011年，MCM公司举行罢工的合同工说他们最高工资只有500000克瓦查，即100美元/月（Post，2011b）。2012年，加拿大第一量子矿业有限公司（FQ）旗下坎桑希铜矿的罢工者说他们的工资在100万到500万克瓦查之间，这也意味着合同工的工资是其一半甚至更低［Daily Mail（Zambia），2012a］。CLM的人力资源经理也曾在该矿井的前矿主处工作过，他说在2009年CNMC收购卢安夏矿井之前，那里的合同工只拿到固定员工工资的一半（Chola，2012）。一位卢安夏的矿工工会组织者说，自从CNMC接管矿井后开始涨工资，有些人工资是原来的4倍（Mail and Guardian，2010）。2012年，赞比亚政府要求铜带省的承包商必须按当年修订的最低工资标准（70万克瓦查）提高合同工的工资［Daily Mail（Zambia），2012h］。

如果考虑到CNMC矿井雇用了大量的固定员工，而KCM、MCM等公司的员工有相当部分是不享受劳资协议工资标准的承包商合同工，实际上的工资差距就不是HRW所说的那么大。显然，HRW不应该仅仅按照劳资协议的工资标准来做简单判断。HRW的确忽略了雇工的构成，因此不可能判断出真实的工资差异。

2011年，CNMC子公司CLM的副总经理告诉我们，谦比希矿工的收入是KCM工人的一半，CLM工人的收入是KCM的80%——KCM是赞比亚工资最高的矿业公司（Gao，2011）。矿工工会主席说CNMC表示，2012年会使工资达到行业水平。实际上，2012年NFCA已将工资涨至与CLM相近的水平，NFCA的最低工资是KCM劳资协议中最低工资的54%，NFCA的最高工资相当于KCM最高工资的76%[1]（见表3）。

---

[1] NFCA/NUMAW - MUZ CBA for 2012；2012年复印的工资表由赞比亚矿工工会研究部提供。工资有很多档次，各档的基本工资比率不同，很多补贴可缩小这种比率。

表3　外资铜矿公司工会员工的基本工资涨幅（2012）

公司/矿		涨幅（%）
CNMC 子公司	NFCA	22
	CLM	16
	SML	100~150
	CCS	25
其他外资矿业公司	KCM	13
	MCM	17
	Lumwana Mine	18
	Kansanshi Mine	13
	Chibuluma Mine	17

资料来源：Dow Jones Network，2012a，2012b；Platts，2012；HRW，2011：128；Times of Zambia，2012；Daily Mail – DM Zambia，2012b，2012e，2012j；Han and Shen，2011a；The Post – Zambia，2012。

HRW 不仅夸大了工资差距，而且认为 CNMC 的工资差距不是别的原因，是"文化"因素作用的结果，即 CNMC 引进了中国的劳动关系。这种解释似是而非，其忽视了企业运营的基本事实，即工资差距是由诸如劳动生产率水平、生产成本等具体因素造成的。正如矿工工会主席观察到的那样，"这是（矿业）常识：各企业有不同的劳动生产率和成本，因此他们的支付能力也各不相同，受很多因素的影响"［Daily Mail（Zambia），2012d］。全国矿业工人协会主席穆恩迪亚·席库菲勒（Mundia Sikufele）也表示，在工资谈判时，工会负责人应该考虑到公司的收益情况（Lusaka Times，2012b）。

让我们在赞比亚矿业的框架下来讨论 CNMC 矿井的特殊性、劳动生产率和收益。CNMC 矿井的生产率和收益要比其他矿井低得多，部分是因为缺乏技术人员。谦比希矿被 CNMC 收购之前，该矿已关闭达 13 年之久；而卢安夏矿被收购前则在 10 年内三易其主。因为这两个矿井的遭遇，矿井原有的技术人员就流失到了其他矿井。然而，CNMC 生产效率与收益低下的主要原因是这些矿井都属于地下矿井，且含铜量较少（CLM 1.1%；NFCA 1.8%，而其他矿井，如 KCM 则是 2.4% 或更高）（Wang and Kamanga，2012）。诚如矿物加工技术的教科书所言："采矿成本变化极大，而地下开采比露天开采的成本要高得多。"（Wills，2006：22）

CNMC 两家矿井的劳动生产率远低于赞比亚的其他外国矿业公司，也不及赞比亚和中国的平均水平（见表4）。

表4 其他外资铜矿公司的劳动生产率

公司：铜矿（2010）	雇工总数	2010年铜产量（吨）	吨/人
Vedanta：Konkola	20777	217000	10.4
Glencore：Mopani	16500	198000	12.0
Metorex：Chibuluma	843	17000	20.2
Equinox：Lumwana	3800	147000	38.4
First Quantum：Kansanshi	4000	233000	58.3

资料来源：Steel Guru, 2011a；Metals Bulletin, 2011；TradeMark Southern Africa, 2010；Zambian Parliament, 2010：19；Ngosa and Van Alstine, 2011：23。

赞比亚铜矿的劳动生产率与中国相近，为12.3吨/人/年，但与智利100吨/人/年的水平相比则非常低——后者是全世界最大的产铜国，每月工人收入1000美元［Daily Mail（Zambia），2011a；Telegraph，2010］。虽然CNMC矿井的劳动生产率只有中赞平均水平的1/2、智利的1/13，但它支付给赞比亚工人的工资与中国矿工的工资相当，是智利矿工工资的一半。如果考虑到这一点，那么，CNMC工资低下是受制于文化的说法自然不成立（见表5）。

表5 劳动生产率对比示意（2009~2011年）

国家或公司	产量（吨）	采掘工人人数	劳动生产率（吨/人）	月工资（美元）
中国（2009）	1000000	76769	13.00	398（平均）
赞比亚（2010）	676198	55000	12.30	—
NFCA（2011）	25000	3500	7.10	229~485（平均334）
CLM（2011）	18000	2350	7.66	358~712

资料来源：Shang, 2010：16；China Data Online, 2011；Wang, 2012；Gao, 2011；Chinese Ministry of Mines, 2010。

利润也是这样（见表6）。NFCA自2005年开始有收益，那是在CNMC收购谦比希矿7年以后。据报道，其2010年的利润是4000万美元（Zhang, 2010），2005~2011年共盈利2亿美元，而这些资金又被投进了谦比希矿（Han and Shen, 2011c）。卢安夏巴鲁巴矿的劳动生产率与谦比希矿的相近，因此收益也高不到哪里。事实上，CLM 总经理曾表示巴鲁巴矿的生产成本太高，入不敷出，其主要希望 2012 年新开的穆利亚希（Mulyashi）露天矿井能带来收益（Luo，2012）。

表6　其他外资铜矿公司 2010 年铜产量和营业利润（与 NFCA 相比较）

公司：铜矿	产铜量（吨）	NFCA 的倍数	营业利润（百万美元）	NFCA 的倍数（NFCA：4000 万美元）
FQM：Kansanshi	233000	9.7 倍	997	24.9 倍
Vedanta：KCM	217000	9.0 倍	309	7.7 倍
Equinox：Lumwana	147000	3.7 倍	529	13.2 倍
Metorex：Chibuluma	17000	0.71 倍	47	1.2 倍

说明：MCM 声称 2010 年没有盈利，赞比亚政府怀疑其逃税而正在审查该公司。
资料来源：Table 4；Times of Zambia, 2011b；The Post – Zambia, 2011a；Steel Guru, 2011b；China Daily, 2010。

此外，影响工资水平的还有其他三个因素。第一，相对于产出，CNMC 的投资非常大。NFCA 已经投入了 14 亿美元（Times of Zambia，2010），而产量 10 倍于 NFCA 的 KCM 则投入了 20 亿美元（Post，2011c）。NFCA 为了发展东南矿体，又筹备了 8 亿美元的预算（Times of Zambia，2011a）。CLM 则花费 7000 万美元来修复 2008 年被瑞士公司放弃的卢安夏矿，花费 4.38 亿美元来扩展巴鲁巴矿和修建穆利亚希矿。此外，CNMC 还为 CCS 熔炼车间投资 3.4 亿美元（Zambia Review，2011：48，51）。第二，因为 CNMC 收购的矿曾经被废弃或中断过运营，矿工工龄相对短一些。而其他矿业公司的运作从未间断，因此这些公司的员工工资级别随着工龄的增加而提高（Wang，2012；Chola，2012）。第三，赞比亚全国矿业联合工会谦比希矿主席注意到，赞比亚政府为了避免刺激通货膨胀，要求公司限制工资的涨幅（Gillan，2008）。

通过阐述上述因素，可以说 CNMC 与其他外资矿业公司之间的工资差异是由 CNMC 两个矿井特殊的历史、含铜量及劳动生产率等因素决定的（Van Bracht，2012）。① 然而，人们只是从 HRW 报告中读到其带有偏见的

---

① 赞比亚矿井的工资比较并未根据技术水平进行分解。然而，一份包括在矿井工作的人的有关赞比亚和中国人互动的调查表明："目前，中国人对技术工人的工资可与赞比亚其他矿井进行比较，中国人的卢安夏矿付的工资甚至高于瑞士/加拿大的姆潘尼矿。"

关于中国人对非洲人的"超级剥削"的观点,而这一点与西方关于"中国在非洲"的主流言论是一致的。

三 问题三:工作时间

HRW这样描述CNMC的两家加工厂(SML、CCS):"大多数工人按12小时轮班制工作,而不是其他矿井和加工车间所执行的赞比亚法律和标准规定的8小时轮班制"(HRW,2011:3);报告的作者称:"几家中国人经营的铜矿公司要求矿工长时间工作——有些人每周工作72小时,有些人连续365天没有休息日。"(Wells,2011)西方媒体不出所料地宣扬这个"残忍的中国"的主题。然而,即便HRW报告本身也只是说其中一个厂的某些部门有工人工作72小时/周,没有说确切有多少人一年工作365天(HRW,2011),报告的作者却把这一局部的情况夸大成为"几家中国人经营的铜矿公司"的普遍的情况。事实上,卢安夏和谦比希有80%的工人按8小时轮班制上班。CCS虽然有12小时轮班制,但每周工作48小时。CCS一个雇员解释称12小时轮班制是因为技术本身的复杂性,CCS使用艾萨熔炼法,而公司还缺少训练有素的领班。① CCS并不是唯一实行12小时轮班制的企业,赞比亚和澳大利亚的一些熔炼厂(如赞比亚的MCM Mufilira、澳大利亚的Mt. Isa Smelter)也和CCS一样使用艾萨熔炼法(ISASMELT),这些企业也实行12小时轮班制(Mubita,2012;Arthur and Li, 2003)。②

HRW报告描绘了中国公司强迫人工作到腿软,间接衬托了西方公司的人道和开明。然而,赞比亚矿业的整体情况与这种二元对立是不相符的。2007年,KCM矿工工作8小时以上,经常长达12小时,并且没有加班费(Action for Southern Africa et al.,2007:14-15)。2008年,一个在谦比希找工作的赞比亚人说,他和同伴们更愿意在NFCA找工作,NFCA实行8小时工作制,而在其他外国公司,12小时是司空见惯的(World News Review,2008)。2009年,KCM矿工连上4个12小时班,然后有2

---

① CCS雇员给本文作者的电邮,2011年11月14日。
② 艾萨熔炼法技术与12小时轮班制是从其发源地澳大利亚出口到中国的。

天休息（Servant，2009）。2010年，一个在澳属卢姆瓦纳矿（Lumwana）工作的固定工说，她的同事上4个12小时白班、4个12小时夜班，然后休息4天（Van Niekerk，2010）。2012年，坎桑希矿罢工的矿工们要求将12小时轮班缩减至8小时（Times of Zambia，2012a），劳资关系法院最终做此裁决。①

2011年，一份英国媒体关于赞比亚MCM矿业公司的报告指出，那里的矿工每周工作6天半，即一年工作日可多达365天（Davies，2011）。这大概不是个别的情况，这样辛劳的人数可能成百上千。相比较而言，HRW所说的在CNMC的SML每天工作的工人要少得多，而且自2012年以来，SML所有工人每天工作8小时，每周至少有1天休息（Xu，2012；Kalasa，2012）。尽管如此，报道HRW报告的媒体依然声称长时间工作是中国和在赞比亚的中国公司仅有的、普遍的现象。HRW鼓励读者从这一报告推测中国公司在非洲的一般情况。

四 问题四：工会组织与工作保障

赞比亚的矿业有两大主要的工会，分别为赞比亚矿工工会（Mine Workers of Zambia，下文简称"矿工工会"）和全国矿业及联合产业工人工会（National Union of Miners and Allied Workers，下文简称"矿联工会"）。HRW报告指出，两大工会之一的矿工工会说它被CNMC的两个分公司SML和CCS拒之门外，暗示其中的原因包括矿工工会有斗争性，它与爱国阵线党有关联。把某个工会拒之门外构成了对人权的侵犯。然而，CNMC四个子公司均建立了一个或一个以上的工会。CNMC 4/5的员工在CLM和NFCA，矿工工会和矿联工会同时在这两个矿业公司拥有会员和分会，两个工会联手与资方进行定期的劳资谈判。自2012年起，SML的情况也是如此（Kalasa，2012）。

在赞比亚主要的矿业公司中，50%～70%的工人都加入了工会（Apotheker，2009）。例如2011年，坎桑希2/3的固定员工——相当于其工人总数的一半——加入了工会（Ngosa and Van Alstine，2011：23）。至2008

---

① Court Orders（法院命令）.

年，NFCA 有 70% 的工人已是工会会员，分属上述两个工会（Apotheker，2009）。2011 年，矿联工会在 NFCA 有 1000 余名会员，比矿工工会强大（Mukuka，2011）。在 CLM 两个工会旗鼓相当，2012 年矿工工会在 CLM 有 1100 名会员，而矿联工会有 1346 名会员（Zulu，2012）。矿工工会也被十五冶——CNMC 旗下一家建造了穆利亚希矿的公司——所承认（Mukuka，2011）。在工会与政党的关系上，两个工会的领袖都得到了爱国阵线党成员的支持（Mwale，2011；Mwinbe，2011）。

谦比希铜冶炼有限公司（CCS）人事部的职员认为矿工工会进入 CCS 是迟早的事，但该工会在 CCS 还没有达到可以被认可的合法标准（Fan，2010；Tembo，2012）。[①] 与 HRW 的论断相反，一位 CCS 的人事部雇员说，CCS 没有收到法院要求公司承认矿工工会的文书。[②] 如果说在 CNMC 旗下的公司中，单单 CCS 有反矿工工会的情绪，毕竟没有说服力。虽然 CCS 是独立法人，但它也接受 NFCA 管理层的领导（Haglund，2010：107）。而在 NFCA，矿联工会于 2003 年在那里成立分会后，紧接着矿工工会于 2006 年也设立了分支机构。在卢安夏矿（CLM），矿工工会和矿联工会都自由运作（Sichone，2011）。我们没有证据说 CCS 在政治上对矿工工会有敌意，同样，矿工工会对 CNMC 也没有敌意，因为 CLM 的矿工工会分会主席曾经告诉我们："中国人接管卢安夏矿时，社会上有反华情绪，而此时工会站在了 CNMC 的一边。"（Mwinbe，2011）

对赞比亚矿工工会活动打击最大的不是 CNMC，而是其他外资公司由于金融危机而进行的裁员导致工会会员数量的急剧减少。赞比亚矿工工会的成员由危机前的 2.6 万人减少至 2011 年的 1.2 万（Mukuka，2011）。此外，CCS 不是赞比亚矿业公司中唯一只有一个工会的公司，南非麦特瑞克（Metorex）所有的奇布卢马铜矿也只有矿工工会一个工会（Reuters，2012）。是否一个公司有多个工会一定好呢？奇布卢马铜矿的受访工人认为，由于该矿业公司只有一个工会，因此无论做什么事，更易于动员会员，这为组织带来了便利。而在其他有两个工会的矿业公司，情况则恰恰相反（Lungu and Kapena，2010：88）。

[①] 问题在于，大多数赞比亚矿工工会申请表上所列的工人仍是全国矿业及联合产业工人工会成员，这有违赞比亚法律。
[②] CCS 雇员给本文作者的电邮，2011 年 11 月 14 日。

在赞比亚，也有看法认为一个公司甚至一个行业，只设一个工会反而是有利于工人的。劳工部部长在 2011 年关于工会的讲话中说道，"为了避免产生混乱，我们主要支持最具代表性的团体"，这表明劳工部的政策并不要求公司承认多个工会（Debate，2011）。自此，爱国联盟政府将此政策应用于多个行业［Daily Mail（Zambia），2011d］。赞比亚工会大会要求合并工会，因为"同时存在多个工会已经有损于劳资谈判，导致谈判低效"［Daily Mail（Zambia），2012c］。赞比亚"民主管理和人权倡导"首脑曾经指出，"只设立一个工会能更加有效地代表工人"（Times of Zambia，2011e）。虽然赞比亚法律允许在一个公司设立多个工会，但如果某公司只有一个工会，且该工会能够代表工人的利益，这很难说是侵犯人权。

事实上，赞比亚矿工工会列举了一些只设立它一家工会的公司（PW-YP Zambia，2011）。在柯勒姆煤矿，有两个工会——赞比亚宝石和联合工人联盟（GAWUZ）与赞比亚矿工工会——在那里同时活动，各自有会员。矿工工会南方省的领袖伯纳德·多乐普（Bernard Dolopo）表示，由一个工会代表所有工人利益更有效［Daily Mail（Zambia），2012f］。2012 年，赞比亚矿业的两大工会矿工工会和矿联工会在考虑合并（Chewe，2012；Kaluba，2012；FlavaFM radio，2012）。① 另外，CNMC 的矿工是固定员工，可以加入工会而不必担心被解雇，而莫帕尼矿的合同工对此则会担心（Davies，2011）。

HRW 报告将 CCS 和 SML 描述成反工会的企业主，却没有调查在已有一个工会的情况下，没有矿工工会的进入对工人的处境有无实际影响。它再次给读者留下了对中国的负面印象。

HRW 报告声称 CNMC 是个坏雇主，却一点不提 CNMC 相比较其他矿主的对工人有利的做法。2008 年至 2009 年年初金融危机来袭，赞比亚固定矿工中 30% 的员工、全部矿工中一半的员工被解雇（Matenga，2010；Muchimba，2010：27；Servant，2009；Washington Post，2009）。然而 2010 年经济回升以后，几个主要公司却没有重新雇用所有的下岗职工：2008 年 KCM 有 11978 名工人，2010 年却只有 9696 人；2008 年 MCM 有 10000 名工人，2009 年 5 月只有 7500 人，2011 年达 8750 人（Zambian Parliament，

---

① 矿工工会已同意合并，矿联工会则有些担忧。

2010：18；Times of Zambia，2009；Davies，2011）。然而在 2009 年年初，CNMC 采用了"三不"政策，即不解雇员工、不削减预定投资、不停止未来投资。一份研究表明：

> 在持续的投资、新矿区的收购和资本重组的过程中，中国矿业公司呈现出反周期扩张趋势。中国矿业公司不削减产量、投资，不缩减发展计划。和南非奇布卢马铜矿公司一样，是罕见的没有裁员的矿业公司。(Fessehaie，2011：26)

金融危机期间，CNMC 收购了卢安夏铜矿，并且重新雇用了原来 2400 余名工人（Post，2010）。与之相反，之前的瑞士雇主在 2004 年收购该公司时只雇用了原来 4000 名工人中的 1000 人（Times of Zambia，2004）。这家瑞士公司将采矿承包给一家南非公司，该公司以通常工资的一半雇用了 1000 余人。2009 年 CNMC 接管以后，解除了之前承包商的合同，使这 1000 名工人成为 CLM 员工，并使他们的工资翻了一番（Gao，2011；Mwinbe，2011）。另外，CNMC 的"三不"政策还有利于公司的供应商，因为不像其他外资公司，它并没有削减当地订单（Fessehaie，2011：60）。

"三不"政策来源于 CNMC（Luo，2011）。同样，2011 年，由中国国企控股 51% 的阿尔比顿矿业有限公司（Albidon Ltd.）因镍价偏低和技术困难叫停了其在姆纳里（Munali）镍矿的运作。然而，公司却承诺继续支付 2000 余名工人的全额工资，还承担起了诸如修建学校、医院的社会责任 [Zambian Watchdog，2011；Lusaka Times，2012a；Daily Mail（Zambia），2012g]。

五 还木于林：再论 HRW 的报告与立场

2012 年，人口 1400 万的赞比亚有 600 万劳动力，其中正式就业人数仅为 70 万，占 11.7%（Chikwanda，2012）。CNMC 的员工占赞比亚矿工的 10%，不到赞比亚正式就业员工的 1%（Mwale，2011；Zambia Business Survey，2010：7）。赞比亚劳动力在其他行业的工作条件甚至比矿业工作条件还差，在本国公司的待遇也不及外国公司。在赞比亚，依靠简单工具挖掘的（"非法"）矿工，每天拿到 3~5 美元，其死亡率要远高于外资的大型铜矿公司。2008年成立的"赞比亚小规模矿工联合会"有4300名成员，至2011年年底，有231人遇难，很多都是活埋致死［Daily Mail (Zambia)，2011e；Maravi，2008；Post，2011d］。赞比亚有180家非正规矿井，矿主都是赞比亚人，工人们采矿鲜有机械辅助，他们每月仅收入40美元，工会进入极其困难（Nyumbu，2012）。

在非洲矿产投资中，中国远非最大的外资来源。加拿大公司的投资名列首位。在过去十年里，其投资额增长了10倍，于2011年达到320亿美元，而这其中的1/10投在了赞比亚（Campbell，2011：1）。2009年年末，中国在全球的矿产投资才390亿美元（China Ministry of Commerce，2010）。截至2010年年末，中国在非洲的总投资存量达113亿美元（Yi，2011）。2011年，CNMC子公司的产铜量占赞比亚外资公司总产出的约5%，加拿大采矿公司则占到赞比亚铜矿总产出的54%，加拿大的第一量子矿业有限公司表示，将会在2015年生产出比2011年赞比亚全部总产量更多的铜［Daily Mail (Zambia)，2012i］。与人们通常的预设相反，加拿大投资造成的问题并不比其他外资少（Keenan，2011；Campbell，2011：1；Tougas，2010），如果调研这些问题，而非聚焦中国，原本有助于了解和解决一些广泛存在的侵权现象。那样的研究也不会导致"反加"言论。

在HRW报告出现之前，已不乏学者、记者和非政府组织所做的关于中国采矿公司在赞比亚的劳工状况的报告和研究（Lee，2009；Haglund，2009；Kragelund，2009；Business and Human Rights Resource Centre，n. d.）。HRW声称其调研遵守一条原则，即"我们回应突发事件，但我们也挑战根深蒂固的、长期存在的、持续恶化的人权问题"（HRW，n. d.）。然而，赞比亚采矿业没有突发事件，HRW也承认近几年CNMC子公司的劳动条件得到了不断改善（HRW，2011）。相反，自20世纪90年代末期以来，赞比亚原公营部门私有化以后，许多企业的劳动条件不断恶化（Lungu and Fraser，2008；Afrodad，2007：8）。显然，HRW担心的并非私有化引起的弊端，而是中国在非洲的存在。

报告作者称，之所以有这份调研报告，是因为"关注非洲人权的盟友们、政策制定者和媒体不断地问我们的意见，要我们从人权角度评论中国在非洲不断增长的投资"①。HRW 的调研因国籍和所有制不同而将中国国企单独对待的做法与其他非政府组织对赞比亚铜矿的调研非常不同。曾经有非政府组织调查过孔拉科铜矿公司,之所以针对它,不是因为矿主来自英国或印度,而是因为其规模巨大,因此孔拉科铜矿公司没有被当作行业的例外。调查发现,孔拉科铜矿公司在赞比亚的采矿不仅没有造福社会,反而给社会带来了损害(Action for Southern Africa et al.,2007:14-15)。还有非政府组织关于 MCM 的调查,该调查同样没有因为矿主来自瑞士或其上层管理人员是白人而对其进行调查,而质疑普遍意义上的发展和矿业的联系。这份报告指出,MCM 绝不是例外的个案(Counter Balance,2010)。讽刺的是,在调研过 KCM、MCM 的母公司韦丹塔(Vedanta)公司和嘉能可(Glencore)公司在全球范围的生产安全与劳动环境等问题后,有非政府组织发现这些几乎是最差劲的(Guardian,2011;Business Wire,2012)。

与上述几个 NGO 调研报告不同的是,HRW 的报告制造了中国国企和西方私企的二元对立,让中国国企成为中国在非投资的一个负面典型,成为歪曲的"中国在非洲"话语的一部分。

HRW 关于"中国在非洲"的第一份报告选择了一家中国国企,它也独一无二地被当成中国投资者不良行为的典型,近年来不断受到来自西方和赞比亚媒体的种族化攻击。因此,很容易料想到,HRW 报告面世以后,随之而来的成千上万的媒体报道会火上浇油助长反华情绪(Dow Jones Network,2011;Voice of America,2011b;Radio Free Asia,2011)。面对这些日常化的负面报道,谙熟媒体的中国驻赞比亚大使幽默地评论道:"在西方媒体界,如果哪天你没有写一点关于中国的坏事,那么你就还没有尽责。"[Daily Mail (Zambia),2011c]

HRW 的调研报告除了反映它自身谬误的研究方法外,完全不能反映中国在非洲投资的一般情况。相反,它告诉我们,西方有些人,尽管声称自己不相信政府和媒体的简单化言论,尽管声称是规范的卫道士,仍然不免落入既有的话语俗套:在非洲的活动,只要涉及中国公司,尤其是中国国企,都是有害的。

---

① Matt Wells 致严海蓉的电邮,2011 年 11 月 26 日。

缩写参考

CCM	柯勒姆煤矿
CCS	谦比希铜冶炼有限公司（中国）
CLM	中色卢安夏矿业有限公司（中国）
CNMC	中国有色矿业集团有限公司
FOCAC	中非合作论坛
FQM	第一量子有限公司
GAWUZ	赞比亚宝石和联合工会
HRW	人权观察组织
KCM	孔科拉铜矿
MCM	莫帕尼铜矿
MSD	（赞比亚）矿业安全部
MUZ	赞比亚矿工工会
NFCA	中色非洲矿业有限公司（中国）
NUMAW	全国矿业及联合产业工人工会
OC	露天采矿
PF	爱国阵线党
SML	谦比希湿法冶炼有限公司
UG	地下采矿

参考文献

Action for Southern Africa, Christian Aid and Scotland's Aid Agency (2007), "Undermining development? Copper mining in Zambia," http：//www. actsa. org/Pictures/. Up-Images/pdf/Undermining% 20development% 20report. pdf.

Africa Confidential (2010), "Mining for Votes," (Nov. 19): 51.

Africa – Asia Confidential (2011), "Zambia: Sata Goes Easy on China Despite Big Shakeup," Nov. 10.

African Diplomacy (2011), "Johnnie Carson Accuses Chinese of Taking Work of Africans," Nov. 22.

Afrodad (2007), "The impact of the Wrong Policy Advice on Zambia," http://www.afrodad.org/downloads/Zambia%20FTA.pdf.

Ali, Shimelse and Nida Jafrani (2012), "China's growing role in Africa: myths and facts," Int. Economic Bull., Feb. 9.

Apotheker, Rozemarijn (2009), "Foreign Copper Mining Companies in Zambia: Who Benefits?" MA thesis, Univ. of Amsterdam, http://dare.uva.nl/document/134161.

Arthur, Philip and Li Yun (2003), "Yunnan Copper Corporation's New Smelter: China's First ISAMELT," Paper delivered at the Yazawa Symposium, San Diego, CA, Mar, http://www.isasmelt.com/EN/···/XT_ISASMELT_Paper_YCCTMS2003.pdf, 12.

Associated Press (2011), "Clinton warns Africa of 'new colonialism'," June 11.

Azaonline (2011), "Zambia conned for copper," Dec., http://azaonline.org/index.php?option=com_contentandview=articleandid=68:zambia-conned-forcopper and catid=35:latest-news.

Bass, Jordan, Joshua Newman, and Yu-kyoum Kim (2012), "Racial Bias in NBA Referees: A Test of Line Movement," Presentation to the North American Society for Sports Management Annual Conference, Seattle, http://myweb.fsu.edu/BassNewmanKimNASS-Mabstract.pdf.

Behar, Peter (2008), "Mining Copper in Zambia," Fast Company, June 1, http://www.fastcompany.com/magazine/126/zambia-chinas-mine-shaft.html?page=0%2C2.

Bertrand, Marianne and Sendhil Mullianathean (2004), "Are Emily and Greg More Employable than Lakisha and Jamal? A field Experiment on Labor Market Discrimination," Amer, *Economic Rev.* 94 (4): 991–1013.

Besa, Wilford (2012), Interview with Wilford Besa, MSD, Kitwe, Aug. 14.

Bradet, Lucien (2011), "A Reality Check on Canadian Mining in Africa," Canadian Council on Africa, Nov. 23, http://ccafrica.ca/.

Brautigam, Deborah (2009), *The Dragon's Gift: The Real Story of China in Africa*, New York: Oxford University Press.

Brautigam, Deborah (2010), "China, Africa and the International Aid Architecture," African Development Bank, http://www.afdb.org/fileadmin/uploads/afdb/Documents/Publications/WORKING%20107%20%20PDF%20E33.pdf.

Brautigam, Deborah and Tang Xiaoyang (2011), "African Shenzhen: China's Special Economic Zones in Africa," *J. of Modern African Studies* 49 (1): 27–54.

Brook, Timothy, Jérôme Bourgon, and Gregory Blue [eds.] (2008), Death by a Thousand Cuts. Cambridge, MA: Harvard University Press.

Business and Human Rights Resource Centre (n. d.), "NFC Africa," http://www.businesshumanrights.org/Search/SearchResults?SearchableText=nfc+africa.

Business Wire (2012), "Rep Risks Releases its New Report on the Most Controversial Mining Companies of 2011," Mar. 15.

Campbell, Bonnie (2011), "'Do As You Please' Approach in Africa Comes at High Cost," Canadian Dimension, 45, http://canadiandimension.com/articles/3982/.

Center for Disease Control (2005), "Mining Fatalities: All U. S. Mines Accident/Injury Classes," Section 1.4, Research Needs, in Briefing Book for the NIOSH Mining Program, http://www.cdc.gov/niosh/nas/mining/pdfs/whatis-researchneeds.pdf.

Chewe, Joseph (2012), Interview with Joseph Chewe, general secretary, MUZ, Lusaka, Aug. 16.

Chilumbu, Delax (2011), Interview with Delax Chilumbu, Lusaka, Aug. 10.

China Daily (2010), "CNMC Kicks off Production at Copper Mine in Zambia," Nov. 28.

China Data Online (2011), "Copper Ores Mining and Dressing/Basic Condition," China Yearly Industrial Data, All China Data Center, sourced from National Statistics Bureau.

China Ministry of Commerce (2010), 2009 niandu Zhongguo dui wai zhijie touzi tongji gongbao (2009 statistical bulletin of China's outward foreign direct investment, http://hzs.mofcom.gov.cn/accessory/201009/1284339524515.pdf, Beijing: MOFCOM.

Chikwanda, Alexander (2012), "Speech by Hon. Alexander Chikwanda, Minister of Finance, at the IMF/ILO/GRZ Conference on Employment, Decent Work and Development in Zambia," May 20−21, 2012, https://www.imf.org/external/np/seminars/eng/2012/zambia/pdf/chi.pdf.

Chola (2009), "Mining Reflections: Proposition Three," *Zambian Economist*, Dec. 2.

Chola, Frederick (2012), Interview with Frederick Chola, human resources manager, CLM, Luanshya, Aug. 17.

Clinton, Hillary (2011), "Clinton says US, China Engaged in Global 'Competition for Influence'," Inside US−China Trade 11 (Mar. 9).

Counter Balance (2010), "The Mopani Copper Mine, Zambia: How European Development Money Has Fed a Mining Scandal," Dec., http://www.counterbalance-eib.org/?p=347.

Daily Mail [U. K.] (2011), "Cameron Warns Africans over the 'Chinese Invasion' as they pour billions into continent," July 20.

Daily Mail [Zambia] (2011a), "Zambia Copper Output to Hit 1.5 million," Mar. 16.

Daily Mail [Zambia] (2011b), "Chinese Firms not that Bad, Says Miners' Union," Nov. 4.

Daily Mail [Zambia] (2011c), "We are Here to Stay: China," Nov. 10.

Daily Mail [Zambia] (2011d), "Shamenda Warns Companies Flouting Labor Laws," Nov. 28.

Daily Mail [Zambia] (2011e), "Miners Body Gives State Ultimatum," Dec. 6.

Daily Mail [Zambia] (2012a), "Strike halts FQM Copper Production," Jan. 3.

Daily Mail [Zambia] (2012b), "Lumwana Workers in 18% Pay Rise," Feb. 8.

Daily Mail [Zambia] (2012c), "ZCTU Ponders Merger of Same Sector Unions," Feb. 17.

Daily Mail [Zambia] (2012d), "Don't Take Advantage of President Sata's Threat to Dismiss Civil Servants, MUZ Cautions Employers," Mar. 12.

Daily Mail [Zambia] (2012e), "Chambishi Smelter Workers Hail State for Improved Conditions," Apr. 19.

Daily Mail [Zambia] (2012f), "Chief Sinazongwe Sorry," Aug. 11 2012.

Daily Mail [Zambia] (2012g), "State Seeks Partner for Munali Nickel," Sept. 12.

Daily Mail [Zambia] (2012h), "Safeguard Mine Investments: Chitotela," Sept. 20.

Daily Mail [Zambia] (2012i), "Canadian Mining Firms Happy with Zambia's Copper Boom," Sept. 21.

Daily Mail [Zambia] (2012j), "Court Orders two Mining Firms to Award Employees 25 percent Salary Increment," Sept. 23.

Davies, Rob (2011), "The Other Face of Glencore Mining that Investors Never See," Daily Mail [U. K.], Nov. 21.

Debate (2011) Mar. 22, http://www.parliament.gov.zm/index.php?option=com_content and task=view and id=1410 and Itemid=86 and limit=1 and limitstart=1.

Dow Jones Network (2011), "Zambia's Government Needs to Do More to Address Chinese Mine Abuses," Nov. 3.

Dow Jones Network (2012a), "Zambia Copper Mine Unions Accept NFCA's 44% Pay Hike Offer: Union," Jan. 2.

Dow Jones Network (2012b), "Zambian Miners Agree Labor Deal with Chinese-owned Sino Metals Plant," Jan. 9.

EAZ (2007), "What We Have Learned from Foreign Investment: Does it Matter

Where it Comes From?" Proceedings of Monthly Meeting, Nov. 22 (photocopy).

The Economist (2008), "The new Colonialists," Mar. 13.

The Economist (2010), "Being Eaten by the Dragon," Nov. 11.

Edlund, John and John Skowronski (2008), "Eyewitness Racial Attitudes and Perpetrator Identification: the Lineup Method Matters," North Amer. J. of Psychology 10 (1): 15 –36.

Equinox (2010), Annual Report, 2009, http://ca.hotstocked.com/docs/EQN/equinox_minerals_limited/annual_report/annual2010.pdf.

European Parliament and the Council (2003), "Directive 2003/88/EC of the European Parliament and of the Council—Concerning Certain Aspects of the Organization of Working Time," Nov. 4, http://europa.eu/legislation_summaries/employment_and_social_policy/employment_rights_and_work_organisation/c10418_en.htm.

Fab Qiu (2010), Interview with Fan Qiu, human resources department, CCS, Hong Kong, May 4.

Ferguson, Niall (2012), "Get Ready to be a Slave in China's World Order," *Sunday Times* [U.K.], Mar. 11.

Fessehaie, Judith (2011), "Development and Knowledge Intensification of Industries Upstream of Zambia's Copper Mining Sector," Univ. of Cape Town, MMCP Discussion Paper 3, http://www.cssr.uct.ac.za/…/MMCP%20Paper%203_0.pdf.

Flava FM radio (2012), "Mine Union Opposes Suggestions of Merging," Aug. 14.

Fraser, Alastair and Miles Larmer (2007), "Of cabbages and king cobra: populist politics andZambia's 2006 election," *African Affairs* 106 (425): 611 –37.

Gao Xiang (2011), Interview with Gao Xiang, executive vice general manager, CNMC International Trade Ltd., Beijing, Oct. 20.

Gillan, Mubanga (2008), Interview with Mubanga Gillan, Chambishi, Aug. 27.

Global Witness (2009), "Undue diligence: How Banks do Business with Corrupt Regimes," http://www.undue-diligence.org/Pdf/GW_DueDilligence_FULL_lowres.pdf.

Greenberg, Cheryl Lynn (2010), *Troubling the Waters: Black –Jewish Relations in the American Century*, Princeton, NJ: Princeton University Press.

Guardian [U.K.] (2010), "US embassy cables: US monitors China and its expanding role in Africa," Dec. 8.

Guardian [U.K.] (2011), "Glencore Reveals Record of Fatalities and Environmental Fines," Sept. 7.

Guardian [U.K.] (2012), "Hillary Clinton Launches African Tour with Veiled Attack on China," Aug. 3.

Haglund, Dan (2009), "In It for the Long Term? Governance and learning among Chinese Investors in Zambia's Copper Sector," *China Q.* 199: 627 –646.

Hagluni, Dan (2010), "Policy Evolution and Organizational Learning in Zambia's Mining Sector," PhD diss. , Univ. of Bath (U. K.).

Han Wei and Shen Hu (2011a), "China –owned Mines in Zambia Beset by Strikes." *Caixin Online*, Oct. 21, http://english.caixin.com/2011 -10 -21/100316509.html.

Han Wei and Shen Hu (2011b), "Zambian Workers Return to Jobs at Chinese –owned Mine," *Caixin Online*, Oct. 23, http://english.caixin.cn/2011 -10 -23/100316622.html.

Han Wei and Shen Hu (2011c), "China's Harsh Squeeze in Zambia's Copperbelt," Caixin, Nov. 10, http://china –wire.org/? p =16823.

Hannaford, Peter (2010), "A Tale of Two Mines," *American Spectator*, Oct. 22.

Hardus, Sarah (2009), "China in Africa: Consequences for Traditional Donor Aid," M. A. thesis, Univ. of Amsterdam: 62, http://mqvu.wordpress.com/working –papers/.

Hayot, Eric (2009), *The Hypothetical Mandarin: Sympathy, Modernity and Chinese Pain*, Oxford: Oxford University Press.

Hickel, Jason (2010), "The US, the AU and the New Scramble for Africa," *Pambazuka News* (PN), Oct. 26, http://www.pambazuka.org/en/category/features/68088.

HRW [Human Rights Watch] (n. d.), "Our Research Methodology," http://www.hrw.org/node/75141.

HRW (2009), "Human Rights Watch Visit to Saudi Arabia," July 17, http://www.hrw.org/en/node/84512.

HRW (2011), "You'll be fired if you refuse': Labor Abuses in Zambia's Chinese State owned Copper Mines," Nov. 3, http://www.hrw.org/reports/2011/11/03/you –ll –be –firedif –you –refuse.

Hu Aibin (2012), Interview with Hu Aibin, company secretary, China Nonferrous Mining Corp. Ltd. , Beijing, Nov. 27.

Huang Meibo (2010), "Woguo zhong xiao qiye Fei touzi de xianzhuang: wenti yu duice" (The Situation of China's Small and Medium Enterprise Investment in Africa: Problems and Countermeasures), Quanqiu hongguan jingji zhengce xilie yanjiu baogao, http://www.changce.org/⋯/536_changce –gmep –workingpaper –201015.pdf.

International Business Times (2011), "The West –East Struggle for Africa Continues as China Warns that Force, Sanctions and Embargos do not Work," June 24.

Jackson, Derrick (2005), "The Westmoreland Mind –set," *Boston Globe*, July 20.

Jin Lilun (2012), "Guoyou jingji 'wanquan tuichu' bu ke xing" (It Will not do to have SOEs completely out of the market), *Jingji ribao*, Mar. 24.

Kalasa, Peter (2012), Interview with Peter Kalasa, assistant manager of administration and human resources, Sino Metals, Aug. 15.

Kkalezi (2011), Interview with Kalezi, Kitwe, Aug. 16.

Kaluba, Goodwell (2011), Interview with Goodwell Kaluba, NUMAW president, Kitwe, Aug. 19.

Kaluba, Goodwell (2012), Interview with Goodwell Kaluba, national secretary, NUMAW, Kitwe, Aug. 14.

Keenan, Karyn (2011), "Africa: Bringing Canadian Mining to Justice," PN, June 23, http://allafrica.com/stories/201106270775.html.

Kellestedt, Paul (2003), *The Mass Media and the Dynamics of American Racial Attitudes*, Cambridge: Cambridge University Press.

— (2011), "Konkola Copper Mines, Zambia", April 18, http://www.banktrack.org/show/dodgydeals/konkola_copper_mines/_blank.

Konkola Resources Plc (2010), "Announcement of Initial Public Offering on the London Stock Exchange," Nov. 2, http://www.bloomberg.com/apps/news? pid = conewsstory and tkr = VED: LN and sid = amCdCr5Nlf4M.

Kragelund, Peter (2009), "Part of the Disease or Part of the Cure? Chinese Investments in the Zambian Mining and Construction Sectors," *European Journal of Development Research* 21 (4): 644 -61.

Kynge, James (2011), "Problems Flagged up," *Financial Times* (U. K.), Mar. 4.

Lee, Ching kwan (2009), "Raw Encounters: Chinese Managers, African Workers and the Politics of Casualization in Africa's Chinese Enclaves," *China Q.* 199: 647 -99.

Lewanika, Akashambatwa (2007), Interview with Akashambatwa Lewanika, Lusaka, July 21.

Lin Shi (2014), "A Chinese Azalea blooming in Africa : An Economic Ethnographic Study of a China - Zimbabwe Joint Venture," paper to be presented at IUAES conference, Chiba, Japan, May 16.

Lumamba, Mooya (2011), Interview with Mooya Lumamba, Kitwe, Aug. 19.

Lungu, John and Alastair Fraser (2008), "For Whom the Windfalls: Winners and Losers in the Privatization of Zambia's Copper Mines," Civil Society Trade Network of Zambia, http://www.liberationafrique.org/IMG/…/Minewatchzambia.php.

Lungu, John and Sumbye Kapena (2010), "South African Mining Corporate Governance Practice in Zambia: the Case of Chibuluma Mine Plc," pp. 47 -97 in South African Research Watch, *South African Mining Companies in Southern Africa: Corporate Governance and Social Responsibilities*, http://www.boell.org.za/downloads/SARWbookFA.pdf.

Luo Tao (2011), Interview with Luo Tao, CNMC CEO, Beijing. Oct. 18.

Luo Xing'en (2012), Interview with Luo Xing'en, CEO, CLM, Luanshya, Aug. 17.

Lusaka Times (2008), "Chinese -Zambians in Fists of Fury," Mar. 4.

Lusaka Times (2012a), "Government Scrutinizing Interested Investors for Munali Nickel Mine," Feb. 27.

Lusaka Times (2012b), "MUZ Asks Branch Leaders to be Reasonable When Making Demands for Improved Salaries," June 28.

Mail and Guardian [South Africa] (2010), "High Hopes for Zambia's Copperbelt Ghost Town," July 23.

Maravi (2008), "FSSMAZ Seeks to Achieve Unity in Mining Sector," May 28, http://maravi.blogspot.com/2008/05/fssmaz - seeks - to - achieve - unity - in - mining.html.

Marton, Peter and Tamas Matura (2011), "The 'Voracious Dragon,' the 'Scramble' and the 'Honey Pot': Conceptions of Conflict over Africa's Natural Resources," *J. of Contemporary African Studies* 29 (2): 155 -167.

Maseko, Gabriel (2012) Interview with Gabriel Maseko, head of industrial relations, NFCA, Chambishi, Aug. 13.

Matenga, Crispin (2010), *The Impact of the Global Financial and Economic Crisis on Job Losses and Conditions of Work in the Mining Sector in Zambia*, Lusaka: ILO.

Metals Bulletin (2011), "Glencore forecasts 23% increase in Mopani Copper Output in 2015," April 15.

Michelo, Prudence et al. (2009), "Occupation Injuries and Fatalities in Copper Mining in Zambia," *Occupational Medicine* 59, 3: 192 (KCM, Jan. 2005 -May 2007).

Midford, Paul and Indra de Soysa (2013), "Enter the Dragon! An Empirical Analysis of China versus US Arms Transfers to Autocrats and Violators of Human Rights, 1989 - 2006," *Int. Studies Q.*, forthcoming.

Mine Safety Department (2011), "Mining Industry Safety Record from the year 2000 to August 19, 2011," Photocopy, Kitwe, Aug. 23.

Minerals Council of Australia (n.d.), "Safety Performance Report of the Australian Minerals Industry 2006 -2007," http://www.minerals.org.au/safety.

Mubita, Robinson (2012), Interview with Robinson Mubita, manager of safety and environment, CCS, Chambishi, Aug. 16.

Muchimba, Charles (2010), *The Zambian Mining Industry: A Status Report Ten Years after Privatization*, Lusaka: Friedrich Ebert Stiftung.

Mukuka, Charles (2011), Interview with Charles Mukuka, acting press, MUZ, Kitwe, Aug. 15.

Mushota, Webby (2011), Interview with Webby Mushota, Kitwe, Aug. 16.

MUZ (2011), "Statistics of Mine Accidents by the Mine/Division for the Past 11 Years," Photocopy, MUZ, Lusaka, Aug. 17.

Mwale, Alex (2011), Interview with Alex Mwale, NFCA NUMAW branch chairman, Chingola, Aug. 20.

Mwale, Maxwell M. B. (2011), "Ministerial statement by Hon. Maxwell M. B. Mwale ··· " March, http: //scribd. com/doc/51570144/Ministerial - Statement - Mining - Development - in - Zambia.

Mwinbe, Stanislas (2011), Interview with Stanislas Mwinbe, MUZ branch chairman, Luanshya, Aug. 17.

MyWage. org/Zambia (2011), "Working hours," http: //m. mywage. org/zambia/main/decent - work/working - hours/working - hours? switch_skin = mobile.

National Economic Advisory Council (n. d.), "Quantity and Quality of Employment in the Mining and Manufacturing Sectors in Zambia, 1991 −2006," Authors' photocopy.

Negi, Rohit (2008), "Beyond the 'Chinese scramble': The Political Economy of anti − Chinese Sentiment in Zambia." *African Geographical Rev.* 27: 41 −63.

Negi, Rohit (2011), "The Micropolitics of Mining and Development in Zambia," *African Studies Q.* 12 (2): 27 −44.

Netherlands Institute of International Relations (2008), "Chinese state − owned Enterprises and Stability in Africa," Clingendael, http: //www. ikvpaxchristi. nl/catalogus/uploaded _ file. aspx? id.

Ngosa, Felix and James Van Alstine (2011), "Seeking Benefits and Avoiding Conflicts: a Community − Company Assessment of Copper Mining in Solwezi, Zambia," http: //www2. lse. ac. uk/geographyAndEnvironment/research/Sustainable% 20Synergies/Publications/Zambia% 20Community − Company% 20Assessment. pdf.

Nichols, Theo (1997), *The Sociology of Industrial Industry*, London: Mansell.

Numaw (2011), "Collective agreement between NFC Africa Mining PLC and National Union of Miners and Allied Workers and Mineworkers," Dec. 16.

Nyumbu, Sifuniso (2012), Interview with Sifuniso Nyumbu, president, Gemstone and Allied Workers Union of Zambia, Lusaka, Aug. 3.

People's Daily Online (2011), "Chinese graduates see future in SOEs," Jan. 31, http://english.people.com.cn/90001/90776/90882/7277462.html.

Perkins, Richard and Eric Neumayer (2010), "The Organized Hypocrisy of Ethical Foreign Policy: Human Rights, Democracy and Western Arms Sales," *Geoforum* 41: 247−256.

Piston, Spencer (2010) "How Explicit Racial Prejudice Hurt Obama in the 2008 Presidential Election," *Political Behavior* 32 (4): 431−51.

Platts (2012), "Zambia's Muliashi Copper Project to be Commissioned end Feb," Feb. 6.

Post [Zambia] (2010), "Luanshya Copper Mines has Produced Copper Valued at $12m since Inception," April 13.

Post [Zambia] (2011a), "Equinox records U.S. $529m profit," Mar. 11.

Post [Zambia] (2011b), "KCM contractors' workers down tools," Oct. 18.

Post [Zambia] (2011c), "KCM boasts of $2bn investment," Dec. 21.

Post [Zambia] (2011d), "The 'black mountain' a source of livelihood for over 1,000 men," Dec. 25.

Post [Zambia] (2012), "MUZ describes 17% pay rise as not impressive," Mar. 23.

Pwyp Zambia (2011), "Mine Workers Union of Zambia," http://www.pwypzambia.org/index.php?option=com_content and view=article and id=60 and Itemid=72.

Radio Free Asia (2011), "China ignores warning bells," Nov. 7.

Rajwar, Sushmita (2010), "Dragon in Zambia: challenges facing China," *African Q.* 50 (1): 26−35.

Reuters (2012), "Chinese Firm Offers Zambia Miners 17% Pay Rise," Mar. 23.

Sautman, Barry and Yan Hairong (2012), *Red Dragon, Red Metal: China in Zambian Copper Mining*, Draft manuscript.

Servant, Jean−Christophe (2009), "Mined out in Zambia," *Le Monde Diplomatique*, May 9.

Seti, Venus (2011), Interview with Venus Seti, Lusaka. Aug. 12.

Shain, Milton (1994), *The Roots of Anti−Semitism in South Africa*, Charlottesville: University of Virginia Press.

Shang, Fushan, Bo Zhao, Shaofu Duan, and Zunbo Zhou (2010), *Sustainable Development of the Chinese Copper Market*, Winnipeg: IISD.

Sichone, Chusa (2011) "Workers cry for improved conditions of service," *Times of*

Zambia, Nov. 14.

Steel Guru (2011a), "2010 Mineral Production: Konkola Resources Plc, Announcement, KCM not decided on next step towards IPO yet," May 27.

Steel Guru (2011b), "Metorex Increase Copper and Cobalt Output at the End of 2010," June 16.

Taylor, Ian (2011), *The Forum on China – Africa Cooperation*, Milton Park: Routledge.

Telegraph [U.K.] (2010), "The New Ordeal Awaiting Chile's Heroic Miners," Oct. 11.

Tembo, Irene (2012), Interview with Irene Tembo, assistant HR manager CCS, Chambishi, Aug. 15.

This Day [Lagos] (2011), "Carrington: US Businessmen are Critical of My Stand Against Abacha," Dec. 5.

THOMAS, CAL (1999), "China's Espionage Coup," *Baltimore Sun*, May 31.

Times of Zambia (2004), "Casual Labor Blamed on Weak Policy," May 1.

Times of Zambia (2009), "Copper Mine Pares More Jobs." May 6.

Times of Zambia (2010), "NFCA to Invest $600m in Geology," Nov. 30.

Times of Zambia (2011a), "Chambishi Mine Gets $800m boost," Feb. 3.

Times of Zambia (2011b), "KCM Records U.S. $309 Million Profit," May 6.

Times of Zambia (2011c), "KCM Employees Reduced," June 1.

Times of Zambia (2011d), "Labor Ministry 'war – front' Opens over Minimum Wages," Oct. 1.

Times of Zambia (2011e), "Splinter Unions Setback to Bargaining Power," Dec. 29.

Times of Zambia (2012a), "Miners Paralyze Kansanshi Ops," Jan. 3.

Times of Zambia (2012b), "KCM Workers Get 17 p. c. Pay Rise," Jan. 27.

Times of Zambia (2012c), "Kansanshi Miners Win 22 p. c. Pay Rise," Feb. 28.

Tougas, Denis (2010), "Canadian firms dominate mining activities inAfrica and have bad human rights record," East African (Nairobi), Mar. 1.

Trade Mark Southern Africa (2010), "More jobs coming at Lumwana," July 2, http://www.trademarksa.org/news/more-jobs-coming-lumwana.

United Press International (2007), "UPI/Zogby Poll: China's Influence in Africa," July 27.

U.S. State Department (2008a), "China in Africa: Implications for US Policy," *Africa News*, June 4.

U. S. State Department (2008b), "Implications of Chinese Economic Expansion in Africa," *State News Services* (SNS), Oct. 31.

U. S. State Department (2009), "Inhofe Questions Top Intelligence Officials ..." *State News Services* (SNS), Mar. 10.

Van Bracht, Gerard (2012), "A survey of Zambian Views on Chinese People and Their Involvement in Zambia," *African East Asian Affairs* 77 (1): 54 −97.

Van Niekerk, Kevin (2010), "Facing and Overcoming Challenges," *Discover Zambia* 5: 24 −29.

Voice of America (2011a), "China Supports Global Pariahs, Gets Resources and Criticism in Return," June 28.

Voice of America (2011b), "Rights Group Slams China for Alleged Zambia Mine Abuses," Nov. 3.

Wall Street Journal (2006), "G −7 to Warn China over Costly Loans to Poor Countries," Sept. 15.

Wang Chunlai (2012), Interview with Wang Chunlai, NFCA CEO, Chambishi, Aug. 13.

Wang Jinjun and Robert Kamanga (2012), Interview with Wang Jinjun, deputy CEO (production), and Robert Kamanga, deputy CEO (technical), CLM, Luanshya, Aug. 17.

Washington Post (2009), "Zambian copperbelt reels from global crisis," Mar. 25.

Wells, Matt (2011), "China in Zambia: trouble down in the mines," Huff Post World, Nov. 21, http://www.huffingtopost.com/matt − wells/chia − in − zambia − trouble − d_b_1102080.html.

Wills, Barry ed. (2006), *Wills' Mineral Processing Technology*, 7th ed. Oxford: Butterworth −Heineman.

World Bank (2012), "China 2030," http://www.worldbank.org/content/dam/···/China −2030 −complete.pdf.

World News Review (2008), "China in Zambia: from comrades to capitalists?" Oct, http://new −review.blogspot.com_10_01_archive.htm.

Wu, Yi −li (2008), "Review of Nie Jing −bao, Behind the Silence: Chinese Voices on Abortion," *Bull of the History of Medicine* 82 (3): 764 −765.

Xu Xiliang (2012), Interview with Xu Xiliang, deputy CEO, Sino Metals, Chambishi, Aug. 15.

Yan Hairong and Barry Sautman (2012), "Bashing the Chinese: Contextualizing Zambia's Collum Coal Mine Shooting," Paper presented at Univ. of Edinburgh, Centre for African Studies, June 6.

Yi Xiaozhun (2011), "Opening remarks by H. E. Ambassador Yi Xiaozhun at the 4th annual Bridges China Dialogue, 27th September, 2011," http://wto2.mofcom.gov.cn/aarticle/inbrief/201109/20110907764847.html.

Zambia Business Survey (2010), "The profile and productivity of Zambian businesses," http://www.pdfio.com/k-275981.html.

Zambia Review (2011), *Zambia Review*, 12th ed. http://www.scribd.com/doc/64262081/Zambia-Review-2011-12.

Zambian Parliament (2010), "Report of the Committee on Economic Affairs and Labor," Sept. 23, http://www.parliament.gov.zm/index.php?option=com_docman and task=doc_view and gid=867.

Zambian Watchdog (2011), "Albidon suspends operations at Munali Nickel indefinitely," Nov. 11, http://www.zambianwatchdog.com.

Zhang Zhe (2010), "Chaoyue zhengyi de Feizhou kaifa: Zhongguo zai Zanbiya zhenshi cunzai" (Beyond the Controversy of Africa's Opening Up: China's Actual Situation in Zambia), *Nanfang zhuomo*, Nov. 4.

Zulu, Adams (2012), Interview with Adams Zulu, CLM worker and national vice-president of NUMAW, Luanshya, Aug. 17.

中国与西非地区发展和安全[*]

〔加纳〕伊曼纽尔·艾吉亚姆蓬[**]

许 亮[***] 译

一 引言

在过去的十年中,中国在非洲不断壮大的影响力反映出中国作为仅次于美国的世界第二大经济体的地位。在后冷战时代,全球已经从以美国为中心的单极体系演变成一个多极的政治经济体系。中国与非洲的贸易额从2000年的10亿美元飞速增长至2007年的550亿美元,2012年年底更是跃至1984亿美元。[①] 2009年,中国超越世界银行成为非洲第一大贷款提供方,同时也成为非洲最大的贸易伙伴。[②] 与此同时,在过去的十年中许多非洲国家了经历了商品繁荣和高增长。例如,过去十年中,世界上经济增长最快的经济体中有六个来自非洲。它们是安哥拉、尼日利亚、埃塞俄比亚、乍得、莫桑比克和卢旺达。在过去的十年中有八年,非洲地区的经济增长速度比亚洲还快。[③] 虽然有人认为中国经济增长可能放缓,但经济学家们难以否认中国已经成为全球经济的重要力量。反观非洲,对于最近几

---

[*] 本文初稿是笔者在2013年11月北京论坛"地区合作与冲突:多元文化的视角"小组上的发言稿。

[**] 伊曼纽尔·艾吉亚姆蓬(Emmanuel Akyeampong),哈佛大学(Harvard University)历史系教授。

[***] 许亮,北京大学国际关系学院博士,哈佛大学历史系博士研究生。

① Chris Alden, *China in Africa*, London: Zed Books, 2007; Report on Trends of Chinese Foreign Trade (Spring 2013), Chinese Ministry of Commerce; *Xinhua News*, March 25, 2013.

② Deborah Brautigam, *The Dragon's Gift: The Real Story of China in Africa*, Oxford: Oxford University Press, 2009.

③ G. Pascal Zachary, "Africa Takes Off," *Foreign Policy*, June 11, 2012.

年的高速发展是否仅因为商品繁荣而缺乏支撑持久发展的结构性变化，人们似乎并没有定论。① 中国的壮大对非洲意味着巨大的机遇，但绝大多数非洲国家并没有一个明确的"中国政策"。南非可能在这方面是个例外。然而，南非在对华经济关系中也过度依赖资源和原材料出口。"跳出思维定式"（Thinking outside the box）将有助于非洲国家在处理对华经济关系时更好地释放增长潜能。一个可以类比的历史案例是二战后的"马歇尔计划"。二战中，欧洲战时经济需求导致了美国经济快速增长。战后，美国认为乐善好施可以与谋取战略利益相结合，因此决定对欧洲和日本的重建进行援助。事实证明，"马歇尔计划"使美国经济获得了更快的增长。

本文旨在论述我们正在经历的新一轮全球经济变革。旧有的经济增长中心经历了严重的经济倒退。西方一些国家，如希腊、塞浦路斯、葡萄牙、北爱尔兰以及西班牙和意大利很可能成为需要援助的国家。世界上增长最快的经济体不再是西方世界，而是亚洲和非洲的发展中国家和地区。中国快速崛起成为世界第二大经济体。有预测认为，中国经济总量将在未来 20 年内超越美国。中国的中产阶级增长速度和规模堪称史无前例。中国的经济已经开始从以出口导向为主向以内需为主的增长模式转型。"南南贸易"对于中国经济的持续增长也有着巨大的推动作用。80 年代以来，西方跨国企业选择中国作为"世界工厂"，利用中国廉价并且训练有素的劳动力，通过外包生产来实现利益最大化。中国最近三十年的经济成就在很大程度上得益于此。相比而言，很多非洲国家在独立之初沿袭了欧洲殖民统治时期的以单一农作物和矿产资源为主的经济结构。殖民统治时期建立的有限的基础设施主要是用于连接经济资源丰富的地区，大片国土被置于基础设施网络之外。以加纳为例，加纳唯一的深水港塔科拉迪港（Takoradi）是 20 世纪 20 年代建成的；加纳的两条主要铁路系统一是连接塞康第 - 塔科拉迪港口区（Sekondi-Takoradi）和矿区，二是连接首都阿克拉（Accra）和第二大城市库马西（Kumasi）。阿克拉与库马西之间的铁路线路可能更多是出于军事安全考虑，因为在 19 世纪的大部分时间里，阿散蒂（Asante）一直被英国认为是其在黄金海岸的军事威胁。在殖民统治时期，

---

① 比较乐观的评估，请参见 ShantaDevarjan and Sudhir Shetty, "Africa: Leveraging the Crisis into a Development Takeoff," *Economic Premise*, The World Bank, No. 30 (Sept. 2010), pp. 1–4。

可可农们会利用当地劳力铺设支线将自己城镇与主要的铁路干线连接起来。20 世纪 50 年代末 60 年代初，非洲独立之时正好经历了二战所带来的商品繁荣。这使得很多非洲政治家对于非洲经济发展的前景过于乐观，高估了自己发展本国经济以及促进经济多元化的能力。重要的是，像加纳以及尼日利亚这样的新独立国家都试图减少对前殖民宗主国的经济依赖。西非国家为了进一步实现地区一体化，减少外部依赖实现经济自主，于 1975 年成立了西非国家经济共同体（ECOWAS，简称"西共体"）。与非洲其他地区的一体化努力一样，"西共体"面临着巨大的挑战。事实上，非洲经济在很大程度上依然是指向西方国家。今天，非洲正处于一个重要的历史结点。全世界都在关注非洲，将其视为下一个经济成长的沃土，并美其名曰"非洲崛起"。非洲人非常关注这次机遇，希望利用这次机遇实现真正的经济起飞和长久发展。在这方面，中国可以发挥举足轻重的作用。本文旨在反思和总结历史经验，以西非为案例评估非洲的发展现状和未来发展的潜在动力。

二 跳出思维定式：非洲所代表的经济机遇

莫桑比克和卢旺达，作为非洲增长最快的经济体中的两个国家，曾饱受战乱。两国近年来的经济发展可以说是起于低起点的快速反弹。两国接下来的增长机遇显而易见，非常可观。同时在这一过程中，强有力的领导人无疑加快了经济上的反弹。类似这样的分析大概也适用于非洲绝大多数国家。除了少数几个殖民者定居的前殖民地之外，大多数非洲国家在殖民统治时期都遭受了经济上极端的低度发展（under-development）。殖民统治的经济逻辑不是投资并致力于当地经济发展，而是尽可能地掠夺财富。殖民统治时期投资的主要目的是提高殖民地的生产能力，从而增强其对于殖民宗主国的经济价值。法国前殖民部部长（1920~1924 年，1932~1933 年任职）阿尔贝特·萨罗（Albert Sarraut，1872~1962 年）在总结殖民地经济本质时这样说道：

> 经济上，占有殖民地对宗主国意味着一个特权市场。在这个特权市场中，宗主国可以肆意获取所需的原材料，倾销工业产品获取利

润。因此，经济政策可以简化成获取农产品并进行简单的易货贸易。再者，宗主国严格控制殖民地使其工业产品消费严格依赖宗主国。宗主国禁止任何试图在当地生产制造此类消费品的企图，同时也阻止外部世界的介入。所以说，工业是被禁止的，殖民地试图实现经济进步的努力也是被禁止的，殖民地被捆绑成一个完全的原材料供给地。殖民地海关由宗主国设立，殖民地试图与周边国家发展经济关系也是不可能的。①

殖民地经济主要围绕商业、矿产业和农业。矿业是非常具有掠夺性的，原材料在出口之前几乎没有工业加工。在农业领域，殖民政府鼓励单一作物经济，基础设施的建设都是为了便于经济资源的掠夺。这也就是为什么铁路和公路都是用来连接港口和矿产资源丰富的地区或者农业生产的腹地。换言之，殖民统治时期的基础设施的目的并不是要整合殖民地内部经济以提供殖民地经济发展的基础进而实现殖民地本身的内部经济繁荣。

英国广播公司（BBC）的一篇题为《非洲故事》的报道指出，殖民统治下的非洲，其主要的铁路系统大多建成于20世纪20年代。宗主国建设这些铁路系统的主要动机有二：一是为了军事和政治控制；二是为了便于从矿区向港口运送矿产资源。

> 很多铁路线就是为了向港口运送矿产资源，其对沿线的当地社区的益处微乎其微。在比利时治下的刚果，本古拉铁路（Benguela Railway）就是用于从刚果的卡坦加（Katanga）产铜区向安哥拉的洛比托港口（Lobito）运送铜矿资源。在利比里亚，其主要铁路线则是铺设于盛产铁矿的尼姆巴郡（Nimba county）和布坎南港口（Buchanan）之间。②

这样的例子还有很多。在塞拉利昂，铁路线仅限于首都弗里敦（Freetown），主要是为了欧洲殖民官员和殖民者从隔离的白人区希尔车站（Hill

---

① Bruce Fetter ed., *Colonial Rule in Africa: Readings from Primary Sources*, Madison: University of Wisconsin Press, 1979, p. 109.
② BBC, "The Story of Africa: Africa and Europe (1900–1914)," http://www.bbc.uk.co/worldservice/africa.features/storyofafrica/11chaoter12.shtml.

Station）去往工作地的通勤需要。因此，塞拉利昂全国的铁路线总长仅为84英里，其铺设的主要动机是为了保护欧洲人，将他们与感染疟疾的非洲人隔离开来。[1] 世界银行最近的一篇报告是这样描述非洲在独立之初支离破碎的铁路系统的：

> 虽然有关整合铁路系统的提议一直都存在，但没有一个得以落实。非洲绝大部分铁路系统仍然是千疮百孔，支离破碎。其铁路线路要么是限于主要城市之间，要么是限于港口和出产资源的内陆之间。放眼非洲，只有三个可称之为国际性铁路网络的系统，一是以南非为中心，覆盖马拉维、民主刚果共和国和坦桑尼亚的铁路网；二是马格里布地区的北非铁路网；三是覆盖肯尼亚、乌干达和坦桑尼亚的东非铁路网。有一些跨境铁路连接内陆国家和港口，还有一些给内陆地区提供站点以便其利用公路系统运送物资。但是，历史上除了南部非洲以外，非洲国家之间的贸易是极为有限的。因此，由于财力和经济上的困难，建立更具整合性的铁路交通系统实属不易。[2]

根据世界银行的这篇研究报告，在通行铁路长度和乘客铁路使用长度排名上，西非都是名落孙山。非洲基础设施的种种缺陷在撒哈拉以南非洲铁路分布图中便可得到充分佐证。

较之于铁路，非洲的公路网络覆盖面更大，然而其建设质量和分布也极其不平衡。在整个西非，只有尼日利亚的铺砌路面长度（26005英里）大于境内的未经铺砌的路面长度（6100英里）。加纳紧随其后。据最近的一份报告统计，加纳拥有9353英里的铺砌公路，但其未铺砌路面长达28208英里。[3]

类似这样的落后与不足在其他公共服务领域也比比皆是。以供电为例，据估计在撒哈拉以南非洲只有24%的人口能够享用电力，而且很多地区虽然通电，但断电是家常便饭。尼日利亚是一个典型的例子。即便是坐

---

[1] Nilanjin Banik and C. A. Yoonus, "Trade as an Answer to Sustainable Economic Growth—The ECOWAS Story," *Global Business Review*, Vol. 13, No. 2 (2012), p. 320.
[2] Richard Bullock, *Off Track: Sub-Saharan African Railways*, African Infrastructure Country Diagnostic, Background Paper 17, Washington D. C.: The World Bank, 2009.
[3] Banik and Yoonus, "The ECOWAS Story," p. 320.

拥丰富的石油资源，尼日利亚仍然面临供电难的问题。布鲁斯·考格（Bruce Kogh）和赫达·斯密特克（Hedda Schmidtke）在最近一篇有关非洲电力的文章中指出，目前非洲能源基础设施遍布但同时并没有像发达国家那样烦冗的行政上的管制，因此其在引入新能源方面有着巨大的机遇。在这方面，非洲可以从零起步实现跳跃式发展，在考虑当地资源条件和需求的基础上合理结合并利用水电、太阳能、地热、生物沼气以及生物质气化发电。[①] 非洲在接受移动电话以及引入新式手机移动转账方面的突出成就便是跳跃式发展的一个成功案例。考格和斯密特克认为在能源领域非洲也可以实现类似的革新。在技术革新方面跳出思维定式有助于获得重大的经济回报。电信大亨，塞尔特移动通信公司（Celtel）的首席执行官马丁·皮特斯（Marten Pieters）在谈到通信创新所蕴藏的巨大经济潜能时曾表示：

> 非洲国家的边界是殖民统治遗留下来的，它们并不如实反映经济发展和语言分布的实际情况。非洲有着大量的跨越边界的流动，因此也蕴藏着巨大的机遇。金萨沙和布拉柴维尔之间的电话目前仍然需要通过欧洲来中转。我们认为在非洲建立真正意义上属于非洲的通信系统非常必要。因此，我们在关注跨边界的通信连接。这也就是为什么我们向肯尼亚、乌干达和坦桑尼亚的用户提供国际通信的折扣。[②]

作为当今的通信技术大国以及南南合作的重要提倡者，印度于2009年2月决定启动一项耗资5亿美元的泛非洲电子网络工程作为其"援助非洲"计划的一部分。[③] 非洲的经济机遇是巨大的。中国由于自身在水电、太阳能、铁路建设等重要领域的经验和技术、在全球经济中的地位、其自身经济生产对原材料和自然资源的需求和兴趣以及其通过资源贷款在非洲基础

---

① Bruce H. Kogh and Hedda R. Schmidtke, "Electrical Power in Africa: Challenges and Opportunities," IEEE Smart Grid, December 2012, http://smartgrid.ieee.org/december-2012/731-electrical-power-in-africa-challenges-and-opportunities.

② "Africa attracts Arab Investment," http://www.africa-business.com/features/arab_africa_trade.html.

③ Benu Modi and Seema Shekhawat, "China and India in Africa," *Pambuzuka News*, Issue 456, Nov. 5, 2009, http://pambuzuka.org/en/category/africa_china/60030.

设施建设领域的投入都表明中国在非洲谋求发展的道路上将扮演极为重要的角色。进一步考察西非在地区一体化方面的举措将会有助于我们检验有关中国对西非发展的潜在作用的观点。

三 西非国家经济共同体：地区一体化的挑战和中国的作用

西非国家经济共同体（简称"西共体"）建立于1975年，成立目的是希望通过建立自由贸易区来实现更高形式的地区一体化，如关税同盟、共同市场和经济联盟。自成立以来，地区一体化对于西共体一直是一个大难题。[1] 法属非洲国家占西共体成员国的多数，他们以西非法郎为共同货币，在经济发展上对宗主国法国的指向性很强，这对西共体全体成员国间建立共同市场形成了挑战。在殖民统治时期，法属非洲国家在行政上同属一个联邦式的治理系统，实行共同的制度（包括经济制度），铁路也使用统一的轨距。这部分解释了1994年西非法属国家（几内亚除外）能发起并成立"西非经济货币联盟"（UEMOA）以促进西非法郎使用国之间的贸易。"西非经济货币联盟"已经建立了一个关税同盟实行统一的对外关税，该联盟被认为是西非最领先的地区一体化机制。[2] 由英语国家和几内亚组成的"西非货币区"（WAMZ）对法语国家的"西非经济货币联盟"形成了补充。"西非货币区"试图引入名为"ECO"的统一货币，其长远的构想是将西非法郎和"ECO"合并，建立一种稳定的通用于整个西非和中非的共同货币。

具有讽刺意味的是，真正促使这些国家降低关税消除自由贸易障碍是始于20世纪80年代世界银行推行的结构调整计划。自从90年代开始，法国也一直敦促处于财政困难的前法属国家遵从世界银行和国际货币组织的改革方案以减轻财政负担。1996~2001年，西共体成员国之间的贸易只占其对外贸易总额的11%，其进口有40%来自欧盟。[3] 尽管有很多关于建立

---

[1] Dean M. Hanink and J. Henry Owusu, "Has ECOWAS promoted Trade among its Members," *Journal of African Economies*, Vol. 7, No. 3 (1998), pp. 363 – 383.
[2] Banik and Yoonus, "The ECOWAS Story," p. 315.
[3] Olumuyiwa B. Alaba, "EU – ECOWAS EPA: Regional Integration, Trade Facilitation and Development in West Africa," Paper presented at the GTAP Conference, UNECA, Addis Ababa, 2006.

共同市场和加强地区内贸易的政治许诺,但是西共体内部成员国之间的贸易仍然处于较低的水平。2011年,一份基于联合国商品贸易统计数据库(COMTRADE)资料的报告估计,西共体成员国间的贸易占西共体国家对外贸易总额的比例仍在10%~15%低水平浮动。①

然而,西非内部贸易在多样性方面前景喜人。这种多样性反映了西非国家间因要素禀赋不同所带来的比较优势的差异,表明了西非国家之间的经济关系具有很强的互补性。这与西非和西方国家以及和亚洲的经济关系截然不同,因为后者主要依赖西非的农产品和矿产品出口。加纳、内宁、多哥和塞内加尔在西非内部贸易中可以输出更多的工业制成品。此外,对自然资源匮乏的国家而言,与西共体成员国的贸易在其对外贸易中所占比重极高。所以说,西共体成员国之间的贸易对这些国家的财富增长意义深远。布基纳法索与西共体成员国之间的贸易占其整个对外贸易的78%,塞内加尔则占46%,马里占35%。② 因此,地区内贸易对于经济多样化的贡献极大,促进地区内贸易会提高西非国家应对因原材料价格波动带来的外部冲击的能力。同样具有指导意义的是,与投身全球贸易的企业相比,关注地区内贸易的公司在劳动力安排方面更稳定、更长远。③ 越来越多的证据表明,在其他非洲国家打工的非洲移民寄回的汇款对接受这些汇款的家庭而言具有非常积极、正面的减贫效果。乌特斯(Wourtese)注意到,洲际的私人汇款额度平均是非洲内部的汇款额度的10倍以上,洲际的私人汇款主要是汇向比较富足的家庭。这些洲际汇款的确缩小和减轻了收受汇款家庭中贫困家庭的数量和贫困程度。然而,乌特斯却发现这些汇款扩大了家庭间的贫富差距。他指出,来自非洲内部的汇款有助于缩小家庭间的贫富差距,因为这些汇款主要是汇向贫困家庭。④

在最近的金融危机中,国际贸易受到了很大冲击。这进一步表明促进

---

① Erik von Uexkull, "Regional Trade and Employment in ECOWAS," OECD, 2011. Von Uexkull 是国际劳工组织(ILO)贸易和就业项目的经济官员,其文章下载地址是: http://www.oecd.org/site/tadicite/48707550.pdf。
② Erik von Uexkull, "Regional Trade and Employment in ECOWAS," OECD, 2011.
③ Erik von Uexkull, "Regional Trade and Employment in ECOWAS," OECD, 2011.
④ F. S. Wourtese, "Migration, Poverty and Inequality: Evidence from Burkina Faso," Washington, D. C., International Food Policy Research Institute Research Paper 00786, 2008.

地区内部贸易的重要性。在非洲，那些依赖与欧盟和亚洲贸易的国家在危机中受冲击最大。① 巴尼克（Banik）和尤努斯（Yoonus）认为，加强地区内贸易是西共体国家增加总需求和增强地区发展支出能力的出路。② 这并不是说地区内部贸易和全球贸易二者只能取其一，而应该将两者很好地结合，各取其利，服务于西非的增长和发展。以西非与欧盟之间的贸易关系为例，按照原先的《雅温得协定》和《洛美协定》（共四次），欧盟给予西非的是非互惠贸易特权。2008年，欧盟通过了一系列给予西非互惠经济伙伴关系的协定。这种贸易关系的变化是积极的、正面的。互惠关系通过《经济伙伴协议》（Economic Partnership Agreement）得以确立。该协议的商谈过程并不能说一帆风顺，一些专家担心在西非内部统一市场实现之前与欧洲签订互惠贸易协定会影响西非一体化的努力。③

西非一体化以及西非与欧洲等外部贸易组织的贸易协定的成功与否，在很大程度上取决于西非内部能否建成良好的基础设施。落后的交通网络，糟糕的通信设施和不稳定的电力供应大大提高了在非洲做生意和运送物资的成本。巴尼克（Banik）和尤努斯（Yoonus）强调西共体国家建设基础设施的必要性。基础设施的改善将帮助西共体国家更好地关注地区内部贸易。他们指出，像尼日利亚、加纳、塞内加尔和科特迪瓦这样的资源大国应该有意识地致力于发展与地区内资源贫乏国家的贸易。④

这里所说的跳出思维定式有两个层面，即同时在国家和地区两个层面思考更好的中国政策。我们需要一个更清晰连贯的中国—西共体行动议程（agenda）。在国家层面，中国的存在感在很多非洲国家都显而易见。中国通过双边渠道开展了很多对地区发展具有重要意义的工程项目。例如，中国正在能源、铁路、公路网络等领域积极帮助加纳。位于加纳北部的布维（Bui）水电站是中国在加纳援建的最大的基础设施工程。该工程由中水电

---

① Banik and Yoonus, "The ECOWAS Story," p. 312.
② Banik and Yoonus, "The ECOWAS Story," p. 312.
③ Alaba, "EU – ECOWAS EPA"; Erik von Uexkull, "Regional Trade and Employment in ECOWAS."
④ Banik and Yoonus, "The ECOWAS Story," p. 324.

承建，预计总耗资 6.22 亿美元，由中国进出口银行提供贷款。加纳政府承担 6000 万美元，贷款是通过向中国出口可可逐步偿还。① 该水电站建成于 2013 年年底，发电能力达 400 兆瓦，相当于加纳全国水电发电量的 1/5。② 历史上，加纳曾向科特迪瓦、多哥、贝宁和布基纳法索等邻国出口水电。布维水电站建成后，将来也可能向布基纳法索输送电力。2006 年，中国承诺帮助加纳在凯蓬（Kpong）建一个供水项目，该项目旨在向阿克拉东部地区每天增加 4000 加仑的供水。③ 2009 年，中国政府向加纳电力集团提供了 1.7 亿美元的卖方信贷，用于完善电网建设，增加 30 万用户的家庭供电。④ 中国还帮助加纳改造途经库马西连接首都阿克拉和布基纳法索的国际公路。2006 年 6 月，中国总理和加纳时任总统库福尔一起出席了阿克拉和库马西之间的高速公路扩建工程的开工仪式。该工程耗资 2900 万美元。⑤ 2005 年，中国还答应帮助加纳改造铁路系统。⑥ 现在加纳是油气输出国，中国目前也在帮助加纳建设天然气管道。

加纳自然资源丰富，因此有能力承担这些与中国的基础设施建设合约。布维水电站是用可可来支付，天然气管道则是通过加纳的原油来偿付。如前所述，加纳对西方国家和亚洲的出口主要是未经加工的初级产品，加纳向其邻国的出口则更多的是工业制成品和工业机械。然而，与西共体成员国的贸易只占加纳对外贸易总量的 18%。⑦ 在促进经济多样化和提高产业附加值方面，发展地区内贸易比洲际贸易对加纳更有利。西非资源较丰富的国家，如加纳、科特迪瓦和尼日利亚，应该战略性地从地区发展的角度进行思考，在地区基础设施（如公路网络）上增加投入，扩大自己的市场。西共体希望建立一个区域性的铁路网络，但是西共体只能寄希望从外部获得资助，因为成员国认为国家的财富是属于国家的

---

① 参见 Daily Graphic, October 28, 2005, August 7, 2006, and September 26, 2007。在追加的 1.68 亿美元投资中，加纳政府出资了 2200 万美元。
② Interview with Anthony Boye Osafo - Kissi, Resident Engineer, Bui Power Authority, August 5, 2013.
③ Daily Graphic, January 6, 2006.
④ Daily Graphic, October 17, 2009.
⑤ Chronicle, June 20, 2006.
⑥ Daily Graphic, April 25, 2005 and December 9, 2005.
⑦ Erik Von Uexkull, "Regional Trade and Employment in ECOWAS."

而不是属于整个地区。但是，西非资源并不贫乏，西共体很可能是非洲最大的区域性贸易组织。中国的贷款条件很优惠，也愿意发放资源抵押贷款用于基础设施建设。从这一点看，中国可能是非洲在基础设施建设领域的天然伙伴。

当下，加纳与许多其他非洲国家一样，虽然对中国所带来的经济机会喜闻乐见，但在国家层面缺乏一个明晰的中国政策。过去，在世界银行的"霸权"下，非洲没有其他的选择，只能接受世界银行的援助。现在中国提供了另一种选择。西方国家对此很警觉，有评论称中国在非洲日益增长的经济影响力是非洲的"第二次殖民占领"。非洲国家还在全面认识中国的过程当中，还没有能够提出明晰的中国政策。2008年9月，首届中国和西共体经济贸易论坛在北京召开。此次论坛是在2006年中非合作论坛北京峰会之后举行的，西非国家不仅希望在论坛上强调其丰富的农业、矿产和油气资源，同时他们也想借机突出自己日趋健全的金融体制、股票市场以及区域性贸易组织的吸引力。论坛的一个中心议题是基础设施合作。鉴于中国与西非经济关系的重要性，在阿克拉举办的第二届中国和西共体经济贸易论坛推迟至2012年有些令人感到意外。会议上，基础设施又一次被作为中心议题，特别是公路、铁路、住宅、建筑和交通。另一被热议的话题是如何加强西非私营企业与中国私营企业的合作。这些计划也有利于中国自身的发展，因为中国也在寻求新办法实现经济的进一步持续发展。但是从中国的角度而言，中国在加强与西非国家甚至整个非洲的合作时也需要跳出思维定式，例如中国应该更注意帮助非洲健全其政治经济体制，中国也需要更好的自我审查，即便在一些制度环境和审查机制缺失的国家也要尽量实现互惠双赢。一个经济上繁荣的非洲对中国而言将意味着巨大的市场，将需要更多高质量的中国消费商品和资本。因此，中国应该借助一些论坛和平台更好地帮助非洲政府和商界了解中国。中国与非洲政府也应该合作，来共同管理和规范所谓的中国在非洲的第三个"面象"，即来非洲寻找机会的移民群体。一个突出的例子就是最近在加纳发生的华人非法采金的事件，这给原来互惠共赢的中非关系增添了一个令人不愉快的插曲。

四 不可控因素（Loose Cannons）：来自中国的冒险主义者和中非关系中的危急时刻

2012年7月，在加纳阿散蒂地区盛产金矿的阿曼西西区（Amansie West District）的曼索恩斯埃那村（Manso - Nsiena），一群加纳年轻人与在当地从事非法采金活动的中国人产生了冲突。冲突的原因是中国人的采金活动给当地造成了环境污染。该地区历史上曾经爆发过布鲁里溃疡病（buruli ulcer），一个因环境污染而引发的流行疾病。2012年7月20日，加纳最大的报纸《每日画报》刊登了一幅中国采金者的照片，瞬时引发了全国的关注和愤怒。照片中的中国采金者手持短枪，向空中鸣放以震慑不断逼近的加纳示威者。离事发地最近的一个大城镇曼索昆塔（Manso Nkwanta）立即派遣武装警察前来调解，当场拘捕了9名中国采金者。随后，该事件在加纳的电台和新闻媒体上引发了持续数日的大辩论。是谁允许这些中国人在曼索恩斯埃那采金的？这些中国人无视加纳法律，他们没有获得采金许可，同时还随意携带枪支。对于这些中国人，加纳应该采取什么样的制裁措施？正如劳埃德·阿莫阿（Lloyd Amoah）所言，加纳人的困惑可能部分是因为加纳缺乏明确的中国政策。加纳一方面要顾及与中国的官方关系，另一方面加纳民众对于零售业中和非法采金中不断增长的中国人非常不满。然而，加纳政府的政策和态度却一直不够明朗。①

加纳官方对待中国人非法采金模棱两可的态度可能有两个原因。其一，西方国家对中国在非洲无视人权的责难所起的效果是微妙的。劳埃德·阿莫阿指出，加纳很清楚自己民主制度的信誉，也知道从捐助国那里持续获得资助的重要性，因此，加纳"在与中国的交往中总是进行自我审查，进而没能制定独立务实的中国政策"。② 与西方国家对人权问题的强调不同，同时与世界银行自1989年以来将政治改革

---

① Lloyd G. A. Amoah, "Ghana - China Relations: From Ambivalence and Far to Vision and Action," Unpublished paper.
② Lloyd G. A. Amoah, "Ghana - China Relations: From Ambivalence and Far to Vision and Action," Unpublished paper.

作为援助条件的做法不同，中国在处理与贸易伙伴的关系时奉行不干涉内政的原则。非洲国家非常欣赏中国的平等姿态。这也是为什么当西方国家批评中国没有道德原则的时候，[1] 非洲领导人还是很乐意与中国开展合作。

其二，也许更重要的是，加纳官方模棱两可反映出中国三个"面象"的现实。这三个"面象"分别是：类似大型跨国公司的中国国有企业，得到国家支持的大型私营企业，以及过去十年来大批来非洲寻找经济机会的普通中国人。例如，承建位于沃尔特河（Volta）上的布维水电站的中水电和投资加纳石油行业的中海油就属于第一个"面象"。加纳前总统米尔斯（Mills）2010年9月访问北京时，中国国家开发银行决定向加纳提供30亿美元贷款帮助加纳开发油气资源，与此同时，中国进出口银行也承诺提供104亿美元贷款帮助加纳建设基础设施。在第二个"面象"中，华为公司是典型的例子。华为在加纳从事光缆铺设，巴帝电信（Airtel）用于网络服务的无线路由器都是华为生产的。[2] 第三个"面象"是来自中国的普通移民，他们无视加纳禁止外国人从事零售和小规模采金的规定，大举进入加纳零售业并从事非法采金活动。[3] 非法采金愈演愈烈，最终导致2013年6月加纳政府的取缔行动，引发全国甚至国际社会的关注。很显然，在中国部分地区的人们有着很强烈的来加纳淘金的意愿。例如广西上林，一个中国西南的贫困县，关于加纳淘金热的消息在当地口耳相传。《南华早报》的一篇报道估计在加纳采金的中国人多达5万，其中2/3来自上林县。文代金（音）是一位来自上林的24岁小伙，在接受英国《卫报》采访时坦言："在我的家乡，除了那些行动不便的，所有的男人都试图来加纳淘金。"[4]

2013年6月，加纳遣返数百名中国非法采金人员对中加关系是一次重大考验。这些非法采金的中国人首先违反了2006年的《矿产和采矿法

---

[1] Ian Taylor, "Governance in Africa and Sino-African Relations: Contradictions or Confluence," *Politics*, Vol. 27, No. 3 (2007), p. 139.

[2] Heidi Glaesel Frontani and Anna McCracken, "China's Development Initiatives in Ghana, 1961–2011," *Journal of Sustainable Development in Africa*, Vol. 14, No. 8 (2012), pp. 275–286.

[3] 在布西亚执政时期（1969~1972年），加纳政府颁布了《加纳商业促进法案》（*Ghana Business Promotion Act*），规定只有加纳公民可以在加纳境内从事零售行业。

[4] *The Guardian*, June 6, 2013.

案》，该法案明确规定只有加纳公民有资格获取小规模采金许可。同时，中国采金者引入了新的采金设备，在提高采掘河床沙金效力的同时对河床和水源也造成了污染。受污染河道的照片被加纳媒体披露后，举国哗然。加纳政府决定由移民局和军方联合成立行动队，取缔中国人的非法采金。很多中国采金人是受持有许可的加纳当地人邀请后参与采金的。当地加纳人缺乏资金，中国采金人带来的资本可以提供设备（如挖掘机）和支付补偿金（向在采矿许可土地上耕种作物的农民提供补偿）。为了赚取更大利润，中国采金人逐渐涉足实际采金过程。他们在阿曼西西区（Amansie-West）、敦夸（Dunkwa）和比比阿尼（Bibiani）等富矿区建造临时营地。其采金活动的成功以及采矿区开采出来的实实在在的金粒也使得抢劫团伙闻讯而来，这导致了中国人开始武装自卫。需要指出的是，中国采金人的许多武器是合法取得并持有当地执法部门的许可的。2013 年 8 月 3 日，笔者在曼索-昆塔（Manso-NKwanta）警察总部亲眼查看过这样的持枪许可。

但是，中国采金人持有武器恶化了当地轻型武器扩散的局面。西非地区近些年以来饱受内乱（如利比里亚、塞拉利昂和科特迪瓦），这导致了轻型武器在当地的散布。针对这一潜在威胁，最近一份研究报告仔细考察了武装组织和枪支对西共体地区安全的影响。[1] 西非有手工制作轻型武器的传统，铁匠会向猎户和农民提供枪支的维护服务，铁匠也能够直接制造手枪和步枪。西非国家间边境管制是很松散的，对于轻型武器扩散的担忧也早已存在。犯罪组织和网络以及非洲采金团伙越来越多的持枪倾向进一步加剧了轻型武器在该地区的扩散。在科特迪瓦刚刚结束的内乱中，武装叛军曾从加纳招募技能和经验丰富的采金人和设备前往科特迪瓦，在叛军武装控制下的金矿区进行开采活动。[2] 加纳取缔中国人非法采金活动后，中国采金人遗留并散落在民间的枪支事实上恶化了棘手的武器扩散问

---

[1] Nicolas Florquin and Eric G. Beman, eds., *Armed and Aimless: Armed Groups, Guns and Human Security in the ECOWAS Region*, Geneva: Small Arms Survey, 2005.

[2] Emmanuel Addo Sowatey, "Small arms proliferation and regional security in West Africa: The Ghanaian case," The Nordic Africa Institute, 2012, http://www.nai.uu.se/publications/news/archives/051sowatey. 另外参考笔者在北部城市博勒（Bole）对小规模采金人的访谈，2013 年 8 月 4 日。

题。中国人留下的枪支大多被营地附近的村民所获取，其结果是中国人由于考虑到他们与村民的紧张关系很难再回去将其遗留的设备搬运出来。

取缔行动队在执法过程中也存在滥用职权、粗暴执法的问题，因为有些执法人员和平民借此机会非法侵占中国人留下的车辆和采金设备等资产。中国媒体披露了一些受行动队伤害的中国采金人的照片。笔者于2013年8月走访过一些采金营地。被烧毁的工棚以及现场的狼藉都表明行动队的确存在粗暴执法的问题，给中国人以及加纳当地采金人都造成了很大损失。遭返后，加纳政府和中国驻加纳使馆都在反思这次行动，认识行动中出现的问题。中国采金人的财产损失，原本因中国人采金而受益的农村地区受到的经济冲击，以及中国人引入的具有革新性的小规模采金技术，都表明中国人的采金活动并不都是消极负面的。但是从加纳政府角度来看，这种极端式的处理方式反映出其缺乏一个明晰的中国政策。加纳政府一方面乐于与中国政府发展经济关系，另一方面对于如何在三个不同"面象"上与中国交往还很生疏。从中国政府角度来看，中国政府一直致力于扶持大型国企和大型民营企业在加纳的经济活动，因为这些经济活动有利中国政府实现其国家利益。但是，对于那些跑到非洲寻找经济机会的普通中国人，中国政府并无太大兴趣，监管不力。中国在中非伙伴关系中是强势的一方，应该更主动地与非洲国家建立一种双赢合作。非洲国家由于经济落后，很难在中非关系中发挥主导性角色。双赢合作不应仅仅停留在口头上。正是由于在经济合作中中国和非洲国家实力上的不均等，中国也需要跳出思维定式，构想更开明的合作战略。

五 结论：中国对非洲发展的愿景

1947年，美国认为继续在经济上削弱二战中的敌人——德国和日本并不符合美国的国家利益，帮助欧洲重建才更符合美国的战略利益。1947年6月5日，美国国务卿乔治·马歇尔（George Marshall）在哈佛大学发表演讲，宣布美国将于1947~1951年投入3亿美元（约为今天的1300亿美元）用于欧洲和日本的战后重建。此计划被称为"马歇尔计划"。这也意味着美国"摩根索计划"（Morgenthau Plan）的结束。"摩根索计划"旨在通过遏制德国的工业发展来抑制其扩张的野心。这一过程由于苏联也希望剥夺德国先进的机械化能力而得以强化。下面这句话最好地阐释了跳出思维定式:"美国视其他国家甚至是它的旧敌的经济繁荣为利益,这无疑是重要的政治信号。"① 另一个明智战略的例子是1947年美国和其他发达国家成立的关税与贸易总协定(GATT)。关贸总协定允许发展中国家补贴和保护国内新兴工业。40年代的这些明智之举造就了1950~1973年"资本主义的黄金年代"。其间,欧洲、美国和日本人均产值增长率从1.5%跃升至8.1%。② 20世纪50年代以来,日本(最近刚被中国赶超而退居世界第三大经济体)和德国在全球经济中的突出表现强有力地证明经济发展并不是零和游戏。通过这些政策,美国不仅更加富有,而且还获得了道德资本(moral capital)。美国的道德资本只是在近些年由于其对伊拉克和阿富汗的军事干预才开始受到批评。

  非洲局部地区刚刚经历战乱或者仍然被各种冲突所困扰,如卢旺达、布隆迪、乌干达、民主刚果共和国、莫桑比克、安哥拉、利比里亚、塞拉利昂和科特迪瓦。这些战乱经历和殖民统治所遗留下的经济赤字共同构成了重建繁荣的大背景。在过去的十年中,非洲增长的潜能越来越被世界所关注。非洲矿产资源极其丰富,由于受世界银行鼓励出口导向的农业政策的刺激,非洲农业也在复苏。世界银行的重债穷国计划(the Heavily Indebted Poor Countries,HIPC)致力于给穷国减免债务,使得非洲穷国能将原先用于偿还债务的资金用在发展项目上。在非盟以及地区组织中,制度改革的试验、良善治理和国家间互审机制将继续与系统性腐败共存。在非洲发展的历史机遇下,当人们争论现在是不是非洲实现经济起飞的时候,中国能够利用自身不断增长的财富和日益提升的国际地位做些什么呢?中国可以继续视非洲为重要的原材料产地和高回报率的海外投资目的地。或者,中国也可以积极参与让非洲经济改头换面的历史进程,让非洲获得长久稳定的财富增长。中国没有殖民的历史包袱,在同非洲国家交往中也没有西方国家的颐指气使和施惠者姿态。从坦赞铁路到布维水电站,中国出于善意对非洲基础设施建设提供帮助。因此,

---

① Ha-Joon Chang, *Bad Samaritans*: *The Myth of Free Trade and the Secret History of Capitalism*, New York: Bloomsbury Press, 2008, p. 63.

② Ha-Joon Chang, *Bad Samaritans*: *The Myth of Free Trade and the Secret History of Capitalism*.

中国如果愿意与非洲在发展规划上建立伙伴关系，提供资本、技术和远见，中国必定会成为促进非洲发展的积极正面的力量。正如当年的"马歇尔计划"一样，现在正是中国可以跳出思维定式，酝酿一个开明的非洲战略的时候。一个开明的非洲战略也将会实现中国自身更加巨大的发展。

广州非洲城的草根多语主义：国家在全球化中扮演的角色*

韩华梅**

金 鑫*** 译

笔者第一次在中国广州的所谓的"非洲城"（Africa Town）调研是在2009年6月。据说当时已有大约2万非洲人长期居住在广州，另外还有数万名非洲人定期或不定期地前来广州做短期采购或逗留（Yang, 2011）。笔者观察到广州非洲城里的商店通常每周营业七天，从早上11点直到晚上11点半。货架上的商店琳琅满目，甚至走廊和街道上也堆满了各种各样的商品。由于价格非常便宜，商店依靠大批量的销售获取利润：几乎所有的商店都从事批发贸易，部分商店也兼零售。市场有巨大的利润空间但是也极不稳定：一些人因此变得富有，但很多人投资失败。在非洲城，除了作为跨国贸易通用语的英语以及作为中国官方语言的普通话之外，处处都能听到各种非洲语言和中国方言，包括广州当地的粤语。很显然，拥有多语技能，或者说"在某种程度上能够说不止一种语言"（Edwards, 1994：33），对于在非洲城里进行贸易和工作的有非洲和中国背景的人在经济上

---

* 本文是在以下英文版的文章基础上翻译及稍作修改而成：Huamei Han, "Individual grassroots multilingualism in Africa Town in Guangzhou: The role of states in globalization from below," *International Multilingual Research Journal* 7(1): 83 - 97. 并得到 Taylor and Francis (http://www.tandfonline.com) 的许可在《中国非洲研究评论（2013）》出版此中文版。本项目得到西蒙菲莎大学校长研究启动基金以及加拿大社会与人文科学研究理事会的资金支持。本人感谢 *International Multilingual Research Journal* 的主编 Alfredo J. Artiles 教授和 Jeff MacSwan 教授帮助洽谈并取得免费翻译和出版此文的中文版的许可。感谢中山大学的硕士研究生金鑫提供了中文翻译初稿及第二稿，感谢李志刚教授为此提供的资金支持。中文版的两次修改及定稿由笔者完成，文中所有的错误和遗漏均由笔者负责。

** 韩华梅（Huamei Han），加拿大西蒙菲莎大学教育学院。

*** 金鑫，中山大学硕士研究生。

的生存和富裕起着至关重要的作用。

本文探讨在中国社会边缘的非洲城里工作和生活的人们如何在日常的多语交流中扩大他们自身的语言储备。受法国社会学泰斗皮埃尔·布迪厄（Pierre Bourdieu, 1986）的后结构主义语言理论的启迪, 本文使用社会语言学中的语言储备（linguistic repertoire）（Blommaert and Backus, 2011）与跨国主义研究中的同时性（simultaneity）（Levitt and Glick Schiller, 2004）的概念来理解与迁移相关的经历：迁移是非洲城里的多语主义现象得以出现的基础。关注于个人, 本文调查跨国迁移到中国的非洲裔商人和跨地区迁移到广州的中国商人及工人是如何使用多种语言进行交流的, 以及他们在日常的共同工作和生活过程中学习和拓展了什么语言技能。聚焦于两个个案, 本文展示了有非洲和中国背景的移民是怎样同时维持并发展跨国和跨区域的关系, 以及在此过程中, 在没有语言培训的情况下, 他们是如何同时性地和自发地拓展了个人的多语储备。

笔者选取的视角是关注流动的社会语言学：它关注"在真实的社会文化、历史和政治背景下确实使用的语言资源（resources）"（Blommaert, 2010: 3, emphasis in original）。这一视角意味着运用民族志的方法来记录和理解是谁在怎样的情况下使用了何种语言资源; 具体到非洲城, 则意味着记录和理解谁在什么情况下使用着什么语言资源, 以及那里的多语主义现象是如何在当地和全球的背景下产生的。

一 研究背景

笔者在非洲城里所观察到的多语主义现象与非洲城里的人们所经历的全球化过程紧密相关, 而这种全球化也是当今世界上大多数人正在经历的。这是一种自下而上的全球化（globalization from below）（Mathews and Alba Vega, 2012: 1）, 或者说是由个人和家庭发起的, 需要相对较少的资本, 并经常涉及一些非正式交易的跨国的商品和人的流动。自下而上的全球化在全球范围内存在, 但在发展中国家更加明显。自下而上的全球化是对通常由政府和企业发起并涉及大量资金的自上而下的全球化（globalization from above）过程的有效补充。自上而下的全球化遍布世界的各个角落, 但在发达国家, 或者资本主义世界体系的核心国家（the core countries in the capitalist world-system）（Wallerstein，2004）更普遍。自上而下的全球化要求从外围和半外围国家（peripheral and semi-peripheral countries，Wallerstein，2004）迁移到核心国家的人具备平衡的双语主义（balanced bilingualism）（Baker，2006；Heller，2007），这实际上是要求一种常常植根于早期的环境和学习再加上长期正式的课堂读写教学所造就的精英多语主义（elite multilingualism）。Blommaert（2004，2008）的草根读写（grassroots literacy）的概念中用草根（grassroots）一词强调地方性。借用"草根"这个概念，本文用草根多语主义（grassroots multilingualism）来描述与自下而上的全球化相关的多语使用现象。作为在课堂教育以外所发生的扩展多语储备的产物，草根多语主义有使用易变的形式，自由转换语码，以及使用有非标准语特色的元素等特点（Han，2012）。

到目前为止，迁移研究关注的主要是从（半）外围国家向核心国家的人的迁移（Park，2010）。与此类似，第二语言（或外语）教育和（精英）双语研究大多研究核心国家的课堂（Baker，2006）。然而，草根多语主义在核心国家的边缘地带早已存在，比如在加利福尼亚湾区的一个以西班牙语为主的社区（Kramsch and Whiteside，2008），比利时的超多元社区（super diverse neighbourhoods）和非洲人聚居区（Blommaert，Collins and Slembrouck，2005），英国的多语的移民家庭和祖裔语（heritage language）课堂（Blacklege and Creese，2010），又或是在加拿大的分别服务第一代移民（Han，2011b）和她们的第二代（Han，2013）的中国基督教福音派教会，等等。研究这些空间不仅能对社会过程提供重要的见解，并能对政策和教学法有直接或间接的影响。

我们还知道，对外围国家的很多人来讲，草根多语主义一直是他们社会生活的有机组成部分。例如，在废除种族隔离后的南非，在贫穷的工人阶级聚居的乡镇（township）里，黑人（指南非原住民）和有色人（指有混合血统的人）青少年虽然在学校里接受英语教育，他们所能掌握的英语读写是一种草根读写（grassroots literacy）（Blommaert，Muyllaert，Huysmans and Dyers，2005）。在家族成员以及朋友圈的亲密关系的领域里，他们则常常根据对话人而在科萨语（Xhosa）、阿非利卡语（Afrikaan）和英语之间进行多语语码转换（Dyers，2008）。在冈比亚（Gambia）的一个多民族村落里，人们说着他们的邻居和亲戚所说的语言（Juffemans，2011），而在斯里兰卡的贾夫纳地区（Jaffna, Sri Lanka），基本上只会说泰米尔语（Tamil）的卖鱼人在跟双语的中产阶级顾客交流时，常常会夹上一些英语词来吸引顾客（Canagarajah，1995）。通过辨识和描述在一个（半）外围国家的边缘空间里的非洲城里所出现的草根多语的具体形式，本文集中调查个人如何在未接受课堂教育的情况下拓展其多语储备这一极少被研究过的现象。

大约在1997年，随着撒哈拉以南非洲地区制造业的衰退和中国经济的快速增长，非洲商人开始到广州来进口便宜的制造业商品（Li, Xue, Lyons and Brown, 2008）。中国于2001年加入WTO以后，越来越多的非洲人来到广州，非洲城逐渐形成（Li, Xue, Du and Zhu, 2009）。从空间上来讲，广州非洲城位于城市中心，由位于火车站周围的几个建筑群构成。大多数商店属于中国人并由中国人经营，而非洲人开的店则主要集中在三元里和小北的几座大厦里。三元里主要聚集了尼日利亚商人以及他们开的商店；小北地区的非洲人则相对有更多元化的背景，讲法语的穆斯林是其中很显眼的一群，而那儿的市场也相对比较高端（Yang, 2011）。

一些小型研究（Bodomo, 2010；Li, Xue, Du and Zhu, 2009）显示，来自尼日利亚、马里、加纳、几内亚以及刚果共和国等国家的商人形成了较大的在非洲城生活和工作的群体；其成员大多是25～40岁的男性（Bodomo, 2010）。然而，在2012年的田野调查中，笔者观察到非洲城里的非洲女性开始明显增多。除了会讲很多非洲语言以外，30%～50%的非洲人说他们会讲法语，然后大多数人会讲英语，但是流利程度参差不齐（Bodomo, 2010）。Lyons, Brown和Li（2008）认为，由于很少中国人会讲法语，讲法语的非洲人为了满足其宗教和交流的需求共同来到清真寺，并围绕清真寺而形成了紧密的社区；讲英语的非洲人则大多都是基督徒，彼此间的联系相对较弱。

在大量的商贸活动在非洲城里进行的同时，从2005年以来，关于非洲城的负面报道不断涌现。广州当地的中产阶级很少跟非洲人接触，但是对非洲人持种族歧视态度（Li, Xue, Du and Zhu, 2009）。随着中国政府收紧签证控制，非洲商人的处境每况愈下，特别是在中国主办2008年奥运会和在广州主办2010年亚运会前后，当地执法机关加大了对非洲城的管理力度，一定程度上对该地区的非洲商人造成了不便影响（Bodomo, 2010；

Lyonset al., 2008; Yang, 2011)。非洲城的可持续发展成了一个问题。虽然非洲城本身还处于发展的初期阶段,但在动荡的全球经济和相应的地理政治中,非洲城可能会继续存在下去,但也可能会消失。由于所有这些因素,非洲城充斥着各种各样的不平等,但是这些本地化的不平等可以追溯到全球化过程的不平等。非洲城因此成为研究全球化背景下来自(半)外围国家和地区的移民中所出现的多语主义的一个生动案例(telling case)(Mitchell, 1984)。

二 草根多语主义与同时性

本研究受益于布迪厄(Bourdieu)的物质主义和过程性的语言观(materialist and processsual view of language)。布迪厄(1986)明确地指出物质性资本(material capital)和象征性资本(symbolic capital)在社会再生产中起着举足轻重的作用。他认为,物质性资本经常以经济资本(economic capital)的形式出现,象征性资本则以社会关系、教育水平、文化品位以及语言技能等其他一些形式呈现。但是我们必须意识到,象征性资本的价值存在于它自身的物质性根源(its material origin)及其"随时可转回为经济资本"的特性(Bourdieu, 1977:179)。笔者将个人的语言储备看作个人在其人生轨迹中所学到的所有语言变体(language variety)[①]的不同程度的知识和功能的总和(Blommaert and Backus, 2011)。位于不同位置的个人在一个既定社会以及在跨越不同的社会时常常会有不同的人生轨迹。个人的人生轨迹既是一个被各种继承的和后天积累的物质性与象征性的资本所塑造的过程,同时又是一个积累这些物质性和象征性资本的过程,而语言资本则是最重要的象征性资本之一(Bourdieu, 1984, 1986)。从这个意义上来讲,个人语言储备虽然是个人性的,但它具有系统性的维度:那些跟地域、年龄、性别、教育水平等相关的语言社会变体及相应的变体符

[①] 从社会语言学的角度来看,语言变体包括地域变体(或称"方言"),社会变体(受年龄、性别、职业、宗教、教育程度等社会因素影响的变体),标准语(为教育及社会事务等目的而设立的标准化的方言),以及个人变体等。请注意,在语言学意义上,标准语是一种与其他变体平等的变体;方言(地域变体)与独立语言之间是没有明确的界限的,有许多地域变体(如汉语的地域变体)究竟是方言还是独立语言是存在争议的。

号（diacritics）虽然在每次使用时都是在严格的个人层面的，但它们同时揭示占据特定社会地位的人群的语言使用的集体模式。

为了更好地理解个人生活轨迹以及与其相应的语言储备，笔者又借鉴了跨国主义研究中的"同时性"（simultaneity）这一概念。同时性指出很多移民"每天的生活同时融合了目的地国家及跨国的日常活动、常规惯例及社会机构等"（Levitt and Glick schiller，2004：1003）。笔者认为同时性作为一个建构同时涵盖了跨国和跨区域（或者说是地方与地方间）的流动（Guarnizo and Smith，1998），有助于理解跨国迁移和境内迁移。

三 民族志研究和主观性

本文的数据来自一个正在进行的大型社会语言学民族志（sociolinguistic ethnography）项目的早期阶段性田野调查。在本文的英文版发表时，这项关于非洲城里的非洲人和中国人的研究的田野调查已历时4年，包括2009年夏季的两周，2011年夏季的两周，以及2012年春季的5周，在2013年和2014年还会继续做较长期的田野工作。在田野调查期间，笔者在小北与非洲和中国的商人和工人同吃同住，随着时间推移，逐渐选择了9位核心参与者（key participants）：他们来自各不相同的背景，从事各种各样的工作。有专事出口的行商，开店的坐贾（或称店主），打工的店员，在非洲城做全职或者兼职贸易的学生和英语教师，等等。他们当中有2位来自中国农村的有"非洲小孩"的女性，其他7位则来自非洲，包括2位女性5位男性。

笔者通常在市场和店铺里观察核心调查对象，跟他们聊天访谈，有时也会去他们的家里或学校里的宿舍，或者跟随他们一起去市场、仓库、货运公司、教堂、清真寺和警察局等地方。我们谈论的内容主要包括他们会使用的语言，学习各种语言的经历，他们的背景，迁移的轨迹，生意，学业，家庭，浪漫或亲密关系，以及他们所关心的任何其他话题。另外，笔者也观察和采访了一些二级参与者（secondary participants），其中18位是非洲背景的，19位是中国背景的。考虑到很多参与者的不安顿甚至危险的处境，直到第三次田野调研的第三周笔者才开始做有录音的访谈。

在田野工作中，笔者对非洲城里及与其相关的多层面多维度的关系的理解逐渐增长，这帮助笔者逐渐理解自己在田野工作中接触到的个人在不同情况下如何看待和接受我这样一个在加拿大生活和工作的有中国背景的女性学者。笔者在偏远的中国农村出生长大，先迁移到上海读书工作，然后又作为成年人移民至加拿大。个人的生活轨迹和经历在一定程度上帮助我跟这些经历了跨地区和跨国界的迁移而在非洲城居住和工作的有中国和非洲背景的人有一定程度的共鸣。我知道我的多重身份不可避免地会影响到我能接触到什么样的人，能跟哪些人建立良好关系从而有可能成为研究的核心参与者和二级参与者，以及他们如何向我披露他们的经历和构建他们自己的形象和身份。我明白我所讲的故事是相对的而不是绝对的（relational instead of absolute），我尽最大努力清晰地解释我在数据分析和代表性叙述（representation）中的主观性。此外，需要指出的是，我对非洲城的数据的理解和分析间接地受益于我在 2010～2011 年在南部非洲所做的 5 个月的关于"中国商店"（China shop）的田野调查。从在南非的开普敦和在纳米比亚北部位于与安哥拉交界处的小镇 Oshikango 经营"中国商店"的中国工人阶层的移民与当地的非洲人的日常交流中，我观察到了一个在具体的语言构成及形式上略有不同，但在本质上很类似的未经课堂教学的拓展多语储备的现象（Han，2011a）。

四 非洲城里的草根多语主义

非洲城里的招牌、广告及公告常常都包括中文和英文，在小北的店招和商场滚动显示屏幕上阿拉伯文也占据着显著地位，而法文招牌和告示也不时抢入眼帘。非洲城里两大群体的内部交流主要是通过各式各样的中国的和非洲的语言变体（Chinese and African language varieties）。非洲人和中国人之间的交流则常常使用英语和汉语普通话，有时也用法语。虽然笔者也碰到过一些会讲斯瓦希里语（Swahili）、阿拉伯语或者俄语的中国人，但是相对少见。

正如笔者在别的研究中（Han，2012）指出的，在我的研究参与者中，一些会讲英语的非洲人将非洲城里使用的英语变体叫作"中（国）式英语"（Chinglish）。中式英语作为非洲城的主要工作共通语（lingua franca），是中产阶层的非洲人和工人阶层的中国人在市场上一起工作的必然结果。

由于在很多非洲国家以及世界各地普遍存在的英语教育的层化现象（Blommaert，2008），来自边缘地区的人群中通常只有精英阶层才会说所谓正规的英语。我遇到的大多数非洲商人属于中上层或中层阶层，他们说的英语常有非正规英语的元素。另外，讲法语的非洲人的英语熟练程度也各不相同。同时，几乎所有我所遇到和交谈过的中国人都来自其他省份的乡村或者广东省里除广州市之外的乡镇和农村地区：有一个从来没有上过学，大多数只上过（一部分）小学，很少几个上完了高中，只有一对夫妻是大学毕业。这意味着他们大多数都只受过很有限的英语或者其他外语的课堂教育，有的则从没上过英语课。这在很大程度上跟中国极深的城乡分化有关：这促使大量地农村人口涌入城市，成为在城市里工作的没有城市户口及待遇的农民工；2006年，中国有2.1亿几乎没有任何社会保障的农民工（Zheng and Huang-Li，2007）。而这种城乡鸿沟的历史根源是从1958年开始实施的禁止农民或是农村户口的人往城市里自由迁移的城乡二元户口制度。随着1998年以来各省和（直辖）市的参差不齐的地方性改革举措，在像广州这样的一类城市（first-tier city），只有一小部分具有相当高的教育水平的或是很富有的精英外地人才能争取到城市户口（Nyiri，2010；Sun et al.，2011）。因此，广州市户口及与其相捆绑的教育、就业、住房、卫生保健、失业保障以及养老金等社会福利对绝大多数在非洲城里打工甚至开店的中国人都是遥不可及的。因此，虽然每个群体内部都有巨大的内部差异，当中国人、讲法语的非洲人，以及讲英语的非洲人在非洲城里相遇，中式英语，而非所谓的标准英语，成为非洲城里跨群体交流的主要的工作共通语（Han，2012）。

作为在同一个空间里很多人都未经课堂教学的草根多语主义的产物，非洲城里的中国式英语具有以下特点：使用简单的英语词汇和语法结构、重复关键词、经常使用汉语普通话的词汇和表达方式、有明显的汉语普通话的语法的影响，等等（Han，2012）。在我的34位研究参与者中，31人是通过日常的交往而非语言课堂而扩大了他们的多语储备，而另外3人（包括2个核心和1个二级参与者）则是以国际留学生的身份到了中国，在广州当地的大学里先学了中文，然后开始在非洲城参与贸易活动。

下面将详细描述其中两位核心参与者的个人案例：一位是来自非洲的男性，另一位是来自中国农村的女性。这两者都在跨地域和跨国家的关系中拓展了多语储备。我明确意识到阶层、种族、性别、宗教、移民身份以及其他各种社会建构以复杂的方式相互交接作用而对个人的生活轨迹和语言储备产生举足轻重的影响。然而，考虑到篇幅的限制，本文的讨论主要集中在国家、经济资本以及个人的多语储备的交接处。

五 来自几内亚的店主易卜拉欣

30来岁的易卜拉欣（Ibrahim）来自几内亚的首都科纳克里。2009年我第一次见到他时，他是一个穿着得体、受人尊敬的年轻穆斯林。那一年，他一个人经营着位于小北一栋繁忙商厦里的黄金地点的档口。直至我2012年写这篇文章时，他仍在同一地点经营着他的生意，不过雇了一个几内亚小伙作兼职。易卜拉欣的多语储备让人印象深刻：

> 易卜拉欣的档口是很多常驻广州和短暂停留的非洲穆斯林商人的聚居之所。他们在这里相互招呼、谈生意、聊天、吃饭，或者在视频网站上看足球或者法国和几内亚电影，或是驻足小憩。他们之间说法语、阿拉伯语、苏苏语、富拉语、曼丁卡语以及其他一些非洲语言。相比之下，只有少数中国人会到档口来跟易卜拉欣进行简单的交谈，其中包括附近的一些店主，还有一些生意上的合作伙伴。易卜拉欣说他自己"speak a little English"（会讲一点英语），同时在广州他还学到"a little Chinese from friends"[从朋友那里（学到）一些中文]。我观察到他可以有效地运用非常口语化的普通话，比如在电话中催促一个中国朋友"快点儿啊"，或者严厉地谴责一个来到他的档口错误地向他收钱的中国人"喂喂，干吗干吗，不是这里不是这里……"（田野笔记，2009年6月30日）

我们可以看到，易卜拉欣把他的多语储备描述为包括对几门语言具有不同程度的掌握和平衡能力及流利程度（Edward，1994）。易卜拉欣可以熟练地运用法语、苏苏语，同时他还会讲阿拉伯语、富拉语、曼丁卡语，他的普通话和英语虽然可以有效地解决一些日常需要，但其水平是有限的。他在跟我交谈时则主要使用英语，有时夹一些中文词句。有时我们能交谈一个多小时，但用英语回复邮件对他来讲似乎很困难。

我认为我们需要从易卜拉欣的背景以及他的跨国和跨地区的贸易和社会关系中去理解他的多语储备的构成与水平。

易卜拉欣是一个富裕大家庭里的年纪较小的儿子之一。在易卜拉欣的父亲过世后，他们的大家庭就开始走向衰落。易卜拉欣受的是法语教育，包括在大学阶段。在学习经济学专业期间以及毕业以后，他在几个非洲国家之间做贸易。易卜拉欣说他在几内亚时，在学校里和做生意时都用法语，与朋友说苏苏语，跟母亲交流时使用富拉语，跟他的已故的父亲说曼丁卡语，然后用阿拉伯语祷告。他有一个姐姐在加拿大蒙特利尔，有两个兄弟在意大利，还有三个兄弟在比利时，他不时会跟他们打电话"to say hello and to talk about life"（问好以及谈谈生活）。

为了赡养他年迈的母亲和抚养他的弟弟妹妹，易卜拉欣于2005年来到广州，在不会讲一句汉语普通话或广州话的情况下开始了他的商贸之旅。他在广州成功地经营着几种生意。他最主要的生意是接他自己品牌的牛仔裤和T恤的批发订单，他的顾客大多来自几内亚、喀麦隆、塞拉利昂、刚果民主共和国、马里、马达加斯加和其他的一些非洲国家。其次，当他的朋友以及朋友的朋友来到广州进行短期采购时，他会充当他们的市场向导兼翻译，带他们去广州及附近郊县的各式各样的市场和工厂，有时还会带他们去其他的省市。另外，他与有非洲背景的朋友合作：有时在西非的朋友给他汇钱，他负责购买一些商品寄回去，由西非的朋友在当地销售，然后他们分享利润。同时，他也与一些移民去了欧洲的非洲朋友进行相似的合作。然后，每年春节当中国国内所有的商铺都关门过年的时候，易卜拉欣就去中国香港、泰国、马来西亚、摩洛哥等地方度上两个星期的假；他利用这些假期到当地的市场探索商机，买一些有利润的商品，然后寄往不同的地方从中获取一些利润。（田野笔记，2012年8月11日）

一方面，在广州期间，因为很多原因和通过很多方式，易卜拉欣同时维持着很多活跃、频繁、密切的跨国关系，以及一些相对较弱的跨国和跨地区的关系（Levitt and Glick Schiller, 2004）。跟西非的频繁密切的关系是易卜拉欣生意的支柱,但他同时也维持一些跟欧洲和加拿大之间的较弱的跨国关系。他在广州的生意圈和社交圈主要是由讲法语的非洲人组成的。易卜拉欣迁移之前就有丰富的多语储备,包括法语、苏苏语、富拉语、曼丁卡语、阿拉伯语以及一点儿学校英语,除了英语以外,其他的语言他都使用得很流利。易卜拉欣迁移前的丰富的多语储备是在几内亚和西非的家庭、学校和贸易经历中逐渐积累起来的。我认为,他迁移前的多语储备帮助他建立、维持及发展了跟在非洲、欧洲和加拿大的非洲人的跨国关系,以及跟在中国的非洲人的跨地区及当地的关系。

另一方面,易卜拉欣与广州的中国人在生意和生活上的联系相对较少,与广州以外的中国人则只有偶尔的接触。我认为,他迁移前的多语储备的构成,如不会说普通话及有限的英语水平,很可能阻碍了他与非洲城里及以外的中国人之间建立和发展关系。这主要是因为易卜拉欣与大部分中国人的多语储备之间没有交集,尤其是他刚到中国之时。

从这个意义上讲,虽然易卜拉欣迁移前的多语储备阻碍了他与中国人用汉语和英语建立联系,但他的多语储备在帮他与非洲人建立跨国和跨地区的广泛和密集的关系上功不可没,尤其是与讲法语的非洲穆斯林。即便如此,他在中国仍然建立和发展了地方的和跨地区的关系,建立和发展这些相对较弱的关系的过程帮助他在课堂以外自发地学习普通话和提升英语水平。具体地说:

> 每个周五易卜拉欣都会去当地的一个清真寺去礼拜,那里讲道用的是普通话,念《可兰经》和祈祷时用的是阿拉伯语。根据我们在参加周五聚会后的交谈,易卜拉欣能听懂一些普通话的内容。易卜拉欣与他的中国的生意伙伴似乎关系融洽。其中有一个瘦瘦的中年男人,平时常驻在郊区的工厂里,但会定期到易卜拉欣的档口来看看,他们用普通话交流。有一年的春节,这位生意伙伴邀请易卜拉欣去他的家乡湖北过年。另外,当地官员经常骚扰外国店主和商人,为了减少被烦扰的几率,易卜拉欣把档口登记在他这个中国合作伙伴的名下。另外,通过独自登门或带客户去很多在广州郊区和义乌及其他地方的工厂,易卜拉欣认识很多中国"boss"。他曾经有过一个中国女友,当我问及他们在一起时使用何种语言时,他回答说"Eng-

lish"，接着又笑道 "Sometimes she forget – she speak Chinese（to me）[有时她会忘（了要讲英语）就跟我说中文]，我说：'啊?！什么？'（笑）"。（田野笔记，2011年8月16日）

由此看来，通过用普通话建立、发展和接下来维持这些跨地区的以及当地的关系，易卜拉欣在他已有的多语储备基础上又增加了口语化的普通话，并且同时提升了英语水平。

另外，易卜拉欣一直说他打算去学校学习汉语，但说了两年，还是没能实现这个目标：

> 2011年8月，易卜拉欣的生意变得冷清和困难，他多次告诉我："Next year, go to school study Chinese... Some factory they speak no French, they speak no English. So no Chinese, no business!"（明年我去学校学习中文……很多工厂他们不会讲法语，他们不会讲英语，所以不会中文就没有生意！）在2012年，他又再次考虑去学校学习中文，同时也谈到有些返回几内亚的朋友在他们国内找到了给中国人打工的工作，他说那些是 "good jobs – many many Chinese – in my country!" [好工作——（有）很多很多中国人——在我的国家！]

> 然而，易卜拉欣告诉我，今天在他去商铺的路上，一个警察拦截了他，让他出示护照和签证。"Police ask 'passport passport' all the time; no passport, they take you"（警察常常检查护照，没有护照，他们就会把你抓走），他用双手比画了好几次被手铐铐住的样子。他的签证将在一个月内到期，易卜拉欣为此很焦虑，并解释了为什么他不会选择非法拘留："They catch me, my friends cannot find me, cannot find their money, they think I eat their money – no nonononono..."（如果他们把我抓走，我的朋友找不到我，找不到他们的钱，他们会认为是我私吞了他们的钱，不不不，不不不……）他猛烈地摇晃着他的脑袋，似乎不能想象失去他作为一个有信誉的商人的好名声。

易卜拉欣可以通过三种途径获得一年多次入境的签证：申请去大学学习汉语从而获得学生签证，去香港待上两个星期，或是飞回几内亚。后两种都需要请一个代理人提供相关的生意登记和足够多的存款证明以获得商业签证。这三种途径所需的费用都在2500~3500美元。

当我再次问他是否想过去加拿大或者欧洲投靠他的兄弟姐妹时，易卜拉欣回答说"Visa very very very difficult"（签证非常非常的困难）。（田野笔记，2012年2月15日）

几天以后，易卜拉欣给我看了他收到的在当地一所大学学习中文的一封录取通知书。然而，3月初，易卜拉欣做出了决定：在上学的同时维持他的生意会很困难；更重要的是，因为最近的一笔生意的货款没能收回，所以他一时筹不到足够的学费。因此，易卜拉欣学习中文的渴望，他申请去大学学中文，以及他最终不去上学的决定，都跟他优先考虑目前和长期的生意需要以及中国的签证政策相关。正如之前讨论过的，易卜拉欣已经积累了一定的口语普通话的能力，可以应付当前生意的需求，但是他认为从长远来看，在课堂里学习中文对将来返回几内亚是有利的。虽然对在广州的黑人来说在街上被警察拦住检查护照经常发生，易卜拉欣只有在他自己在街上被警察拦住以后才发现申请签证似乎变得刻不容缓了，为了得到中国签证他才向一所中国大学提出申请去学中文。然而，面临着维持生意与支持自身和家人的生活压力，学习中文所需的经济资源和时间成本却是他所负担不起的。

尽管最后几经曲折易卜拉欣终于筹集到了足够的资金更新了他的签证，他的经历表明"贫穷国家的富人在富裕国家里就成了穷人"（Mathews，2011）。缺乏经济资本与中国的签证政策互相作用，使得易卜拉欣不可能在教室里学习中文，这也意味着他的汉语在可预见的未来很可能仍然会是没经过课堂培训的口语化的普通话。从这个意义上讲，易卜拉欣拓展多语储备的方式（通过课堂教育或在日常工作生活中拓展），以及他所能积累的多语的形式（是继续积累草根多语还是能够朝着精英多语的方向发展），都直接受到他的来源国和目的地国，以及他自身在这两个国家中所处的位置的影响。

然而，这里我要特别指出的是，虽然易卜拉欣在加拿大、意大利以及比利时都有兄弟姐妹，他很清楚要获得这些核心国家的签证比获得中国签证更加困难。这主要是因为易卜拉欣来自于非洲的一个贫穷国家，或者说是在资本主义世界体系里面的最外围的国家（the extreme periphery）（Ferguson，2007）。跨国主义研究者的普遍共识是，各个国家在资本主义世界体系的序列中占据着不同的位置，而在全球化及跨国主义流行的当前，"国家继续对跨国迁移施加强大的影响力"（Levitt, DeWind and Vertovec, 2003：568）。在这个体系中，迁移到比自己国家更富有的国家实际上已经变得更困难了："跟一个世纪以前相比，穷人迁移到繁荣和平的国家的机会减少了"（Brubaker, 2005：9），而不是增多了。

六 来自四川的店主劳拉

2009年，一个来自尼日利亚的核心参与者带我去一个档口看一个非洲婴儿（African baby），由此我认识了这个四个月大的女孩以及她的妈妈——来自中国四川农村的劳拉。那时，三十几岁的劳拉在小北的一座繁忙的商贸大厦里经营着一家销售男士鞋子的档口，手里大多数时候都抱着她的女儿。她跟家人和女儿说四川话，跟顾客说英语和普通话，而在她日常生活的其他领域中，她大多数时候说普通话，偶尔也说一些广东话。她的英语在发音和语法方面都有一些不标准元素，但是她可以用英语流利并自信地讨价还价和开玩笑。例如："Buy many many, I give you cheap cheap"（如果你买很多很多，我可以给你很便宜很便宜）；"Yesi big boss what is you like you do OK?"（好的大老板，您喜欢做什么就做什么好不好？）一天，一个在同一栋商贸大厦有办公室的非洲商人来到她的档口反复邀请她一起合作，但是她觉得这个人是不值得信任的，所以她很有技巧地用英语询问和拒绝：

　　L: If we make business together how make – you pay 50 I pay 50?（如果我们一起做生意，怎么做？你付50我付50？）

　　……

　　L: But business very slowly now, many people say Africa business very slowly, nobody want to buy – same time – this time business very slowly, I don't want to make problem.（但是现在的生意不景气，很多人都说非洲的生意尤其不景气，没有人买东西，现在的生意不景气，我不想制造麻烦。）

　　……

> L: Because I don't want to lost money – I don't want to quickly go back to my village – I want to in Guangzhou I want to have money jabjab (gestures with her left hand as if holding a bowl and right hand motioning as if spooning food into mouth:"jabjab" clearly meant "to eat" here, but I do not know what language it is) [因为我不想亏钱，我不想很快就回乡下老家，我想在广州有钱"jabjab"（她用左手比画着好像拿着一个碗，右手好像用勺子把食物送到嘴里：明显地"jabjab"是"吃饭"的意思，但我不清楚这是什么语言）]。[录音转写（Transcripts），2012年2月25日]

那么，劳拉是如何发展了她的多语储备，包括相当的中式英语水平的呢？

劳拉告诉我，她出生在四川一个贫穷的农村家庭，她的姐姐和弟弟都只上过初中，只有在跟母亲争了很久以后她才争取到读高中的学费。2000年，劳拉第一次离开家乡来到她弟弟在广州郊县开的一家工厂打工。虽然以前一直只说四川话，劳拉在工厂里很快地学会了说普通话和广东话，然后就搬到广州来做司机。2003年，她在小北租了个档口开始自己做生意，并开始学英语。当我问她是怎么学英语的，她说：

> 我是自己学啊，上学学过一点儿，都忘光了。"How are you"就用中文写下来"好啊油"，就这样学。一开始拿了个档口，分出去一半给两个年轻貌美会说英文的靓女，一来省点儿租金，二来可以请她们帮帮英文。但是客人来了她们不帮忙："你请翻译啊。"就很生气，就偷偷学，她们说什么，我都偷偷记下来，慢慢就学会了。基本能听能说，但是不会写；我还教了很多靓女学英文呢，因为很多人都是乡下出来的，没上过学不识字嘛。（田野笔记，2012年2月17日）

由于城乡之间巨大的收入差异，劳拉从农村到城市的迁移是由她在中国社会中的地位所决定的。由于农村教育资源的匮乏，劳拉只接受了很有限的英语教育，然后很快就"忘光了"。但是，迁移到城市环境导致她的语言储备迅速拓展到包括普通话、广东话以及英语等。而她的语言储备的拓展主要是通过在各种不同的情境下观察别人，如她自己所描述的，包括有时"偷偷"地观察和学习。在2009年和2011年的田野调查期间，我经常观察到劳拉习惯性地轻轻地重复着顾客说的话，大多数时候是英文的，偶尔也有一些法语词句。

我认为，劳拉跟农村老家的跨地区关系以及她通过亲密关系而建立的跨国关系都是不规则的，但是都促进了她的多语储备的拓展。2009年在我田野调查期间，一位来自劳拉家乡的年轻女子在档口帮忙，而劳拉的母亲则在广州照看她的女儿和她弟弟的幼子。劳拉开始在家乡为她女儿和父母盖房子，但在2009年年底，当一位非洲客户无法付款给劳拉时，劳拉不得不关闭档口。劳拉将自己的母亲、女儿、侄子以及雇员都送回了家乡，而她自己则在一座租金相对便宜很多的新商厦里重新起步，租了一个小档口，同时兼做市场向导和翻译。2011年8月，当我再次拜访劳拉时，她刚刚在这座新大厦里开始汽车代理生意，她弟弟对汽车比较了解，她就把他从老家接来帮她。但汽车代理的运营费高达10000元（1600美元）一个月，劳拉因此日夜忧心何时能够卖出第一部车。

2011年，在我离开广州后不久，劳拉转向经营汽车配件以降低营运成本。一次偶然的机会，一个居住在伦敦的退休的印度裔男性路过她的档口，后来就成了她的"老公"：他们并没有结婚也无意结婚，但他在经济上支持劳拉的生意和她的家人，劳拉也带他回家乡见了她的父母和女儿。后来她的老公计划带她去英国和印度旅行，但是据劳拉说，由于她的账户上没有10万元存款作为保障，她因此被英国拒签，而印度则只要求1万元的保障金。她老公打算卖掉印度的一些地产后在广州买一套公寓。2011年11月，劳拉同她老公一起去了印度。但是，出售地产比他们预料的复杂，而劳拉的签证只有3个月，于是劳拉于2012年2月回到了广州而她老公则留在印度。

2012年3月，生意仍然很不景气。劳拉将她的弟弟送到一个朋友那里打工，而她自己则一边一个人惨淡经营着她的汽车配件生意，一边考虑着是否关了这个档口再另开一个。她老公每天从印度给她打电话：她们大多数时间用英语交流，有时也夹一些普通话的词句。她每天用四川话给四川老家的女儿和父母打电话，也常跟在另一个省打工的姐姐聊天。劳拉母亲的身体每况愈下，劳拉担心什么时候她能把女儿接到广州，如何能在做生意的同时照顾女儿，以及如何才能够负担女儿在广州生活和上学的费用。

由此看来，经济资源似乎是影响劳拉通过生意和亲密关系而建立的跨国和跨地区的同时性关系的主要因素。劳拉与她女儿的生父几乎没有联系：据劳拉说，女儿的父亲回到非洲后就没有钱再回到中国。然而，当劳拉在2011年遇到她现在的老公后，他们与劳拉在四川的家乡，她老公的在印度的家乡，以及她老公长期居住的英国都开始了一系列流动的联系。事实上，对很多移民来说，"从事跨国实践的愿望和能力在不同的阶段和不同的背景下会起起落落"（Levitt and Glick Schiller，2004：1018）。虽然性别和种族在劳拉的两段亲密关系中有不容置疑的重要的交接，劳拉的差异化联系说明发展和维持同时性的跨国和跨地域的联系的能力在很大程度上取决于两个男子各自居住的国家在世界体系中的排名，例如，他们分别是住在核心国家和一个极度外围的国家。

此外，劳拉支撑自己家庭的能力也随着她的经济资本而起起落落。由于劳拉自己是农村户口，她没有足够的财产，不能在她生活和工作的广州为女儿登记城市户口，而只能在家乡为女儿登记农村户口。这便加强了她与家乡的联系。另外，劳拉只有足够的钱在四川老家而非广州建房。因此，劳拉在不同阶段跟家乡之间的跨地区的联系在很大程度上是经济资本和中国的户口制度交接而建构出来的。

我认为劳拉的多语储备是建立和维持她的跨地区和跨国关系的一个主要媒介，尽管这些关系很不规律。在她已有的语言技能基础上增加普通话、广东话以及英语，对劳拉的创业、维持及拓展她的生意都是至关重要的。这些新的多语技能使得劳拉可以在刚到非洲城时在经济上能生存下去；后来英语又成了她生意和亲密关系的主要媒介；同时，她与家乡之间的联系一直通过四川话保持着，而广东话和普通话则成为她在广州的日常生活的各个领域的常用语。所有这些日常生活中的交流构成了劳拉未经课堂教学而自发地拓展她的多语储备的过程。

七　草根多语主义，国家，以及全球化

易卜拉欣和劳拉的案例显示了他们以各不相同的方式进行着同时性的跨国和跨地区的联系，因为迁移意味着维持已有的并建立新的工作和生活的关系。迁移经常导致扩大语言储备，比如增加新的语种或者提高自己的

储备里已有的语种的水平等，所以个人的多语储备成为他们生活轨迹的索引。来自外围国家的成人常常不仅要养活自己，还要支撑家人的生活，他们很少有能力承担通过课堂教育来学习语言技能所需要的时间和金钱投入，所以他们常常只能通过生活和工作来自己拓展和提升语言水平。这经常导致非标准和非精英的语言形式，这也就是我所说的个人层面上的草根多语主义。事实上，个人多语主义从需要里产生，通常只拓展到个人所需要的程度，所以常常用不同的语言形式来满足不同的要求和达到不同的目的（Edwards，1994），而它的系统性模式则跟个人在特定的社会里及在跨越不同社会时的位置相关。

易卜拉欣与劳拉的案例也说明，即便对于特定的个体而言，这种跨国和跨地区的关系在同一个人的不同人生阶段中也会处于不断的变化之中。在某个人生阶段中，一个人可能会，也可能不会同时保持这两种关系；当一个人确实同时保持这两种关系时，其形式以及强度也可能各不相同（Levitt and Jaworsky，2007）。更重要的是，在同时保持这两种关系时，这些关系的形式与个人的能力有很大的关系；而个人能力主要由个人所拥有的各种形式的物质性和象征性资本而决定，但基本上是以经济资本为中心的。我们可以看到经济资本是相对的：各个国家在资本主义世界体系中排名不同（Levitt et al.，2003），在极度外围国家里看似有相当规模的经济资本在一个核心国家里或许是微不足道的。

同时，经济资本似乎是国家所使用的一种重要的技术机制，以来调控谁可以迁移，什么样的跨国和跨地方的关系他们可以保持，他们的流动可以多么频繁，以及什么形式的个人多语主义他们可以发展。在非洲城，关于签证和户口的国家政策以收取高昂的跨地区或跨国界的费用的形式有效地排挤和边缘化了那些来自贫穷国家和地区的人们。严格的签证政策虽然导致一些人采取去学校注册中文课这种投机的策略和行为，但只有有充足的经济资本和时间的人才可能用这种方式来获取签证，从而有可能迈向精英多语主义。换句话说，精英多语主义需要巨大的经济资本和时间的投资，这常常是那些在结构上被边缘化的个人和群体所无法企及的。

这里需要强调的是，虽然中国签证对很多非洲商人来说已经变得昂贵和困难，但要跨越核心国家的国界无疑更加困难。虽然有兄弟姐妹在几个核心国家，易卜拉欣甚至没有尝试也不打算去申请那些国家的签证，而劳拉在申请去英国的旅游签证时则以被拒签告终。中国虽然已经成为世界第二大经济实体，但毕竟不是一个核心国家，至少现在还不是。作为一个缺乏资源和（或者）意志去管理自己的国界以及查处廉价的复制商品的（半）外围国家，中国对于非洲商人仍然有吸引力，至少目前仍是如此（Mathews and Alba Vega，2012）。从这个意义上讲，总体来说，中国，具体地来说非洲城，为那些在结构上被边缘化的人们提供了一个参与全球化的机会，使得像易卜拉欣和劳拉这样的人可以谋生，养活家人，甚至有可能致富。

所以，自上而下的全球化常常要求平衡的精英多语主义，而草根多语主义则常常与自下而上的全球化过程如影随形，成为很多人维持生计所依赖的重要的象征性语言资源。如果易卜拉欣和劳拉没有他们各自的多语储备，他们不可能用他们自己的方式去建立、维持以及发展那些同时性的跨国和跨地区的关系。这样看来，草根多语主义将贫穷的国家以及缺乏经济和象征性资本去参与自上而下的全球化的人群，放回到全球化的过程之中。因此，像草根识字一样，草根多语主义"具有本地价值和本地意义"（Blommaert，2008：7），对本地来讲甚至可以说有一种解放的作用。

草根多语主义与自下而上的全球化紧密相连，通常发生在那些在结构上被边缘化的个人和群体之中：他们在全球地理政治序列中任何排名的任何社会里都存在。边缘人群聚集的边缘空间通常都有一些相似性，但又各有其独特的历史、构成和发展过程，而每个个人都有其独特的人生轨迹和相应的多语储备。反过来说，研究个人的多语储备可以揭示这些个人及其所属的群体已经经历或者正在经历的社会过程。在本文的案例中，劳拉的多语储备反映了她在城乡户口二元化制度影响下离开农村老家直到她在非洲城的生活轨迹。二元化的城乡户口制度继续塑造她在非洲城的生意，生活甚至她的亲密关系。但是，中国大城市的限制性城市化迁移政策其实模仿了加拿大和澳大利亚等核心国家的国际移民政策（Nyiri，2010；Sun et al.，2011），不过很少会有核心国家的人觉得核心国家只接受来自贫穷国家的少数精英移民有什么不可思议甚至骇人听闻的。这个反差大概跟如下事实有关：核心国家拥有足够的资源来"使用越来越先进的国籍、护照和签证等技术"（Brubaker，2005：9），根据教育背景、专业经验以及语言技能和水平等标准来筛选国际移民。这些"先进技术"掩盖了筛选的不平等根源，使得筛选看似中性科学因而合理，进而使得筛选变得理所当然。这样筛选控制的结果是，世界上的穷人可以流动到富裕国家去的机会与一百年前相比减少了。因此，我们看到那些很少有机会可以迁移到富裕的核心国家去的非洲国家的中产阶级，以及那些无法获得广州户口的中国农民，涌到广州并形成了非洲城这样一个处在（半）外围国家的边缘空间。因此，非洲城的存在提出了一个重要问题：国家在构建世界各地的个人和群体的生活轨迹中以及在加剧全球的不平等中扮演什么角色？

全球化加剧了全球的不平等（Mathews and Alba Vega, 2012; Wallerstein, 2004），这在（半）外围国家和核心国家中可能以不同的方式出现。在这个不平等的世界体系中，精英多语主义被视为正常，而草根多语主义则被视为是缺陷。语言，更精确地说，平衡的精英双语主义，作为一种签证、护照和国籍管理的"先进技术"，已被越来越多的核心国家选择和采用来管理和控制迁移和移民（Extra, Massimiliono and van Avermaet, 2009）。在这种意义上，语言已经变成了一个无比重要的再造、制造，以及抗辩不平等的重要领地。因此，我们需要更多的对全球化中的不平等敏感的社会语言研究。笔者希望在下一步的研究中继续探索象阶级（Han 2011a, 2012）、种族、宗教、性别以及其他的社会构建类型如何在非洲城及类似的空间里跟草根多语主义交叉作用，希望这样的研究可以为全球化的社会理论做一些微薄的贡献。

参考文献

Baker, C. (2006), *Foundations of bilingual education and bilingualism*, Bristol, England: Multilingual Matters.

Blacklege, A. and Creese, A. (2010), *Multilingualism*, London, England: Continuum.

Blommaert, J. (2004), "Writing as a problem: African grassroots writing," *Language in Society*, 33, pp. 643-671.

Blommaert, J. (2008), *Grassroots literacy: Writing, identity and voice in central Africa*, London, England: Routledge.

Blommaert, J. (2010), *The sociolinguistics of globalization*, Cambridge, England: Cambridge University Press.

Blommaert, J., and Backus, A. (2011), *Repertoires revisited:* "*Knowing language*" *in superdiversity* (Working Papers in Urban Language and Literacies 67), London, England: King's College.

Blommaert, J., Collins, J., and Slembrouck, S. (2005), "Spaces of multilingualism," *Language and Communication*, 25 (3), pp. 197 –216.

Blommaert, J., Muyllaert, N., Huysmans, M., and Dyers, C. (2005), "Peripheral normativity: The production of locality in a South African township school," *Linguistics and Education*, 16, pp. 378 –403.

Bodomo, A. B. (2010), "The African trading community in Guangzhou: An emerging bridge for Africa – China relations," *The China Quarterly*, 203, pp. 693 –707.

Bourdieu, P. (1977), *Outline of a theory of practice*, Cambridge, UK: Cambridge University Press.

Bourdieu, P. (1984), *Distinction: A Social Critique of the Judgment of Taste*, London, England: Routledge.

Bourdieu, P. (1986), "The forms of capital (R. Nice, Trans.)," In J. G. Richardson ed., *Handbook of theory and research for the sociology of education*, Westport, CT: Greenwood Press, pp. 241 –258.

Brubaker, R. (2005), "The 'diaspora' diaspora," *Ethnic and Racial Studies*, 28 (1), pp. 1 –19.

Canagarajah, S. A. (1995), "Use of English borrowings by Tamil fsh vendors: Manipulating the contexts," *Multilingua*, 14, pp. 5 –24.

Dyers, C. (2008), "Truncated multilingualism or language shift? An examination of language use in intimate domains in a new non –racial working class township in South Africa," *Journal of Multilingual and Multicultural Development*, 29 (2), pp. 110 –126.

Edwards, J. (1994), *Multilingualism*, London, England: Routlege.

Extra, G., S. Massimiliono, and P. van Avermaet, eds. (2009), *Language testing, migration and citizenship: Cross –national perspectives*, New York: Continuum.

Ferguson, J. (2007), *Global shadow*, Durham, NC: Duke University Press.

Guarnizo, L. E., and Smith, M. P. (1998), "The location of transnationalism," In M. P. Smith and L. E. Guarnizo eds., *Transnationalism from Below* (pp. 3 –34). New Brunswick, NJ: Transaction Publishers.

Han, H. (2011a, November), "Class, race, and language in south – south migration: Spontaneous multilingualism among shopkeepers in China and South Africa," Paper presented at the 110th American Association of Anthropology, Montreal, Canada.

Han, H. (2011b), "Inclusion through Multilingual Institutional Policies and Practices: A Case Study of a Minority Church," *International Journal of Bilingual Education and Bilingualism*, 14 (4), pp. 383 -398.

Han, H. (2012, March), "They are not used to English so I translate from Swahili to Chinese: Multilingualism in Guangzhou, China," Paper presented at the 34th American Association for Applied Linguistics (AAAL), Boston, MA.

Han, H. (2013), "Unintended Minority Language Maintenance: The Case of a Baptist Chinese Church in West Canada," *International Journal of Sociology of Language*, 222.

Heller, M. (2007), Bilingualism as ideology and practice. In M. Heller ed., *Bilingualism: A social Approach*, London, England: Palgrave Macmillan, pp. 1 -22.

Juffermans, K. (2011), "The Old Man and the Letter: Repertoires of Literacy and Languaging in a Modern Multiethnic Gambian Village," *Compare: A Journal of Comparative and International Education*, 41 (2), pp. 165 -179.

Kramsch, C., and Whiteside, A. (2008), "Language Ecology in Multilingual Settings. Towards a Theory of Symbolic Competence," *Applied Linguistics*, 29 (4), pp. 645 -671.

Levitt, P., J. DeWind, and S. Vertovec, (2003), "International Perspectives on Transnational Migration: An Introduction," *International Migration Review*, 37 (3), pp. 565 -575.

Levitt, P., and N. Glick Schiller (2004), "Conceptualizing Simultaneity: A Transnational Social Field Perspective on Society," *International Migration Review*, 38 (3), pp. 1002 -1039.

Levitt, P., and B. N. Jaworsky (2007), "Transnational Migration Studies: Past Developments and Future Trends," *Annual Review of Sociology*, 30, pp. 129 -156.

Li, Z., D. Xue, F. Du, and Y. Zhu (2009), "The Local Response of Transnational Social Space under Globalization in Urban China: A Case Study of the African Enclave in Guangzhou," *Geographical Research*, 28 (4), pp. 920 -932.

Li, Z., D. Xue, M. Lyons, and A. Brown (2008), "The African enclave of Guangzhou: A case study of Xiaobeilu," *Acta Geographica Sinica*, 63 (2), pp. 207 -218.

Lyons, M., A. Brown, and Z. Li (2008), "The 'third tier' of Globalization: African Traders in Guangzhou," *City*, 12 (2), pp. 196 -206.

Mathews, G. (2011), *Ghetto at the Center of the World: Chungking Mansions*, Chicago, IL: University of Chicago Press.

Mathews, G., and C. Alba Vega (2012), "Introduction: What is globalization from below?" In G. Mathews, G. L. Ribeiro and C. Alba Vega eds., *Globalization from below*:

The world's other economy, London, England: Routledge, pp. 1 -17.

Mitchell, C. (1984), "Case studies," In R. F. Ellen ed., *Ethnographic research: A guide to general conduct*, London, England: Academic Press, pp. 236 -241.

Nyiri, P. (2010), *Mobility and cultural authority in contemporary China*, Seattle, WA: University of Washington Press.

Park, Y. J. (2010), "Boundaries, Borders and Borderland Constructions: Chinese in Contemporary South Africa and the Region," *African Studies*, 69 (3), pp. 457 -479.

Sun, W., C. Bai, and P. Xie (2011), "The Effect for Rural Labor Mobility from Registration System Reform in China" (户籍制度改革对中国农村劳动力流动的影响), *Economic Research*, 1, pp. 28 -41。

Wallerstein, I. (2004), *World system analysis: An introduction*, Durham, NC: Duke University Press.

Yang, Y. (2011), "African Traders in Guangzhou: Why They Come, What They Do, and How They Live," MA thesis, Department of Anthropology, The Chinese University of Hong Kong.

Zheng, G., R. Huang-Li (2007), *Rural-urban migrant workers in China: Issue and social protection I and II* [郑功成，黄黎若莲等：《中国农民工问题与社会保护》（上、下）], Beijing, China: People's Publishing House。

非洲人在中国：研究综述

〔加纳〕亚当斯·博多姆*

一 概述

进入 21 世纪以来，当人们开始就"非洲人在中国"开展学术讨论时，经常会指出对在非中国人的研究比对在华非洲人的研究更多。然而，近 15 年来（2000～2014 年）已有 50 多篇期刊论文和一本专著出版，现在是时候来对人文和社会科学中这个小而集中（intense）的研究领域进行第一次全面的综述了。

鲁诺克·拉希迪（Runoko Rashidi）的惊人之作《早期亚洲的非洲人》（*The African Presence in Early Asia*）于 1987 年首次出版。其中，詹姆斯·布伦森（James Brunson）的文章"早期中国的非洲人"详细论述了非洲对中国种族、历史和早期文明影响的种种推测。

鲁诺克·拉希迪和文集的诸作者根本不会想到，30 多年后，我们会研究去往当代中国的非洲移民和去往当代非洲的中国移民，而这些都是同时

---

* 亚当斯·博多姆（Adams Bodomo），维也纳大学非洲研究教授（非洲语言与文学学院主席），其主要研究领域为非洲语言学、非洲文学和全球非洲移民。博多姆教授在中国的非洲移民研究中做了许多开创性的工作，他作为香港大学非洲研究项目的主任，在中国生活和工作了十余年。博多姆教授在核心期刊如《中国季刊》（*China Quarterly*）、《中国评论》（*China Review*）、《非洲研究》（*African Studies*）和《非洲移民》（*African Diaspora*）上发表了很多关于中国的非洲人的文章。此外，他也撰写了第一本研究此问题的著作《非洲人在中国：社会文化学研究及其对中非关系的意义》（Cambria Press, N.Y., 2012）。在众多期刊中，包括《中国季刊》和《社会语言学研究》（*Sociolinguistic Studies*），这本书均得到了高度评价，被推荐为语言学、社会学、人类学、跨学科研究和国际研究等领域学者的必读书目。

发生的、千真万确的案例。其他关于古代或21世纪之前的中国的非洲人的著作，有屋雅特（Wyatt）的《前现代中国的黑人》(*The Blacks of Premodern China*) 以及赫维（Hevi）的《一名中国的非洲学生》 (*An African Student in China*)。

这个简单的综述旨在概括在华非洲人情况，主要有两种总结的方法。第一种方法将关注点放在不同学科关于"非洲人在中国"的出版物上，其中包括人类学、语言学、城市研究、历史学和社会学。但是，由于这一话题在本质上即属研究移民之形成的跨学科领域，所以很难保持各个学科的独立研究。

第二种主要的方法考察非洲人社区在大中华地区和东亚地区的不同城市和地理区域是如何被研究的，考察时也要怀着这些问题：每个社区有多少非洲人？在这些移民中，哪些非洲国家和地区是最常被代表（represent）的？这些不同的人群集中在中国的哪个地方？他们为什么来中国，又是如何被中国政府和中国人民对待的？以上就是我在这篇综述中想要回答的问题。

关于在非中国人和在华非洲人的人数，缺乏确切的官方数字，但我根据中国人在非洲的相关媒体报道和自己的观察，估计一共有200万中国人在非洲生活和工作（在非洲50多个国家中，平均每个国家有大约4万中国人，但大国的中国人人数远远多于小国）。相比之下，根据多年的实地调查和问卷调查，我估计在中国生活、工作和定期访问的非洲人人数只有前者的1/4（约50万），其中广州一个城市就有10万人（Bodomo，2012），而其他则分散在如南方沿海城市香港、澳门，以及义乌、上海、北京和其他中部和北部城市。同时，在这些城市以及像武汉、重庆等城市的高校校区也存在规模可观的学生群体（博多姆，2009；Haugen，2013a）。在我2012年出版的关于在华非洲人的书中，我估计2012年的学生人数在3万~4万。

中国的非洲人可以分成几类，也许会有些重叠：派往中国的非洲外交官和其他官方代表；在中国短期进修或长期留学的非洲学生；来自非洲大陆和其他非裔在中国生活和工作的非洲雇员（专业人员，professionals）；在中国长期居住或短期逗留的非洲商人。

目前，最后一个群体是最庞大的。非中关系的黄金时期始于2000年左右，至今已延续了约 15 年，其间许多非洲商人开始移民到中国寻找廉价商品，他们购买后便可运回非洲出售获利。虽然这一过程是由非洲留学生毕业后留华经商开始的，但 1997 年亚洲金融危机才是这个新的非洲群体到来的契机。许多在邻近的东南亚国家，如泰国、马来西亚、印度尼西亚受到较严重打击的非洲商人直接转移到中国，继续他们的非亚贸易。

有了以上的大背景，在接下来的几个部分中，我将专门讲述有关在中国各个城市和地区生活着的非洲人的主要研究成果。

二 非洲人在广州

在 50 多篇关于在华非洲人的期刊论文中，绝大部分的研究都以在广州的非洲人为主题，其中大约 20 篇论文在题目中就含有"广州"。就发表数量和期刊质量而言，有三组领先学者分别是李志刚团队（如 Li et al., 2009, 2013; Lyons et al., 2008, 2013)、博多姆团队（如 Bodomo, 2012, 2010; Bodomo and Ma, 2010, 2012）和豪根（Haugen, 2013b, c）。其他作品包括伯特伦和布雷德洛（Bertoncello and Bredeloup, 2007）、布雷德洛（Bredeloup, 2012）、韩（Han, 2013）、勒贝尔（Le Bail, 2009）、穆勒和威尔汉（Mueller and Wehrhahn, 2013）及赫尼（Rennie, 2009）。究竟是什么让广州在非洲人口研究方面引来了这么多的关注？

广东省是中国最富有的省份，广州作为省会，也以"世界工厂"著称。在这里的非洲人比在中国任何其他地区的非洲人都多。这个城市的一个区域甚至被称为"巧克力城"，因为这里的非洲人人数众多，而在中国人看来他们的皮肤像巧克力一样。这些非洲人被广东生产的廉价商品吸引，他们购买后在非洲转卖获得利益。正如前文所述，这是一个最受学者关注的社区，许多关于在华非洲人的顶级出版物都是关于广州的非洲人的。在我刊于《中国季刊》的论文（Bodomo, 2012）《广州的非洲贸易社区：正在搭建的非中关系桥梁》(The African trading community in Guangzhou: an emerging bridge for Africa – China Relations) 中，我发现，在一次 300 份问卷的抽样调查中，77% 的受访者来自尼日利亚，其他数量较多的受访者则来自几内亚、马里、加纳、塞内加尔、喀麦隆和刚果（金）。总体来说，广州的非洲人更多地来自西部非洲。但最近几年，来自非洲大陆各个部分的人数均有所提高，尤其是东非国家，如肯尼亚、乌干达和坦桑尼亚。

三　非洲人在义乌

关于义乌非洲人最优秀的期刊论文是博多姆和马恩瑜（Bodomo and Ma, 2010, 2012）、勒贝尔（Lebail, 2009）和马恩瑜（Ma, 2012）这几篇。的确，其他研究在华非洲人口第二大的社区的文章寥寥无几。这似乎是学者们在明显过度集中的广州非洲人之外，需要关注的另一个领域。

义乌这个浙江城市和广州主要的不同之处在非洲移民社区的组成上：大部分非洲人来自马格里布地区，尤其是来自像毛里塔尼亚、摩洛哥、埃及、突尼斯、苏丹和阿尔及利亚这样的国家。这并不是说义乌的马格里布非洲人比广州的多，但在义乌，马格里布非洲人多于黑非洲人。这个被誉为世界最大商品城的城市是一个由中国政府打造的新都市，旨在使其成为商品采购中心。来自马格里布的阿拉伯非洲人，尤其是那些在中国学习并且能够讲流利汉语的人，他们在学习结束后便留了下来，控制了这里的生意，尽管越来越多的黑非洲人也开始在义乌居留（Bodomo, 2012；Bodomo and Ma, 2010, 2012）。2010 年，根据几次实地考察，我估计义乌的非洲人人口在 3 万左右。在研究在华非洲人这一问题中，义乌只会变得越来越重要，尤其是这里很靠近金华，而金华是中国最大的非洲研究机构的所在地（浙江师范大学金华校区）。这个机构常年组织以非中关系和非洲研究各类话题为主题的会议和工作坊。

四　非洲人在香港

专门针对香港非洲人最优秀的出版物包括博多姆（2007, 2009, 2012）、Ho（2012）及 Mathews 和 Yang（2012）的这些作品。

香港的非洲人更多地来自南部非洲，尤其是非洲白人多。香港的南非人社区在 2012 年又猛增了 200 人，其中大部分是南非白人。不过这个非洲人群体在城市中不易识别，只有在他们年度国际七人橄榄赛的时候，情况才有所不同，因为很多南非白人都会穿上他们的南非跳羚队队衫。在九龙尖沙咀的重庆大厦及其周围（香港繁华的旅游购物区）生活着非常多的非洲黑人。未来研究在华非洲人的学者们可能会对不同法定管辖权对移民的影响这样一个研究点感兴趣。至少到2047年，香港仍是中国的特别行政区，但它有一套不同于内地的法律体系，因此移民裁判权也不同。这将对非洲人在香港和在中国内地获取永久居留权和公民权造成什么影响？在华非洲人研究中的空白之一就是法律研究，而我认为对香港和中国内地做比较研究会是个好的开始。

五 非洲人在澳门

目前只有三部出版作品是关于澳门非洲人的：莫雷斯（Morais, 2009）、博多姆（Bodomo, 2012）、博多姆和希尔瓦（Bodomo and Silva, 2012）。澳门，早先位于珠江口的葡萄牙殖民地，如果将这里的非洲人人口和中国内地城市的非洲人口对比的话，它与香港一样独特，因为这里只有大概1000名非洲人。这里的非洲人主要来自非洲讲葡萄牙语的国家，如安哥拉、莫桑比克、佛得角和几内亚比绍。几次实地调查显示，澳门非洲社区的组织是最完善的，他们与其他来自葡萄牙语国家，如巴西、东帝汶和葡萄牙的外国人互动非常频繁。我们仍需注意，正如博多姆和希尔瓦（2012）一开始就提到的，这种状况需要更深入地辨析语言和其他文化体系的同一性对移民构成的影响力度。

六 非洲人在北京

北京是中国的政治首都，但并不是在华非洲人的根据地。虽然有很多关于非洲人在北京的活动的媒体报道，但在学术出版方面，着实没有研究在京非洲人的学术论文。由于北京是中国的政治中心，生活着一大批随使团和国际组织赴华的各国官方代表，此外也有相当数量的非洲学生在这里生活。在博多姆2012年的著作中，有一章介绍了北京许多活跃的非洲青年组织，以及它们为促进非中关系而举办的各种活动。这是一条值得研究的重要线索，因为那里不仅仅存在有组织的群体，如青年和足球俱乐部，还存在独立非洲音乐人和其他艺术家，而他们正是从文化角度向中国投射非洲软实力的开路者。

七 非洲人在上海的缺失

和北京的情况一样，目前还没有任何已发表的学术论文专门研究在上海的非洲人。的确，人们可能认为上海作为中国最国际化的都市之一，一定居住着大量的非洲人，但事实并非如此。这并不是说在上海看不到一个非洲人，但上海不像广州、义乌和香港，没有明显的或实质的非洲社区存在，至少当笔者在为自己的书（Bodomo, 2012）做实地考察时情况还是这样。这种状况可能会在接下来的十年中发生很大的变化（例如，有一位商人正在打造一处公园，并预备将其中的一部分租给非洲国家政府作为领事馆），但目前我们只能实事求是地讨论非洲人研究的缺失而非这个城市中存在的非洲人（African presence in the city）。尽管如此，我还是要提一句，在2012年出版的书中，我记录过一个主要由在上海及其周边工作的黑人英语教师组成的活跃的线上社区。

八 东亚其他地区的非洲人

虽然这篇综述是关于在华非洲人的，但由于中国位于东亚，我们有必要望向中国之外，对中国邻近地区进行一个简单介绍。正如之前所述广州时提到的，首次抵达广州的非洲人中，相当多的一部分曾常驻东南亚城市，如曼谷和雅加达。笔者本人（2012）用一章的篇幅记录了日本东京、韩国首尔和印度尼西亚雅加达的非洲人现状。同样的，如同中国许多除广州和香港之外的地区，除了布雷泽（Brasor, 2007）关于日本非洲人的研究和金（Kim, 2008）关于首尔非洲人的研究外，几乎没有过任何关于这些议题的研究。这些地区和在中国台湾、新加坡、马来西亚、菲律宾、越南、老挝、缅甸、柬埔寨和亚洲其他地区的大量非洲人社区问题一样有待研究；而未来的学者必须提出并回答研究问题（research questions）以解释这些社区本身，这些问题也将有助于和上述中国的非洲人社区进行比较研究。

九　研究难题和尚未解决的问题

我们的讨论由一些关于移民社区组成的问题和他们在中国的空间分布状况展开。这篇综述中列举的许多作品均就这些问题进行了说明。有一个话题始终存在，它不仅出现在媒体报道中，还在学术论文中广泛讨论，那就是这些非洲人在中国是如何被政府和普通老百姓接受的。可以明确的是，目前非洲人面临的最大难题是与移民相关的问题。许多研究作品都记载了移民过程中的违法行为，以及进而导致的与警察和其他移民及国家公共安全官员之间的争执。问题在于，很多非洲人可以直接在自己国家的中国大使馆获得来华经商的签证，但当非洲商人为顺利完成采购而需要停留更久的时候，续签成为很麻烦的问题。这时候，当他们进货时，所在地的官员成了续签的真正问题。许多非洲人声称续签时会遇到腐败的情况。有时这些续签申请则直接被拒收，而非洲的生意人则被要求离开中国。有些人考虑到因此而带来的损失，就干脆决定非法留在这里完成他们的采买工作。广州的一位商人告诉我，非法逗留需要花费10000元，所以很多人直接无视签证限制，即使超过签证期限也继续在中国购买商品，直到他们回国之前再缴纳罚款。那些付不起罚款或根本不想再回国的人索性作为非法移民消失在体制中。与警民冲突相关的移民问题和治安官员（attendant police）的野蛮执法成为非洲人面临的最大问题。很多非洲人向我吐露，有很多其他问题存在，但都比不上这一问题。

普通中国人是如何对待非洲人的？那些与我有互动的非洲人，尤其是参与到我书中实地考察的那些在华非洲人，告诉我有种族主义和其他形式的歧视存在，这可能是因语言和文化上的误解造成的，但这并不是一种根深蒂固的习惯。恰恰相反，在华非洲人常常引起人们积极的好奇心，因为即使中国民众在电视和其他新闻媒体上看到过非洲人，毕竟还是有相当多的中国人与他们没有任何接触。当代中国的非洲移民同当代非洲的中国移民一样，代表了萌发中的中非关系的一个重要侧面。中国政府和非洲国家政府双方都应该为中非人民的和平交往提供鼓励与便利，因为不论是在华非洲人还是在非华人都是中非关系深入发展的文化与经济桥梁。

十　展望：在华非洲人的未来

在这篇综述中，我已列出了部分有关在华非洲人的最突出的研究作品，但这只是目前的情况。这一问题虽然小但非常重要，其发展也很快，相信在接下来的一年中，更多关于在华或东亚其他地区的非洲人的研究成果将以著作和论文的形式呈现出来。我已推荐了一些将来应当开启的研究议程，可能会推动这一领域获得丰富成果。作为综述的总结，我将指出另外两种很有可能出现的趋势或议题。

如前所述，目前大部分关于在华非洲人的问题从本质上来说都是经验性的。我推断，类似非洲人居住在中国的哪个地区及其理由、各个在华非洲社区中哪个非洲国家的居民更多、非洲人是怎样被看待的这类经验性的问题不会完全消失，但它们会退居二线，而出现越来越多的理论性和方法上的问题。学者们需要发展出能够解释非洲人来华的理论和方法。如今，四种主要的理论性比喻已经出现，分别将移民社区比作：飞地（Li Zhigang et al., 2012），前哨（Bredeloup, 2012），外来移民和东道主社区的桥梁（Bodomo, 2012, 2013），以及网络化社区（Müller and Wehrhahn, 2013）。还会出现新的理论性比喻吗？这些现存的理论会被证误吗？这些话题都构成了重要的亟待研究的议程。另外，方法性问题长期以来也有待解释，其中之一就是在华非洲人人口的计量问题。

虽然现在我们对有的问题已经找到了非常好的答案，如为什么非洲人去中国、非洲人生活和拜访的主要城市、他们在中国做些什么、中国人和中国政府又是如何对待他们的，但如何计算在华非洲人的确切数量至今仍然难以解答。这个艰难的方法性问题有很多原因，包括以下三点：（1）官方对在华外籍人数的精确记录几乎不存在；（2）对在华非洲人研究以定性研究为主，而这些研究无法从广泛的调查问卷中对人数进行精确推断；（3）"非洲人'在'中国"这个短语的构成在本质上就会造成混淆——它究竟指的是在中国长期居住的非洲人，还是同时包括那些经常来华的人。未来的研究议程将纳入对这些问题以及其他量化研究的讨论。我们必须逐渐形成可以估计每年在华非洲人人数的方法和策略，我们也必须用这些方法来不停地更新计量的手段，以持续追踪非洲人在中国的情况。在数字之类的问题之外，之后的这些讨论对人文社会科学中定量和定性方法论上的两分法这一大问题也有借鉴意义，因而使我们这个微型而令人激动的领域在人文社会科学研究的方法论讨论中成熟起来。

最后的展望即一种中心的转移，即把研究重点从现在的第一代非洲移民转向第二代非洲人。现在出现了很多混合家庭的儿童群体，通常是爸爸来自非洲，妈妈来自中国，当然也有另一种组合方式。关于这些孩子的国籍问题逐渐引起人们的关注。他们是非洲人还是中国人？一位来自多哥的父亲告诉我他想让孩子既是多哥人又是中国人，但如果他的儿子取了个中文名而不是非洲名的话，他就只能是中国人。除这种协定国籍的问题之外，还存在许多同样重要的问题，如教育和公共设施的权利问题，因为任何孩子的户籍登记制度都需要考虑户籍或父母双方的户口。此外，这些二代非洲"移民"将在社区的存续上扮演什么角色也是正在涌现的研究和方法性论题（methodological questions）。希望这篇综述和之后的更新能够成为未来研究在华非洲人的学者，尤其是年轻学者的指南针。

参考文献

Bertoncello, B. and Sylvie Bredeloup (2007), "The emergence of new African 'Trading posts'," in Hong Kong and Guangzhou, *China Perspectives*, No. 1, pp. 94 −105.

Bodomo, A. (2007), "An Emerging African − Chinese Community inHong Kong: The Case of TsimShaTsui's Chungking Mansions," In KwesiKwaaPrah ed., *Afro − Chinese Relations: Past, Present and Future*, Cape Town, South Africa, The Centre for Advanced Studies in African Societies, pp. 367 −389.

Bodomo, A. (2009), "Fresh faces for future Africa − China relations: A note on the experiences of newly − arrived African students in China on FOCAC funds," Paper read at the Symposium on Reviews and Perspectives of Afro − Chinese Relations organized by the Institute of African and West Asian Studies/Chinese Academy of Social Sciences, October 13, 2009, Beijing, China.

Bodomo, A. (2009), "Africa − China Relations in an Era of Globalization: the Role of African trading communities in China (全球化时代的中非关系：非洲在华贸易团体的角色)," *West Asia And Africa* (《西亚非洲》), Vol. 8, 2009, pp. 62 −67。

Bodomo, A. (2009), "Africa – China relations: symmetry, soft power, and South Africa," *The China Review: An Interdisciplinary Journal on Greater China*, Vol. 9, No. 2 (Fall 2009), pp. 169 –178.

Bodomo, A. (2009), "The African Presence in Contemporary China," *China Monitor*, January 2009 University of Stellenbosch, South Africa. http://www.ccs.org.za/downloads/CCS%20Monitors_January%202009/China_Monitor_Issue%20_36_January_2009.pdf.

Bodomo, A. (2010), "The African trading community in Guangzhou: an emerging bridge for Africa –China relations," *China Quarterly*, Volume 203, pp. 693 – 707.

Bodomo, A. (2012), *Africans in China: A Sociocultural Study and Its Implications for Africa – China Relations*, Amherst, New York: Cambria Press.

Bodomo, A. (2013), "Africa - China Cooperation: A note on the role of Diaspora Africans and Diaspora Chinese," FOCAC Seminar on Governance and Development Experience of African Countries and China Institute for International Strategic Studies Communist Party School Beijing, China. http://www.theafricadaily.com/26/post/2013/11/ – africa – china – cooperation – a – note – on – the – role – of – diaspora – africans – and – diaspora – chinese.html#sthash.HWXvr9mS.dpuf.

Bodomo, A. (2013), "African diaspora remittances are better than foreign aid funds," *World economics* (Henley – on – Thames, England), Vol. 14, No. 4, pp. 21 –28.

Bodomo, A. and Grace Ma (2012), "We are what we eat: food in the process of community formation and identity shaping among African traders in Guangzhou and Yiwu," *African Diaspora*, Vol. 5, No. 1, pp. 1 –26.

Bodomo, A. and Grace Ma (2010), "From Guangzhou to Yiwu: Emerging facets of the African diaspora in China," *International Journal of African Renaissance Studies*, Vol. 5, No. 2, pp. 283 –289.

Bodomo, A. and Roberval Silva (2012), "Language matters: the role of linguistic identity in the establishment of the lusophone African community in Macau," *African Studies*, Vol. 71, No. 1, pp. 71 –90.

Bork, T., B. Rafflenbeul, F. Kraas, Li Zhigang (2011), "Global Change, National Development Goals, Urbanization and International Migration in China: African Migrants in Guangzhou and Foshan," In Kraas, F., S. Aggarwal, M. Coy, G. Mertins, eds., *Megacities: Our Global Urban Future*, Dordrecht; New York; London: Springer.

Brasor, P. (2007), " 'Africans in Japan' ... not from the quill of Ishihara, thank God," *Japan Times*, http://search.japantimes.co.jp/cgi – bin/fd20070218pb.html.

Bredeloup, S. (2012), "African trading posts in Guangzhou: emergent or recurrent commercial form?" *African Diaspora*, Vol. 5, No. 1, pp. 27 – 50.

Campillo B. (2013), "South – South Migration," *ISS Working Paper Series/General Series*, Vol. 570, No. 570, pp. 1 –98.

Cissé, D. (2013), "South – South Migration and Sino – African Small Traders: A Comparative Study of Chinese in Senegal and Africans in China," *African Review of Economics and Finance*, Vol. 5, No. 1, pp. 17 –30.

Han, H. (2013), "Individual Grassroots Multilingualism in Africa Town in Guangzhou: The Role of States in Globalization," *International Multilingual Research Journal*, Vol. 7, No. 1, pp. 83 –97.

Hashim, I. H., and Z. L. Yang (2003), "Cultural and gender differences in perceiving stressors: a cross – cultural investigation of African and Western students in Chinese colleges," *Stress and Health*, Vol. 19, No. 4, pp. 217 –225.

Haugen, H. Ø. (2011), "Chinese exports to Africa: Competition, complementarity and cooperation between micro-level actors," *Forum for Development Studies*, Vol. 38, No. 2, pp. 157 –176.

Haugen, H. Ø. (2012), "Nigerians in China: A second state of immobility," *International Migration* Vol. 50, No. 2, pp. 65 –80.

Haugen, H. Ø. (2013a), "China's recruitment of African university students: policy efficacy and unintended outcomes," *Globalisation, Societies and Education*, Vol. 11, No. 3, pp. 315 –334.

Haugen, H. Ø. (2013b), "African pentecostal migrants in China: Marginalization and the alternative geography of a mission theology," *African Studies Review*, Vol. 56, No. 1, pp. 81 –102.

Haugen, H. Ø. (2013c), "China's recruitment of African university students: Policy efficacy and unintended outcomes," *Globalisation, Societies and Education*, Vol. 11, No. 3, pp. 315 –334.

Hevi, Emmanuel (1964), *An African student in China*, Pall Mall.

Ho, W. – Y. (2013), "Mobilizing the Muslim minority for China's development: Hui Muslims, ethnic relations and Sino – Arab connections," *Journal of Comparative Asian Development*, Vol. 12, No. 1, pp. 84 –112.

Ho, W. – Y. (2013), "*Islam and China's Hong Kong: Ethnic Identity, Muslim Networks and the New Silk Road*," Vol. 102, Routledge.

Kim Bok – Rae (2008), "African presence in Korea," In Kiran Kamal Prasad and Jean – Pierre Angenot ed., "TADIA: The African Diaspora in Asia, Explorations on a Less Known

Fact," Papers Presented at the First International Conference on the African Diaspora in Asia in Panaji, Goa, pp. 435 −444.

Le Bail, H. (2009), "Foreign Migrations to China's City − Markets: the case of African merchants," *Asie Visions*, Vol. 19.

Li, Anshan (2005), "African studies in China in the Twentieth Century: A Historiographical Survey," *African Studies Review*, Vol. 48, No. 1, pp. 59 −87.

Li, Zhigang, Laurence Ma and Desheng Xue (2009), "An African enclave in China: The making of a new transnational urban space," *Eurasian Geography and Economics*, Vol. 50, No. 6, pp. 699 − 719. http://bellwether.metapress.com/content/h6770n3h87w1l808/.

Li, Zhigang and Du Feng (2012), "Kuaguoshangmouzhuyi" xia de chengshixinshehuikongjianshengchan − yixiang dui Guangzhou feiyijingjiqu de shizheng (Urban new social spatial production under "transnational commerce and trade"), Chengshiguihua (*Urban Plan*), Vol. 36, No. 8, pp. 25 −31.

Li, Zhigang and Du Feng (2012), Zhongguo da chengshi de waiguoren "zuyijingjiqu" yanjiu − dui Guangzhou "Qiaokeli Cheng" de shizheng (The Transnational making of "Chocolate City" in Guangzhou), *Renwen Dili*, Vol. 27, No. 6, pp. 1 −6.

Liu, P. H. (2013), "Petty annoyances? Revisiting John Emmanuel Hevi's An African Student in China after 50 years," *An International Journal*, Vol. 11, No. 1, pp. 131 −145.

Lyons, M., A. Brown, and Li Zhigang (2008), The "third tier" of globalization: African traders in Guangzhou, *City*, Vol. 12, No. 2, pp. 196 −206.

Lyons, M., A. Brown, and Li Zhigang (2012), "In the dragon's den: African traders in Guangzhou," *Journal of Ethnic and Migration Studies*, Vol. 38, No. 5, pp. 869 −888.

Lyons, M., Alison Brown and Li Zhigang (2013), "The China − Africa Value Chain: Can Africa's Small − Scale Entrepreneurs Engage Successfully in Global Trade?" *African Studies Review*, Vol. 56, No. 3, pp. 77 −100.

Ma, Enyu (2012), "Yiwu mode and Sino − African relations," *Journal of Cambridge Studies*, Vol. 7, No. 3, http://journal.acs −cam.org.uk/data/archive/2012/201203 −article9.pdf.

Mathews, G. and Y. Yang (2012), "How Africans Pursue Low − End Globalization in Hong Kong and MainlandChina," *Journal of Current Chinese Affairs*, Vol. 41, No. 2.

Morais, I. (2009), "'China wahala': The tribulations of Nigerian 'Bushfallers' in a Chinese Territory", *Transtext(e)s Transcultures. Journal of Global Cultural Studies* 5. Retrieved 24 May 2010 from Transtext(e)s Transcultures database available from the Revues Website: http://transtexts.revues.org/index281.html.

Müller, A. and R. Wehrhahn (2013), "Transnational business networks of African intermediaries in China: Practices of networking and the role of experiential knowledge," *DIE ERDE - Journal of the Geographical Society of Berlin*, Vol. 144, No. 1, pp. 82 -97.

Pieke, F. N. (2012), "Immigrant China," *Modern China*, Vol. 38, No. 1, pp. 40 -77.

Prah, K. K. (2007), "Nationalism, Revolution and Economic Transformation in China: Any Lessons for Africa?" In K. K. Prah ed. , *Afro - Chinese Relations: Past, Present and Future*, Cape Town: Centre for Advanced Studies of African Society, pp. 48 -87.

Prasad, Kiram Kamal and Angenot Jean -Pierre, eds. (2008), "TADIA: The African Diaspora in Asia, Explorations on a Less Known Fact," Papers Presented at the First International Conference on the African Diaspora in Asia in Panaji, Goa.

Rashidi, Runoko and Ivan Van Sertima, eds. (1995), *The African Presence in Early Asia* (Rev. edn). New Brunswick: Transaction Press.

Rennie, N. (2009), "The lion and the dragon: African experiences in China," *Journal of African Media Studies*, Vol. 1, No. 3, pp. 379 -414, http: //apps. isiknowledge. com/ full_ record. do? product = WOS and search_ mode = GeneralSearch and qid =1 and SID = S2O5cAMf3lnohHkKJLo and page =2 and doc =17.

Wyatt, Don J. (2010), *The Blacks of Premodern China*, Philadelphia: University of Pennsylvania Press.

Yang, Y. (2013), "African Traders in Guangzhou," In Mathews, Ribero, and Vega eds. , *Globalization from Below: The World's Other Economy*, Routledge, Taylor and Francis.

非洲与世界

中 国 非 洲 研 究 评 论
（2013）

试论图阿雷格人与马里危机

——兼论马里的民族国家建构问题*

潘华琼**

2012年年初以来,马里危机引起了国际社会,特别是法国和美国前所未有的关注。马里危机主要发生在北方,北方问题历来被认为是图阿雷格人的叛乱问题。因为仅涉及图阿雷格人的民族问题,所以其长期以来没有引起国际社会的足够重视。但目前北方不仅宣告"阿扎瓦德"国家的独立,而且已被极端主义宗教势力所控制,而极端主义宗教势力在西方语境中很容易转化为"恐怖主义组织"。那么,这场危机是否会如同苏丹的南北民族冲突一样将导致国家一分为二?又是否会像阿富汗那样,在权力真空地带出现塔利班那样强大且很快赢得民心的极端主义宗教势力?我们需要通过深入分析这场危机的原因,特别是图阿雷格人的起源与发展才可能找到合适的答案。

一 马里危机现状

(一) 马里危机概述

马里南北可以尼日尔河为界:北方包括廷巴克图(Timbuktu)、加奥

---

* 本文发表于《西亚非洲》2013年第4期,感谢《西亚非洲》同意本书转载。本文是作者在徐州召开的中国非洲史研究会第九届年会(2012年9月)发言稿的基础上加工而成。感谢《西亚非洲》匿名审稿专家对本文修改所提出的意见和建议。

** 潘华琼,北京大学历史系副教授,北京大学非洲研究中心成员。

(Gao) 和基达尔（Kidal）3 个大区，又分别称为第六、七、八区，占马里国土的 60%、总人口的 8.9%。① 廷巴克图、加奥和基达尔既是大区的名称，也是大区行政中心所在地的城市名称。南方包括其余 5 个大区（卡耶、库利科罗、锡卡索、塞古和莫普提）和一个中央直辖区（首都巴马科）。马里全国约 90% 人口是穆斯林。

马里危机主要是指当前的南北分裂状况。在北方，自 2012 年 1 月 17 日以来，由图阿雷格人组成的"解放阿扎瓦德民族运动"（Mouvement national pour libération de l'Azawad, MNLA）在加奥地区的梅纳卡（Ménaka）起兵，与马里政府军已经发生多次交火。在南方，2012 年 3 月 22 日，驻扎在库利科罗大区卡迪城（Kati）的官兵在阿马杜·萨诺戈（Amadou Sanogo）上尉的率领下发动政变，推翻了时任民选总统阿马杜·图马尼·杜尔（Amadou Toumani Toure），自立"民主复兴和国家重建全国委员会"（The National Committee for Recovering Democracy and Restoring the Stste, CNRDRE）。② 军队声称政变的原因是政府派他们与北方图阿雷格分离主义者开战，但提供的装备很差，无法打赢北方的叛军。他们认为政府缺乏镇压北方图阿雷格分离主义者的政治意愿，因此不再听任政府的摆布。

在南方发生政变之时，北方的解放阿扎瓦德民族运动在 2012 年 3 月底至 4 月初迅速攻占了北方三大重镇基达尔、加奥和廷巴克图。4 月 6 日，军事政变领导人萨诺戈与西非国家经济共同体（ECOWAS，下文简称"西共体"）签署权力移交协定。与此同时，解放阿扎瓦德民族运动宣布"阿扎瓦德"国家独立，定都加奥，由此导致马里南北分裂的局面延续至今。

然而，宣布"独立"的阿扎瓦德国很快面临包括其他非洲国家在内的国际社会的一致谴责，同时面临地区内的伊斯兰马格里布基地组织（AQIM）、信仰捍卫者（Ansar al‐Din）、西非统一圣战运动（MUJAO）等

---

① 据统计，2009 年马里总人口是 1450 多万，按此推算，北方三省人口约 130 万。马里的游牧民族包括图阿雷格人、毛雷人和部分富拉尼人，占总人口的 17%，接近 250 万，估计马里目前的图阿雷格人为 40 万~45 万。参见 *Atlas du Mali*, Paris, Les Editions J. A., 2010, p. 98; Michael Brett and Elizabeth Fentress, *The Berbers*, Blachwell Publishing, 1997, p. 210。
② 杜尔于 2002 年和 2007 年连续当选为马里总统。

宗教极端主义分子的威胁。

(二) 北方的恐怖主义组织与极端主义宗教势力

伊斯兰马格里布基地组织（下称伊斯兰马格里布）是阿尔及利亚的一个恐怖主义组织，其主要力量来自阿尔及利亚原"萨拉菲斯特宣教与战斗集团"（Salafist Group for Preaching and Combat，GSPC）[1]，2006年9月与本·拉登的"基地"组织正式结盟，同年12月改名，现已被美国和欧盟列入恐怖主义组织的名单。该组织成立之初约有300人，目前有500~800名成员，主要在阿尔及利亚和摩洛哥南部、马里北部和毛里塔尼亚等地从事贩毒、走私、绑架等犯罪和恐怖主义活动。[2]

西非统一圣战运动（下称西非圣战运动）是2011年年中从伊斯兰马格里布基地组织中分离出来的，起初由马里和毛里塔尼亚的阿拉伯人组成，不过是百余人的小组织，以加奥为基地，但发展迅速。它通过伊斯兰马格里布的人质费和贩毒获得资金，招募了很多马里北部的当地人——桑海人和富拉尼人（Fulani）[3]，以及来自塞内加尔和尼日利亚博科圣地组织（Boko Haram）的成员，其创始人为哈马达·乌尔德·默哈迈德·凯鲁（Hamada Ould Mohamed Kheirou），别名阿布·古姆-古姆（Abu Ghoum-Ghoum），是毛里塔尼亚政府的通缉犯。该组织因与伊斯兰马格里布的渊源，加上有博科圣地组织的成员，已经受到联合国安理会的制裁，2012年12月7日被美国国务院正式列入恐怖主义组织的名单。[4]

信仰捍卫者是由伊亚德·阿戈·伽利（Iyad Ag Ghaly）领导成立的，他是1990年和2006年两次图阿雷格人叛乱的主要领导人。但在杜尔总统任期内，他于2007年被派到沙特阿拉伯的吉达（Jaddah）领事馆工作，

---

[1] GSPC 是 Salafist Group for Preaching and Combat 的缩写。"萨拉菲斯特"是专指20世纪90年代中期开始热衷于用暴力进行圣战者。
[2] 按美国国务院的规定，恐怖主义组织有三项标准：其一必须是外国人组织；其二必须从事恐怖主义活动或留有从事恐怖主义的能力或意图；其三是该组织的恐怖活动肯定威胁到美国的安全或国防、外交关系和经济利益的安全。参见 *Country Reports on Terrorism 2011*, US Department of State, Washington, D. C., July 2012, p. 221.
[3] 又称富尔贝人（Fulbe）或颇尔人（Peul）。
[4] "Islamist Group in Mali Now on US Terrorism List," http://www.alarabonline.org/english, 2012-12-08.

2010 年因被怀疑与"基地"组织有牵连而被撤职。之后，他回到马里，2011 年下半年因没有当上解放阿扎瓦德民族运动的领导人，便以基达尔为立足点，自组信仰捍卫者，2012 年 3 月正式开始活动。该组织因充当扣押人质的"基地"组织与人质的当事国之间的调解人而从中渔利，加上海湾地区瓦哈比派（Wahhabi）的支持，其资金充裕。

（三）解放阿扎瓦德民族运动与极端主义宗教势力的纷争

在政府治理缺失的马里北方，上述恐怖主义组织和伊斯兰极端势力相互角逐。由于信仰捍卫者和西非圣战运动的目的是要将伊斯兰法推广到整个马里，他们既反对马里政府也反对阿扎瓦德独立国。解放阿扎瓦德民族运动大多数是图阿雷格人，而图阿雷格人的自我定义是民主的、世俗主义及柏柏尔人（Berber）。为此，阿扎瓦德宣称的世俗主义是不分宗教与部族的国家，这与信仰捍卫者或西非圣战运动旨在建立伊斯兰教法的统治截然不同。

信仰捍卫者的成员与解放阿扎瓦德民族运动的成员开始走得很近，因为绝大多数成员是图阿雷格人，而且后者的队伍中有不少成员参加过 1990 年伊亚德领导的叛乱。在这次危机的初始，双方一度联手，很快打败了北方的政府军。2012 年 5 月 26 日，双方还在加奥签约宣布建立阿扎瓦德伊斯兰教共和国，但终因目标不同而分裂。于是，信仰捍卫者很快就在廷巴克图驱逐解放阿扎瓦德民族运动的领导人，拔掉他们的彩旗后插上自己的黑色旗帜，并宣布实施伊斯兰法，包括干涉妇女戴面纱、实行各种酷刑、破坏廷巴克图的圣者陵墓和亚希亚清真寺的门等。

信仰捍卫者与解放阿扎瓦德民族运动分裂之后，就与西非圣战运动走到了一起。信仰捍卫者的发言人乌玛尔·乌尔德·哈马哈（Oumar Ould Hamaha）是出生于廷巴克图地区的阿拉伯人，与西非圣战运动联合后，成为该组织的军事首领。2012 年 6 月 28 日，解放阿扎瓦德民族运动被赶出阿扎瓦德的首都加奥。7 月 15 日，解放阿扎瓦德民族运动宣布放弃寻求在北部地区建立独立政权的目标。之后，极端主义宗教势力迅速控制了北方大片领土，信仰捍卫者控制了基达尔和廷巴克图，而西非圣战运动控制了加奥和杜旺扎（Douanza）、逼近离巴马科仅 560 公里的莫普提（Mopti）。

由于这些极端主义宗教势力与伊斯兰马格里布多少有关联，如协助其绑架人质、劫掠军火和贩毒走私等，马里北方成为一个岌岌可危的政治动荡和军事冲突的空间，前途叵测。

二 马里危机的根源

突如其来的马里危机的直接起因是图阿雷格人的叛乱，而图阿雷格人叛乱也一直是令马里政府头疼的北方问题。因为图阿雷格人是马里北方的主要居民，他们已经有过多次反叛政府的记录。那么，图阿雷格人为什么要反对政府？究竟是什么原因促使他们起来反对政府呢？

（一）人口、地理环境与发展政策

图阿雷格人、桑海人（Songhai）、阿拉伯人和富拉尼人是生活在马里北方的主要民族，前二者人数较多。阿拉伯人在马里的人口统计中称毛雷人（Mauré），讲阿拉伯语，实际是贝都因人、柏柏尔人和非洲人的混血儿。理论上，除了桑海人是定居的农耕民族之外，其余均可视为游牧民族。但在长期的历史发展过程中，游牧民族并非保持固定不变的生产和生活习惯，有不少富拉尼人成了从事农耕的定居民。很多阿拉伯人从事贸易，他们曾骑着骆驼和图阿雷格人一起穿行在沟通南北与东西的撒哈拉商路上。自近代海路开通之后，特别是桑海帝国衰落之后，撒哈拉商路的重要性大减，廷巴克图和加奥等商业重镇也随之衰败，很多阿拉伯人开始定居在马里北方的城市经商，更多是向巴马科、塞内加尔和科特迪瓦等地迁移。不过，多数图阿雷格人仍然坚持游牧生活，凭着擅长在沙漠中找水和打井的技能，他们还能在沙漠中顽强生存且养成了自由不羁的性格。

图阿雷格人所处的撒哈拉和撒赫勒地带，常年干旱少雨。1968年开始的干旱持续了6年，到1974年形成极端干旱，导致大批图阿雷格人流亡到阿尔及利亚、利比亚、尼日利亚、塞内加尔和布基纳法索等邻国。发生于70年代后期和80年代中叶的干旱严重打击了以畜牧业为主的游牧民族、特别是图阿雷格人的生源，大批图阿雷格人前往阿尔及利亚和利比亚逃难。[1] 总之，每当干旱降临，大批牲口死亡，图阿雷格人也就失去了生活

---

[1] André Bourgeot, " Identité touarègue: De l'aristocratie à la révolution," *Études rurales*, No. 120, Oct. – Dec., 1990, pp. 129 – 162.

的来源。所以，他们需要求助政府或寻求其他生源。但是，北方的图阿雷格人在多次面临旱灾威胁的情况下，得不到政府的救济与帮助，他们已有自己被边缘化了的意识。

自独立以来，北方因长期被边缘化而得不到应有的发展机会。马里共和国的历代总统均为南方人，第一任总统莫迪博·凯塔（Modibo Keita）是巴马科人，第二任穆萨·特拉奥雷（Mussa Traoré）、第三任科纳雷（Alpha Oumar Konaré）均为卡耶人士，第四任杜尔来自莫普提。所以，北方民族，特别是游牧民族在资源的分配、基础设施的建设、政府部门的职位、教育和就业机会等各个方面均处于不利的地位，以致他们对政府的不满由来已久。尽管绝大多数图阿雷格人并没有参与反叛政府的行动，但图阿雷格人的反政府武装领导人正是利用了民众的这种不满心理才得以发展壮大。

（二）历史根源

图阿雷格人的叛乱可以追溯到法国殖民主义时期。法国人先在1830年建立了阿尔及利亚殖民地，1904年建立以巴马科为首都的上塞内加尔和尼日尔殖民地（Haut-Sénégal et Niger，1920年后改名法属苏丹），法国欲建立跨撒哈拉铁路来连接其阿尔及利亚和法属西非殖民地，这自然会破坏图阿雷格人的沙漠驼队早已开辟的商路和他们自由迁徙的领地。所以，图阿雷格人在1881年袭击了前来进行科学考察的弗莱特使团（Flatters Mission，1880~1881年），从而使法国的殖民地开发计划破产。在1895~1917年法国征服撒哈拉期间，图阿雷格人因不愿意沙漠被外族占领而进行了激烈的抵抗，特别是1916~1917年的抵抗遭到了法国殖民政府的严厉镇压。但图阿雷格人的佩剑毕竟敌不过法国的现代军事装备，最终不得不臣服于法国的殖民统治。

1960年马里独立后，凯塔政府出台了一系列法律法规、决定和命令来限制图阿雷格人，试图使他们成为定居民，这导致1962~1963年图阿雷格人发动了第一次反政府叛乱。这次叛乱的主力是未经过军事训练的图阿雷格青年，由阿拉迪（Alladi Ag Alla）领导，旨在报复其父亲阿拉被法国殖民当局杀害。但是，这次反叛也反映了图阿雷格人对以前的法国殖民政府和新独立的非洲人政府的不满。① 叛乱遭到了残酷镇压,致使那些参与叛乱的幸存者逃往阿尔及利亚南部和毛里塔尼亚等邻国避难。

流亡邻国的图阿雷格人,不仅失去了牲口、奴隶和国籍,成为失业者(Ashumar),② 而且很多人在当地也受到歧视。他们试图在那里找工作,却未能如愿。1969年卡扎菲推翻利比亚君主政权上台后,表示欢迎图阿雷格人且承诺帮助他们解放阿扎瓦德,还给他们配备了枪支弹药。正是在利比亚,流亡的马里和尼日尔图阿雷格人成立了"解放阿德拉尔和阿扎瓦德民族运动"(MNLAA),旨在"解放"马里和尼日尔北部地区。1988年,伊亚德·阿戈·伽利领导成立了"解放阿扎瓦德人民运动"。

1990年6月28日爆发了第二次图阿雷格人叛乱。伊亚德领导的解放阿扎瓦德人民运动袭击了梅纳卡与尼日尔接壤的警察哨所,释放了监禁的尼日尔囚犯,接着与政府军发生血腥冲突,300多人丧生。马里安全部队开始攻占图阿雷格人的营地,屠杀无辜,殃及一些未参与叛乱的图阿雷格人。这场叛乱一直持续到1996年,最终在廷巴克图举行了销毁武器的仪式,象征双方达成和解。由此可见,第二次叛乱的主力是从利比亚回来、受过军事训练的图阿雷格人。

在第二次图阿雷格人叛乱期间,马里政府与反政府武装在阿尔及利亚先后签署了《塔曼拉塞特和平协定》(Tamanrasset Accords,下文简称"塔城协定")和"全国协议"(Pacte national)。③ 由于马里政府没有落实这些协议,2006年5月23日,从国外归来的图阿雷格人组成民主变革联盟(Alliance Démocratique pour le Changement,ADC),伊亚德任秘书长,以阿德拉尔·伊佛哈斯(Adrar des Ifoghas)山区为基地,在基达尔和梅卡纳地区发动了第三次叛乱。④ 同年7月4日,经阿尔及利亚政府的调解,马里

---

① Tiéfolo Coulibaly, "Irrédentisme Touareg au Mali," *Mali Demain*, May 19, 2012, http://www.maliweb.net/news/insecurite/2012/05/19/article, 67502.html.
② Michael Brett and Elizabeth Fentress, op. cit., p. 223.
③ "Les accords de Tamanrasset," http://www.tamanrasset.net/modules/newbb/viewtopic.php?post_id=2960, 2012-08-12; "Pacte national conclu entre le gouvernement de la République du Mali et les Mouvements et Fronts unifies de l'Azawad consacrant le statut particulier du Nord du Mali," http://www.tamazgha.fr/Pacte-national, 1689.html, 2012-08-12。
④ "Tuareg - Mali - 2006 - 2009," May 2006, http://www.globalsecurity.org/military/world/war/tuareg-mali-2006.htm, 2012-08-12.

政府与该组织代表签署《阿尔及尔协定》(Algiers Accords),内容与塔城协定和全国协议雷同,允诺北方高度自治,并让该组织成员加入政府军并管理北方阿扎瓦德地区。但他们的反叛活动并没有停止,2007年达到高潮,2008年因民主变革联盟的分裂而平息。由于这是一场与邻国尼日尔并发的图阿雷格叛乱,后者持续至2009年,故视整个叛乱是从2006年至2009年。[1]

(三) 外来国际因素的影响

马里北部是一个远离中央政权的地区,政治上留有很多空间,所以,外国势力不断在该地区进行活动。最近的图阿格雷人叛乱与国际局势的发展变化有密切的联系,尤其是发生在中东的剧变。解放阿扎瓦德民族运动的发展壮大与以美国为首的西方国家发动的推翻卡扎菲政权的利比亚战争是分不开的。

自"9·11"事件之后,美国为支持全球反恐战争,开始帮助马里训练军队,政变军人阿马杜·萨诺戈就是在美国受过训练的军官。为配合国际反恐形势,2009年,马里政府在北方抓获了4名伊斯兰马格里布的成员,其中包括2名阿尔及利亚人,以及毛里塔尼亚人和布基纳法索人各1名。同年11月,该组织在马里北部绑架了一名法国人,以此要挟马里政府释放被捕人员,否则将处决法国人质。为保全人质,法国政府压马里政府释放该组织成员。而在释放之后,马里政府遭到毛里塔尼亚和阿尔及利亚政府的指责。前者甚至撤回驻马里大使,后者冻结部分安全与经济合作项目。

2010年,法国与毛里塔尼亚联手在马里北方与伊斯兰马格里布发生战斗,后者有11名成员被击毙,但这次在马里境内的联手行动却绕过了马里政府。之后,伊斯兰马格里布开始报复,并宣布首要敌人是法国。马里北部由此成为人质危机的潜在场所和旅游的"禁区",马里的旅游业也因此遭受严重打击。阿扎瓦德民族解放运动得到了法国及其他西方国家的帮助并在马里北部打击恐怖主义分子。与此同时,美国和法国联合起来迫使马

---

[1] 也有人将2006年、2007~2009年的两次反政府运动视为图阿雷格人第三次和第四次叛乱,那么2012年开始的叛乱为第五次,http://www.globalsecurity.org/military/world/war/tuareg-mali-2006.htm,2012-08-12。

里政府加强对撒哈拉的控制，这就意味着增加军事力量，从而违背了塔城协定和全国协议的精神，阻碍了北方的自治进程。

瑞士政府也在马里活动多年，设在巴马科的发展与合作指导办公室（Direction du développement et de la coopération，DDC）曾帮助利比亚全国过渡委员会在马里招募数百名图阿雷格人攻打卡扎菲，而且资助他们获得武器反对马里政府。他们在南方主持召开分权会议，在北方则资助解放阿扎瓦德民族运动的独立活动。[1]

实际上，直接参与北方叛乱的并不是处于边缘化并面临严峻挑战的图阿雷格人，而是被利比亚前领导人卡扎菲武装起来的少数图阿雷格人及流亡在外的失业者。卡扎菲在倒台前几年，将数百万美元的经济援助给了马里和尼日尔的领导人，同时又暗地支持图阿雷格人与之作战，这与西方一些国家"先制造火灾再灭火"的做法如出一辙。马里北方的危机正是在这种背景下发生的。

三 图阿雷格民族的历史变迁

（一）图阿雷格人的起源

"图阿雷格人"的词意是"费赞人"（people of the Fezzan），起源于今天的利比亚。现今利比亚的费赞在塔玛谢克语（Tamacheq/Tamajeq）中称作"Teraga"，这是今天的英语"Tuareg"或法语"Touareg"的由来。[2] 图阿雷格人属于非洲大陆北部最早的居民，是古老的柏柏尔人的一支。他们讲同一种塔玛谢克语，属于柏柏尔语族，也是该语族中受阿拉伯语影响最小的语言。

今天的图阿雷格人生活在从摩洛哥东南部的塔非拉勒（Tafilalt）以南广阔的撒哈拉和萨赫勒地区，主要分布于马里、尼日尔、阿尔及利亚和利比亚四国境内。他们之所以被视为同族，有语言学、考古学和文字上的佐

---

[1] Paul Mben, Assarid Ag Imbarcawane, "député à l'Assemblée nationale：Si la Suisse est honnête, elle doit s'expliquer⋯" http：//www.maliweb.net/news/politique/2012/08/27/article, 87752.html, 2012 - 09 - 12.

[2] André Bourgeot, "Identité touarègue：De l'aristocratie à la révolution," *Études rurales*, No. 120, Oct. - Dec. 1990, pp. 129 - 162. "图阿雷格"也可以指一位高贵的妇女，动词是"成为高贵的"，这里的高贵包括心灵、品德和行为等方面。

证。他们以传说中生活在 5 世纪后半期的亭·希楠女王（Tin Hinan）为部族之始，有阿尔及利亚南部的阿巴勒萨（Abalessa）女王古墓为证，① 阿巴勒萨是当时图阿雷格人的"首都"。

图阿雷格人除了说自己的语言，还有自己古老的提菲纳格文字（Tifinagh）。尽管很多柏柏尔人在长期的历史发展过程中都阿拉伯化了，会用阿拉伯语文，但图阿雷格人却保留了古老的柏柏尔人文字。现在提菲纳格有被推广成为整个柏柏尔人文字的新趋势。②

马里的图阿雷格人自认为与摩洛哥的阿马兹格人（Amazigh）和萨赫拉维（Sahrawi）人同族，只是名称不同而已，在马里和尼日尔可以称阿扎瓦德人（Azawad）。"阿扎瓦德"通常是指图阿雷格人生活的游牧区域，包括马里东北部、尼日尔北部和阿尔及利亚南部的干河道，以前曾是很好的牧场。"阿扎瓦德人"就表示他们是这一地区的主人。

（二）图阿雷格人的传统特征

图阿雷格人是游牧民族，长年累月地生活在沙漠和半沙漠中，随季节和水源变动在撒哈拉自由迁徙，对撒哈拉的人类活动了如指掌。他们是撒哈拉的主人，但并非与农耕民族和城市定居民隔离：一方面，他们需要用自己的畜牧业产品与农耕民族交换粮食和布匹；另一方面，他们用骆驼帮城市和乡村居民运输所需的商品，充当连接生产者交换产品的商人。图阿雷格人长期以来和农耕民族和谐相处。③ 实际上，没有一个纯粹的游牧民族可以在撒哈拉生活，因为商人与商业的发展是现代文明社会不可或缺的内容。

图阿雷格人在迁徙过程中保持了游牧民族自身的一些文化特征，总体而言有五大传统特征：语言、头巾、佩剑、骆驼和游牧。这些均产生于殖民者到来之前的图阿雷格社会，成为他们的民族标识沿用至今。④

---

① Michael Brett and Elizabeth Fentress, *The Berbers*, Blachwell Publishing, 1997, pp. 206 – 208.
② 2011 年摩洛哥宪法正式规定阿马兹格语为国家语言和官方语言，该语言使用的文字就是提菲纳格。
③ Bert Flint, L'Art de la parure, Exposition permanante d'arts saharien et amazigh au Musée TISKIWIN de Marrakech, p. 20.
④ André Bourgeot, "Identité touarègue: De l'aristocratie à la révolution," *Études rurales*, No. 120, Oct. – Dec. 1990, pp. 129 – 162.

首先是语言共同体，正是塔玛谢克语使他们超越了政治与社会的分歧，形成了图阿雷格共同体。其次是生活共同体，长期的游牧生活使他们形成了相对固定的社会等级，自上而下有贵族（Imageghen）、自由人（Imghad）和奴隶（Eklan）。[1] 除了奴隶阶层，其他都是族内通婚。自由人包括贵族分封的诸侯和其他依附性的阶层，包括伊斯兰宗教人士（Ineslemen）和铁匠（Inadam），[2] 但也有的将宗教人士归为穿长袍的贵族。诸侯是贵族的附庸，是使臣和自由人，他们可以拥有自己的使臣，希望生活得像贵族一样，在依靠贵族保护的同时为贵族提供生活物资。黑人铁匠虽然是自由的，但是处于等级制度之外的世袭阶层。[3] 图阿雷格人虽然长期保留奴隶制，但他们认为这只是一种社会分工，因为奴隶是他们的家庭成员之一，主人要对其承担相应的义务。再次，他们有与很多非洲地区传统不同的一夫一妻制，还有与很多伊斯兰教国家不同的男子戴面纱、围头巾（以蓝色为最多）的习惯，而女子却不用戴面纱。后者或许与图阿雷格人的起源有关，那里女性享有较高的地位、很大的自由度和财产（包括帐篷和奴隶）继承权。

图阿雷格人的游牧生活是以部落迁徙的形式进行的，通常以一两个氏族为单位在沙漠沿相对固定的路线移动。早在法国殖民者到来之前，他们是在旱季时到尼日尔河内陆三角洲附近放牧，雨季时回到北方的家园。但在1932年，法国设立尼日尔河局（l'Office du Niger），并在尼日尔河谷地开辟为宗主国提供原料的棉花种植园之后，图阿雷格人的自由迁徙受到了限制。

（三）图阿雷格人传统在殖民主义时期的变化

自1881年图阿雷格人杀害了的法国军人兼探险家保罗·弗莱特（Paul Flatters）及其考察团成员之后，"图阿雷格人"开始为世人所识。他们在很多法国历史学家的笔下就成了面目可憎的野蛮、无情、残暴、背信弃义

---

[1] Michael Brett and Elizabeth Fentress, op. cit., pp. 213 – 214.
[2] Ibid., p. 214.
[3] Baz Lecocq, "The Bellah Question: Slave Emancipation, Race, and Social Categories in Late Twentieth – Century Northern Mali," *Canadian Journal of African Studies / Revue Canadienne des Études Africaines*, Vol. 39, No. 1, 2005, pp. 42 – 68.

之人和破坏分子,而西方人类学家通常把图阿雷格人描述成游牧民族、好战分子,并贴上等级制度和种族差别的标签。[1]"图阿雷格"一词常带有贬义,所以马里的图阿雷格人更愿意称自己"阿扎瓦德人",如同摩洛哥的柏柏尔人更愿意用阿马兹格人的称呼一样。[2]

早在法国殖民主义者到来之前,图阿雷格人以贸易、畜牧业和奴隶为生,经济可以自立。当法国到来并建立相对固定的法属西非殖民地后,因为商品贸易和奴隶制度受到削弱和禁止,他们的生存资源只剩下畜牧业。[3]法国殖民统治当局要求图阿雷格人每年向他们提供大量的骆驼,以便他们运载大批货物到撒哈拉,继续征服并扩大殖民领地。[4]

在殖民统治期间,法国利用图阿雷格社会固有的等级制度,用种族观念予以重组,即把上层的贵族(包括武士和学者)视为白人。法国从20世纪40年代开始与图阿雷格的上层贵族进行合作,由此使那些图阿雷格贵族的认同发生了变化。后者认为自己是白人,而奴隶是黑人。所以,在整个20世纪,其实"是欧洲探险家、人种学者和殖民政府塑造着一个图阿雷格社会"[5]。

(四) 马里独立后的图阿雷格人

由于图阿雷格上层"白人"与殖民者的合作,1960年新独立的马里政府就将他们视为法国殖民者的帮凶,所以对他们怀有一定程度的敌意。

频繁发生的旱灾和政权更迭,不仅使图阿雷格人失去了赖以为生的牲口,而且改变了他们传统的家庭生活和文化。譬如,一些成年男子到城市找工作,他们不再以佩剑论英雄,而这些进城的男子很难恪守族内通婚的义务,他们的佩剑也就"进了博物馆";骆驼也不再是重要的交通工具,

---

[1] Bert Flint, *L'Art de la parure*, Exposition permanente d'arts saharien et amazigh au Musée TISKI-WIN de Marrakech, p. 20.
[2] 有的摩洛哥人认为柏柏尔人与野蛮人(Barabrian)同音、同义。
[3] Michele Pietrowski and June Angole, "Cessation of Touareg Repression: Respite or Resolution?" *Africa Today*, Vol. 38, No. 1, 1st Qtr., 1991, pp. 41–47.
[4] Finn Fuglestad, "Les révoltes des Touareg du Niger (1916–1917)," *Cahiers d'Études Africaines*, Vol. 13, Cahier 49, 1973, pp. 82–120.
[5] Baz Lecocq, "The Bellah Question: Slave Emancipation, Race, and Social Categories in Late Twentieth-Century Northern Mali," *Canadian Journal of African Studies / Revue Canadienne des Études Africaines*, Vol. 39, No. 1, 2005, pp. 42–68.

头巾只是用来挡沙遮阳,而不再是贵族身份的象征;而且因为20世纪70年代和80年代的两场特大旱灾,很多奴隶离开了主人到城里自谋生路,原来的等级社会结构也随之瓦解。①

随着图阿雷格传统社会的变迁,他们的自我认同也面临挑战。据调查,图阿雷格人的民族认同感较邦巴拉人(Bambara,马里第一大民族,占总人口的32%)、富拉尼人和多贡人(Dogon)都薄弱。②今天的图阿雷格人很大程度上其实是混合了本民族、阿拉伯人和撒哈拉以南非洲人的民族。

纵观图阿雷格民族的变迁,他们在历史上并没有建立过统一的国家,而马里的图阿雷格人最了不起的成就是在12世纪初建立了廷巴克图,使其从一个撒哈拉商路的货栈发展成中世纪的伊斯兰教文化名城,但廷巴克图始终没有发展成集政治、经济与文化为一体的中心。据哈佛大学教授亨利·路易·盖茨的观点,廷巴克图衰落的原因在很大程度上是沙漠化造成的,其次是摩洛哥人1591年的入侵和西方近代开启的商路由内陆向海岸转移造成的。③

四 图阿雷格反政府势力与马里政府关系的演变

1963年图阿雷格人的第一次反政府叛乱被镇压之后,几乎没有任何与政府进行谈判的资本。因为他们面对的是新生的、得到广大民众拥护的强大政权,而反叛者是没有武装也没有经过军事训练的图阿雷格青年。正如前文所述,这次叛乱与法国的殖民统治有关,其实质是殖民主义的后遗症。

第二次和第三次图阿雷格人的反叛,均以与政府签署了有利于北方图

---

① André Bourgeot, "Le corps touareg désarticulé ou l'impensé politique (The Disjointed Tuareg Body, or Political Unimagination)," *Cahiers d'Études Africaines*, Vol. 34, Cahier 136, 1994, pp. 659 – 671.
② Michael Bratton, "Massa Coulibaly and Fabiana Machado, Popular Views of the Legitimacy of the State in Mali," *Canadian Journal of African Studies / Revue Canadienne des Études Africaines*, Vol. 36, No. 2, 2002, pp. 197 – 238.
③ 环球国家地理杂志:《通往廷巴克图之路——马里》(DVD),辽宁文化艺术音像出版社,2003。

阿雷格人的协定而收场。虽然协定没有得到很好的落实，但无疑助长了这些经过军事训练并拥有军备的图阿雷格反叛势力的发展。作为这两次图阿雷格人叛乱的领导人，伊亚德·阿戈·伽利与政府维持了良好的关系。相对于反叛武装势力的壮大，马里政府的力量在不断地削弱，到第四次图阿雷格人反叛时，政府军被彻底击败。

塔城协定是由马里国务委员总参谋长乌斯曼·库立巴利上校（Ousmane Coulibaly）代表马里政府和代表阿扎瓦德人民运动（MPA）和阿扎瓦德阿拉伯和伊斯兰阵线（Front Islamique et Arabe de l'Azawad, FIAA, 1990年成立，简称"阿伊阵线"）的伊亚德于1991年1月6日签署的，除了明确规定双方停火之外，还确立了减少对北方的军事控制、军事管理职位逐渐让位于民政管理等原则和措施。总之，这是一个对图阿雷格人非常有利的协定。但是，当时的特拉奥雷军政府害怕被南方视为投降行为而没有公开协定内容，这就导致驻扎北方的政府军并没有放松对当地反叛的图阿雷格人和阿拉伯人的镇压，反而变本加厉。

1992年4月11日，除了阿伊阵线，其他反叛势力组成阿扎瓦德统一运动和阵线（Mouvemetns et fronts unifiés de l'Azawad, MFUA），[①]与马里过渡政府代表达成"全国协议"，进一步明确提出给北方三大区高度自治的"特殊地位"，并决定在北方实施非军事化，包括拆除在图阿雷格人营地和牧区的政府军营、停止军事行动并吸收参加叛乱的人加入国防军等。所以，这两个协定的精神是一致的，即减少对北方的军事控制，增加北方的自治权。

尽管马里政府承诺帮助图阿雷格人发展经济，力求纠正北方的边缘化地位及经济和文化的不平等，但由于杜尔于1991年3月发动的军事政变，上述两个协议均未得到执行。这场军事政变是在民主运动蓬勃兴起的背景下发生的，起因是军政府命令军队向示威游行的民众开枪。政变之后，杜尔成立过渡政府，表示接受协定并让出自己成立的"拯救人民过渡委员会"（le Comtité transitoire pour le salut du people, CTSP）的两个席位分别给予阿扎瓦德人民运动和阿伊阵线。1992年6月，科纳雷在大选中胜出，

---

① 阿扎瓦德统一运动和阵线是由解放阿扎瓦德人民阵线（Front populaire pour la libération de l'Azawad, FPLA）和解放阿扎瓦德革命军（Armée révolutionnaire pour la liberation de l'Azawad, ARLA）与阿扎瓦德人民运动（MPA）联合而成的。

当选为马里共和国的第三任总统,杜尔过渡政府的允诺不了了之。

当北方的阿拉伯人和图阿雷格人没有看到政府的承诺时,便开始用"土匪"方式抢劫物资。面对政府无力控制图阿雷格人和阿拉伯人反叛势力的暴行,1994 年桑海人建立了自卫组织干达·科伊爱国运动(Movement Petriotique Ganda Koy,MPGK)。1995 年年初,阿伊阵线被政府军打败,桑海人的自卫组织起了一定的作用。而解放阿扎瓦德人民运动早已去掉了"解放"二字以示与政府和解。剩下的图阿雷格反叛势力,一是反对穆斯林的解放阿扎瓦德革命军,因出现内讧而力量削弱;二是由传统主义者组成的解放阿扎瓦德人民阵线,自 1994 年 11 月因财政枯竭而与桑海人组织谈判。所以,图阿雷格反政府武装基本上就只剩下阿扎瓦德人民运动尚有余力。1996 年与政府达成和解之后,北方保持了较长时间的平静。

2006~2009 年第三次图阿雷格人叛乱期间,马里政府开始把资金用于北方和平、安全与发展专项,旨在重建政府在北方的权威,也提供发展援助支持当地的交通和通信项目。但是,后者或许主要用于打击恐怖主义者,而不是为发展当地经济服务。原来的阿扎瓦德人民运动起初也参与了这次叛乱,但很快就解体了。

2011 年年初开始的利比亚战争,促使很多前卡扎菲的伊斯兰军团所雇用的图阿雷格人回国。他们从利比亚获得武器之后并没有去攻打卡扎菲的敌人,而是运回本国与马里政府作战。穆哈迈德·阿格·纳吉姆(Mohammed Ag Najim)曾是卡扎菲军队中的上校,2011 年 7 月他带着满载士兵和军火的车辆回到马里北部,成为解放阿扎瓦德民族运动的首领并打出独立、世俗与反恐的旗帜。① 可见,图阿雷格人同样学会了利用卡扎菲。②

图阿雷格反叛势力还利用南方政变,宣布北方阿扎瓦德独立。但自宣布独立后得不到国际社会的支持,解放阿扎瓦德民族运动因缺少资金和组织涣散而敌不过极端主义宗教势力,又失去了控制北方的能力。而发动政变的萨诺戈在国内外舆论的压力下,特别是在西共体决定对其进行外交、

---

① Tanguy Berthemet, "Ces groupes armés qui se partagent le nord du Mali," *Le Figaro*, http://www.lefigaro.fr/international/2012/07/04/01003 – 20120704ARTFIG00612 – ces – groupes – armes – qui – se – partagent – le – nord – du – mali. php, 2012 – 07 – 04.
② 彼得·格温:《北非图阿雷格人》,王晓波译,《华夏地理杂志》2011 年第 9 期,第 174~191 页。

金融、经济和文化全面制裁的压力下，不得不实行权力移交。2012年4月12日，国民议会议长狄翁昆达·特拉奥雷（Diouncounda Traoré）任临时总统，筹备总统大选并组织为期12个月的过渡政府，不过其目前还没有独立解决北方问题的能力。

由此可见，现在马里北部既没有图阿雷格反政府武装，也没有马里政府军。所以，马里政府目前的敌人已经不再是图阿雷格人了，而图阿雷格反叛势力的敌人也不再是马里政府了。这就给马里民族国家的重新建构提供了新的契机。

五　马里民族国家的走向

（一）非洲的民族主义思想与国家建构

据联合国教科文组织《非洲通史》的定义，民族在非洲至少指三类人：其一是"一个稳定的、根据历史发展逐渐形成的社群，他们有共同的领土、经济生活、特有的文化和语言"；其二是"统一在一个政府、国土或国家的领土上的人民"；其三是"同一群人或者部落"。[①] 所以，非洲民族主义就包含了从狭义的部落到广义的泛非主义的概念，后者甚至超越了领土、经济生活和语言等范畴，充分反映了非洲民族主义的多样性或多层次。除了索马里，非洲所有的国家几乎都是多民族的，马里也不例外。

"民族国家"（Nation - State）作为一个术语接近于上述第一个民族概念。西欧国家是民族国家的首创者，自1609年尼德兰经过革命从西班牙的统治下取得独立并建立第一个现代民族政权以来，欧洲大陆已经出现了30多个民族国家（不包括属于另一类型的袖珍国）。由于非洲国家在独立之前多为西欧国家的殖民地，所以，欧洲的民族国家无疑影响到了非洲的国家建构。这一影响是通过殖民统治时期划分的边界和统治政策，以及非洲精英制定的建国方针来实现的，其结果是今天非洲版图上的50多个独立国家。非洲精英大多接受西方的教育，谙熟欧洲民族国家的制度与法律、法规，往往照搬西方的制度。

[①] A. A. 马兹鲁伊主编《非洲通史》第8卷（中文版），中国对外翻译出版公司，2003，第315页。

然而，非洲的民族主义与欧洲的表现截然相反，因为非洲是在一些民族还没有融合之前就建立了国家。所以，独立前的非洲民族主义斗士及倡导非洲国家联合的第一代领导人，均表现为泛非主义者（Panafricanist），而不是欧洲观念中的民族主义者（Nationalist）。之后，因致力于本国的政治、经济和文化建设，狭隘的民族主义及更狭隘的部族主义与泛非主义相伴而生。

非洲民族国家的独立也与欧洲不同。在反抗殖民统治、取得独立的过程中，前者是以泛非民族主义斗争的方式取得的，是在加纳独立之父恩克鲁玛的"政治王国"思想指导下取得的，即"首先寻求政治王国，其他一切会随之而来。"① 这里的"政治王国"就是摆脱不公正和压迫。②

（二）马里民族国家的建构及其困境

在实现国家独立之后，马里民族解放运动的领导人、共和国第一任总统凯塔试图建立有凝聚力的民族国家。"马里"国名本身就能唤起人们的历史骄傲，以称颂马里帝国的缔造者松迪亚塔（Sondiata）来期盼新国家的繁荣，并提出走社会主义道路，③ 由此形成了民族文化。但是，凯塔政府因没有及时解决很多社会矛盾而被政变推翻。1968年11月19日，特拉奥雷政变上台直至1991年3月21日，因社会矛盾激化再次被军事政变颠覆。科纳雷民选政府致力于国家经济和文化事业的发展，民族团结达到空前的高度，但上述政治领导人的共同缺陷是都忽视了北方的发展。

然而，马里北方的分离主义者并非代表图阿雷格人，因为"马里人民，包括图阿雷格人都是不愿意北方独立的"。④ 马里政府的软弱和对北方利益的"无视"，终将使当地的民众学会如何掌握自己的命运。

---

① K. Nkrumah, *Ghana: The Autobiography of Kwame Nkrumah*, Edingbourg: thomas Nelson and Sons Ltd., 1957, p. 164.
② 〔英〕巴兹尔·戴维逊：《现代非洲史：对一个新社会的探索》，舒展等译，中国社会科学出版社，1989，第301页。
③ Rosa De Jorio, "Narratives of the Nation and Democracy in Mali: A View from Modibo Keita's Memorial (La nation racontée et la démocratie au Mali: vue du mémorial de Modibo Keita)," *Cahiers d'Études Africaines*, Vol. 43, Cahier 172, 2003, pp. 827 – 855.
④ 这是在廷巴克图阿赫迈德·巴巴高等学习与伊斯兰研究院工作的穆罕默德·迪亚加耶特（Mohamed Diagayete）研究员和在巴马科工作的阿布德拉哈马纳·德美（Abdrahamane Deme）在与我的通信中所强调的，其促使我对图阿雷格人的理解与认识进一步加深。

马里目前的乱局绝不是图阿雷格人所希望的。参加反政府武装的是流亡在外的"失业者",他们虽然打着宗教或是图阿雷格人的旗号,但实际是土匪。正是这些土匪,他们既不代表真正的伊斯兰教徒,也不代表向往独立和自由的图阿雷格人。所以,外界不应当夸大图阿雷格民族问题对马里国家发展的阻碍。

实际上,很多部族或民族的区分是出于政治上的需要。马里北方民族和宗教的分裂问题,可以1990年成立的阿伊阵线为标志,之后其发展迅速。信仰捍卫者与伊斯兰马格里布的联系看似源自伊斯兰教的因素,因为前者主要是图阿雷格人,而后者有来自阿尔及利亚、突尼斯和尼日利亚等国的成员。虽然宗教通常是作为收买人心的工具,但真正收买人心、壮大队伍的是金钱,其目的还是为了获得政治上的统治权,由此可以保障他们的经济权益。

在当前形势下,马里北方的图阿雷格武装要建立独立的阿扎瓦德国家显然是与欧洲的国家模式相违背的。首先,这不可能得到西方的认可;其次,这一独立的阿扎瓦德民族国家又是与马里国家的意志背道而驰的,被视为分裂国家的叛乱行为;再次,图阿雷格人分布在马里周边多个国家,这些国家因担心分享主义的蔓延并殃及本国的统一与安宁,自然不允许阿扎瓦德独立国家的存在;最后,《联合国宪章》第七十三条是给予殖民地人民自决权,而不是每个民族自决建立国家。如果真是后者,那么非洲版图上还将出现数百个、甚至上千个民族国家。

六　结论与思考

通过上述分析,马里目前的局势不能简单地归纳为民族得出或部族冲突,也很难用伊斯兰极端主义宗教因素来解释。但是,我们从中可以得出如下几个方面的结论。

首先,信仰捍卫者和西非圣战运动试图将伊斯兰教法推广到整个国家是行不通的,自伊斯兰教在11~13世纪传到马里以来,从未出现过类似强迫妇女戴面纱、围头巾的做法。极端主义分子在控制地区实施酷刑、禁止播放一切非伊斯兰教的音乐、破坏古墓和清真寺等,种种做法越来越不得民心,势必遭到马里人民的反抗。他们的宗教极端主义意识形态和恐怖主义暴行也经常受到马里的官员、著名的宗教领袖和广大民众的谴责。总之，极端主义者的意识形态及其暴行在马里民众中难以找到广泛的接受者。从这一点来看，马里北方回归国家整体是民族国家发展的必然趋势。然而，伊斯兰马格里布基地组织及其他"恐怖主义"宗教组织则会长期存在。这些极端分子来自四面八方，且很大程度上这些势力不是内生的，而是由于美国和法国的所谓"反恐行动"而滋生并催化的。所以，马里北方的局势短期内仍然不得安宁，而且割不断与外界的联系，其将有潜在的"阿富汗化"的危机。

其次，非洲国家的边界是殖民主义的遗产，存在很多不合理的划分。但1964年非洲统一组织首脑会议在埃及确立了"边界不可更改的原则"，把边界问题搁在了一边。除了索马里拒绝外，其他国家都接受了这一原则。但1993年5月的厄立特里亚独立，特别是2011年7月南苏丹的独立不仅打破了这一原则，而且很可能引发"多米诺骨牌"效应，即北部的阿拉伯人和南部的非洲人因宗教、民族和经济发展程度的不同将全面分立。但时过一年多，人们并没有看到所担心的事情的出现。殊不知阿拉伯人与非洲人经过长期的历史接触和往来，其内在的融和程度并不低于冲突和对抗，只是后者的表现是外在的，较前者更为显眼。虽然苏丹的分裂可以视作北方的阿拉伯人、穆斯林与南方的非洲人、基督徒的分离（在非洲也仅此一例），但马里阿扎瓦德地区的民族与南方民族并不存在很大的语言、宗教和文化上的差异。实际上，今天的图阿雷格人正是这种民族融和的结果。

再次，要解决马里当前的危机，避免外国军事干预并发挥非洲次地区组织的作用至关重要。这就要求冲突各方坐下来谈判，但现在马里政府面临的难题是如何与叛乱分子谈判。因为起初宣告独立的解放阿扎瓦德民族运动已经让位于其他组织，后者尽管人数不多，也并非全是马里国民或族群的代表，却控制着马里的半壁江山。要使北方回归并恢复正常的社会秩序，政府不能再像独立初期的凯塔政府将图阿雷格人视作法国殖民者的帮凶，而是要将图阿雷格人与图阿雷格反叛武装和极端主义宗教势力区分开来。后两者也并非不可谈判，如伊亚德·阿格·伽利有过与政府对立与合作的经历。历史的教训说明，马里国家的建构不应忽视图阿雷格人的利益。但如果和宗教极端主义势力谈判，势必得不到欧美的支持和援助，而不谈判又不可能解决当前南北分裂的危机，而且可能会进一步激化，这是目前马里政府面临的两难境地。

最后，马里国家和人民当前渴望的不仅是一个和平统一与领土完整的国家，更重要的是如何解决 20 多万难民、恢复倒退十年的经济及解决地区发展不平衡的问题。

总之，不管马里危机结局如何，有一点可以肯定，即民族国家及其主权正在走向衰落，而更多的国际干预势不可当，任何以"保护人权"的名义进行干预的行为其实都是因国家利益受到威胁而促成的。早期的图阿雷格人虽然没有民族国家的概念，但作为沙漠的主人自然早就知道什么是权力或强悍及其带来的经济利益，以及如何变得强悍。现在的马里如果只是民族冲突，欧美可能并没有兴趣进行干预，正是恐怖主义问题激起了它们的关注。所以，马里政府也不得不以打击恐怖主义为名，立志在西共体、非盟和欧美的帮助下收复北方。纵观非洲历史，其不幸在于自近代以来再也没有独立发展的机会，尽管非洲人民从未放弃过独立发展的理想和对其的追求。

泛非主义和反对新殖民主义的斗争[*]

尼尔斯·哈恩[**]

阎鼓润[***] 译

一 概论

新殖民主义的概念起源于20世纪50年代末，此时西非的加纳和几内亚两国已经分别从英国和法国的统治下正式独立。加纳首任总统克瓦米·恩克鲁玛是新殖民主义概念和理论背后的主要思想家，他对这一理论的简洁定义如下：

> 新殖民主义的实质是，在它控制下的国家从理论上说是独立的，而且具有国际主权的一切外表。实际上，它的经济制度，从而它的政治政策，都是受外力支配的。（Nkrumah, 1965: ix）

新殖民主义的概念产生于20世纪60年代的泛非运动并随之进一步发展，继而成为在非洲争取真正的政治和经济独立斗争背后的指导理论。它运用历史唯物主义的分析方法和古典现实主义的国际关系理论，并与世界依赖理论和世界体系分析密切相关。它和新自由主义理论形成鲜明对比，冷战结束前的西方学术界和政治言论充斥着这样的民主和平理论与贪婪不

---

[*] 笔者自1995年以来先后在阿富汗、埃塞俄比亚、利比里亚、索马里、苏丹和坦桑尼亚等国进行人道主义援助。基于自身经验和非洲的关系，本人的博士学位论文就利比里亚武装冲突的政治经济学问题展开讨论，其中关注了泛非主义、美国的秘密行动和对泛非运动公开的军事反应。

[**] 尼尔斯·哈恩（Niels Hahn），伦敦大学亚非学院、伯贝克学院博士。

[***] 阎鼓润，北京大学外国语学院亚非语言文学系硕士研究生。

满的争执。

为新殖民主义理论所反对的西方资本主义精英的概念已经从剥削的殖民者转变为慈善的参与者，他们自称提供援助的目的是促进经济发展、人权、民主、和平及良好治理。而新殖民主义的理论则认为外国援助会产生依赖性，这是一种确保对非洲大陆进行进一步经济剥削的机制。就像殖民主义将"驯服和开化野蛮人"作为白人的负担和责任，新殖民主义的伪装则是人道主义观念，西方列强的责任是保护前殖民地的人们，通过"神圣的自由市场的力量"为穷人带来良好的统治、人权、民主和社会服务。

新殖民主义理论离不开资本主义和阶级，这表明新殖民主义的政策和战略是由一类特定的学者、政治家和研究人员提出的，无论肤色、性别、宗教和国籍。他们负责为新自由主义的机构——如国际货币基金组织和世界银行等——制定大多数国家捐助机构会追随的总体政策方向。这些指向扶贫的政策是由世界各地一流大学的学者提出的。在公共领域，慈善扶贫援助的概念是由艺术家、社会名流和媒体从业者提出的，他们经常会与非政府组织合作，在一定程度上扮演了殖民时代传教士的角色。这些由参与者协调一致的行动往往还配合军事力量，为在非洲的新殖民主义政策贴上了积极的标签，如"人权""民主""良好统治""反腐败政策""人类的安全与发展"等。

因为新殖民主义的政策和行为用积极的和高贵的词汇包装自己，所以非洲政府公开反对这些政策会面临被占主导地位的西方媒体贬低为"反民主"和"侵犯人权"的风险，新殖民主义代理人还会尝试取代这些政府。这种取代可以通过许多方式进行，譬如使用"软性力量"，利用投票箱支持反对党，并结合媒体宣传和经济战等。这往往会迫使政府实行专制统治、限制言论自由和外国行动者。如果不能通过投票箱铲除这些政府，西方就会尝试通过使用"硬性力量"，即军事政变或者秘密军事行动来支持反对组织，并结合对主要领导人的战略轰炸和暗杀。作为最后的手段，西方国家还可能借"民主""人权""有责任保护平民"之名，通过联合国或区域性组织，利用深肤色的士兵和指挥官进行直接的公开军事干预。

许多学者、评论家、政界人士和在冲突地区或负责国际发展的非政府组织成员对新殖民主义的分析方法和观点感到不舒服。[①] 然而近年来,"新殖民主义"的概念在有关中国与非洲国家的双边关系中被更加频繁地使用。[②]

滥用"新殖民主义"一词消弭了历史分析的丰富性和理论的严谨性,导致人们只关注这一概念。这个词本身就是内涵消极的政治敏感词,因此可以很容易地被用在出于各种目的的宣传之中。为减少这种风险,有必要重新强调新殖民主义是在20世纪60年代的泛非运动中被概念化的。因此,本文梳理了新殖民主义的概念、理论与泛非运动年表,并根据年表分析当代非洲的政治和经济。

二 泛非主义的起源

泛非主义的早期概念出现在跨大西洋的奴隶贸易中,并常常被理解为"泛尼格罗主义"(Pan-Negroism),这一定义主要是在种族方面(Geiss,1974:4-9)。海地革命期间,白种人中拿日薪的劳工——一称"小白人"——加入黑人奴隶争取自由的斗争中。根据詹姆斯(2001:51)所言,这一情况标志着"种族偏见的撤退",也提供了肤色不同的人共同进行针对压迫者的阶级斗争的案例。

发端于大西洋的海地革命思想传遍世界,被诗人威廉·华兹华斯看作"共同风"(Rothman 2007:22)。奴隶主担心在巴巴多斯、牙买加、英属圭亚那等殖民地发生的叛乱(E. Williams,1994)。作为对动荡环境的回应,塞拉利昂公司在西非塞拉利昂建立了英国殖民地(Kup,1972),截至1800年在此安置了超过1700名来自英属北美地区的黑人(Abasiattai,1992)。

受到塞拉利昂模式的启发,美国殖民协会(ACS)于1822年建立利比

[①] 这一观点基于作者服务于一重要的国际人道主义组织董事局的经验,他试图在文中提到更多有关国际冲突的关键讨论和经典分析,其中包括泛非主义的视角。

[②] 例如《经济学人》(2008)在首页称中国是"新殖民主义者",特别提到"贪婪的龙"索取非洲的资源。更重要的是,在访问赞比亚期间,美国国务卿希拉里·克林顿表示,中国在非洲的影响力越来越大,"我们不希望看到对非洲新的殖民主义",她还指出"(非洲)更应该向美国和民主国家学习",而非借鉴中国经验(Clinton,2011)。

里亚作为自己的殖民地，其目的是将叛乱的黑人奴隶送回非洲本土（ACS，1818；ACA，1921；Finley，1815）。为减少殖民地的管理成本、限制美国政府的责任，利比里亚在1847年获得独立。尽管事实上利比里亚处于美国殖民协会和美国政府间接控制之下，但它仍然成为黑人自治的一个标志（Hahn 2012：71）。爱德华·布莱登（1832~1912）出生于丹麦西印度岛的圣·托马斯，1850年移民利比里亚（Lynch，1967：3），随后成为19世纪末一个最具影响力的泛非主义者（Deutsch 2001：206；Geiss，1974：82；Henriksen，1975；Lynch 1967：82）。

1900年，西印度律师亨利·西尔维斯特·威廉姆斯（1869~1911）在伦敦主持召开第一届泛非会议。在这次大会上，"泛非主义"这一名称被正式提出（Edwards，2007：xiv；Geiss，1974：176）。也是在这次大会上，美国出生的威廉姆·爱德华·伯格哈尔德和杜波依斯提到，"20世纪的问题是颜色的问题"（Du Bois，1900，in Hooker，1974：23），随后后者又将其定义为"黑色种族和浅色种族的关系"（Du Bois，2007/1903：15）。

杜波依斯和牙买加出生的马库斯·加维（1887~1940）逐渐成为20世纪初两个最重要的泛非标志，通常被称为"泛非主义之父"（Asamani，1994：17；M'Bayo，2004：20；Padmore，1947：5；Williams，2008：13）。然而，杜波依斯和加维之间的纷争引起了泛非运动内部严重的分裂（M. Williams，2008，13）。加维密切关注种族（Martin，1976）。截至1920年，他的世界黑人进步协会（Universal Negro Improvement Association, UNIA）都是泛非运动最重要和最积极的组织，成员超过400万。世界黑人进步协会拥有自己的餐馆和报纸，建立了航运公司"黑星线"（Black Star Line）、"非洲黑十字"（African Black Cross），以及护士队、摩托车机动队和军事派别"非洲军团"（African Legion）（Sundiata，2003：20）。所有这些资产都是世界黑人进步协会宏大的泛非主义计划的组成部分，从被加维称为"种族中心国家"的利比里亚扩展到其他国家和地区。实现目标的途径是"资本主义和专制主义"，"社会主义和工会主义"则被视作诅咒（Sundiata，2003：20）。起初，世界黑人进步协会在利比里亚颇受欢迎，但在1924年被驱逐出境，原因是该运动被认为对利比里亚现有权力结构和非洲殖民体系构成威胁（Martin，1976：123-126）。

约在加维的世界黑人进步协会被利比里亚驱逐的同一时间，美国政府和哈维·费尔斯通酝酿在该国建立一个世界上最大的橡胶种植园。杜波依斯在美国的支持下帮助费尔斯通和利比里亚政府之间建立联系（M. Williams，2008：14）。据罗宾逊（1990）记载，杜波依斯"被他的（中产阶级）等级的精英主义特点所蒙蔽"（M. Williams，2008：39），这就是为什么他没能看出费尔斯通的计划是对利比里亚土著人口的剥削。

然而在20世纪30年代，已经可以清晰地看出费尔斯通事实上是在美国政府的支持下制定利比里亚的经济政策。为了发展自己的种植园，他采用与奴隶制相类似的劳动力制度（Hahn，2012：74）。杜波依斯对自己扮演了支持费尔斯通进入利比里亚的角色感到悔恨万分，1933年，他强调"没有对资本主义体系失去信心"，"相信资本主义可能是一个由有洞察力的人领导的伟大公司，并且不仅仅为获取利润而进入某个国家"（Du Bois 1933：684）。

费尔斯通在利比里亚的所作所为让杜波依斯吸取教训，逐渐从自由右翼发展为社会主义左翼。此后几十年间，泛非运动越来越受到社会主义的影响。泛非运动意识到种族主义从属于阶级问题，是帝国主义沿种族界限区分并压迫人民的工具，其目的是阻碍阶级统一（Williams，2008）。

乔治·帕德摩尔（1956：154–161）是一个有影响力的泛非主义者。1945年，他在英国曼彻斯特召开的第五届泛非会议上指出，社会主义主导的世界观影响到最著名的泛非主义参与者杜波依斯、乔治·帕德摩尔、乔莫·肯雅塔，克瓦米·恩克鲁玛，彼得·亚伯拉罕和彼得·米利亚德。

三 新殖民主义作为概念的出现

1957年3月，加纳在克瓦米·恩克鲁玛的领导下从英国殖民者手中获得正式独立，这是撒哈拉以南这样做的第一个国家。新的加纳政府在1958年12月成立了第一个根植于非洲土壤的全非人民大会（All-African Peoples' Conference，AAPC）（Padmore，1956：185）。

1958年10月2日，全非人民大会成立前不久，几内亚在艾哈迈德·塞古·杜尔的领导下成为第一个从法国殖民者手中取得独立的非洲国家。几内亚拒绝了戴高乐提出的成为"法属非洲"社会一部分的提议。杜尔在公开演讲中表示，几内亚热爱"贫穷的自由胜过锁链中的繁荣"（Touré，

1958, in Mundt, 1979: 14)。几内亚对法国联邦的拒绝导致法国彻底退出几内亚。法国统治者带走了包括电话和文件柜在内的一切公共建筑物品，给新一届政府留下了巨大的烂摊子（ibid., 1979: 14）。

加纳和几内亚建立联盟，希望通过"成立一个其他国家可以加入的萌芽组织""启动非洲统一过程"（Nkrumah, 2001: 135）。出席全非人民大会的有来自28个非洲国家和殖民地的超过300名政治运动和工会领袖，以及来自加拿大、中国、丹麦、印度、英国、美国和苏联等国的观察员。肯尼亚工人联合会的秘书长汤姆·姆博亚主持会议，恩克鲁玛作为大会主席致开幕词（International Organization, 1962: 429）。在致辞中，恩克鲁玛将泛非主义划分为四个主要阶段：国家独立；国家整合；跨国联合协动；基于科学社会主义的经济和社会重建（Nkrumah, 2001: 131）。

会议决议指出，"帝国主义正在协调活动，形成如北约、欧洲共同市场和自由贸易区等的军事和经济联盟"，目的是"加强它们在非洲和其他地区的帝国主义活动"（AAPC, 1958: point 8）。大会宣布"全力支持所有为非洲自由而斗争的战士"，并谴责将"那些为自己的独立和自由而斗争者视为罪犯"（AAPC, 1958: point 10）。全非人民大会通过在阿克拉建立永久秘书处将争取非洲独立的斗争制度化，其目的是协调非洲的民族解放运动（Nkrumah, 2001: 131）。乔治·帕德摩尔成为秘书处首任秘书长。其在1959年去世后，法属西非几内亚前工会领袖、加纳驻几内亚常任大使阿卜杜拉叶·迪阿洛（Abdoulaye Diallo）继任（Wallerstein, 2005: 114）。非洲事务秘书处首席部长克瓦库·巴普鲁伊·阿散蒂（Kwaku Baprui Asante）在恩克鲁玛总统办公室，强调大会落户加纳是因为这里是非洲解放斗争的智慧中心。因此，加纳政府从政治和军事训练的角度支持整个非洲大陆的独立运动（Asante, 2008）。

恩克鲁玛和杜尔关注利比里亚总统塔布曼以及他与美国政府的亲密关系，害怕利比里亚政府将成为一个帝国主义代理人代表美国政府。因此，他们安排了与塔布曼的会见，寻求阻止他与美国的结盟的可能。这就是1959年7月在利比里亚北部召开的山尼克里会议（Asante, 2008）。利埃伯瑙（Liebenow, 1969）认为这次大会是非洲联盟形成的原型，是"泛非运动中的标志性事件"，因为塔布曼"成功地破坏了恩克鲁玛的意图，削弱了杜尔和加纳领导人的关系"（ibid.: 203）。然而，同样参加了此次会议的阿散蒂

(2008)回忆，这次会议加强了恩克鲁玛和杜尔之间的联系，因为他们意识到处于塔布曼领导下的利比里亚将敌视泛非运动。厄内斯特·伊士曼(2009)作为利比里亚副国务卿（外交部副部长）也参加了此次会议，他指出，利塔布曼总统和在蒙罗维亚的美国大使馆联系紧密，对美国来说反对恩克鲁玛和杜尔关于非洲联盟的设想才符合美国政府的利益。

山尼克里会议结束后六个月，第二届全非人民会议在突尼斯召开（1960年1月25～30日）。来自30多个国家的约180名代表出席此次会议，超过40个观察员国家列席会议，其中包括中国、希腊、印度、英国、美国、西德和南斯拉夫（International Organizations，1962）等。弗朗茨·法农临时担任阿尔及利亚政府驻加纳大使，并在会议上发表了支持武装斗争的演说（Worsley，1972）。① 会议上表达了对阿尔及利亚民族解放阵线（FLN）和更大规模的索马里运动的全力支持，并呼吁成立一个全部由非洲人组成的志愿军支援阿尔及利亚民族解放阵线（Worsley，1972）。也是在这次大会上，新殖民主义的定义首次出现。大会秘书长的报告指出：

> 独立的国家越来越多，也越来越能够发挥作用。但非洲面临新的威胁，这种威胁就是新殖民主义。帝国主义者发现自己无力阻止历史进程，也无力改变非洲民族为争取独立而进行斗争的决心，所以他们准备让各国在名义上独立，同时仍然维持他们对各国的经济控制。他们传播错误的思想，意图消弭独立和团结的重要性，夸耀他们在自己的国家和控制的非洲国家间建立的"社会"，并称之为非洲社区。（AAPC，1960：22）

几个月后，帕特里斯·卢蒙巴总理在1960年6月宣布刚果独立。加纳政府通过在刚果部署军事力量协助卢蒙巴（Nkrumah，2001：145），并签署了《加纳－刚果秘密协议》。该协议承诺两国各自号召民众支持非洲国家联盟的建立，并支持以利奥波德维尔（Leopoldville）作为联盟所在地（Secret Agreement between Ghana and the Congo，1960，in Nkrumah，2001：150）。克

---

① 法农对武装解放斗争的鼓励进一步体现在他的作品《全天下受苦的人》中，该书1961年在法国首次出版。书中，法农结合大会的秘书长报告对新殖民主义进行了简要定义（Fanon，1963）。

莱法斯·卡米塔图（Cleophas Kamitatu，2007）时任利奥波德维尔市市长，他指出卢蒙巴政府在将比利时军队赶出刚果时遭遇巨大困难。卢蒙巴政府知道比利时是北约成员，也看到联合国"处于美国的掌控中"。因此他没有想到联合国会支持他的政府，并要求苏联支持"驱逐比利时人"（ibid.：00：15min）。在刚果的中央情报局负责人拉里·戴夫林（Larry Devlin，2007）称，他在美国政府的提醒下知晓卢蒙巴早期的策略（ibid.：00：16min）。随后，戴夫林"收到消息称华盛顿高度关注卢蒙巴总理的行动"。不久之后，艾森豪威尔总统指示戴夫林"暗杀卢蒙巴"（Devlin，2007，00：23min）。1961年1月卢蒙巴被杀，新政权在蒙博托（Mobutu）的领导下建立，他在刚果政府与美国政府之间建立了联系（Devlin，1999）。阿散蒂当时负责从加纳向刚果供应武器、输送人员，他接到恩克鲁玛的指示，重新整合资源秘密反对蒙博托政权（Asante，2008）。

谋杀卢蒙巴这一事件向反殖民主义者证明殖民列强不会主动离开非洲，而刚果的例子进一步将泛非运动推向社会主义阵营。这导致了反动立场的发展。科特迪瓦总统霍福特·伯尼是社会主义倾向的泛非主义者，他被视为法国的傀儡。1960年10月他在阿比让召开了一次会议（Asante，2008），这导致布拉柴维尔会议于同年12月召开。在这次会议上，非洲马达加斯加联盟（Union Africaine et Malgache，UAM）也称为布拉柴维尔集团成立（Wallerstein，2005：120）。这一组织由12个非洲国家组成，其中包括喀麦隆、中非共和国、乍得、刚果布、达荷美、加蓬、科特迪瓦、马达加斯加、毛里塔尼亚、尼日尔、塞内加尔和上沃尔特。法语国家中只有几内亚和马里没有参加（Nkrumah，2001：219）。布拉柴维尔集团寻求经济、文化和外交事务上的合作，同意成立一个联合的非洲和马达加斯加的经济合作组织。该集团于1964年3月非洲统一组织成立后解散，但之前布拉柴维尔集团在应对泛非运动中扮演了非常重要的角色。

一个集团的整合导致了另一个集团的整合。1960年11月，恩克鲁玛拜访马里总统莫迪博·凯塔（Modibo Keita），两国之间原则上成立"联合议会"。第二个月，加纳—几内亚联盟扩大，将马里吸收进来（Wallerstein，2005：46）。随后，1961年1月，加纳、几内亚、马里、利比亚、埃及、摩洛哥和阿尔及利亚民族解放阵线的领导人齐聚卡萨布兰卡，卡萨布兰卡集团建立。这一组织被认为是应对西方帝国主义必需的统一体。与此同时，非洲协商大会、元首委员会和经济和文化委员会也一并成立。非洲联合最高司令部也在计划之中（Nkrumah，2001：139）。

数月之后的 1961 年 3 月，第三届全非人民会议在开罗召开，来自 30 多个国家 58 个政党和工会组织的 200 余名代表与会（International Organizations，1962：432）。几内亚人阿卜杜拉叶·迪阿洛作为大会秘书长在开幕词中提到新殖民主义这一问题，这也成为此次大会的主要议题。他指出，尽管法国已经同意离开非洲，却在现实中创建了一条傀儡国家的锁链（AAPC，1961：4）。埃及总统贾迈勒·阿卜杜勒·纳赛尔在讲话中说，帝国主义变得更加灵活和巧妙。他认为帝国主义列强绑架联合国从而为自己的利益服务，他强调卢蒙巴的血液将"从联合国国旗上滴落，直到这面旗帜可以证明自身的价值和其象征的保障"（ibid.：5）。

开罗会议通过了《新殖民主义决议》，将新殖民主义定义为：

> 尽管正式承认新兴国家政治独立，殖民体系依然存在……当承认民族独立变得不可避免，殖民者试图剥夺这些国家真正独立的本质。这可以通过强加不平等的经济、军事和技术规范；通过建立傀儡政府，操纵虚假选举；或者通过发明一些所谓多民族共处的"宪法规范"，其目的只是为了隐藏有种族歧视倾向的定居者。
>
> 这样的阴谋诡计似乎不足以阻碍被殖民者开展解放运动的决心，垂死的殖民主义在新殖民主义的掩护下或通过联合国的干预指导尝试，让新独立的国家的巴尔干化，或者加以政治系统的分化，或者利用辛迪加的力量，在绝望的情况下……由军队和警察采取镇压措施，实施冷血谋杀。
>
> ……新殖民主义体现在对经济和政治的干预、恐吓和勒索之上，其目的是防止非洲国家政治、社会和经济政策的自主制定，剥削当地的自然财富，为宗主国人民牟利。（AAPC，1961b）

决议认为美国、西德、以色列、英国、比利时、荷兰、南非和法国是新殖民主义的主要实施者，并指出新殖民主义的部分表现，这些新殖民主义列强操纵"傀儡政府"，通过"伪造选举"（ibid.：point a），迫使非洲国家"经济封锁，保持不发达状态"（ibid.：point e）。决议指出，新殖民主义国家通过"资本投资、贷款和货币"（ibid.：point f）和"直接货币依赖"(ibid.：point g)一点点渗透。

有关新殖民主义的代理人,决议进一步指出,外国使馆是"对本地非洲政府从事间谍活动和施压的神经中心"(ibid.：point a)。新殖民主义国家其他的代理人包括"仍然忠于前主人的……军队和警察"(ibid.：point c)以及"来自帝国主义和殖民国家的处于宗教、道德重整运动、文化、工会和青年或慈善组织掩护下的代表"(ibid.：point d);"由帝国主义殖民国家控制的恶意宣传的广播、出版机构和文学,"(ibid.：point 3)也被视为新殖民主义的其他代理,除此之外还有"被帝国主义在新殖民主义背景下利用的非洲傀儡政府,比如新殖民主义势力利用他们良好的办公能力去破坏非洲国家的政权和信心"(ibid.：point f)。

阿散蒂(2008)指出,虽然该决议是一个政治文件,但是基于理性而学术的分析,是由四个互相连接的主要组成部分构成的:(1)美国对利比里亚和拉丁美洲实施间接统治的100多年的历史经验。① (2)基于马克思列宁主义理论中有关经济力量的部分对世界体系的历史唯物主义分析。② (3)现实主义国际关系理论的理论框架,基于学者E. H. 卡尔和汉斯·摩根索等人的工作。③ (4)对非洲当代发展过程中国际机构领导人第一手经验的分析。

知识和学术相互联系,共同工作。许多西方学者被邀请前往加纳,在

---

① 斯克拉尔(Sklar, 1986：17)指出,dependencismo在拉丁美洲即为非洲所说的"新殖民主义"。

② 恩格斯(2001/1880)指出,历史的唯物主义观念"源于人类的生活和生产手段,是生产、交换的东西,也是所有社会结构的基础"(ibid.,从第三章开始,没有页码)。所有"社会变迁和政治革命应该被视作……生产和交换方式的变化"(ibid.),是每个特定时代的经济学。

③ 应该注意,有一些关于古典现实主义及其知识起源、古典现实主义的延展、与左派或右派等政治派别之间关系的困惑,反映在阿伦(Aron, 2003)、多伊尔(Doyle, 1997)、福山(Fukuyama, 1992)、基欧汉(Keohane, 1986)、莱罗塔列和莫拉维克斯克(Legro and Moravcsik, 1999)、米尔斯海默(Mearsheimer, 2001/2006)、摩根索(Morgenthau, 2006)、罗森博格(Rosenberg, 2001)、舒尔曼(Scheuerman, 2008)、斯古特(Schuett, 2007)、什利亚姆(Shilliam, 2007)和华尔兹(Waltz, 1959/2000)等人的作品中。据被认为是古典现实主义的奠基人卡尔(2001：63)所言,现实主义哲学的基础是马基雅维利的学说,这一学说建立在三个重要原则之上:首先,"历史是一系列的因果关系,通过努力可以被分析与理解";其次,"理论不会产生实践,只会产生理论";最后,"政治不是……道德的功能而是政治伦理。男人'因为约束才保持诚实'……道德是力量的产物"。现代现实主义的"历史学校"是"德国,其发展追随着黑格尔和马克思的伟大名字"。

那里他们"磨尖牙齿",研究泛非运动和非洲殖民地逐步从外国直接控制过渡到间接控制的过程(Williams,2008)。沃勒斯坦就是这样一个学者,20世纪60年代早期,他在西非地区研究发展的泛非运动(Wallerstein,2005:viii),并出版的两本书籍(Wallerstein,1961 and 1967)。他"强国/弱国"概念关系明显类似于《新殖民主义的决议》,只不过使其更加学术化,例如:

> 强国迫使弱国保持边境开放,以利于那些有用的生产要素流动和强国的公司盈利。强国还迫使弱国令强国可接受的强人掌权,并强化弱国需要强国的政策。强国迫使弱国接受它们的文化习俗、语言政策、教育政策……(并)迫使弱国追随它们在国际市场的领导。尽管强国可能收买弱国的个别领导人,但是弱国或通过安排流动资金来购买强国的保护。(Wallerstein,2004:55)

沃勒斯坦(2005:vii)承认,当听到警惕新殖民主义的声音时,"恩克鲁玛的分析值得称道"。

四 蒙罗维亚集团与卡萨布兰卡集团

1961年5月,在第三届全非人民大会后不到三个月,包括埃塞俄比亚、利比里亚、尼日利亚、塞拉利昂、索马里、多哥和突尼斯等12国在内的布拉柴维尔集团在蒙罗维亚举办领导人会面。在利比里亚总统塔布曼的领导下,它们在蒙罗维亚建立了自己的集团,也被称为保守集团(Nkrumah,2001:220)。据伊士曼(2009)回忆,蒙罗维亚集团的主要目的是削弱卡萨布兰卡集团日益增长的影响力,并防止更多的非洲国家倒向泛非运动。塔布曼希望通过布鲁塞尔方面得到西方列强的支持和资助,利比里亚政府向布鲁塞尔提供所有的文件和动议。① 这些文件经由布鲁塞尔方面分析,利比里亚政府会收到如何反应的指令。例如,许多决定和口号被用来宣传。一个有效的口号称恩克鲁玛"渴望权力",说他不满意只做加纳总统,希望成为整个非洲大陆的领导人,并统治其他非洲领导人(East-

---

① 伊士曼忘记了布鲁塞尔的负责人姓名。

man,2009)。

蒙罗维亚集团于1962年1月在拉各斯召开会议,尼日利亚的纳姆迪·阿齐克韦谴责卡萨布兰卡集团,从民族主义的角度声称蒙罗维亚集团代表1.331亿人,而相比之下卡萨布兰卡集团只代表5310万人(Thompson 1971:175)。他主张建立一个类似于联合国的非洲国家协调组织,提倡以非暴力策略来实现独立,类似于圣雄甘地的理念(Esedebe,1989:107-109)。非洲和马达加斯加组织的永久性章程开始酝酿,重点关注非洲国家之间的合作而非统一,从而弱化了非洲联邦的想法(Nkrumah,2001:220-221;Thompson,1971:174)。四个月后这一章程在拉各斯生效,和原版相比改动不大(Nkrumah,2001:220)。

蒙罗维亚集团的会议是暗中进行的,反对它的组织,如非洲贸易联盟(African Trade Union Confederation, ATUC)被拒绝参加(Wallerstein,2005:199)。卡萨布兰卡集团谴责蒙罗维亚集团是新殖民主义列强的傀儡(Asante,2008),而泛非主义、新殖民主义、民族主义和社会主义等问题被非洲各种政治团体广泛讨论(Arrighi and Saul,1969)。

在1963年5月亚的斯亚贝巴召开非洲统一组织(Organization of African Unity, OAU)成立会议之前,蒙罗维亚集团和卡萨布兰卡集团之间的信息战在非洲不断升级。在利比里亚,美国情报机构建立了非洲最大的美国之音设施(USIA,1963:5)。美国之音的这种扩张是冷战战略的一部分(ibid.:11),"美国电台可以在控制思想这场至关重要的'战争'中削弱并最终击败莫斯科电台"(Uttaro,1982:110)。[1]

在会议之前,恩克鲁玛已经出版并传播他的新书《非洲必须团结起来》(Africa Must Unite)。书中他提出自己的观点,即一个统一的社会主义非洲存在的必要性。在大会的开幕演讲中,他认为如果非洲没有迅速团结起来就会"如拉丁美洲一样,在经历一个半世纪的政治独立后不情愿地成

---

[1] 摩根索将这种信息战的形式同文化帝国主义联系起来,文化帝国主义是帝国主义最微妙和最有效的形式,其诉求是"控制人类的思想作为工具来改变两国之间的权力关系"(Morgenthau,2006:71)。文化帝国主义扮演了军事和经济帝国主义的附庸,旨在由一种文化通过各种手段取代另一种文化,如语言、道德价值观和宗教等,以削弱敌人,为军事主导或经济渗透提供条件。典型的现代表现形式是通过"第五纵队"的机制来支持对象国特定的公民社会组织和政党(ibid.:72)。

为帝国主义的猎物"（Nkrumah，1963：218－220）。塔布曼（1963）在他的开幕致辞中说，"统一的行动从未如此急迫地被需要过"，但他强调，利比亚代表团对非洲统一持"自己的观点"，利比里亚也将在会议期间提出这一观点（ibid.：527）。①

会议的结果"被誉为一个奇迹"，但"在现实中却空空如也"（Wallerstein，1967：66）。蒙罗维亚集团延续了自己的成功（同上），非统的出现就像"提供防御的担保人、保守的'民族主义'和挑战令人窒息的现状的重要力量"（Arrighi and Saul，1969：66）。非统宪章签署于1963年5月25日，序言指出非洲国家首脑决心"反对一切形式的新殖民主义"（OAU，1963）。然而，恩克鲁玛致信格瓦拉、马尔科姆和麦赫迪·本·巴尔卡以表达对非统"已经被新殖民主义者和他们的傀儡架空"的担心（Nkrumah，2001：422）。对于恩克鲁玛而言，非统宪章成为"意图上的宪章，而非积极行动的宪章"（Nkrumah，2001：249），他看到了非统"被作为一个无害的组织保留"，使得一个"可以导致真正意义上政治统一的真正有效的泛非组织"的形成被推迟（Nkrumah，2001：422）。

五 伪装成非洲社会主义的新殖民主义

非统形成后，蒙罗维亚集团和卡萨布兰卡集团解散它们的正式组织结构。然而，资本主义和社会主义之间的斗争仍在继续。随着冷战的加剧，非洲国家的政变和调整屡见不鲜（Wallerstein，1971：4）。卡萨布兰卡集团提出的新殖民主义的概念和非洲联合社会主义的想法在整个非洲大陆持续升温。资本主义和帝国主义之间的联系是如此紧密，流行的压力迫使大多数非洲领导人宣称他们支持某种形式的"非洲社会主义"，只是为了在公共场合远离新殖民主义列强（Asante，2008）。只有少数例外，譬如利比里亚总统塔布曼和加蓬总统莱昂姆（Grundy，1964：175；Klinghoffer，1969：17）。

然而，非洲社会主义的概念是模糊的，并没有一个明确的定义

---

① 利比里亚前总统查尔斯·泰勒称"塔布曼受美国资助"，其目的是"分化非洲领导人，防止非洲团结"（Taylor，2009）。

(Friedland and Rosberg, 1964: 1; Nwoko, 1985: 23)。其似乎是一个"乌托邦、马克思主义、前马克思主义甚至反马克思主义的概念的大杂烩,有许多不同而复杂的根源和表现"(Entralgo, 1986: 56, in Lopes, 1988: 9)。洛佩斯(Lopes, 1988: 9)指出,非洲社会主义更多的伴随着民族主义和民粹主义,在现实中更多的是"一种基于个人魅力的专制",塞德曼(Seidman, 1979: 1)将非洲社会主义定义为一种"采取导致对跨国公司和金融机构依赖增加措施的变相的国家资本主义"。

最独特的非洲社会主义观念反映在塞内加尔总统列奥波尔德·塞达·桑戈尔的著作中。他指责科学社会主义是欧洲人的发明,非洲人理应拒绝。他将非洲人民的本质浪漫化,视其为独特的民族。他将传统的非洲人民描述为不能属于任何一个结构的同质存在(Senghor, 1964: 95)。桑戈尔呼吁非洲回归没有阶级的共产主义传统,他将其定义为"黑人性",同时呼吁"所有法国技术人员"帮助非洲的塞内加尔过渡到社会主义,其中包括法国的大学教授、小学教师、法官、工程师、医生、经济学家和公共管理者等(ibid.: 101)。

恩克鲁玛批评非洲领导人如桑戈尔和乌弗埃博瓦尼等人与新殖民主义强国结盟,并认为"巨大的独立压力迫使这些领导人……声明自己赞成国家主权",而巨大的压力使他们不可能公开反对非洲统一(Nkrumah, 1965: 24)。[①] 他进一步认为,一些非洲领导在"魅力团结"的条件下使用"非洲社会主义"这一术语并不能真正促进经济和社会发展(Nkrumah, 1966, in Nkrumah, 2001: 439)。对于恩克鲁玛而言,这使得"'非洲社会主义'这一术语在政治经济方面变得没有意义和无关紧要"(ibid.: 440)。相应地,它"与人类学更紧密地相连",这一概念已经"在欧洲和北美得到了最好的宣传员,正是因为它的人类学魅力"(ibid.: 440)。他还指出,许多非洲社会主义者"放弃"这个术语,是因为它不仅无法表达本义,还往往会掩盖我们的(泛非主义的)基本的社会主义承诺(ibid.: 440)。非

[①] 恩克鲁玛引用乌弗埃博瓦尼歌颂法国帝国主义的诗句,如:"有一个强大的纽带,能够抵制所有试炼。一条道德的纽带联结我们彼此。这是自由、博爱、平等的理想,为法兰西的胜利,我们可以义无反顾地牺牲最高贵的血液。"桑戈尔则赞扬法国帝国主义:"法兰西联邦一定是文明的结合,是一个文化的大熔炉……这是联姻而非合作。"(Nkrumah, 1965: 24)

洲社会主义的概念往往声称"非洲的传统社会是一个充满人文主义精神的阶级社会"（ibid.：440），而历史证据却形成强烈的反差。传统非洲社会和世界的其他地方一样，都是建立在阶级结构和奴隶制基础之上的（ibid.：440）。非洲社会主义因此忽略了一个事实，即"社会主义有赖于辩证唯物主义和历史唯物主义"，人类社会是"大自然的一部分，接受自己的发展法则"（ibid.：444），其假设非洲是"部落、民族或种族主义的……（是）不客观的沙文主义"（ibid.：445）。

苏联科学院非洲研究所（African Institute of the Academy of Sciences of the USSR），主任伊凡·伊扎斯莫维奇·波铁辛（Ivan Izasimovich Potekhin，1964）认为，非洲社会主义发展成为"科学社会主义理论的错误对立面"，"使非洲社会主义者可以获得更多的财富"（ibid.：106）。这是受到非裔美国人研究所（African-American Institute）青睐的"务实发展"模式，这在理论上既反对资本主义也反对社会主义，但事实上是"只不过一个有着花哨的头衔的旧式资本主义"（ibid.：108）。

六　洲际关系和秘密行动

泛非运动在国际社会主义反帝国主义运动中扮演了一个重要角色，并在国家和大洲之间建立联盟。1955 年第一届万隆亚非会议是一个里程碑式的重要会议，因为它形成了亚非人民团结组织（AAPSO）。1957 年 12 月，这个组织在开罗再次聚首，随后在 1958 年 1 月召开第二次会议。紧随其后的是于 1960 年在几内亚首都科纳克里召开的亚非会议（OAS，1966：3 - 4）。前两次会议是由社会主义者和反社会主义者共同参与的，几内亚会议则标志着一个转折点，从此社会主义世界观开始主导亚非人民团结组织（ibid.：4）。

不结盟运动于 1961 年在贝尔格莱德召开第一次会议，发起者包括恩克鲁玛、纳赛尔、印度总理贾瓦哈拉尔·尼赫鲁、南斯拉夫总统约瑟普·布罗兹·铁托和印度尼西亚总统苏加诺五人。在演讲中恩克鲁玛表示这次会议是"对世界分化成为东西方两大对立阵营而造成的国际关系现状的反抗"和"对帝国主义和新殖民主义这两种世界紧张和不安全感的源头的斗争"。他进一步强调，加纳选择社会主义道路并不意味着反对其他国家，因为"社会主义……不属于苏联或中国，或者世界任何其他国家，它是一个国际化的想法"（Nkrumah，1961，in Nkrumah，2001：436 - 437）。

亚非人民团结组织坚持召开会议，并进行了关于去殖民化和新殖民主义的关键谈话。随后的两次亚非人民团结组织会议分别于1963年和1965年在坦噶尼喀和加纳召开。在坦噶尼喀的亚非人民团结组织会议上，古巴总理菲德尔·卡斯特罗提议在古巴召开一次会议，将三大洲组织起来（OAS，1966a：13）。阿尔及利亚总统艾哈迈德·本·贝拉和恩克鲁玛总统支持卡斯特罗的提议。在1965年加纳的亚非人民团结组织会议上，恩克鲁玛提交了在古巴举行三陆会议的决议（ibid.：14），也被称为第一亚非拉人民团结会议。会议于1966年1月3~15日在哈瓦那召开，来自82个国家的512名代表与会（ibid.：21）。苏联派出的代表团规模最大，由政治局成员、苏联共产党中央委员会委员谢拉夫·拉什多维（Sharaf R. Rashidov）率领，共有代表40人（ibid.：25），紧随其后的是由34名代表组成的中国代表团，中国共产党中央委员会委员吴学谦任团长。两个代表团承诺他们会支持亚非拉人民反抗帝国主义的斗争。[1]

泛非主义从某种程度而言在会议上发挥了核心作用。加纳代表约翰·泰特迦担任大会副主席，阿尔及利亚的阿达·本古埃特任经济委员会的主席，几内亚阿卜杜拉叶·迪阿洛任组织委员会主席，刚果（布）的朱利安·博卡姆博任对殖民主义和新殖民主义的分会主席（OAS，1966a：29 - 30）。

大会议程的第一项是越南战争和对帝国主义的武装斗争（Agenda of the Tricontinental Conference, point 1 - 3, in OAS, 1966b: vii）。主要目标是"团结、协调和鼓励亚洲、非洲和拉丁美洲人民反对以美帝国主义为首的帝国主义、殖民主义和新殖民主义的斗争"和"采用多种方法对三大洲的民族解放运动给予有效支持"（Resolution of the Organisation Commission 1966, in Afro - Asian - Latin American Peoples' Solidarity Conference, 1966: 55）。殖民主义和新殖民主义的政治委员会总决议

---

[1] 拉什多维在会上表示，苏联支持"受压迫人民的武装斗争"（Rashidov, in OAS, 1966a: 34）。吴学谦强调，中国决心"与亚非拉的反帝国主义战士站在一起"（Wu, 1966, in OAS, 1966a: 36），并鼓励统一所有真正的反帝国主义力量对抗以美国为首的帝国主义、殖民主义和新殖民主义（Wu, 1966, in Report From Havana, 1966: 10）。

(ibid.：80-86)用六页概述了新殖民主义的主要形式,反映了1961年有关新殖民主义的决议和恩克鲁玛1965年出版的书籍《新殖民主义:帝国主义的最后阶段》。

美国政府对这次会议和恩克鲁玛的新书非常关切。1966年11月,总部位于华盛顿特区的美洲国家组织出版有关第一次亚非拉人民团结会议的两卷本报告。正如报告的副标题所示,美洲国家组织将这一会议视为"新共产主义干预和侵略的工具",并建议美洲国家组织的成员国"采用它们认为必要的措施来抵制"会议和会议建立的永久性组织的"介入与入侵政策"(OAS, 1966：vi 88)。

美国政府也担心恩克鲁玛的活动,并在几年内向英国和法国提出很多方式,希望移除恩克鲁玛的权力(Biney, 2011：158)。恩克鲁玛的书是针对新殖民主义这一问题首次发表的专著。① 美国政府对这一书籍的出版反应强烈,而国务院在致电非洲的大使馆时表示,恩克鲁玛"挑衅和反美的基调是'让美国感到被侵犯,且深感不安'",美国政府希望加纳政府"对本书出版之后出现的任何可能情况负责"(US Department of State, 1965：point 3)。电文进一步指出,"不采取行动可能使恩克鲁玛与其他非洲国家政府的立场更加坚定,强化他们反美和反西方的态度"(ibid.：point 6)。负责人加纳事务的国务院非洲事务局官员罗伯特·史密斯(Robert P. Smith)称这本书是"压死骆驼的最后一根稻草"(Smith, 1989：10)。前中央情报局西非站站长约翰·斯托克韦尔(1992)指出,1966年美国中央情报局通过军事政变将恩克鲁玛在加纳军队中的权力移除,这一行动是由美国中央情报局阿克拉工作站站长霍华德·贝恩策划的,在执行过程中没有"一张纸……可以证明中情局应该为此次行动负主要责任。"(Stockwell, 1992：06：30-07：20 min.)

这一秘密操作符合美国国家安全委员会的NSC 10/2号指示(1948)。

---

① 此后几年有关新殖民主义的作品包括阿明(S. Amin, 1973)的《西非的新殖民主义》;巴荣格(Y. R. Barongo, 1980)的《新殖民主义和非洲政治:对新殖民主义影响非洲政治行为的调查》;伯曼(B. J. Berman, 1974)的《臣属和新殖民主义:中心-边缘关系和非洲国家的政治发展》;高尔通(J. Galtung, 1971)的《帝国主义的结构理论》;雷斯(C. Leys, 1975)的《肯尼亚的发展不足:新殖民主义的政治经济, 1964~1971》;萨特(J. P. Sartre, 2001)的《殖民主义和新殖民主义》。

中情局历史部副参谋长迈克尔·华纳（1998：211）指出，国家安全委员会的10/2号指示"创造了中央情报局半自治政策协调办公室"（OPC）并指示中情局进行"秘密"而不仅仅是"心理"操纵。根据指令，此类操纵是由美国政府赞助的：

> 反对外国敌对国家或团体，支持友好外国国家或集团，此类行为都是计划周密的，在执行时美国政府会利用明显未经授权的人，借以逃避任何责任。具体来说，这样的操纵包括各种相关的秘密活动：宣传战；经济战；预防性打击，包括破坏、拆除和疏散；对敌对国家政权的颠覆、地下抵抗运动，包括帮助游击队和难民解放，以及支持在威胁自由世界的国家中的本土反共势力。（USG，1948）

自1948年以来，美国政府将他们的项目扩展成为"一个永久的秘密行动组织"，其发展"比创始人预想的更快"（Warner，1998：217）。1966～1976年，非洲出现了109起政变，其中有51起成功（Frank，1981：293）。1975年和1976年，美国参议院政府行动与情报活动研究特别委员会——更多地被称为教堂委员会——发表了14份针对1945～1975年美国海外情报活动的报告（Church Committee，2011）。约翰·斯托克韦尔也在安哥拉为美国中央情报局从事秘密活动（Stockwell，1997：19）。他指出，从1975年的教堂委员会报告中推断数据，"共有大约3000起的重大秘密行动和超过10000个小型操纵：包括所有非法的，旨在破坏、消解或改变其他国家的活动"（Stockwell，1991：70）。①

恩克鲁玛权力被夺走是泛非运动的重大损失，这使得这一运动失去了加纳和土地基础。在加纳，恩克鲁玛的政党公约人民党（Convention People's Party，CPP）被宣布为非法组织，与恩克鲁玛相关的文件和书籍被焚烧。

---

① 联系军事干预，威廉姆斯（2007）指出，1787～1941年美国政府进行了154起未公开的海外军事干预，格罗斯曼（2011）认为从1945年到2011年共有45件。这些干预措施包括推翻民选总统，如1953年伊朗总统摩萨德、1954年危地马拉总统雅各布·阿本斯·古兹曼、1961年刚果首相帕特里斯·卢蒙巴、1973年智利总统阿连德等。此外，美国还支持独裁政权，如刚果的蒙博托（Ikambana，2007：1）、伊拉克的萨达姆·侯赛因和印度尼西亚的苏哈托（Chomsky，2002：15 and 51）以及阿富汗圣战者和塔利班（Rashid，2001：18）。

持有恩克鲁玛作品的民众将面临被以约瑟夫·亚瑟为首的新政权起诉的危险，他是英国皇家西非边防部队军官，曾在 1965 年因涉嫌策划军事政变被加纳军队除名（Asante，2008）。

恩克鲁玛流亡至几内亚，在那里成为杜尔总统的联席总统（Williams 1984：130），并继续他的政治活动，通过各种手段推广泛非主义，如科纳克里的无线电广播、全部由非洲人组成的全非人民革命党（All - African People's Revolutionary Party，AAPRP）并出版更多的书籍（Asante，2008；Nkrumah S.，2009），其中最著名的是《革命战争手册：非洲革命武装阶段指南》（Nkrumah，1968a）和《非洲的阶级斗争》（Nkrumah，1970）。①

在朱利乌斯·尼雷尔的领导下，坦噶尼喀非洲民族联盟（TANU）于 1968 年通过了《阿鲁沙宣言》，提出了更符合科学社会主义的非洲社会主义，坦桑尼亚成为东非激进思想和行动的中心（Leys，2010）。在西非，科纳克里成为泛非主义的中心，恩克鲁玛主义的概念进一步扩大（Williams，1984）。这一地区的许多学生和知识分子前往科纳克里学习马克思列宁主义和恩克鲁玛主义（Fahnbulleh，2009；Tokpa，2010）。

塔布曼政府试图抑制恩克鲁玛在利比里亚的影响，加强了与中央情报局的密切合作（Fahnbulleh，2009）。② 社会主义文学在利比里亚的大学被禁止，但在学生和老师之间秘密流传，如果被情报部门抓住会面临入狱和折磨（Tokpa，2009）。利比里亚许多知识分子成为"恩克鲁玛主义者"（Fahnbulleh，2009），恩克鲁玛（1968b）在科纳克里指出，"利比里亚人民正在觉醒"，他认为全非人民革命军（AAPRP 的武装派别）发展潜力巨大，因为有证据证明"非洲的人力和物力都已经准备就绪，需要的只是协调和促使他们行动的激励"（ibid.：239）。③

英国、法国、葡萄牙和美国政府担心泛非洲政治和经济思想的影响会

---

① S. 恩克鲁玛是克瓦米·恩克鲁玛的女儿。2008 年，她成为加纳议会议员。她强调自己正在推广其父亲的工作和想法。
② 2009 年，法恩布勒担任利比里亚的总统国家安全事务助理。他自认为是恩克鲁玛主义者，在 20 世纪 70 年代的政坛十分活跃。
③ 全非人民革命军（APPRA）是全非人民党的军事派别，是由恩克鲁玛在科纳克里建立的。全非人民党的诉求是加强非洲的社会主义革命。全非人民党随后由一个有影响力的黑豹运动组织的成员斯托克利·卡尔迈克领导，其主要目标是通过全非人民革命军打击新殖民主义，在非洲大陆建设社会主义（A - APRP 2011）。

越来越大。1970年11月，葡萄牙军事入侵几内亚的主要目的是解除杜尔的权力，并逮捕阿米尔卡·卡布拉尔和恩克鲁玛。几内亚政府预估到可能的攻击，将卡布拉尔和恩克鲁玛转移到科纳克里的秘密地点，随后军事动员迅速展开并在24小时内成功赶走入侵者（Milne，1990：355－357）。

七 利比里亚的变化

1972年4月，恩克鲁玛在布加勒斯特医院去世（PANAF，1982：76）。此前在1971年7月，恩克鲁玛的主要对手，利比里亚总统塔布曼在伦敦的一家医院去世（Executive Mansion，1971：43）。利比里亚副总统威廉·理查德·托尔伯特成为总统。与塔布曼不同，托尔博特深受恩克鲁玛的影响，在20世纪70年代成为泛非运动和反对新殖民主义斗争中的一个强有力的声音。

1972年5月，托尔伯特接受杜尔的邀请主持了为期两天的纪念恩克鲁玛研讨会并在恩克鲁玛的葬礼上扶灵。托尔伯特在研讨会的演讲中称恩克鲁玛为非洲大陆"最著名的政治家"，他"可以在事情发生前分析并预见结果"（Tolbert，1972：482－484）。第二天，托尔伯特参加几内亚民主党的银禧年的活动，他对杜尔总统拒绝法国联邦坚持与"殖民主义、种族歧视、压迫、镇压和新殖民主义的顽固分子"做斗争表示赞扬（Tolbert，1972b：486）。托尔伯特的演讲可以看作利比里亚政府作为促进泛非主义的主要非洲国家回归的重要标志。

1972年6月，在拉巴特举行的非统组织会议上，托尔伯特赞扬恩克鲁玛在非统形成过程中发挥的领导作用（Tolbert，1972c：510）并提到：

> 对我们来说，认为发达国家欠我们什么是个很大的错误。事实上，考虑它们本国自身利益将决定和影响它们对我们的态度和行动不无道理。但是我们的经济解放必须由自己争取。而政治独立，正如我们痛苦的经历，只是奋斗的开始而非结束。新形式的帝国主义不断制定目标，阻碍我们的进步，而我们组织的主要目的是迅速从所有剩余的殖民主义圈套中的实现解放。（Tolbert，1972c：511）

托尔伯特为美国使用其在利比里亚的军事基地对非洲其他地区实行军事操纵设置限制，并与一些社会主义国家建立关系，如中国和苏联（Tarr，

2009)。他建立"利比里亚南部非洲解放基金"进一步直接支持解放斗争,通过利比里亚进行经济援助。根据他的观点,利比里亚是非洲最古老的共和国,有"义务在政治上和经济上更加彻底地参与非洲母亲完全解放的斗争"(Tolbert, 1977: 6)。

在古巴参与了安哥拉的解放斗争后,几内亚比绍、莫桑比克(Lowenthal, 1977)和利比里亚政府与古巴建交(Executive Mansion, 1978: 50),并支持古巴为成为安理会非常任理事国进行的努力(W. A. Tubman, 2009)。[1] 托尔博特也称赞坦桑尼亚总统尼雷尔,因为他致力于解放斗争(Executive Mansion, 1978: 188)。

利比里亚政府逐步改变了本国的经济体系,从被称为"门户开放政策"的自由资本主义更多地转变为类似于恩克鲁玛时期加纳政府采取的国家计划经济(Tarr, 2009)。与此同时,托尔博特在"建立国际经济新秩序宣言"的基础上向国际推广新的经济秩序,联合国大会于1974年通过这一被称为 NIEO 的宣言,其中强调一切形式的外国和殖民统治、外国的占领、种族歧视、种族隔离和新殖民主义的残余势力继续成为发展中国家和其中所有人民全面解放和进步最大的障碍(UNGA, 1974: Article 1)。

一个新的国际经济秩序的提议与美国业已拥有的全球利益形成鲜明对比(Livingston, 1992: 317)。然而,利比里亚前财政部长拜伦·塔尔(2009)回忆称,托尔伯特着力推广 NIEO,1979年7月在蒙罗维亚举行的非统第16届会议期间,其为建立国际经济新秩序而提出的《蒙罗维亚声明》被采纳。这一声明关注食物、教育、医疗和工业的自力更生、自给自足,这是实现国际经济新秩序的主要途径(OAU, 1979)。

美国政府通过支持当地非政府组织令本国公众反对利比里亚政府,进而破坏托尔伯特政府的政策(Johnson, 2010)。1980年4月,托尔伯特和13名主要政府官员在一次由美国政府支持的军事政变中被谋杀,这标志着利比里亚一场漫长而复杂战争的开始(Hahn, 2012)。然而,《蒙罗维亚声明》引发了"1980~2000年非洲经济发展拉各斯行动计划",该计划签发于1980年4月,在其序言认为"非洲在殖民时期被直接剥削",且这种剥削仍然"通过新殖民主义者的外部力量进行,影响着非洲国家的经济政策

---

[1] 温斯顿·塔布曼在20世纪70年代后期担任利比里亚常驻联合国代表。

和方向"（OAU，1980：5，point 6）。

行动计划进一步明确了实现《蒙罗维亚宣言》的方法，即通过国家干预、国家工业化计划、区域一体化和对不成熟的产业和市场补贴和保护主义等。这些建议在许多方面与成功实现工业化的亚洲"四小龙"采取的政策相类似（Chang，2006 and 2007）。但是约在一年后，世界银行发布《加快撒哈拉以南非洲地区发展报告》（更多被称为《伯格报告》）成为"权威解读中最具影响力的版本"，其中认为非洲危机是非洲领导人的"坏政策"和"管理不善"共同作用的结果（Arrighi，2002：6-7）。

世界银行（1981）称《伯格报告》"建立在拉各斯行动计划之上"（ibid：1），然而它制定了新自由主义的经济政策，反对拉各斯行动计划的政策建议。这标志着非洲开始实施结构调整计划，随后又变为20世纪90年代的减贫战略（Johnston，2005；Saad-Filho，2005）。从新殖民主义的角度来看，这些项目表明了一种在非洲经济体内通过新自由主义经济政策进行外国控制的行动，其继续确保外国势力可以开发非洲的自然资源，并得到当地的市场准入和廉价劳动力。

八 结语

泛非运动为全球的政治思想和转换做出了重大贡献。新殖民主义的概念和理论通过国际组织和全球网络被提出，其也提供了一个争取真正的独立和发展的知识和政治基础。

恩克鲁玛撰写了十余本有关与新殖民主义做斗争的书籍（Nkrumah，2009），为非洲统一组织演变为非洲联盟做出了重要贡献。2012年1月，恩克鲁玛的大型黄金雕像在总部设在亚的斯亚贝巴的非洲联盟大楼前揭幕（Deferes，2012；Maasho，2012）。

然而，非洲联盟在多大程度上是基于恩克鲁玛设想的泛非社会主义统一非洲是有争议的。21世纪初，非洲仍然存在严重的肤色、宗教、国籍、种族和性别分歧。这样的区分对新殖民主义体系是必不可少的，因为它把注意力从阶级问题中转移出来，从而阻止被压迫者团结起来。

从第二次世界大战到苏联解体，阶级斗争和社会主义始终是泛非辩论和抵抗新殖民主义运动的中心部分。然而，就像马克思和恩格斯（1848/

1998）指出的，阶级斗争在历史上一直"不断进行，时而隐蔽，时而公开"（ibid.：1）。这场斗争似乎在苏联倒下之后进入低谷，但这并不表示它不会在21世纪演变成更加公开的冲突。

在新的千禧年开始时，新殖民主义的概念在非洲依然很流行。例如，利比里亚许多政府官员关心如何"逃离新殖民主义"的美国政府，这是由一个部长表达出来的（Davis，2009）。法国对象牙海岸进行干预，移除总统劳伦特·巴博的职务，冈比亚政府谴责法国公然的新殖民主义"复制了帕特里斯·卢蒙巴的案例"（Government of Gambia，2011）。2013年，肯尼亚议会投票赞成退出国际刑事法院的《罗马规约》，因为这通常被非洲视为"新殖民主义干预的工具"（Reuters，2013）。

在过去的十年间，中国已经成为在非洲最具影响力的外部角色之一。虽然中国与非洲国家的关系经常被西方谴责为"新殖民主义"（BBC，2012；Clinton，2011；The Economist，2008），但是中国政府坚称，"发展中国家的贫困源于新、老殖民主义的剥削和掠夺"（Zhou，2004：95）。中国政府支持南南合作，以巩固独立和发展国民经济（ibid.：96），需要重点注意的是，非洲联盟的新总部是由中华人民共和国捐赠建设的（Xinhua，2012）。

中国的外交政策在一定程度上是基于不干涉别国内政的原则，这得到了大多数非洲国家政府的赞赏，越来越多的非洲国家将中国的发展战略视为一个有吸引力的发展模型（Gau，2009，Sirleaf，2009；Wallace，2009，Wisner，2009）。许多学者纠缠于该模型与社会主义有关，与存在争议的苏联社会主义建设相仿。[①] 然而，根据中国2004年修订的宪法，中国的经济和社会发展战略基于科学社会主义，尽管中国仍处于并将"长期"处于"社会主义初级阶段"（Government of the People's Republic of China 2004，Preamble）。

中国与大多数非洲国家的关系挑战了西方列强在非洲的政治和经济利益，因为非洲国家可以通过与中国的经济合作增强自身国力。很可能许多西方学者、记者和政客会回应、指责中国的外交政策是新殖民主义，同时证明西方干涉主义是打着民主、人权和自由贸易的旗号。然而，这不会修

---

① 对中国和社会主义的进一步讨论，请参见哈维（2005）、阿里奇（2007）和阿明（2013）。

饰西方塑造当代非洲大陆政治经济的奴隶制、殖民主义和帝国主义历史。

如果西方新殖民主义的概念仍然被主流文献和主导媒体所边缘化或忽视，那么西方大多数人将很难理解西方国家和非洲国家之间潜在的政治、经济的紧张关系。西方国家政府可能会继续延续和加剧紧张的局势，这种局势很可能在未来发展成更多的暴力和武装冲突，可能会增加西方遭受恐怖袭击的风险。

参考文献

A‐APRP（2011），"All‐African People's Revolutionary Party（AAPRP）Official Website," Retrieved March 22, 2011, http：//www. aaprp‐intl. org/index. html.

AAPC（1958），"All‐African Peoples'Conference：Resolution on Imperialism and Colonialism," Conference Resolution on Imperialism and Colonialism Retrieved 11 April, 2008, http：//www. fordham. edu/halsall/mod/1958‐aapc‐res1. html.

AAPC（1960），"All‐African Peoples' Conference," Tunis, 25th‐30th January, 1960. Report by the Hon. Abdoulaye Diallo, Gen. Secretary of The All‐African Peoples' Conference, Conference Resolution on Imperialism and Colonialism.

AAPC（1961a），Africa on the March! Cairo, U. A. R. Information Department.

AAPC（1961b），"All‐African Peoples' Conference：Resolution on Neo‐Colonialism," All‐African People's Conference, Cairo, Reprinted in Wallerstein 2005：Africa‐The Politics of Independence and Unity. University of Nebraska Press.

ACS（1818），"The Second Annual Report of the American Society for Colonizing the Free People of Colour in the United States," Retrieved 23 February, 2011, http：//memory. loc. gov/master/mss/mjm/18/0500/0589d. jpg.

ACS（1821），"The Fourth Annual Report of the American Society for Colonizing the Free People of Colour in the United States," Retrieved 23 February, 2011.

Abasiattai, M. B. （1992），"The Search for Independence：New World Blacks in Sierra Leone and Liberia, 1787‐1847," *Journal of Black Studies* 23（1）：107‐116.

Amin, S. （1973），*Neo‐Colonialism in West Africa*, Harmondsworth, Penguin Books Ltd.

Amin, S. （2013），"China 2013," Retrieved May 30, 2013, http：//monthlyreview. org/2013/03/01/china‐2013.

Aron, R. （2003），*Peace and War‐A Theory of International Relations New Brunswick*,

Transaction Publishers.

Arrighi, G. (2002), "The African Crisis," *New Left Review* 15 (May/June): 5 –36.

Arrighi, G. (2007), *Adam Smith in Beijing: Lineages of the Twenty – First Century*, London – New York, Verso.

Arrighi, G. and J. S. Saul (1969), *Nationalism and Revolution in Sub – Saharan Africa*, The Socialist Register 1969, R. Miliband and J. Saville, London, The Merlin Press.

Asamani, P. K. O. (1994), *W. E. B. Du Bois*, California, The Borgo Press.

Asante, K. B. (2008), Principle Secretary African Affairs Secretariat – Office of President Kwame Nkrumah, Subsequently Ambassador of Ghana to Switzerland, Austria, and Ghana's High Commissioner to London. Interview on Pan – African Resistance to Neocolonialism. Conducted and recorded by Niels Hahn on October 30, 2008 in K. B. Asante's home, Accra.

Asian – Latin – American – Peoples' – Solidarity – Conference (1966), *Resolution of the Organisation Commission*, Havana, Unknown.

Barongo, Y. R. (1980), *Neocolonialism and African Politics: A Survey of the Impact of Neocolonialism on African Political Behavior*, New York, Vantage Press.

BBC (2012), "Chinese colonialism?" Retrieved September 19, 2013, http://www.bbc.co.uk/news/world – asia –18901656.

Berman, B. J. (1974), "Clientism and Neocolonialism: Centre – Periphery Relations and Political Development in African States," *Studies in Comparative International Development* 9 (2): 3.

Biney, A. (2011), *The Political and Social Thought of Kwame Nkrumah*, New York, Palgrave Macmillan.

Carr, E. H. (2001), *The Twenty Years' Crisis 1919 –1939*, New York, Palgrave, 2001.

Chang, H. –J. (2006), *Kicking Away the Ladder*, London, Anthem Press.

Chang, H. –J. (2007), *Bad Samaritans – The Myth of Free Trade and the Secret History of Capitalism*, Bloomsbury Press.

Chomsky, N. (2002), *Hegemony or Survival – America's Quest for Global Dominance*, London, Penguin Books.

Church Committee (2011), "United States Senate Select Committee to Study Governmental Operations with Respect to Intelligence Activities. Assassination Archives and Research Center (AARC)," Retrieved April 12, 2008, http://www.aarclibrary.org/publib/church/reports/contents.htm.

Clinton, H. (2011), "Africa must beware of 'new colonialism' as China expands ties there and focus instead on partners able to help build productive capacity on the continent, Secretary of State Hillary Clinton said," Retrieved June 23, 2011, http://www.thechinatimes.com/online/2011/06/154.html.

Davis, N. D. (2009), Minister of State – Development and Reconstruction, Interview conducted and recorded by Niels Hahn on April 14, 2009, at Mamba Point Hotel, Monrovia.

Deferes, A. (2012), "Say no to Haile Selassie statue at AU: An open letter to acting AU Commission Chairperson," Retrieved September 19, 2013, http://www.pambazuka.org/en/category/features/80178/print.

Deutsch, N. (2001), "'The Asiatic Black Man': An African American Orientalism?" *Journal of Asian American Studies* 4 (3): 193 –208.

Devlin, L. (1999), US Central Intelligence Agency (CIA) Station Chief in the Democratic Republic of Congo Field Officer in 1961, Interviewed in Thierry Michel documentary "Mobutu, King of Zaire," Cinélibre. Brussels.

Devlin, L. (2007), Interviewed in the documentary "Cuba, and African Odyssey", Directed by Jihan El Tahri. 2007, Arte France – Temps Noir. Big Sister Productions.

Du Bois, W. E. B. (1900), "In J. R. Hooker, 1974: The Pan – African Conference 1900," *Transition* 46: 20 –24.

Du Bois, W. E. B. (1933), "Liberia, the League and the United States," *Foreign Affairs* 11 (4) (Jul., 1933): 6682 –6695.

Du Bois, W. E. B. (2007/1903), *The Souls of Black Folk: B. Hayers*, Oxford, Oxford University Press.

Eastman, E. T. (2009), Under Secretary of State during Tubman's administration, Minister of Foreign Affairs from 1983 –1986, and Minister of Foreign Affairs in Taylor's administration. Interview conducted and partly recorded by Niels Hahn on 16 April, 2009, in his home, Old Congo Town, Monrovia.

Edwards, B. H. (2007), *Introduction to W. E. B. Du Bois: The Souls of Black Folk*, Oxford, Oxford University Press.

Engels, F. (2001/1880), *Socialism: Utopian and Scientific*, Progress Publishers, 1970, First Published: March, April, and May issues of Revue Socialiste in 1880. Translated: from the French by Edward Aveling in 1892 (authorised by Engels), Online Version: Marx/Engels Internet Archive (marxists.org) 1993, 1999, 2003.

Entralgo, A. (1986), In "The Socialist Ideal in Africa – A Debate," Research Report No. 81, C. Lopes and L. Rudebeck, Uppsala, Scandinavian Institute of African Studies.

Esedebe, P. O. (1989), *Nnamdi Azikiwe as a Pan – African Theorist: Azikiwe and the Af-*

rican Revolution, M. S. O. Olisa and O. M. Ikejiani – Clark, Onitsha, Nigeria, Africana – FEP Publishers Limited.

Executive – Mansion (1971), Presidential Diary and Summary of Events, Friday July 23, In Presidential Papers, Documents, Diary and Records of Activities of the Chief Executive, First Year of the Administration of President William R. Tolbert, Jr., July 23, 1971 – July 31, 1972. E. Mansion. Monrovia, Executive Mansion.

Executive Mansion (1978), President Tolbert on the Policy of his Administration, In Presidential Papers, Documents, Diary and Records of Activities of the Chief Executive, The first two years of the Second Administration of President William R. Tolbert, Jr., January 1, 1976 – December 31, 1977. E. Mansion. Monrovia, Press Division of the Executive Mansion. Printed in the United Kingdom by The Anchor Press Ltd, Tiptree, Essex.

Fahnbulleh, H. B. (2009), National Security Advisor of Liberia. Co – founder of Movement for Justice in Africa (MOJA). Former Minister of Foreign Affairs Dec. 1981 – July 4, 1984. Interview conducted and recorded by Niels Hahn on May 5, 2009, in his Office at Ministry at Foreign Affairs, Monrovia.

Fanon, F. (1963), *The Wretched of the Earth*, New York, Grove Press.

Fearon, J. D. and D. Laitin (2004), "Neotrusteeship and the Problem of Weak States," *International Security* 28 (4): 5 –43.

Finley, R. (1815), "Letter from Finley writing in February 1815, reprinted in the article: Advises from Cape Palmas by the Liberia Packet," *Maryland Colonization Journal*, 18474 (1).

Frank, A. G. (1981), *Crisis in the Third World*, New York, Holmes and Meier Publishers, Inc.

Friedland, W. H. and C. G. Rosberg (1964), *The Anatomy of African Socialism*: *African Socialism*, W. H. Friedland and C. G. Rosberg, Stanford, Hoover Institution on War, Revolution, and Peace by Stanford University Press.

Galtung, J. (1971), "A Structural Theory of Imperialism," *Journal of Peace Research* 8 (2): 81 –117.

Geiss, I. (1974), *The Pan – African Movement*, London, Methuen and Co Ltd.

Gou, H. (2009), Political Councillor – Head of Chancellery, Chinese Embassy in Monrovia, Interview conducted by Niels Hahn on May 5, 2009, in the conference room at the Chinese Embassy, Monrovia. Further information and material has been obtained from personal conversations over a number of meetings.

Government of Gambia (2011), "Gambia Government's position on the tragedy in cote D'

Ivoire or ivory coast," Retrieved November 15, 2012, http://www.statehouse.gm/Press-releases/pressrls-govt-position-Cote-D%27Voire_15042011.htm.

Government of the People's Republic of China (2004), "Constitution of the People's Republic of China," Retrieved September 19, 2013, http://www.npc.gov.cn/english-npc/Constitution/2007-11/15/content_1372962.htm.

Grossman, Z. (2011), "From Wounded Knee to Libya: A Century of U.S. Military Interventions," Retrieved September 19, 2013, from http://academic.evergreen.edu/g/grossmaz/interventions.html.

Grundy, K. W. (1964), *Mali: The Prospects of "Planned Socialism"*, African Socialism, W. H. Friedland and C. G. Rosberg. Stanford, Hoover Institution on War, Revolution, and Peace by Stanford University Press.

Hahn, N. (2012), "The Experience of Land Grab in Liberia," *Handbook of Land and Water Grabs in Africa - Foreign direct investment and food and water security*, J. A. Allan, M. Keulertz, S. Sojamo and J. Warner. London, Routledge.

Harvey, D. (2005), *A Brief History of Neoliberalism*, Oxford, Oxford University Press.

Henriksen, T. H. (1975), "African Intellectual Influences on Black Americans: The Role of Edward W. Blyden," *Phylon* 36 (3): 279-290.

Ikambana, P. (2007), *Mobutu's Totalitarian Political System - An Afrocentric Analysis*, New York and London, Routledge.

International-Organization (1962), "Africa and International Organization," *International Organization* 16 (2): 429-434.

James, C. L. R. (2001), *The Black Jacobins: Toussaint L' Ouverture and the San Domingo Revolution*, London, Penguin Group.

Johnson, W. M. (2010), Vice Chairman of the INTG 2003-2006, Vice Chairman of People's Progressive Party (PPP) 1978-1990 and subsequently Chairman, At the time of interview: Liberian Ambassador to the UK. Interviewed on 06-12-2010 in his office at the Liberian Embassy.

Johnston, D. (2005), *Poverty and Distribution: Back on the Neoliberal Agenda? Neoliberalism - A Critical Reader*, A. Saad-Filho and D. Johnston. London, Pluto Press.

Kamitatu, C. (2007), Interviewed in the documentary "Cuba, and African Odyssey", Directed by Jihan El Tahri, Arte France-Temps Noir, Big Sister Productions.

Keohane, R. O., ed. (1986), *Neorealism and its Critics: New Directions in World Politics*, New York, Columbia University Press.

Klinghoffer, A. J. (1969), *Soviet Perspectives on African Socialism*, Cranbury, New Jersey, Associated University Presses, Inc.

Kup, A. P. (1972), "John Clarkson and the Sierra Leone Company," *The International Journal of African Historical Studies* 5 (2): 203 −220.

Legro, J. W. and A. Moravcsik (1999), "Is Anybody Still a Realist?" *International Security* 24 (2): 5 −55.

Leys, C. (1975), *Underdevelopment in Kenya: The Political Economy of Neo − Colonialism, 1964 −1971*, London, Heinemann Educational Books.

Leys, C. (2010), Professor Emeritus, Former co-editor of the Socialist Register. Worked on neocolonialism at Kivukoni College in Dar es Salaam, Interview conducted and recorded by Niels Hahn, January 13, 2010, at a cafe near Kings Cross, London. Interview focused on the intellectual development of neocolonial theories.

Liebenow, J. G. (1969), *Liberia − The Evolution of Privilege*, Ithaca and London, Cornell University Press.

Livingston, S. G. (1992), "The Politics of International Agenda −setting: Reagan and North −South Relations," *International Studies Quarterly* (36): 313 −330.

Lopes, C. and L. Rudebeck (1988), "The Socialist Ideal in Africa − A Debate," Research Report No. 81. C. Lopes and L. Rudebeck. Uppsala, Scandinavian Institute of African Studies.

Lowenthal, A. F. (1977), "Cuba's African Adventure," *International Security* 2 (1): 3 −10.

Lynch, H. R. (1967), *Edward Wilmot Blyden, Pan − Negro Patriot 1832 −1912*, London, Oxford University Press.

Maasho, A. (2012), "Long live the king! AU's lavish new home hit by statue row," Retrieved 11 October, 2013, http://www.reuters.com/article/2012/02/10/us − ethiopia − statue −idUSTRE81911U20120210.

Martin, T. (1976), *Race First, The Ideological and Organizational Struggles of Marcus Garvey and the Universal Negro Improvement Association*, London, Greenwood Press.

Marx, K. and F. Engels (1969/1848), "Manifesto of the Communist Party," Retrieved 15 November, 2012, http://www.marxists.org/archive/marx/works/1848/communist −manifesto/.

M'bayo, T. E. (2004), "W. E. B. Du Bois, Marcus Garvey, and Pan −Africanism in Liberia, 1919 −1924," *The Historian* 66 (1): 19 −44.

Mearsheimer, J. (2001), *The Tragedy of Great Power Politics*, New York, Norton.

Mearsheimer, J. J. (2006), "Updating Realism for the Twenty-First Century," *Politics Among Nations - The Struggle for Power and Peace*, K. W. Thompson and W. D. Clinton, New York, McGraw-Hill/Irwin.

Milne, J. (1990), *Kwame Nkrumah - The Conakry Years: His Life and Letters*, London, Panaf.

Morgenthau, H. J. (2006), *Politics Among Nations: The Struggle for Power and Peace*, New York, McGraw-Hill.

Mundt, R. J. (1979), "France in Africa: A Neglected Player in Superpower Competition," *Southern University Law Review* 5 (1978-1979): 11-19.

Nkrumah, K. (1963), *Africa Must Unite*, London, Panaf.

Nkrumah, K. (1965), *Neo-Colonialism—The Last Stage of Imperialism*, London, Panaf.

Nkrumah, K. (1966), "African Socialism Revisited," *Revolutionary Path*, London, Panaf: 438-445.

Nkrumah, K. (1968a), *Handbook of Revolutionary Warfare: Guide to the Armed Phase of the African Revolution*, London, PANAF.

Nkrumah, K. (1968b), Letter from Kwame Nkrumah to June Milne, of June 10, 1968, J. Milne. Conakry, PANAF in Kwame Nkrumah - The Conakry Years. His Life and Letters. Compiled by June Milne. Reprinted by Panaf, 2001.

Nkrumah, K. (1970), *Class Struggle in Africa*, London, Panaf.

Nkrumah, K. (2001), *Revolutionary Path*, London, PANAF.

Nkrumah, S. (2009), Daughter of former President Kwame Nkrumah of Ghana, and Member of the Parliament in Ghana for the Conventional People's Party (CPP). Interview conducted and recorded by Niels Hahn on August 14, 2009, at Cafe Wilders, Copenhagen.

Nwoko, M. I. (1985), *The Rationality of African Socialism*, Roma, Tipo-Litografia, Aurelia.

OAS (1966a), Report of the Special Committee to Study Resolution II, I and VIII of the Eight Meetings of the Consultation of Ministers of Foreign Affairs on the First Afro-Asian-Latin American Peoples' Solidarity Conference and its Projections ("Tricontinental Conference of Havana") New Instrument of Communist Intervention and Aggression, Washington D. C., Council of the Organization of American States: 1.

OAS (1966b), Report of the Special Committee to Study Resolution II, I and VIII of the Eight Meetings of the Consultation of Ministers of Foreign Affairs on the First Afro-Asian-Latin American Peoples' Solidarity Conference and its Projections ("Tricontinental Conference of Havana") New Instrument of Communist Intervention and Aggression. Washington D. C. , Council of the Organization of American States: 2.

OAU. (1963), "Organisation of African Unity Charter," Retrieved April 11, 2008, http: // www. africa −union. org/root/au/Documents/Treaties/text/OAU_Charter_1963. pdf.

OAU (1979), Monrovia Declaration of Commitment of the Heads of State and Government, of the Organization of African Unity on Guidelines and Measures for National and Collective Self − Reliance in Social and Economic Development for hte Establishment of a New International Economic Order, AHG/ST. 3 (XVI) . Rev. 1, Organisation − of − African − Unity, Monrovia, African Union.

OAU (1980), *Lagos Plan of Action for the Economic Development of Africa*, 1980 −2000, Addis Ababa, Organisation of African Unity.

Padmore, G. (1947), *Colonial and Coloured Unity − A Programme of Action*, History of the Pan −African Congress, London, The Hammersmith Bookshop Ltd.

Padmore, G. (1956), *Pan − Africanism or Communism? The Coming Struggle for Africa*, London, Dennis Dobson.

PANAF (1982), *Forward Ever − The life of Kwame Nkrumah*, London, Panaf.

Potekhin, I. I. (1964), "On African Socialism: A Soviet View," African *Socialism*, W. H. Friedland and C. G. Rosberg. Stanford, Hoover Institution on War, Revolution, and Peace by Stanford University Press: 97 −112.

Rashid, A. (2001), *Taliban: Militant Islam, Oil and Fundamentalism in Central Asia*, Yale University Press.

Report From Havana (1966), "The First Afro − Asian − Latin American Peoples' Solidarity Conference," *Peking Review* 4 (Jan. 21, 1966): 19 −25.

Reuters. (2013), "CC judges say Kenyan deputy president's trial must resume next week," Retrieved September 9, 2013, http: //www. reuters. com/article/2013/09/27/us − kenya −attack −icc −idUSBRE98Q0N420130927.

Robinson, C. J. (1990), "DuBois and Black Sovereignty: The Case of Liberia," *Race and Class* 32 (March): 39 −50.

Rosenberg, J. (2001), *The Empire of Civil Society: A Critique of the Realist Theory of International Relations*, London −New York, Verso.

Rothman, A. (2007), *Slave Country − American Expansion and the Origins of the Deep South*, Massachusetts, Harvard University Press.

Saad − Filho, A. (2005), "From Washington to Post − Washington Cnsensus: Neoliberal Agendas for Economic Development," *Neoliberalism −A Critical Reader*, A. Saad −Filho and D. Johnston. London, Pluto Press: 113 −119.

Sartre, J. −P. (2001), *Colonialism and Neocolonialism*, 2001, Routledge.

Scheuerman, W. E. (2008), "Realism and the Left: The Case of Hans J. Morgenthau," *Review of International Studies* (2008) (34): 29 −51.

Schuett, R. (2007), *Freudian Roots of Political Realism: The Importance of Sigmund Freud to Hans J. Morgenthau's Theory of International Power Politics*, History of the Human Sciences Volume, DOI: 53 −78.

Secret Agreement between Ghana and the Congo (1960) (2001). Revolutionay Path, London, Panaf: 438 −445.

Seidman, A. (1979), "African Socialism and the World System: Dependency, Transnational Corporations, and International Debt," *Socialism in Sub − Saharan Africa − A New Assessment*, C. G. Rosberg and T. M. Callaghy. Berkeley, Institute of International Studies −University of California.

Senghor, L. S. (1964), *On African Socialism*, New York −London, Frederick A. Praeger, Publisher.

Shilliam, R. (2007), "Morgenthau in Context: German Backwardness, German Intellectuals and the Rise and Fall of a Liberal Project," *European Journal of International Relations* 13 (3): 299 −327.

Sirleaf, E. J. (2009a), President of the Republic of Liberia, Former Minister of Finance in the Tolbert Administration from 1979 till 1980, Interview conducted and recorded by Niels Hahn, June 2, 2009, in her temporary office at the Ministry of Foreign Affairs, Monrovia.

Sklar, R. L. (1986), "The Colonial Imprint on African Political Thought," *African Independence − The First Twenty − Five Years*, G. M. Carter and P. O'Meara. Bloomington, Indiana University Press.

Smith, R. P. (1989), US Ambassador to Liberia from August 6, 1979 to January 15, 1981. Charles Stuart Kennedy. Interviewed on February 28. Washington, D. C., The Library of Congress. American Memory. The Foreign Affairs Oral History Collection of the Association for Diplomatic Studies and Training.

Stockwell, J. (1991), *The Praetorian Guard: The US Role In The New World Order*, Boston, South End Press.

Stockwell, J. (1992), Black Power, Interview with former CIA Station Chief in Angola. Pandora's Box. A. Curtis. London, BBC, http://www.youtube.com/watch? v = _fJpDJ7Sy4U and p =FC13400FB3E14C76.

Stockwell, J. (1997), *In Search of Enemies: A CIA Story*, Bridgewater, Replica Books, a division of Baker and Taylor.

Sundiata, I. (2003), *Brothers and Strangers − Black Zion, Black Slavery, 1914 −1940*, Durham, Duke University Press.

Tarr, B. (2009), Special Assistant to Finance Minister, Steve Tolbert 1972. Assistant/ Deputy Minister for Revenues from May 1972 till end of 1974. Responsible for State Enterprises as Controller General for Public Enterprises in 1977, Minister of Planning in 1981 − 1982. Minister of Finance in 1991/1992. Interview conducted and recorded by Niels Hahn, April 23, 2009, in his office at the corner of Johnson and Broad Street, Monrovia.

Taylor, C. (2009), *Carving Up Africa*, New African, London, IC publication, May: 8 −23.

The Economist (2008), *The new colonialist*, London, The Economist. 2011.

Thompson, V. B. (1971), *Africa and Unity: The Evolution of Pan − Africanism*, London, Longman Group Ltd. (Printed by Western Printing Services Ltd. Bristol)

Tokpa, A. (2009), Assistant Professor of Political Science at the University of Liberia. Former Head of the Liberia National Student Union (LUNSU). Active member in the Movement for Justice in Africa (MOJA). Co-founder of the political party the New Deal Movement. Interview conducted and recorded by Niels Hahn on January 26, 2009, near New Port Street in Monrovia.

Tokpa, A. (2010), Assistant Professor of Political Science at the University of Liberia. Former Head of the Liberia National Student Union (LUNSU). Active member in the Movement for Justice in Africa (MOJA). Co − founder of the political party the New Deal Movement. Interview conducted and recorded by Niels Hahn on March 12, 2010, in the Staff Common Room at the School of Oriental and African Studies, University of London.

Tolbert, W. (1972a), President Tolbert's Speech at Nkrumah Symposium, May 13, 1972. In Presidential Papers. Documents, Diary and Records of Activities of the Chief Executive, First Year of the Administration of President William R. Tolbert, Jr., July 23, 1971 − July 31, 1972. E. Mansion. Monrovia, Executive Mansion.

Tolbert, W. (1972b), President Tolbert's Message to President Sekou Toure on the Silver Jubilee of the Democratic Party of Guinea, May 14, 1972. In Presidential Papers. Documents, Diary and Records of Activities of the Chief Executive. First Year of the Administration of President William R. Tolbert, Jr., July 23, 1971 − July 31, 1972. E. Mansion. Monrovia, Executive Mansion.

Tolbert, W. (1972c), President Tolbert's Speech to OAU Summit, June 14, 1972. In Presidential Papers. Documents, Diary and Records of Activities of the Chief Executive. First Year of the Administration of President William R. Tolbert, Jr., July 23, 1971 – July 31, 1972. E. Mansion. Monrovia, Executive Mansion.

Tolbert, W. R. (1977), Nation Wide Address on Launching a Fund Drive for the Liberation Struggle in Southern Africa, C. A. T. Ministry of Information, Monrovia, MICAT Press.

Tubman, W. A. (2009), Nephew to late president William Tubman. Liberia's Permanent Representative to the United Nations in the latter part of the 1970s. Former Head of the UN Political Office for Somalia (UNPSO) in the early 1990s. Former Senior Advisor to the Force Commander of the UN Iraq – Kuwait Observation Mission (UNIKOM). Chair of the Legal and Constitutional Committee of the group of Liberian political leaders meeting in Banjul, Gambia, that established the Interim Government in Liberia in 1990. N. Hahn. Monrovia.

Tubman, W. V. S. (1963), To the Addis Ababa Conference of African Heads of State and Governments. Addis Ababa, Ethiopia, May 25, 1963. The Department of Information and Cultural Affairs. Monrovia, Longmans Green and Co Ltd. II: 526 –527.

UNGA, U. N. G. A. (1974), "Declaration on the Establishment of a New International Economic Order," United Nations Resolutions adopted by the General Assembly. A/Res/S – 6/3201 (S – VI) Retrieved April 12, 2008, http://www.un-documents.net/s6r3201.htm.

US Department of State. (1965), "Nkrumah's Book," 256. Circular Telegram From the Department of State to Embassies in Africa. Department of State, Central Files, POL 15 – 1 GHANA. Confidential. Drafted by Officer in Charge of Ghana Affairs Robert P. Smith, and Hendrik Van Oss of AFW; cleared by Trimble, Donald J. Kent of AF/P, Robert F. Andrew of INR/RAF, and Ben Thirkeild of P/ON. Approved by Williams. Repeated to London. Retrieved September 15, 2013, http://history.state.gov/historicaldocuments/frus1964 –68v24/d256.

USG. (1948), "National Security Council Directive on Office of Special Projects. NSC 10/2," Retrieved November 14, 2012, http://history.state.gov/historicaldocuments/frus1945 –50Intel/d292.

USIA. (1963), "The Voice of America Doubles its Power," Retrieved 10 May, 2011, http://digital.lib.ecu.edu/historyfiction/item.aspx? id =voa.

Uttaro, R. A. (1982), "The Voices of America in International Radio Propaganda," *Law and Contemporary Problems* 45 (1): 103 –122.

Wallerstein, I. (1961), *Africa: The Politics of Independence*, New York, Vintage Books.

Wallerstein, I. (1967), "*Africa: The Politics of Unity*, New York, Vintage Books.

Wallerstein, I. (1971), "Left and Right in Africa," *The Journal of Modern African Studies Volume*, 1 −10 DOI:

Wallerstein, I. (2004), *World Systems Analysis − An Introduction*, Durham and London, Duke University Press.

Wallerstein, I. (2005), *Africa − The Politics of Independence and Unity*, Lincoln and London, University of Nebraska Press.

Wallace, G. W. (2009), Special Advisor to President Sirleaf. Former Minister of Foreign Affairs, 2006 − 2007. Long career as diplomat and ambassador in the GoL since the 1960s. Interview conducted and recorded by Niels Hahn on April 28, 2009 in his office at the Ministry of Foreign Affairs, Monrovia.

Waltz, K. N. (1979), *Theory of International Politics*, Addison − Wesley Publishing Company.

Waltz, K. N. (2000), "Structural Realism after the Cold War," *International Security* 25 (1): 5 −41.

Warner, M. (1998), "The CIA's Office of Policy Coordination: From NSC 10/2 to NSC 68," *International Journal of Intelligence and Counterintelligence* 18 (3): 211 −220.

Williams, E. (1994), *Capitalism and Slavery*, Chapel Hill and London, The University of North Carolina Press.

Williams, M. (2008), "W. E. B. Du Bois and Pan − Africanism: A Critical Assessment," *Nkrumaist Review* 2008: 13 −17.

Williams, M. (2008), Director, Centre for Africana Studies, African University College of Communication Studies. Interview conducted and recorded by Niels Hahn on November 14, 2008 at Chec Afrique, Accra.

Williams, W. A. (2007), *Empire as a Way of Life*, New York, IG PUB, 2006.

Wisner, G. W. (2009), Assistant Minister for African and Asian Affairs. Interview conducted and recorded by Niels Hahn on June, 2, 2009, in his Office, Ministry of Foreign Affairs, Monrovia.

World Bank (1981), *Accelerated Development in Sub − Saharan Africa: An Agenda for Action*, Washington D. C., International Bank for Reconstruction and Development / The World Bank.

Worsley, P. (1972), "Frantz Fanon and the Lumpenproletariat," *Socialist Register* 9.

Xinhua (2012), "China's top political advisor attends inauguration ceremony of new AU headquarters," Retrieved September 19, 2013, http://news.xinhuanet.com/english/china/2012-01/29/c_131380114.htm.

Zhou, Y. (2004), *China's Diplomacy*, China Intercontinental Press.

突尼斯妇女法律地位浅析[*]

〔突尼斯〕伊美娜[**]

突尼斯在妇女权益保障方面有着丰富的经验。与其他阿拉伯国家的妇女相比,突尼斯的妇女权益受到更多法律保障。不少著名性别研究专家和有关妇女组织的著名人物都认为,突尼斯对妇女权益的维护在非洲和阿拉伯世界是一个值得参考的例子。突尼斯妇女在阿拉伯世界的地位尤为突出。国际妇女理事会会长马丽·格雷格·舒勒(Mary Craig Schuller)在1966年访问突尼斯的时候就认为,"非洲国家应将突尼斯妇女经验作为参考";美国德州大学社会学教授穆尼拉·莎拉德(Mounira Charrad)曾说:"突尼斯一直被认定为是全阿拉伯世界中有利于妇女立法改革的先锋。"[①]20世纪50年代以前,整个阿拉伯世界几乎拥有相似的社会背景,妇女地位也很相似。但是,在实现民族解放和国家独立之后,阿拉伯国家对妇女问题的处理方式有所不同。在某些国家,如埃及、阿尔及利亚、摩洛哥、黎巴嫩等,妇女解放运动显得比突尼斯更蓬勃,但在法律上并没有取得像突尼斯这样明显的成就。突尼斯通过法律保障妇女权益的模式被视为全阿拉伯世界的榜样。突尼斯主要依据伊斯兰教法的现代改革并未伤害到教法的完整性与权威性,反而不少宗教保守派人士借此证明,伊斯兰教法是一种很灵活的教法,可以适应不同时代的变化。一些国际非政府组织曾在16个阿拉伯国家进行有关妇女权益的调查,调查结果显示,突尼斯位列阿拉

---

[*] 本文发表于《西亚非洲》2012年第4期,在此感谢《西亚非洲》同意本书转载。笔者在此论文撰写过程中得到北京大学国际关系学院李安山教授的指导和帮助,特此致谢。

[**] 伊美娜,北京大学国际关系学院博士研究生。

[①] Mounira Charrad, "Tunisia at the Forefront of the Arab World: Two Major Waves of Gender Legislation," *Washington and Lee Law Review*, No. 64, 2007, p. 1513.

伯世界第一名。[1]

一 突尼斯妇女法律地位状况

殖民时期的突尼斯妇女地位低下。在婚姻方面,她们无自主权,无离婚权。当时,婚姻制度为多妻制,休妻制与深闺制对妇女的操控十分严格。在家庭方面,妇女没有地位,家庭管理的权力都归于男人。在经济上,突尼斯妇女并不独立,遗产权利一般被男人剥夺,因此在经济上经常依赖于男人。在教育上,只有少数贵族女子能接受基础的教育。在政治上,她们一直被排斥在政治生活之外。突尼斯独立以后,突尼斯妇女获得了应有的社会地位和权利,经济和政治地位也得到不断提升。

(一) 突尼斯妇女法律地位概况

突尼斯独立以来,妇女在个人、家庭、教育、就业以及社会与政治参与等几个方面的地位越来越高。

1. 个人权利

在婚姻上,突尼斯妇女可以自由选择配偶、提出离婚并抚养孩子。在财产方面,有经营并继承完整财产的权利。在社会上,她有权利选择自己的人生走向、学业和事业,以及可自由私自出国并跟外部世界打交道。在个人政治自由方面,妇女有权投票并参与选举。

2. 家庭权利

突尼斯妇女获得与男人相同的权利,是同男人平等相处的伙伴。突尼斯妇女的境况也得到改善。随着在家庭和社会中地位的逐渐提高,突尼斯妇女开始意识到自己在家庭建设中的重要性。目前,妇女在家庭中的作用不再局限于养育孩子,还扩展到配合丈夫一起管理家庭的经济和规划未来发展。此外,妇女的工作收入也让家庭的经济条件得以不断改善。

3. 教育权利

在教育方面,政府采取了对男女一视同仁的教育政策,对所有女

---

[1] Mounira Charrad, "Tunisia at the Forefront of the Arab World: Two Major Waves of Gender Legislation," p. 1525.

孩实行免费的义务教育，教育规划统一，小学男女学生同校学习。教育改革以后，许多妇女可以享受免费的教育权利，女性教育得到不断发展。1956 年前，只有约 1/14 的女性能接受基础教育。而到 1965 年，有 50% 的妇女已接受基础教育。同年，不同学龄阶段接受教育的女性比重分别为：小学 64.9%、中学 9.2%、大学 1%。如今，有 98.6% 的妇女完成了基础教育阶段的学习，而且已经超过了 98% 男性接受基础教育的比重。[1] 20 世纪 90 年代以来，受过高等教育的妇女人数不断增长，根据突尼斯国家统计院的统计，1993 年高校中女大学生占大学生总数的比重达到 42.2%，到 2011 年更是增长到 61.5%（参见图 1）。

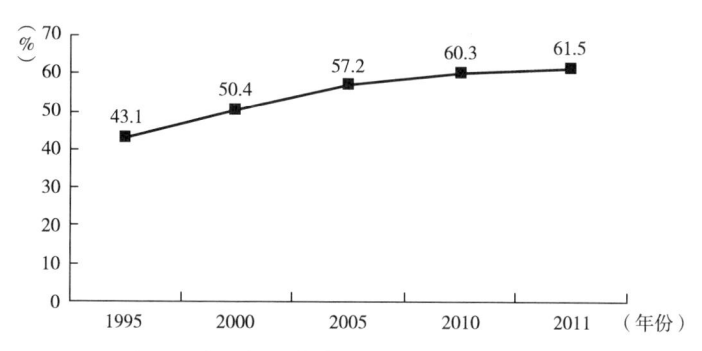

图 1　突尼斯女大学生占大学生总数的比重

资料来源：突尼斯国家统计院。

4. 就业权利

1956 年，突尼斯仅有 990 位妇女从事教育、行政、工业、商业等方面的工作，1964 年该数目增长到 3 万人。如今，突尼斯妇女就业的参与率不断增加，在教育工作岗位上，突尼斯妇女就业参与率已超过 40%（其中又细分为小学、中学和大学教师，其中妇女占的比重分别为 51%、48% 和 40%）。在制药业方面，突尼斯妇女就业参与率更达到 72%。从 1960 年到 1997 年，突尼斯妇女劳动力占总劳动力的比重增加了 23.3%，在 1997 年达到了 30.9%（参见图 2）。[2]

---

[1] 参见突尼斯国家统计院教育统计资料，http://www.ins.nat.tn/indexen.php，2012 - 06 - 16。

[2] 妇女研究和信息中心（CREDIF）：《突尼斯妇女与就业》，2002 年研究报告，第 80 页。

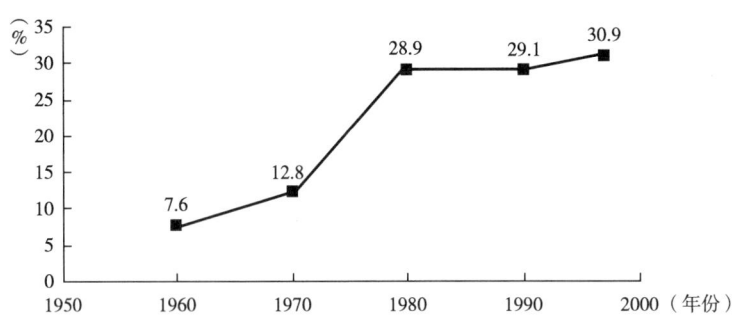

图 2　突尼斯女性劳动力占总劳动力的比重

资料来源：突尼斯国家统计院。

5. 参政权利

在 1957 年，突尼斯全国仅有 14 位妇女从事市政顾问工作。到 1990 年，该数目增长到 486 位，占市政顾问总人数的 14%。根据 2009 年的统计，突尼斯众议院有 27.5% 的成员为女议员（参见图 3）。在市政局与宪法委员会中，妇女所占的比重分别为 27.7% 和 25%。在重要职位方面，目前突尼斯有 2 位女部长和 5 位女国务秘书。这些数据资料都表明，突尼斯妇女的政治地位正在不断提高，参政权得到有力的保障。

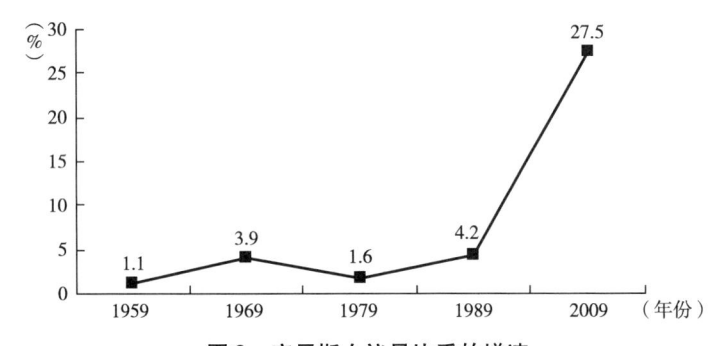

图 3　突尼斯女议员比重的增速

资料来源：妇女研究和信息中心（CREDIF）：《突尼斯妇女与就业》，2002，第 80 页。

（二）突尼斯有关妇女权益的法律渊源

突尼斯有关妇女权益的法律从制定《个人地位法》开始，后来逐渐扩展到其他领域，如刑法、劳动法、公民法等。突尼斯首任总统布尔吉巴与当时的政治精英都深信突尼斯社会改革必须走向法律道路。他们认为，法律是现代社会发展的标志之一，一国法律制定的水平反映其文明的发展程度。因此，布尔吉巴担任总统后，随即宣布制定关于妇女权利和教育改革的新法律。

1.《个人地位法》

1956年8月13日①，即突尼斯刚刚独立4个多月后，突尼斯颁布《个人地位法》。《个人地位法》被视为突尼斯和整个阿拉伯世界法律的革命性改革，因为它重新界定了阿拉伯家庭中的人际关系。《个人地位法》是有关妇女权益的核心法律条文。该法律的公布早于国家宪法本身，这就证明了国家领导人对妇女解放的关注，也表明了他们对妇女权益的政策方针。《个人地位法》是突尼斯现代国家建设计划的重要部分，也是民族国家最重要的建设框架之一。该法律的制定是一种自上而下的法律改革，这种改革政策让突尼斯妇女从男性的长期压迫中解放出来，赋予她们应有的权利。因此，《个人地位法》一直以来是突尼斯人的骄傲，因为它在阿拉伯世界被视为伊斯兰教法现代化的成功榜样。②

突尼斯《个人地位法》主要是对突尼斯家庭范围内的各种关系，如夫妻关系、母子关系等进行了法律界定。该法总共有12章213条，涵盖了有关家庭关系、遗产以及个人地位等众多领域。在这部法律中，关于妇女的内容主要有以下几个方面。

（1）婚姻关系。突尼斯《个人地位法》给突尼斯妇女重新定位，让其享受等同于男人的婚姻权利。该法赋予妇女婚姻自主权，废除一夫多妻制，规定妇女结婚的最小年龄，并宣布允许司法离婚，也规定男女都有权到法庭提出离婚诉讼等。例如，"婚姻应通过双方同意才合法"（第三条）；"年龄不满17岁的女人及不满20岁的男人不许结婚"（第五条）；"禁止一夫多妻制的婚姻，违反者应受到法律惩处"（第十八条）；"曾经3次离婚后的男人不许与前妻复婚"（第十九条）。（2）母子关系。《个人地位法》规定，"若孩子的抚养权归于母亲，未通过母亲的同意父亲无权带孩子出境"（第六十二条）；"有孩子抚养权的母亲，在孩子旅游、教育与财产等方面事务都有代理权"（第六十七条）。（3）遗嘱和遗产。《个人地位法》规定，"若寡妇、女儿或孙女是死者的唯一继承人，她将继承其全部财产"

---

① 后来，每年的8月13日成为突尼斯的妇女节。
② Alya Chérif Chamari, *La femme et la loi en Tunisie*, Casablanca: Editions le Fennec, 1991, p. 28.

(第一百四十三条①)。

1992年8月13日,突尼斯政府对《个人地位法》进行了修改。此次修法涉及面较广,包括提高妇女在社会中的地位、取消《个人地位法》当中任何带有歧义的法律条款,规定夫妻共同管理家庭和养育孩子、未成年女孩结婚必须要通过母亲的同意、已婚未成年妇女有权利管理自己的私生活和家庭、成立"赡养费保险基金"以保障被遗弃的母子的赡养费支付、培养一批研究《个人地位法》的社会学和心理学专家、重新审核过去关于赡养费的判决以便改善赡养费支付的情况,等等。

2.《劳动法》

《劳动法》于1966年4月30日制定,其第五条明确规定,在该法执行与实施上不许有性别歧视。第五章规定,在各工作领域取消任何歧视女性的行为。除此之外,该法律还对妇女的特殊情况做出相关规定,如孕妇辞职、产妇请假、工作环境等。在孕妇辞职方面,根据《劳动法》第四十八条规定,每个雇员辞职之前必须提前通知雇主,若未按时通知,导致双方之间解除合同,由雇员承担一切损失。该条第4款则规定,允许孕妇未经过通知而辞职,辞职后不承担任何责任。在产妇请假方面,根据《劳动法》第二十条的规定,因雇员的身体状况而导致长期请假,雇主有权利解除合同,也不称是非法解雇;在该条第2和第3款则规定,产妇请假后,雇主无权解除合同,并且在16周内雇主无权利给生病的产妇发解雇警告。在工作环境方面,《劳动法》的第七十七条和第七十八条规定,在矿场、采场、地下场以及金矿处理厂禁止雇用妇女。

3.《民法》

突尼斯《民法》确定了妇女的公民身份,并强调男女公民的身份平等。《民法》也明确规定了突尼斯妇女的外籍配偶或在国外出生的子女拥有入籍突尼斯的权利。1993年,突尼斯对《民法》进行了修改,规定凡拥有突尼斯国籍的妇女的子女都有加入突尼斯国籍的权利。此次修法被视为突尼斯有关妇女法律的另一革命性修法,它给予妇女一定的平等权利与国民身份。

---

① 在1959年6月19该条款被附加于《个人地位法》第一百四十三条。

4.《刑法》

在《刑法》修订版中,废除了第二百零七条,过去这一条款规定,丈夫发现妻子背叛他而杀妻,法庭可以根据丈夫的这种情况给他减刑。这一条款的废除,可以减少危害妇女的暴力行为。

5. 国际条约

除了国内的宪法和法律,突尼斯也同时承认了许多关于人权和妇女权益的国际协议。其中,最有代表性的是1979年12月18日在哥本哈根宣布的有关《消除对妇女一切形式歧视公约》,突尼斯于1985年7月12日承认该条约(参见表1)。

表1 突尼斯法律承认的有关妇女的国际条约

条约名称	公布时间	地　　点	突尼斯承认的时间
《消除对妇女一切形式歧视公约》	1979年12月18日	哥本哈根	1985年7月12日
《消除对妇女一切形式歧视公约》附加议定书	—	—	1999年
《妇女政治权利公约》	1953年3月31日	纽约	1967年11月21日
《经济、社会、文化权利国际公约》	1966年12月16日	纽约	1968年11月29日
《取缔教育歧视国际公约》	1960年12月14日	巴黎	1969年7月26日
第89号公约《1948年夜间工作公约(妇女)》附加议定书	—	—	1992年
第182号公约《禁止和立即行动消除最恶劣形式的童工劳动公约》	—	—	2000年

资料来源:突尼斯妇女与家庭事务部资料。

二　突尼斯妇女法律地位改善的主要原因

突尼斯妇女的法律地位在阿拉伯世界中较为特殊。笔者认为,其主要归于三个原因。第一是历史原因,突尼斯改革运动思想为后来的社会解放奠定了良好的基础。19世纪的改革运动培养了很多改变突尼斯命运的国家精英,其中就有著名的突尼斯思想家塔哈尔·哈达德,而"哈达德思想"对突尼斯妇女解放起了重大作用。此外,突尼斯传统中的"凯鲁万婚约"

也有利于突尼斯独立以后的一夫一妻制的立法和适用。第二是政治原因，从布尔吉巴政权到本·阿里政权，妇女事务一直以来都是突尼斯历届政府最关注的领域之一。第三是社会原因，这主要是指 20 世纪 80 年代以来，突尼斯妇女组织的发展对妇女社会地位提高的推动作用。

（一）历史原因

1. 19 世纪的改革运动为社会解放奠定了基础

19 世纪末 20 世纪初，在欧洲现代主义浪潮的影响下，突尼斯改革运动开始兴起，当时的政治精英和知识分子都宣传改革思想，其中的代表人物有凯勒丁·巴沙（Kheireddine Pacha）、伊本·阿比·迪亚夫（Ibn Abi Dhiaf）、马哈茂德·卡巴杜（Mahmoud Kabadou）、阿卜杜勒·阿齐兹·萨勒比（Abdelaziz Thaalbi）、穆罕默德·斯努西（Mohamed Snoussi）等。

突尼斯著名的改革先行者马哈茂德·卡巴杜、伊本·阿比·迪亚夫、穆罕默德·斯努西和当时的知识分子精英积极地提倡突尼斯的现代化改革，为使其在当时社会取得一定的合法性地位，他们从《古兰经》和《圣训》中寻找依据。从 1869 年至 1877 年，凯勒丁·巴沙首相在行政、军事、经济、司法和教育等各方面进行了改革。[①] 凯勒丁·巴沙在《改革论》一书中提出了比较全面的改革计划。他在该书中支持"向欧洲发展模式学习"等观念，并提出一套符合突尼斯国情的改革思想，包括政府机构、法律和教育等方面。突尼斯早期改革运动对下一代的政治精英与知识分子产生了很大的影响，因为它将伊斯兰教与西方现代主义结合在一起。正是在改革运动思想中有关社会解放和发展理念的熏陶下，突尼斯著名的思想家哈达德进一步阐述了妇女解放对社会解放和发展的重要性。于此，哈达德思想填补了前一代改革者对妇女解放的论述空隙。

2. 哈达德思想对突尼斯妇女解放产生了重要影响

塔哈尔·哈达德（Tahar Haddad）是突尼斯著名的作家和思想家，其妇女解放思想主要是将伊斯兰教思想与西方现代主义思想相结合。他认

---

① 〔突尼斯〕拉沙德·阿勒伊玛目：《19 世纪突尼斯改革思想：截"安全条约"发布为止》，萨赫农之家出版社，2010，第 460~461 页。

为，社会改革是突尼斯争取独立、实现现代化、推动国家发展中一个必不可少的条件，并强调妇女是社会的重要组成部分，她们是社会潜在的生产力量，争取妇女解放是社会解放与发展必不可少的条件。

哈达德妇女解放思想是突尼斯妇女解放思想运动的主要部分。哈达德吸收了19世纪末20世纪初的突尼斯著名改革者（如凯勒丁、伊本·阿比·迪亚夫、斯努西和萨勒比）信守的改革思想。在哈达德看来，伊斯兰教本身并非阿拉伯穆斯林社会落后的原因，也并非现代社会改革的对象，只是在社会发展的历史进程中，许多导致社会落后的因素，如某些风俗习惯、传统仪式和死板保守思想等，都是以宗教名义取得其在当时社会的合法性地位。[1] 哈达德从伊斯兰的"教法创制"[2]着手钻研如何重新诠释妇女解放的思想，他对伊斯兰教有关妇女的法律进行了分析和解释，并证明了近代以前出现压迫妇女的法律并非来自伊斯兰教法，而仅仅是教法创制者的个人行为。哈达德从伊斯兰教法中找到了解放妇女的证据，并将其作为反抗当时反对妇女解放运动的保守派的武器。

哈达德妇女解放思想主要集中于其在1930年出版《论沙里亚法与社会中的我国妇女》。哈达德在书中强调，人们应从伊斯兰教法的历史与社会背景着手，才能对其取得全面的认识和了解。他强调，伊斯兰教兴起的时候，阿拉伯社会却在黑暗当中：当时人们互相残杀，妇女被虐待，女婴被活埋等；当时没有法律规定限制人们的行为，强者统治弱者，男人压制女人。伊斯兰教的任务是对他们提供一个全面的法律制度。为了适应当时的社会情况，伊斯兰教法并没有立即对人们的行为进行限制，而是通过"法律逐渐完善方式"[3]确定了其法律条文，有关妇女权益的法律也不例外。哈达德强调："……多数法学家和学者在缺乏有关妇女权益的立法等问题上，并没有考虑到伊斯兰教的'法律逐渐完善方式'，而使得这个问

---

[1] 〔突尼斯〕塔哈尔·哈达德：《论沙里亚法与社会中的我国妇女》，突尼斯出版社，1984，第2、4页。

[2] 伊斯兰教法也称沙里亚法，主要来自《古兰经》和《圣训》。不过，因每个时代都会出现与前代不同的社会、政治与文化新变化，因此，伊斯兰教主要依靠"教法创制"（Ijtihad），用伊斯兰法的日常法律去迎合每个时代的变化需要，这可视为近代以来，以宗教名义压迫妇女的原因之一。"教法创制"是一个很灵活的宗教解释和分析方法，它基于语言学和历史学对《古兰经》和《圣训》进行了较详细的分析，从而找出适合当前情况的教法。

[3] "Gradual Legislation"也可以译为"逐步立法"。

题更加严重。"①

哈达德在该书的上篇分析了有关妇女在伊斯兰教法中的法律地位，包括妇女的工作、财产、婚姻、自主权等，并证明了伊斯兰教法条文中男女受到平等对待。该书的下篇专门论证了伊斯兰教法并非导致妇女落后状况的原因，也证明了伊斯兰教反而是不断宣传和推动穆斯林社会妇女权益和妇女解放的宗教。哈达德的思想为突尼斯妇女解放运动奠定了坚固的思想基础，并为后来制定有关突尼斯妇女权益的法律开辟了道路。

哈达德思想主要强调个人思想解放与保障个人自由，他主张妇女解放运动应从文化教育和法律保障等方面入手，并认为教法必须适应和推动社会发展，而不是相悖而行。哈达德提出有关妇女法律改革的思想，包括有关教育、就业、婚姻和遗产等问题上的法律制定。在教育问题上，他提出男女享有平等的权利，认为妇女有权利接受教育和培养；在就业问题上，他认为女人跟男人一样都有权利工作，并从事跟政府有关的工作等；在婚姻问题上，他强烈反对传统社会对妇女的压迫，提出废除多妻制婚姻，在婚姻上反对父母的托管，并强调婚姻应得到女性本人的同意。除此之外，哈达德强调女人同男人一样也有权利提出离婚，而男女都应通过法庭申请离婚，他又提出废除休妻制；在遗产与经济保障问题上，他反对妇女对男人的经济依赖，认为男人对女人遗产权利的剥夺是使女人永远处在男人的控制之下，无法取得经济独立，这是社会对女人残忍的压迫现象之一。

到20世纪50年代，不少争取突尼斯民族与社会解放的政治精英吸收了哈达德的妇女解放思想，并为1956年制定《个人地位法》奠定了良好思想与理论基础。

3. 基于突尼斯的传统——"凯鲁万婚约"

实际上，有利于妇女的法律传统在突尼斯有着漫长的历史。公元8世纪初，阿拉伯人征服北非之后，为了让伊斯兰教法适应当地的社会传统，在突尼斯中部城市凯鲁万②创立了所谓"凯鲁万婚约"③。该婚约禁止一夫

---

① 〔突尼斯〕塔哈尔·哈达德：《论沙里亚法与社会中的俄国妇女》，第70页。
② 当时凯鲁万是整个北非的伊斯兰首都。阿拉伯人征服北非之后建立了凯鲁万城，从此凯鲁万是伊斯兰帝国在北非的首都，它在北非具有相当高的宗教地位。
③ 〔突尼斯〕阿赫迈德·特维利：《凯鲁万婚约》，突尼斯出版和图形艺术发展公司，2007，第13页。

多妻制，并赋予妇女离婚以及决定自己在家庭中地位的权利。例如，该婚约规定未经过第一个妻子的同意，男人没有权利娶第二个妻子；如果男人违背该约定，不管他是否同意，第一个妻子有权利离婚。除此之外，该婚约也规定若丈夫离开家超过4个月未归，妇女有权利提出离婚。

"凯鲁万婚约"诞生于8世纪初。公元728年，阿巴斯王朝的第二个哈里发阿布·贾法尔·曼苏尔来到凯鲁万，他娶了当地的一位贵族妇女（阿尔瓦），当时阿尔瓦要求在婚约中加上保护她权益的条件，其中最重要的条件是其丈夫曼苏尔无权利再娶。[①]当时该婚约获得伊斯兰教法专家的认同，并取得一定的合法性，从此这种有条件的婚约开始在凯鲁万以及整个北非普遍使用，并传入安达卢西亚地区。值得一提的是，虽然该婚约在伊斯兰教法与突尼斯社会的传统有合法性，但哈达德在其有关妇女解放的论证中并未涉及"凯鲁万婚约"。突尼斯历史学家达兰达·拉尔格佘认为，这背后的主要原因是该婚约作为突尼斯社会的一种传统，不能把它作为对伊斯兰教的现代解读的依据，其论证性不能满足哈达德对整个社会的思想改革的要求。[②]虽然"凯鲁万婚约"是一种具有宗教合法性的传统，但该婚约一直以来仅被认定为一种传统，而不是法律。因此，尽管其在社会中的使用比较普遍，但其在有关法律的论述中的存在则很有限。尽管如此，"凯鲁万婚约"在突尼斯社会的存在有利于突尼斯独立以后一夫一妻制的立法和实行。

笔者认为，"凯鲁万婚约"表明了突尼斯妇女一直以来对自主权的追求，也反映出了当时伊斯兰教法的温和性与灵活性。与此同时，"凯鲁万婚约"这种传统也反映出了非洲当地传统对伊斯兰教法的影响。

（二）政治原因

政治原因是推动突尼斯妇女解放主要原因之一。突尼斯是北非地区的小国，自然资源较少，因此突尼斯共和国第一代领导人决定要通过人力资源推动国家建设和发展，并将妇女解放和男女平等视为发展人力资源一个必不可少的条件。第二代领导人继承了该发展模式并将其视为突尼斯现代

---

① Dalenda Larguèche, *Monogamie en Islam: l'exception Kairouanaise*, Manouba: Centre de Publication Universitaire, 2011, p. 76.
② Dalenda Larguèche, *Monogamie en Islam: l'exception Kairouanaise*, p. 192.

化建设最大的成就。

自独立以来,突尼斯领导人将妇女解放视为本国现代化与发展的重要指标。新突尼斯成立以后,有关妇女解放的国家政策反映了当时领导人对改革的追求和愿望,并表明了当时妇女解放不仅是妇女的问题,而且还是领导人,尤其是突尼斯第一代领导人——哈比卜·布尔吉巴推行的现代化政策的核心。[1] 布尔吉巴是突尼斯第一任总统,他是殖民时期的政治精英,也是突尼斯民族解放运动的主要积极分子之一。在担任突尼斯总统后,布尔吉巴便着手制定关于妇女权益和教育改革的新法律。1956 年 8 月 3 日,布尔吉巴宣布《个人地位法》已经制定完成,并将于 1957 年 1 月 1 日开始施行。该法律主要基于伊斯兰教法创制,并将哈达德思想对伊斯兰教法的重新解读和以欧洲法律为模式的世俗法律结合在一起。布尔吉巴一直强调应将以伊斯兰名义压迫妇女的传统风俗习惯全部予以废除,并促进现代化进程中妇女地位的提升。布尔吉巴也强调反抗一切落后的生活表现形式,并指出尽管新突尼斯致力于妇女解放事业,但所要达到的目标并不限于妇女解放本身,还包括整个突尼斯社会的解放(意识形态的解放)。他强调,没有所谓的"妇女解放",只有"解放"。[2] 新突尼斯女权主义政策被视为一种革命性转变,一种与传统社会意识形态的"绝交政策"。除此之外,在国家自然资源匮乏的情况下,人力资源成为突尼斯最重要的国家建设与发展支柱。由于妇女是突尼斯社会潜在的生产力量,所以突尼斯选择投资于妇女解放与发展。除了妇女个人解放之外,布尔吉巴政权追求的还有妇女教育与就业权利保障,布尔吉巴强调说:"只有教育才能完全还她(妇女)尊严。我们应该把女孩子与男孩子从无知的状况中救出来,只要有教育,下一代的命运才会变得更好。"[3] 他还认为:"一位年轻女性获得稳固的知识培养,将会建立稳固的家庭。她会更好地管理自己的家庭,并教育自己的孩子。另外,在国家发展方面,她会成为国家宝贵的人才,如教师、医生等。如果我们让我们的女儿们停学,仅仅为了让她们能出

---

[1] Medimegh Darghouth Aziza, *Droits et Vécu de la femme en Tunisie*, Lyon: L'HERMES, 1992, p. 24.

[2] Medimegh Darghouth Aziza, *Droits et Vécu de la femme en Tunisie*, p. 31.

[3] 参见《布尔吉巴讲话:杜兹》,1957 年 12 月 18 日,转引自 Medimegh Darghouth Aziza, *Droits et Vécu de la femme en Tunisie*, p. 29。

嫁，我们将无法追求到这样的结果"。①

布尔吉巴采取的有关妇女法律地位的政策，一直以来被突尼斯国内外学者视为突尼斯第一代领导人的革命性政策，因此布尔吉巴政权时期一直被认定为突尼斯妇女法律解放时期。就布尔吉巴本人而言，突尼斯妇女法律解放是他一生中最大的业绩，也是突尼斯现代化进程中最显著的成就。1987年以后，本·阿里政权承接布尔吉巴政权的任务，继续推动妇女解放事业进入新的发展阶段，本阶段的最大特点是妇女法律地位得到巩固。

虽然布尔吉巴政权和本·阿里政权都将妇女法律地位的提高视为实现国家现代化和发展的首要任务，但二者的动力有所不同。作为一个民族主义者，布尔吉巴认为妇女解放是社会解放和发展必不可少的条件，他甚至将妇女解放及社会思想解放视为他的个人任务和挑战。与之不同，本·阿里政权推动妇女解放的主要原因有二：其一，在布尔吉巴思想的影响下，本·阿里政权也将男女平等视为国家发展必不可少的条件；其二，本·阿里政权将妇女法律地位的提高视为冲击从70年代起开始兴起的突尼斯政治伊斯兰运动的武器之一。② 20世纪90年代，本·阿里政权用激烈的手段打压反对派，尤其是伊斯兰政党。从90年代初开始，政府怀疑任何遵守伊斯兰教教规的人都是属于或支持伊斯兰政党的人。因此，内政部对民众的宗教自由进行严厉的限制，如严禁妇女戴头巾，任何坚持违背该措施的在职妇女或上学的女生都被迫辞职或离开学校，甚至被逮捕并被迫拿掉头巾。尽管当时突尼斯社会对该措施抱有反感，但本·阿里政权大力提升妇女的法律和社会地位有助于削弱当时伊斯兰政党的影响力，并能在一定程度上平息社会的不满。

总之，自独立以来，突尼斯政府着力于巩固妇女获得的法律权利，政府采取的修法措施使得突尼斯妇女法律地位越来越高。但与此同时，突尼斯女权主义组织不断涌现，从此突尼斯妇女在社会上的解放已不再是自上而下的单一过程，开始转为自下而上和自上而下的互动过程。

---

① 参见《布尔吉巴讲话：莫纳斯提尔》1965年8月13日，See Medimegh Darghouth Aziza, *Droits et Vecu de la femme en Tunisie*, p.30。
② Daoud Zakya, "Les femmes Tunisiennes: Gains Juridiques et status éconmique et social," *Monde Arabe Maghreb Machrek*, No.145, 1994, pp.27-48.

（三）社会原因

突尼斯妇女国家联盟（National Union of Tunisian Women）是突尼斯独立以后第一个妇女非政府组织，它成立于1956年，主要目标是促进妇女社会地位的发展。联盟成立以来，在推动妇女的社会、教育、经济和政治地位等方面起了巨大的作用。突尼斯妇女国家联盟的成就大大鼓励了其他妇女组织的出现，如"哈达德妇女社团"。哈达德妇女社团（Club des femmes Tahar Hadda）成立于1979年，专门研究突尼斯妇女状况，主要目的是鼓励突尼斯妇女改变其在现实社会中的地位，以便她们能享受法律赋予的权利。哈达德妇女社团是突尼斯女性学者、律师、记者和专家的最大团体，她们主要研究有关政治、社会、经济、文化、个人以及卫生等方面的妇女问题。

突尼斯妇女国家联盟和哈达德妇女社团是突尼斯妇女非政府组织的先行者，它们成立以后，有关突尼斯妇女的非政府组织不断涌现，形成了突尼斯20世纪80年代到90年代女权主义的高潮。

20世纪80年代以来，突尼斯妇女事业的发展进入了新阶段，女权主义达到了高潮。与独立初期的情况相比，80年代以来成立的有关妇女权益的政府与非政府组织不计其数。八九十年代，女权主义话语成为民众讨论的焦点，[1] 这时期也因此被视为是突尼斯妇女解放运动的成熟阶段。突尼斯妇女的非政府组织以提高妇女在社会中的地位为己任，积极推动有关妇女法律的修改、制定与落实。

1991年，妇女与发展委员会（La Commission "Femme et Développement", CFD）成立。它是突尼斯政府成立的第一个妇女机构，其主要任务是制定关于妇女参与社会建设的政策。1992年，突尼斯妇女和家庭事务部（Ministère des Affaires de la Femme et de la Famille, MAFF）成立，后又发展为"突尼斯妇女、家庭、儿童与老人事务部"。同年，其附属的妇女与家庭国际委员会（Le Conseil National de la Femme et de la Famille, CNFF）也得以成立，它是"突尼斯妇女、家庭、儿童与老人事务部"的妇女事务

---

[1] Mounira Charrad, "Tunisia at the Forefront of the Arab World: Two Major Waves of Gender Legislation," pp. 1522 – 1523.

咨询部门。在此之后，突尼斯成立了妇女研究和信息中心（Le Centre de Recherches, d'Etudes, de Documentation et d'Information sur la Femme, CREDIF），该中心是"突尼斯妇女、家庭、儿童与老人事务部"附属的研究机构，主要调查和研究关于突尼斯妇女在社会、政治和经济等领域的地位变化情况。此外，"突尼斯妇女、家庭、儿童与老人事务部"附属的第二个机构——科学机构也得以成立，其主要任务是给总部提供关于妇女地位变化情况的最新研究信息。

根据突尼斯非洲新闻局（Agence Tunis Afrique Presse, TAP）的统计，到目前为止，突尼斯总共有140多个有关妇女的非政府组织。[①] 这些非政府组织的主要任务是宣传有关妇女权益新法律的内容；举办一些有关妇女的国内和国际研讨会；安排各种社会活动，如慈善活动、教育活动和娱乐活动等；安排众多关于妇女社会和政治地位的研究活动以及出版关于妇女研究的专著和刊物（参见表2）。

表2 突尼斯主要妇女非政府组织

中文名称	法文名称
突尼斯妇女发展研究协会	Association des Femmes Tunisiennes pour la Recherche au Développement（AFTURD）
突尼斯民主妇女协会	L'AssociationTunisiennes des Femmes Démocrates（ATFD）
长期发展妇女活动协会	L'Association Femmes pour un Développement Durable（AFDD）
妇女与发展协会	L'Association Femmes et Développement（AFD）
突尼斯移民妇女与家庭协会	L'Association pour la Promotion de la Femme et de la Famille Emigrée（APFFE）
突尼斯人权联盟妇女组	La Section Femme de la Ligue Tunisienne des Droits de l'Homme（SFLTDH）
突尼斯妇女红月委员会	Le Comité des Dames du Croissant Rouge（CDCR）

资料来源：突尼斯妇女国家联盟。

---

① Agence Tunis Afrique Presse, *Adhésion de la femme tunisienne à l'action associative : solidarité et participation à la vie publique*, Mars 2010, p.1, http://www.tap.info.tn/fr/index2.php?option = com_content and do_pdf = 1 and id = 13442, 2012 - 06 - 01.

三 突尼斯维护妇女法律地位的经验与不足

突尼斯在妇女权益保障方面取得了巨大的成就，同时也不可避免地存在一些不足之处。

突尼斯维护妇女法律地位的经验主要概括为以下几点：第一，通过立法维护妇女地位。突尼斯妇女解放是一个自上而下的过程，主要由国家领导人推动有关妇女权益的法律的制定、修改和完善。从20世纪50年代到90年代，突尼斯妇女法律地位经历了第一次立法浪潮。这次立法浪潮主要涉及家庭范围内关于性别角色的法律改革，当时的法律确定了妇女在个人、家庭以及社会中的地位。90年代后，有关妇女权益的法律经历了第二次立法浪潮，这次立法对突尼斯妇女的公民身份进行了重新界定。[1] 第二，法律与实践的有机协调。民间社会对妇女权益的大力支持对维护妇女法律和社会地位做出了重要贡献，尤其是有关妇女的组织和公会。[2] 实际上，历史上有些非洲国家的妇女法律地位高于突尼斯妇女。在这些非洲国家的古代历史上，妇女有较高的社会、经济与政治地位，如东非国家肯尼亚。[3] 从这个角度来看，可以说突尼斯妇女社会与法律解放起步晚于这些非洲国家，但通过50余年的法律推动，突尼斯妇女法律地位已赶上了这些非洲国家的妇女法律地位。作为国家发展与社会改革主要途径之一，突尼斯妇女法律解放已不仅是妇女问题本身，更关系到整个国家的未来发展。目前，如果将突尼斯和某些非洲国家（如肯尼亚[4]）的妇女在教育、卫生、生育力、经济等问题上进行对比，就会发现突尼斯妇女的状况要更好。[5] 另外，在非洲，妇女组织的成立被视为妇女对其边缘与低级地位的一种反抗，这

---

[1] Mounira Charrad, "Tunisia at the Forefront of the Arab World: Two Major Waves of Gender Legislation," p. 1513.
[2] 如女性企业家协会、司法职业妇女协会等。
[3] Pala A. O. Ly Madina, *La femme africaine dans la société précoloniale*, Paris: Unesco, 1979, pp. 30 – 77.
[4] Mary Kimani, "Women in North Africa secure more rights: Despite hurdles, notable legal, political and social progress," *Africa Renewal*, Vol. 22, No. 2, 2008, pp. 8 – 11.
[5] Morrisson Christian, *La condition des femmes en Inde, Kenya, Soudan et Tunisie*, Centre de développement de l'OCDE, No. 235, 2004, p. 28.

些组织是妇女争取其自主权与自决权的一种工具。[①] 而在突尼斯情况则不同，妇女组织是有助于推动妇女社会地位的机构，其主要负责保证有关妇女权益的法律执行与落实，以及监督妇女在个人、社会、经济、政治、文化等方面的发展状况。第三，突尼斯有关妇女事务的政府部门和妇女组织，通过国际交流倡导突尼斯妇女权益保障思想，并跟其他国家分享经验。其中，最重要的会议是 1995 年在北京举办的世界妇女大会，当时突尼斯有关妇女事务的政府部门和妇女组织特别关注这个高级别国际会议，并大力参与其中。此外，突尼斯有关妇女事务的政府部门和妇女组织也积极参加有关妇女事务的地区性国际会议，如非洲妇女会议和阿拉伯妇女会议等。

虽然突尼斯政府和民间社会不断推动和维护妇女的地位，但是实践中突尼斯在妇女权益保障方面还存在一些不足。当今的突尼斯政府和社会应当加以反思，以期弥补。笔者认为，这些不足可以概括为以下几点：第一，推动和维护妇女权益的自上而下的过程本身是双刃剑，它有助于提升妇女的法律地位，却没有被社会各界普遍接受。在布尔吉巴时代，主要由布尔吉巴和其他政治精英倡导妇女解放思想，并推动突尼斯妇女法律地位的提高。当时，作为一个比较保守的阿拉伯世界的男权社会，突尼斯社会尚未准备好完全接受妇女的解放，没有坚实的关于妇女解放的民意基础来配合国家领导人的思想和政策。因此，在某种程度上，妇女解放思想在社会中没有形成一种自然的吸收过程。这个问题的负面作用从 70 年代到现在一直存在，并反映在一部分社会成员的行为当中，尤其是男性对妇女的不公平的对待。笔者认为，如果当时布尔吉巴通过"逐渐立法"或"分期立法"来推动妇女法律地位的提高，原本可以避免这些负面问题，因为"逐渐立法"会让社会慢慢吸收和接受新的法律和政策，这也正是伊斯兰教最精明的立法方式。第二，本·阿里政权对宗教自由的限制有很严重的反弹作用，这种措施给伊斯兰政党重新掌握政权的机会，并让突尼斯一部分社会成员开始怀疑国家现代化建设对社会的文化身份造成一定的危害。因此，目前在突尼斯社会开始出现一些侵害妇女权益的现象，如现在某些男性呼吁政府允许一夫多妻制等。笔者认为，如果当时本·阿里政权没有采

[①] Qunta Christine ed., *Women in Southern Africa*, London: Allison and Busby, 1987, p. 65.

用严厉的措施，今日就不会有那么极端的社会行为。第三，有关妇女法律地位的争论被政治利用，以及被拉进政党之间的斗争中，在某种程度上妇女问题成为前执政党的工具和武器。① 比如，在总统和议会选举当中，大部分妇女组织成为本·阿里及其政党的"代言人"，并投入所有力量来动员民众支持本·阿里和他所在的政党。

四　突尼斯妇女法律地位展望

2010 年 12 月 17 日，国内变革爆发以后，突尼斯进入了历史发展的新时期，即建立第二共和国的时期。变革后，以"伊斯兰复兴运动"为代表的伊斯兰主义政党的势力越来越强大，该政党在突尼斯具有很坚实的民意基础。某些观察家担心将来在复兴运动的推动下，突尼斯妇女的法律地位会受到影响。笔者认为，这种情况出现的可能性比较小。

包括"伊斯兰复兴运动"在内的所有政党以及大部分民间社会都强调，突尼斯妇女地位的提高是突尼斯独立以来最显著的成就之一，必须保护已有的成果。② 民间社会呼吁即将成立的国民制宪议会对《个人地位法》加以巩固，并继续推动突尼斯在社会、经济和政治方面的男女平等。就目前而言，突尼斯临时政府和各个政党，包括伊斯兰复兴运动在内，都强调维护突尼斯妇女权益的重要性。在临时政府以及独立机构③的行为上，可以看出男女平等是不可变更的原则。比如，突尼斯高级独立选举管理局在筹备突尼斯国民制宪议会大选的过程中，规定候选人男女平等，并规定竞选总人数的 50% 为妇女，并在竞选名单排名方面要遵守男女轮流排名原则，不符合该条件的竞选名单不予采用。④ 除此之外，参加竞选的各个政

---

① 请参考"政治原因"的部分。
② 《复兴党谴责对妇女的歧视》，http：//www.gnet.tn/revue - de - presse - nationale/tunisie - 8mars - ennahdha - denonce - la - discrimination - a - legard - des - femmes/id - menu - 958.html，2011 - 03 - 08。
③ 突尼斯变革后成立的独立机构有高级独立选举管理局、实现变革目标与民主过渡高级委员会、反腐败委员会等。
④ 参见突尼斯高级独立选举管理局官方网站有关国民制宪议会大选的法令（No.35，2011），http：//www.isie.tn/Ar/image.php? id = 151；另参见《突尼斯共和国官方报》第 33 期，2011 年 5 月 10 日，第 649 页。

党都强调维护突尼斯妇女的法律地位,尤其是左派,他们在与伊斯兰复兴运动的竞争过程中将妇女问题作为对抗伊斯兰政党的筹码。同时,伊斯兰复兴运动在大选前后也不断强调要遵守男女平等原则。比如,在2011年10月27日突尼斯国民制宪议会大选中,伊斯兰复兴运动得到议会席位的41.47%,即90个席位,该党随即决定将一半席位分配给本党女党员。伊斯兰复兴运动之所以做出如此决定,意在向女权主义者和民间社会证明,该党一直坚持男女平等原则。

从20世纪80年代以来,妇女权益一直受到民间社会的广泛支持,有关妇女权益的法律的落实,主要依靠民间社会和有关妇女组织的努力。变革后,民间社会在整个突尼斯政治格局当中的作用越来越大,在决策过程中有一定的影响力,因此将来任何不利于妇女权益的决策都会引起民间社会的反抗。因此,无论是右派还是左派,在第二年的议会和总统大选中都会利用妇女权益作为筹码来赢得更多选票和席位,这也可以将其视为对妇女法律地位的一种保障。

不过,从突尼斯目前的经济与社会状况来看,某些经济与社会问题将来可能会影响到妇女的地位。当前,突尼斯临时政府面临的最大挑战是失业问题。2011年,突尼斯失业率已达到16.3%,失业人数高达64万人,其中1%是从利比亚回来的突尼斯公民。[①] 据突尼斯国家统计院的统计,2005年的总失业率达到12.9%,其中女性失业率达到15.2%,而男性失业率则为12.1%。根据目前的失业状况,男性和女性失业率之间的差别可能还会继续扩大,[②] 尤其是某些极端右派主义者呼吁即将成立的政府首先解决男性就业问题。因此,未来突尼斯新政府如何应对日益加剧的失业问题,将会直接影响本国男女在就业方面的法律平等地位。

正如前文所提到的,突尼斯妇女权益受到重视和保护的经验是阿拉伯世界的一个独特范例。总体而言,突尼斯在妇女法律地位的提高方面取得

---

① 《突尼斯:2011年年底失业率达到16.3%》,http://www.webmanagercenter.com/management/article-109556-tunisie-un-taux-de-chomage-de-16-3-a-fin-2011,2011-08-26。
② 根据2012年2月22日国家统计院的发表的报告,2011年年末总失业率达到18.9%,其中男性失业率为15.4%,而女性失业率达到28.2%,男性失业率增长率为0.4%,而女性为0.8%。参见 http://www.ins.nat.tn/communiques/Note_INS_EMP_T4_2011.pdf,2012-06-01。

了巨大的成就。随着2010年变革的发生，突尼斯开始进入第二共和国的新时期。由于伊斯兰主义者的势力不断壮大，人们普遍关心突尼斯妇女权益是否会继续得到保障，以及妇女的法律地位是否会进一步得到巩固。作为一名突尼斯人，笔者认为，突尼斯妇女的权益和法律地位不会因为伊斯兰政党势力的上升而发生根本改变。不过，需要指出的是，某些经济与社会问题可能会对妇女现有地位构成一定挑战，如就业方面的男女平等问题。今后一段时间，突尼斯将制定并颁布新宪法，新宪法将就妇女法律地位做出何种规定势必会对突尼斯的社会发展走向产生至关重要的影响。

浅析北非剧变与摩洛哥政治改革[*]

〔摩洛哥〕李 杉[**]

自2010年年底以来，发生在北非多个国家的政治剧变吸引了全世界的高度关注。突尼斯的抗议运动导致总统出走，并迅速波及利比亚，使其陷入内战，很快演变成国际性危机。在埃及，民众持续的强力示威最终导致穆巴拉克下台。摩洛哥虽然也受到北非剧变的影响，但是一种"安静的革命"。民众在社交网站"脸谱"（Facebook）上发起了"2月20日运动"，呼吁人们反对政府裙带关系和腐败，要求限制国王的权力，建立像西班牙和英国那样的君主立宪制。2011年3月9日，在民众的压力下，国王穆罕默德六世发表电视讲话，表示同意修改宪法。摩洛哥成为北非地区第一个进行政治改革的国家。本文主要分析摩洛哥在北非剧变中与其他北非国家的区别，并探讨摩洛哥主要政治力量的发展变化及其与摩洛哥王室之间的互动。

一 摩洛哥政治体制的特点

摩洛哥具有多重属性：在地理位置上是非洲国家，在文化和宗教方面是伊斯兰阿拉伯国家，在经济上则是地中海国家。这种国家性质的复杂性、多样性导致人们在理解摩洛哥的社会发展和政治体制时难免面临不少障碍。笔者认为，充分理解摩洛哥的政治体制应该尽力避免从法律和宪法

---

[*] 本文发表于《西亚非洲》2013年第2期，感谢《西亚非洲》同意本书转载。本文从最初的选题到写作、修改，直至文章定稿，都离不开李安山老师的辛勤指导。借此向尊敬的李安山教授表达深深的敬意和感谢。

[**] 李杉（Erfiki Hicham），北京大学国际关系学院博士研究生。

的角度来加以分析,因为摩洛哥的政治制度内含许多矛盾,如现代化与传统性、伊斯兰体系与西方制度、统一性与多样化等方面的纠结。

摩洛哥的政治体制有3个重要的特点。第一,宗教因素在摩洛哥政治舞台上占有最高的地位,如摩洛哥国王就宣称自己是"信仰的统帅"(Amir al Mu minin)。第二,摩洛哥政治与文化和习惯密切相连,国王宣称自己是摩洛哥人的父亲,负责摩洛哥人的日常生活。第三,摩洛哥的政治体制与西方的现代宪法制度具有很多不同。根据宪法,摩洛哥是一个君主制度的国家,国王是国家元首,摩洛哥人既享有权利又负有义务,从这个角度而言,摩洛哥是一个以欧洲政治制度为样板的现代国家。但君主制在摩洛哥已经运行了12个世纪之久,这种现行体制,即阿拉维王朝君主制度(1666年至今),跟欧洲的君主制度又有所不同。欧洲的君主制国王统而不治,国王只是国家的象征,而摩洛哥的国王集政治和君主权力于一身[1]。

阿拉维君主制从伊斯兰教中获得其统治的合法性,这是阿拉维君主制统治在摩洛哥一直延续至今的最主要原因。此外,"马赫增"(Mahkzen)[2]和伊斯兰教共同维护了阿拉维君主制对摩洛哥3个半世纪的统治。马赫增和伊斯兰教相辅相成,缺一不可,这两个结构对于保持阿拉维王朝发挥了重要的作用[3]。

虽然伊斯兰教有助于保持摩洛哥君主制的合法性,但它并非唯一的决定性因素,否则阿尔及利亚、突尼斯和利比亚的君主制就不会垮台,这是因为阿尔及利亚的贝伊、突尼斯的贝伊和利比亚的国王都仅仅从伊斯兰教获得统治的合法性。摩洛哥之所以能够保持君主制,主要原因是1912年摩洛哥成为"保护国",而其他马格里布国家则在19世纪成为"殖民地"。"保护国"和"殖民地"完全不同,法国殖民者进入摩洛哥时,没有破坏摩洛哥的君主制,该国的素丹继续行使名义上的统治权,法国通过素丹来统治摩洛哥,由此摩洛哥的社会机构没有发生很大的变化。与之相反,法

---

[1] 曾爱平:《摩洛哥阿拉维君主制研究(1956~2007)》,北京大学博士学位论文,2009,第1、3、15页。
[2] "马赫增"是摩洛哥政治制度的核心,主要由官僚体制和军队、安全机构、国王周围的顾问、商人、富裕的地主和部落首领等组成。参见 Rachida Cherifi, Le Makhzen Politiqu e au Maroc ~ Casablanca, Afrique Orient, 1988, p. 121。
[3] 曾爱平:《摩洛哥阿拉维君主制研究(1956~2007)》,第168页。

国在阿尔及利亚破坏了全部的传统政治制度,并且创建了新的政治体制。[1]

在政治体制上,除了摩洛哥之外,其他马格里布国家都建立了现代政治制度。摩洛哥社会之所以没有能够建立现代政治体制,原因之一在于摩洛哥社会在社会思想方式等方面存在许多障碍,而且摩洛哥家族的忠诚也使得摩洛哥的传统政治在社会结构进化方面发挥了负面的作用。[2]

1962年,摩洛哥出台了新的宪法。根据新宪法,摩洛哥成为一个民主国家,并确立了君主立宪制政体。虽然独立以来摩洛哥的宪法经过了6次修改(分别在1962年、1970年、1980年、1992年、1996年和2011年进行),但是国王一直有无限的政治和宗教权力。根据宪法,国王是军事上的最高领导,并拥有内政外交等各项权力。可以说,摩洛哥虽然在名义上是民主的政治体制,但实际上是绝对君主制,国王至高无上。相比之下,政府(行政机构)、立法和司法机构的权力比较有限,它们都在国王的统治之下,在国家的内外政策上没有任何决定权和发言权。

摩洛哥政治制度的显著特征是两种合法性之间的"互动":一是历史的合法性,这与"哈里发"的概念有关;第二种合法性来自自由民主。因此,摩洛哥的政治体制是基于两个相辅相成的支柱:现代和传统。

理论上,摩洛哥是君主立宪政治体制,同有些欧洲国家如西班牙和英国相似。实际上,摩洛哥的政治体制跟欧洲国家的政治体制又有所不同。摩洛哥的君主宪法中,国王是核心,其政治经济权利没有受到限制,宗教领域也都在国王的管辖范围内,其他政治力量在摩洛哥政治舞台上的作用非常有限。摩洛哥独立之后,君主制面临很多挑战。独立初期,要求废除摩洛哥君主制度的呼声高涨,但是国王能够克服这些威胁,遏制了反对派的要求并限制了他们的力量。冷战结束之后,要求推翻摩洛哥君主制的声音减弱,社会诉求开始取代政治诉求,这样,反对君主制的主张获得的支持很少,这给君主制很多自信和合法性。

摩洛哥的国王通过三个重要的手段保持自身统治的连续性:其一,对社会和政治的诉求迅速做出反应;其二,用变通方法来吸收或是接受

---

[1] Octave Marais, "la classe dirigeante au Maroc," *Revue française de science politique*, 14e année, n°4, 1964.

[2] Abedelah Alaroui, "The Obstacle of the Modernity in Morocco," *t. Atihad raki*, No. 8161, February 3, 2006, http://hespress.com/permalink/28157.html, 2011-02-18.

现代的政治体制；其三，君主拥有遏制反对派的力量和措施。

总之，虽然摩洛哥的政治体制包含了现代和传统的因素，但在阿拉伯世界中是一个比较稳定的国家。因为摩洛哥的政治体制有能力把政治上的多元力量整合在一起，也能够包容一些新的抵抗因素，从而能创造必要的平衡条件，以确保自己的连续性。

二 摩洛哥抗议运动的背景、性质及影响

（一）摩洛哥抗议运动的发起

在北非阿拉伯剧变中出现了新的反抗方式，即通过"脸谱"等社交网络来动员示威者。埃及的示威者在"脸谱"上建立了"我们都是赛义德"、利比亚反对派建立了"2月17日运动"、突尼斯民众建立了"1月14革命"等网页。这些社交网站的反抗浪潮后来也迅速传播到摩洛哥，一位名叫赛义德·本·杰布里（Said Ben Jeebli）的摩洛哥人在"脸谱"网站建立"2月20日运动"等网页。赛义德是摩洛哥博客（Weblog）协会的主席，在发展阿拉伯博客业务中发挥了显著的作用。赛义德也有自己的个人博客，2006年在阿拉伯世界的博客中点击率排名第一。2011年2月18日，摩洛哥最著名的电子报刊（Hespress）采访他时，他承认是自己发起了"2月20日运动"，其主要目标是改变摩洛哥的政治现状。他还表示本来不愿意让其他人知道自己的身份，但为了加强"2月20日运动"的诚信度并回应运动成员的要求，他决定公开自己的身份。

参与"2月20日运动"之后，该运动的成员决定于2011年2月20日在摩洛哥全国各大城市上街游行。2011年2月20日，在摩洛哥的首都拉巴特市中心、卡萨布兰卡的丹吉尔、马拉喀什等城市，成千上万的摩洛哥示威者走上街头，静坐示威和抗议，并提出运动的主要诉求：废除1996年宪法，制定新宪法并限制国王的政治权力，成立君主议会制政体，让国王像在西班牙和英国政治制度里一样成为国家的象征性符号；[1] 要求摩洛哥本届政府下台，并成立临时政府；解散属于皇室的政治党派（Authenticity

---

[1] "Moroccans Want to Reign in Royal Powers," http：//www.euronews.net/2011/02/20/moroccans-want-to-reign-in-royal-powers/，2011-06-25.

and Modernity Party, PAM);释放所有的政治犯,包括记者和伊斯兰主义者;惩治腐败;提出增加就业、增长工资和解决扶贫等社会诉求。①

(二) 摩洛哥抗议运动的特点

"2月20日运动"与在埃及和突尼斯发生的抗议活动有很大的区别:第一,抗议运动的示威者规模不同。摩洛哥走上街的示威者比埃及和突尼斯少很多,由此"2月20日运动"的影响不大。虽然在"脸谱"网站上受到了不少人的支持(约30000名成员),但是"2月20日运动"在街上得到的支持不多。虽然也有很多摩洛哥人支持这些运动的诉求,但他们不愿走上街头;有的摩洛哥人上街抗议,但他们害怕失去工作,因此大多数示威者是失业者。

第二,抗议运动的政治诉求不同。埃及和突尼斯示威者的主要诉求是总统下台。虽然示威刚开始时,两国的抗议者也提出了社会诉求,但后来发展为政治诉求(要总统下台)。摩洛哥的诉求则完全不同,示威者并未提出国王下台的要求。之所以出现这种情况,原因在于在突尼斯和埃及,示威游行开始时两国政府试图通过暴力来解决危机,结果导致数百名埃及和突尼斯人身亡,这无疑极大地激发了对抗情绪,两国人民的社会诉求变成政治诉求。在摩洛哥,抗议刚发生时,街上的警察很少,警察离抗议者距离较远。摩洛哥政府在处理这次危机时采取了比较理智的政策,因为政府意识到暴力解决不了该危机。但摩洛哥人不要求国王下台,并不说明摩洛哥人是盲目热爱国王。君主制在摩洛哥的历史很久,国王在摩洛哥不是核心问题,核心问题是国王在政治体制中的地位。因此,大部分抗议者提出的要求仅仅是重新考虑国王的权限问题。

第三,抗议运动的时间选择不同。在约一个月的时间内,突尼斯的抗议者每天走上街头,这样的抗议运动无疑会产生很大的影响。而且他们在每个星期五都有抗议活动。星期五在伊斯兰世界是很重要的日子(Jomoaa),也是具有象征意义的日子,这是一种道德力量的因素。在摩洛哥,抗议者并没有每天上街。摩洛哥的抗议活动选择在星期天,星期天在伊斯兰文化中没什么象征意义,抗议也不会严重影响经济或社会活动。

---

① "The Protest in Morocco," http://www.aljazeera.net/NR/exeres/4073AF72 - 3811 - 450C - BD8B - 6662EBBC17D4.htm, 2011 - 02 - 21.

第四，抗议运动的领导组织者不同。在埃及和突尼斯的抗议运动中，政党、工会和伊斯兰组织起到了重要作用。埃及的穆斯林兄弟会在推动埃及的抗议运动中发挥了很明显的作用。突尼斯也一样，伊斯兰复兴运动（Harakat Anahda）发挥了巨大作用。摩洛哥的抗议则不同，主要是少数民间社会组织，特别是摩洛哥人权协会起着组织和领导作用。摩洛哥工会在推动抗议活动上也未发挥任何领导作用，大部分摩洛哥工会走上街头的时候一直打出的是就业、工资、反腐败等社会诉求的标语。另外，只有少数政党参加了"2月20日运动"的抗议，且多是在摩洛哥政治舞台上影响力并不大，如左翼的政党。[1] 其他摩洛哥政党都决定不参加抗议，公正与发展党（Justice and Development Party）的秘书长阿卜杜拉·本·基兰（Abdelillah Benkirane）接受沙特阿拉伯电视台（AL Arabia TV）采访时说："我们不反对'2月20日运动'的诉求，这些运动的政治诉求跟我们党的一样，但是为了保持摩洛哥的政治稳定并避免摩洛哥重蹈利比亚或埃及的覆辙，我们党决定不参加'2月20运动'的抗议，我们是负责任的政党。"[2]

虽然人民力量社会主义联盟（USFP）的青年成员宣布参加"2月20日运动"，[3] 但该党的总秘书处决定不参加"2月20日运动"的抗议。该联盟的秘书长说："我们不对我们的青年成员与'2月20日运动'走上街头抗议负责，他们是以个人身份参加，不属于我们的组织活动……"[4] 2011年2月19日，独立党（IT）的秘书处决定不参加"2月20日运动"的抗议活动，该党秘书长也是摩洛哥政府现任首相，他表示"确认所有公民的权利和公民自由表达及和平的抗议"，并呼唤所有的公民"不要跟随一个目标并不十分清楚的运动"。[5] 在摩洛哥的示威游行中，很明显有伊斯兰组织参与，主要有正义与慈善组织。虽然该组织不合法，而且与摩洛哥

---

[1] "Only The Smallest Political Parties and Some Civilian Association Announced Their Participation in the March of 20 Feb," *ALALAM Newspaper*, February 19, 2011.
[2] Interview with Ben kiran, http://press.marocs.net/t3847-topic, 2011-11-08.
[3] "The Socialist Union of the 20 February Movement," *The Socialist Union Newspaper*, July 20, 2011.
[4] Ihsan Al Hafidi, "20 February Movement Made a Dispute inside Socialist Union Party," *Almassae*, February 19, 2011.
[5] "The Independent Party: The Movement of 20 February is Inconformity with the Democracy," *Moroccan News Agency*, February 19, 2011.

政府一直有矛盾，但是该组织在摩洛哥社会服务中发挥了明显的作用，也得到不少民众的支持。

（三）摩洛哥抗议运动的影响

"2月20日运动"在敦促摩洛哥当局进行政治和社会制度改革上发挥了积极作用。由于摩洛哥抗议浪潮以社会诉求为主流，而不是以颠覆政权为要义，加之该国与突尼斯与埃及政治体制的不同，因此该国可以进行政权内部的政治改革或政策调整，以适应该国政治新发展的要求。由此可以看出，事实上，"2月20日运动"在某种程度上对摩洛哥的政治和社会制度变革形成了一股巨大推力，这场运动的最显著影响是催生了摩洛哥2011年新宪法。正如摩洛哥穆罕默德五世大学的拉希德·叶鲁赫（Rachid Yelooh）教授在《阿拉伯政治研究中心》上发表的《摩洛哥话语的改变》一文中所言："2月20日运动"提供了一种新式的和平抗议政治形式，且能够通过政治调适满足民众的政治和社会诉求；没有"2月20日运动"，就没有2011年新宪法。[①]

三 君主制框架下的政治危机应对

（一）保持相对克制

在北非阿拉伯地区发生动荡时，埃及和突尼斯政府选择暴力来面对危机，从而导致了更加复杂的政治局面。摩洛哥政府从埃及和突尼斯的事件中吸取了教训，也学到不少经验。在摩洛哥，抗议浪潮不是像在突尼斯那样突然发生。同时，若以突尼斯与埃及政府处理危机带来的严重后果作参照，摩洛哥政府已经有时间来考虑怎么应对抗议事件。在摩洛哥的抗议运动中，警察一直避免跟示威者正面冲突，也一直没有开枪。虽然摩洛哥政府也曾使用暴力手段来驱散示威者，但警察使用暴力的程度与埃及和突尼斯不同，可以说非常克制，因此未出现多少受害者。摩洛哥政府一直平心静气地面对抗议浪潮，也未禁止手机和网络服务，这与突尼斯和埃及政府完全不同。

---

① Rachid Yelooh, "The Discourse of Morocco Change," The Center of Arab's Political Studies, October 2011.

(二) 回应社会诉求

摩洛哥抗议的主要旗帜是社会诉求。卡萨布兰卡本·玛斯克文科大学的摩洛哥社会学家阿卜杜尔·贝尔夫基赫（Abdul Baqi Belfkih）认为，摩洛哥抗议者提出的主要还是一些社会诉求，如处理失业危机、增加工资、养老保险等等，在库里布卡城市，大部分抗议者是大学毕业生，要求工作机会。贝尔夫基赫曾警告摩洛哥政府应立刻解决这些社会诉求；如果政府忽视了这些问题，政府会面临更多不稳定的社会因素。[1]

为了平息民众的不满，摩洛哥政府在经济和社会改革方面做出了明显的让步，主要采取了以下措施：在增加政府官员工资的同时也增加退休员工的工资，并开始解决医疗保险等问题；向私人公司提供更多免税政策，但要求它们增加工人工资；向大学毕业生，尤其是硕士和博士毕业生提供免试的直接就业；增加大学生的奖学金等其他社会福利。[2]

摩洛哥政府试图通过社会和经济上的让步来控制摩洛哥民众抗议的方向，力图防止社会诉求转化为政治诉求，从而避免重蹈埃及和突尼斯的覆辙。同时，摩洛哥政府还通过提供工作机会的承诺来阻止大学毕业生参加"2月20日运动"的街头抗议。

(三) 承诺进行政治改革

虽然摩洛哥的街头抗议提出的主要是社会和经济诉求，但是不可否认其中也包含了隐性的政治诉求。某种程度上，可以说摩洛哥街头抗议的政治诉求与社会诉求同时存在，但是后者更明显。"2月20日运动"走上街头时，大部分抗议者都是自由人士。但是，当摩洛哥政府答应了解决社会诉求之后，抗议运动开始出现政治诉求，主要是议会君主、反腐及释放政治犯等。政府谴责了正义与慈善组织和左派政党如统一社会主义党（PSU）、民主主义道路党（PVD）和先锋民主与社会主义党（PADS）利用"2月20日运动"平台提起政治诉求的图谋。[3] 事实上，正义与慈善组

---

[1] Abdul Baqi Belfkih, "Makhezen Still Couldn't Understood That Social Demands Can Menace Morocco's Stability," http：//www.maghress.com/hibapress/50372, 2011 - 04 - 30.

[2] "The Crises and Reform – the Bill of the Change," *Asabah Newspaper*, September 27, 2011.

[3] "The Government of Morocco Accuse Aljamaa," *Moroccan Agency News*, March 13, 2011.

浅析北非剧变与摩洛哥政治改革

织和左派政党在摩洛哥推动抗议上发挥了明显的作用。社会诉求达到目的后，走上街头抗议的主要是正义与慈善组织和左派政党这两派，因为这次运动对它们来说是一个历史机遇。正义与慈善组织因为与皇室一直有冲突还未成为合法组织；在哈桑二世国王时代，左派政党也与皇室有冲突，大部分左派政党经常拒绝参加摩洛哥选举。因此，这两派希望利用街头抗议提出政治诉求，迫使国王放弃一些权力。

为了平息民众示威，国王穆罕默德六世决定于2011年3月9日发表电视演讲，这是一个很不寻常的政治举动。国王演讲一般定在国庆日，国王在非国庆日主动向国民演讲，这在摩洛哥现代历史上是第一次。这至少说明，虽然摩洛哥抗议运动规模比较小，但是能够推动国王做出政治让步，同时表明摩洛哥国王自己愿意进行政治改革并具有某种主动性。在演讲中，国王许诺进行综合性改革，并宣布修改宪法。这些改革措施主要包括以下内容：政府今后由在选举中获胜的政党来组成，不是由皇室来任命；加强议会的权力，强化众议院、立法机关和监管机构的权力；加强司法的独立性；通过新举措来加强政党政治；让柏柏尔语言成为摩洛哥官方语言；总理今后由在选举中获胜利的政党来任命，并提升总理的地位和权力。[①]

虽然人们对国王演说的反应不一，但它得到了绝大部分摩洛哥人不同程度的赞扬，尽管也让某些人感到更加悲观。著名小说家本·杰隆·塔哈尔（Ben Jelloun Tahar）认为这是一次历史性演讲，第一次由君主提出了重大改革。如果国王提出的改革得以实现，摩洛哥的下一次选举将完全透明，并将产生一位享有与法国总理同样广泛权力的摩洛哥总理。[②] 摩洛哥前外交部长穆哈默德·本·伊萨（Mohamed Ben Isa）认为，摩洛哥在北非阿拉伯动荡中成为一个特例。在摩洛哥的街头示威活动中没发生流血事件，因为摩洛哥国王通过合理且更现实主义的手段来处理抗议活动。摩洛哥国王穆罕默德六世在北非地区国家算是新一代领导，他比较主动改革并能理解年轻人的诉求，所以摩洛哥国王对示威的处理方式开创了中东国家转型的一条新道路和新模式。[③] 摩洛哥的主要政党如公正与发展党、人民

[①] http://www.consulat.ma/fr/news_cons.cfm?id_art=115, 2011-04-30.
[②] JamesTraub, "Game of Thrones," *Foreign Policy*, June 10, 2011.
[③] Mohamed Ben Yisa, "The Arab Upheaval: The Consequence and Future," *Alahdatal almagribiya Newspaper*, November 3, 2011.

力量社会主义联盟、独立党等都欢迎国王提出的新宪法改革。对这些政党来说，新宪法在推动摩洛哥的民主化过程中可以发挥积极的作用。其实这些政党支持新宪法的主要原因是它们不愿意与皇室发生冲突。特别是具有伊斯兰背景的公正与发展党。因为，该宪法的改革提供了许多政治机会，尤其是可以保证选举的透明，并且该党的领导自信在即将到来的议会选举中可以获得更大规模的支持。

3月9日的演讲对另外一些人来说则并不那么乐观。摩洛哥国王的表哥穆莱·希查姆（Moulai Hicham）王子是斯坦福大学的研究员，他在法国媒体宣称："在3月9日的演讲中，摩洛哥国王穆罕默德六世表示他听从人民的诉求，同时该演讲在政治方面算是聪明的举动，这样国王使摩洛哥避免了重蹈埃及和突尼斯的覆辙。但是3月9日的演讲还是比较模糊，比如国王的权力和地位。虽然宪法的修改中首先给予总理更多权力，但是国王在新宪法中还享受至高地位。目前判断摩洛哥是否成为民主国家为时尚早，新宪法在摩洛哥政治舞台上实行之后才可以来判断。"① 摩洛哥拉巴特穆罕默德五世大学的历史教师马阿提·蒙吉布（Maaty Monjib）认为，摩洛哥新宪法的改革既包含可取之处也有所缺陷。在新宪法中国王已放弃一些权力，首相获得的权力比1996年的宪法多。虽然国王主动修改宪法并愿意放弃某些权力，但这些修改在实践中还会面临挑战。1996年的宪法修改并未实施，摩洛哥的未来改革还要依靠走上街头的抗议运动来对政府的施加压力。② "2月20日运动"、正义与慈善组织和摩洛哥的主要左派政党对新宪法的修改承诺都表示不太满意，这些组织认为新宪法保持着国王对外交、军事、安全、宗教等领域的控制。③ 政治改革并未达到运动的基本诉求。虽然国王提出了新宪法，但是该运动还将继续走上街头举行抗议活动。④

2011年6月17日，国王穆罕默德六世向摩洛哥人民讲话，设定主要新宪法的粗线改革，同时呼吁摩洛哥人民投票支持这项改革。7月1日，在第

---

① http：//www.dailymotion.com/video/xhkqsy_ yyyy－yy－yyyyyy－yyyyy－yyyy－yyy－yyyyyy－yyyyyy－9－yyyy_ news#rel－page－1，2011－03－14.
② Rolla Scholarly，"The Referendum of Morocco is the Model of Arab Spring，" *Alltihad Newspaper*，July 4，2011.
③ Mati Monjib，"Referendum and the Protestation，" *Hespress*，November 22，2011.
④ Sufisn Rami，"The King Mohamed 6's Reform Still Can't Convince the Protestor，" *AFP*，June 22，2011.

一次公开宣布宪法公决后的第 13 天，摩洛哥正式举行宪法草案的全民公决。超过 98% 的投票赞成采用新宪法，有关机构的官员声称投票率超过 70%。[①] 投票进行宪法改革在中东北非的政治巨变中是一个相对独特的反应。

这次改革只是部分满足了反对派在抗议活动中关于建立真正的议会君主制的要求。尽管政府的权力扩大了，法律地位提高了，但君主制仍是摩洛哥政治制度的基石，国王仍是政治游戏的主人。

四 政党政治与政治力量的新变化

（一）2011 年选举的特点

2011 年 11 月 25 日，摩洛哥政府举行了第九届议会选举。在穆罕默德六世时期，共举行过 3 届议会选举，分别是在 2002 年、2007 年和 2011 年。11 月 25 日的议会选举具有一些新特点，主要表现在摩洛哥当局没有对选举进行明显的干预，选举的透明度和公正性大大提高。"9·11"事件之后，摩洛哥与美国一起合作反对恐怖主义，使得摩洛哥政府可以利用这一借口来控制伊斯兰组织和有伊斯兰背景的公正与发展党。2002 年和 2007 年的选举时，摩洛哥皇室曾通过反恐和非透明选举投票来阻碍公正与发展党的组阁。然而，2011 年的选举是在国际环境完全不同的条件下举行的。美国击毙本·拉登之后，反恐在美国外交政策上不再占有最重要的地位，美国开始忙碌于解决国内经济矛盾。这样摩洛哥政府没有机会再利用反恐为借口来控制国内政治舞台。自 2010 年 12 月以来，北非阿拉伯地区发生颠覆性的政治变化，为避免前车之鉴，摩洛哥国王立刻宣布政治改革，并宣布提前于 2011 年 11 月 25 日举行立法院选举，而该选举本应在 2012 年举行。以前摩洛哥的选举发生过许多违法案例，摩洛哥政府对选举的干涉很明显。2011 年 11 月 25 日的选举则不同，国王在 3 月 9 号的讲话中许诺透明的选举，通过选举建立一个坚定的政府以应对摩洛哥的经济和社会挑战。[②] 在透明度方面，这次选

[①] "Morocco Referendum Result," *Moroccan News Agency*, July 3, 2011.
[②] "The King Mohammed 6 Announces a Political Reform," *Aljazeera*, http：//www.aljazeera.net/NR/exeres/65198159 - 870D - 40D1 - A533 - 45C9C71C6AA7.htm? GoogleStatID = 9, 2011 - 03 - 14.

举获得国际社会的赞赏和支持，联合国秘书长潘基文表示祝贺并鼓励下一届政府继续进行宪法改革。① 2011 年 11 月 26 日，国际民主机构（NDI）发表的摩洛哥议会选举报告称，从技术角度看，这是一次公平的选举。"②

在这次立法院选举中，共有代表 31 个政党的 7102 名候选人角逐众议院的 395 个席位，1347.5 万注册选民在 92 个选区参加投票。③ 据摩洛哥内政部统计，本次立法院选举的投票率为 45.4%，大大超过了 2007 年选举 37% 的投票率。④ 但是，摩洛哥最大的伊斯兰组织正义与慈善组织、"2 月 20 日运动"和几个左派政党决定联合抵制该选举，他们认为国王承诺的政治改革未能体现它们废除君主议会制的主要诉求。

(二) 参与选举的主要政治派别

虽然参加这次选举的政党超过了 30 个，但该选举的主要政党只有 3 大政党和政党联盟。

1. 公正与发展党

早年，阿卡德克里姆·艾尔·卡迪布（Abdelkrim Al Khatib）从人民运动党分裂，成立了人民民主宪政运动（MPDC）。在 20 世纪 70 年代，由于该党的主要成员是摩洛哥伊斯兰组织的成员，该党的活动被摩洛哥政府禁止。该组织随后发起团结与改革运动（MUR），1992 年人民民主宪政运动与团结与改革运动决定联合建党，1998 年合并为公正与发展党。⑤ 该党将自己定义为现代民主伊斯兰政党，承认国王国家统治者的地位。⑥ 该党的主要宗旨是实行教育改革、加强国际合作和鼓励投资、加强国际人权主义、倡导阿拉伯与伊斯兰世界的合作。

---

① *Moroccan News Agency*, November 29, 2011.
② NDI, "Preliminary Election Statement," November 26, 2011.
③ The Ministry of Interior Affaire of the Kingdom of Morocco, http://www.elections2011.gov.ma/fr/index.html, 2011 - 11 - 26.
④ The Ministry of Interior Affaire of the Kingdom of Morocco, http://www.elections2011.gov.ma/fr/index.html, 2011 - 11 - 26.
⑤ The history of justice and development party, available at the Website of PJD party, http://www.pjd.ma/site/pjd/page - 6, 2011 - 01 - 01.
⑥ The history of justice and development party, available at the Website of PJD party, http://www.pjd.ma/site/pjd/page - 6, 2011 - 01 - 01.

2. 与王室关系密切的政党

主要代表是全国自由人士联盟和真实性与现代党。议会选举之前，这两个党和其他小政党决定建立结盟，名称是"争取民主联盟"，又被称为"G8 组织"①。该政治组织认为自己的目标是支持民主主义和自由主义，但其实是皇室为对抗公正与发展党而创建。

3. "库特拉民主集团"

该派主要包括摩洛哥最古老的政党如独立党和人民力量社会主义联盟党、进步与社会主义党等，它们在摩洛哥的选举历史中具有很丰富的经验，也曾多次主持政府组建。近年来，这一派的名声与支持率开始下降，主要是因为这两党任内没有成功应对摩洛哥面临的社会和经济挑战，也未成功解决失业危机和教育问题，没有实现摩洛哥人的改革愿望。

（三）选举后政治力量的变化

公正与发展党 2011 年获得的支持率最高，在议会 395 个席位中，获 107 席，占 27.1%，成为议会中最大的政党；而在 2007 年的选举中，它仅获得了 46 席。摩洛哥传统政党独立党曾在 2007 年选举中排名第一，得到 52 个席位，也使得它主导该届摩洛哥政府。由于该党在领导政府时未能成功解决面临的社会和经济问题，因此它在 2011 年的选举中有所退步。尽管获得 60 个席位，但只能排名第二。与皇室相关的党——全国自由人士联盟党和真实性与现代党分别位居第三和第四（分别获得 52 和 47 个席位）。此外，人民力量社会主义联盟党在选举中相比 2002 年和 2007 年有明显退步，仅获得 38 个席位，排名落到第 5 位。由此，该党在未来摩洛哥的政治舞台上的作用将大大减弱。从组党结盟来看，争取民主联盟获得 159 个席位，约占议会席位的 40.3%；"库特拉民主集团"②获得 116 个席位，约占 29.4%，公正与发展党获得 107 个席位，约占 27.1%。

根据新宪法规定，首相将由议会选举中领先的政党产生。2011 年 11

---

① G8 主要包括国民民主党、创新与公平党、改革与发展党、社会民主运动党、中等社会主义党、全国自由人士联盟（RNI）、真实性与现代党、宪法联盟党，起主导作用的是全国自由人士联盟党。

② 包括现执政党独立党、人民力量社会主义联盟党、进步与社会主义党。

月 28 日,摩洛哥国王任命阿卜杜拉·本·基兰(Abdelillah Benkirane)为摩洛哥政府首脑。

表 1 2002～2011 年议会各党派获得席位比较

政党名	2002 年	2007 年	2011 年
公正与发展党(PJD)	42	46	107
独立党(IP)	48	52	60
全国自由人士联盟党(RNI)	41	39	52
真实性与现代党(PAM)	—	—	47
人民力量社会主义联盟党(USFP)	50	39	38
人民运动联盟党团(MP)	27	41	32
宪政联盟党(UC)	16	27	23
进步与社会主义党(PPS)	11	17	18

资料来源:摩洛哥内政部网站,http://www.elections2011.gov.ma/fr/index.html, 2011 - 11 - 26。

总体上看,各大派别在选举中都没有赢得议会绝对多数的票数。虽然公正与发展党排名第一,但它只获得了 27.1% 的席位,该比率不够形成绝对多数的政府——必须达到 51%。然而该比率在摩洛哥有 31 个政党的政治环境中已经颇为难得。真实性与现代党、全国自由人士联盟党、人民力量社会主义联盟党都决定不参加本·基兰的政府,并决定站在反对派一边;而独立党、人民运动联盟党团、进步与社会主义党、宪政联盟党都决定与公正与发展党组成新政府。

(四) 公正与发展党获胜的原因

在 2011 年摩洛哥立法选举中,公正与发展党获得了巨大胜利。究其原因,其一,该党具有很好的政治和民意基础,如果在 2002 年和 2007 年的选举中皇室未限制该党参加的话,该党甚至可能获得绝对多数;其二,北非阿拉伯国家的动荡给公正与发展党带来很好的机会,而且该党做出了不参加街头抗议决定,事实证明此举是合理而聪明的;其三,2009 年公正与发展党在市政选举中获得明显支持并在管理城市上获得巨大成功,特别是在反腐败方面;其四,该党在摩洛哥公民社会中发挥了明显而积极的作用,比如开展帮助穷人、充当志愿者等社会活动,从而在摩洛哥社会中获得了尊重,进而得到了民众的支持;其五,有关世俗主义政党组阁后都未能在任内解决摩洛哥面临的政治、经济和社会挑战,这些党的失败为公正与发展党在摩洛哥政治舞台上的发展提供了机会;其六,正义发展党获得更多支持并非和完全宗教有关,其主要的原因是,在摩洛哥人看来,公正与发展党的政治、经济和社会改革符合摩洛哥的主要诉求,摩洛哥人认为必须给该党机会。所以,在2011年11月25日选举中,公正与发展党获得更多城市居民的拥护。此外,在公正与发展党的胜利中,摩洛哥国王穆罕默德六世也发挥了积极的作用,可以说,国王在政治改革方面的主动性很大程度上成就了摩洛哥历史上最透明的选举。

五 结论

经过多年作为反对派的经验,公正与发展党终于上台并掌握政权。由于公正与发展党只获得27.1%的投票,因此该党与其他政党(独立党、人民运动联盟党团和进步与社会主义党)结盟,并成立了新政府。一年多来,摩洛哥的新政府政在治舞台上面临不少挑战。由于此届政府为结盟政府,运作过程中不可避免会出现内部不和谐的现象,因此公正与发展党无法顺利实施自己改革的议程。到目前为止,该政党领导的政府并未实现全面的社会与经济改革。

虽然作为有伊斯兰背景的伊斯兰政党——公正与发展党顺利上台执政,但是其上台方法与其他国家如突尼斯和埃及完全不一样,后者是经过推翻原政权才上台,公正与发展党的执政则是通过和平的方式。新政府的政治权力受到国王的限制,摩洛哥政府部门成为一般的官僚机构,并没有多少决策的权利,国家的战略领域都是由皇室的影子政府来决定,这让公正与发展党的政府某种程度上成为一个"傀儡政府"。这也招致不少的学者怀疑其在摩洛哥的政治舞台上的地位和角色。

经过2011年的选举和有关政治改革,摩洛哥王室仍然掌握着国家的绝对权力,且并未将公正与发展党领导的政府视为真正的决策核心。尽管公正与发展党表示愿意与皇室进行合作,来解决摩洛哥的社会与经济发展问题,但这可能只是公正与发展党的单方的愿望。这说明,在现行的政治体制下，无论是伊斯兰主义者还是左派政党上台执政，摩洛哥政府影响力都非常有限，只能充当皇室决策的执行者的角色。值得一提的是，公正与发展党上台之后，其选举时高调承诺的反腐败并未见到多少实质性的行动，这严重损害了民众对公正与发展党的信任，将来也可能影响到摩洛哥人民对伊斯兰主义政党的信任。

摩洛哥阿拉维君主制统治高度稳定性研究

——国际学术界主要研究成果概述

曾爱平*

阿拉维君主制（The Alawite Monarchy，约 1664 年至今）统治摩洛哥长达三个半世纪，显示出高度的延续性和稳定性。这一特殊现象吸引着一代又一代学者从各个学科和角度对此进行剖析和论述，产生了丰硕的研究成果。2011 年以来，席卷整个北非地区的"阿拉伯之春"先后推翻了突尼斯、埃及和利比亚等国政权，重塑了该区的政治版图。摩洛哥国王穆罕默德六世（Mohammed VI）经受了自登基（1999 年）以来一次重大历史考验，成功捍卫了王权。国际学术界再次解读"摩洛哥例外论"，增加了这一研究领域的文献积累。本文论述了半个世纪以来国际学术界对阿拉维君主制统治高度稳定性的主要研究成果。有关成果主要聚焦于以下几个领域：（1）阿拉维王室成功利用民族解放运动来加强王权；（2）王室控制政党政治，使其一方面作为摩洛哥民主化的橱窗，另一方面又无法对王权构成实质性威胁；（3）国王的宗教地位及其对伊斯兰运动的有效钳制；（4）"阿拉伯之春"与"摩洛哥例外论"。

一 阿拉维王室与民族主义政党

关于摩洛哥民族解放运动，摩洛哥官方话语体系一直强调"国王与人民的革命"，刻意弱化民族主义政党对国家独立的贡献，以限制其在国家政治中的影响力和话语权。

---

* 曾爱平，中国国际问题研究所助理研究员，法学博士。

Jonathan Wyrtzen 认为，摩洛哥的阿拉伯 - 伊斯兰民族解放运动是以阿拉维王室为中心进行的，这在整个北非都相当独特。诸多因素有利于阿拉维君主制度的存续。第一，法国保护国体制（1912～1956 年）支持马赫增（Makhzen）传统中央政府，利用时任素丹穆罕默德五世（Mohamed V）作为国家象征和国民认同的核心；第二，摩洛哥民族主义者在 20 世纪 30 年代早期做出战略决定，拥护素丹作为民族象征来反对保护国体制、争取国家独立，并以他为核心来团结和代表摩洛哥阿拉伯 - 伊斯兰民族特性；第三，二战结束前后，美国势力渗入摩洛哥，支持穆罕默德五世，并使其避免类似突尼斯贝伊蒙塞夫（Moncef Bey）被废黜的命运；第四，穆罕默德五世加入民族解放运动的时机足够早，使其"国家解放者"的合法性很早就确立下来，但他在紧要关头与独立党（the Istiqlal Party）等民族主义者保持距离，甚至屈从于法国殖民者某些不利于独立党的决定，免遭过早被废黜的命运；第五，法国选择直接与穆罕默德五世谈判，解决摩洛哥独立问题，并让其接管和控制在保护国体制下建立的摩洛哥军队；第六，穆罕默德五世本人精明的外交手腕、政治技能和个人魅力都有助于他结束在马达加斯加的流亡生涯，返回摩洛哥，最终成为摩洛哥民族解放运动的赢家。独立后，在摩洛哥皇家军队的支持下，阿拉维国王加强了对国家的控制，使其处于 17 世纪穆莱·伊斯梅尔（Moulay Ismail）统治以后最有力的时期。[1]

Léon Benbaruk 认为，在民族解放斗争时期，以独立党为代表的民族主义者为了动员民众，支持穆罕默德五世作为民族解放运动的领导人。这一政策导致摩洛哥素丹从民族主义政党手里夺取了民族解放运动的最高权力。独立后，摩洛哥国王的权威甚至要高于 1912 年沦为法国保护国之前摩洛哥素丹的权威。穆罕默德五世通过在各政党之间搞分而治之的策略，剥夺了民族主义者的实权。结果是，摩洛哥君主制作为已经定型的制度，成为摩洛哥多元政党政治的核心。[2]

---

[1] Jonathan Wyrtzen, "Constructing Morocco: The Colonial Struggle to Define the Nation, 1912 - 1956," Doctoral Dissertation, Washington, D. C., Georgetown University, 2009. 1957 年，为适应现代化改革潮流，摩洛哥素丹改名为摩洛哥国王。摩洛哥谢里夫帝国（The Sharifian Empire）也改名为摩洛哥王国（The Kingdom of Morocco）。

[2] Léon Benbaruk, "The Moroccan Monarchy and the Nationalist Movement, 1930 - 1965," Master thesis, Institute of Islamic Studies, McGill University, Montreal, 1979.

Jacques Robert 分析了摩洛哥独立初期阿拉维王室与民族主义政党之间的立宪之争和摩洛哥第一部宪法《1962 年宪法》。国王哈桑二世（Hassan II，1961~1999 年执政）把独立党和人民力量全国联盟（Union Nationale des Forces Populaires）等民族主义政党排除在宪法制定权之外，独占立宪权。第一部宪法规定了摩洛哥的国家特性，确立了君主至高无上的地位，规定了国家各机构之间的权力关系，奠定了独立后摩洛哥基本的政治格局。第一部宪法反映了哈桑二世试图在传统素丹制与西方议会民主体制之间实现某种平衡，但这一天平明显倾向前者。[1]

Rémy Leveau 分析了农村对维系摩洛哥君主制稳定统治的核心作用。独立后，摩洛哥政治发展面临某种不确定性，国内可能出现某个主导性政党并掌握实权，从而使国王在国家政治中仅具象征意义。为了应对这种局面，国王恢复了农村地方精英（他们因与法国殖民主义者合作而被排除在民族解放运动之外）的权益，以获取后者对国王在政治上的支持。这种联盟，使得任何现代化的改革都无法开启，并加剧了摩洛哥社会内部的紧张关系。作者以 1963 年摩洛哥第一次立法选举为例，详细分析了哈桑二世重新与农村权贵结盟的过程和方式，指出农村地区的稳定以及精英对君主制的支持，有助于平衡摩洛哥的政治游戏。[2]

Maâti Monjib 集中研究了摩洛哥独立后头十年（1956~1965 年）的政治史。他把这十年概括为民族主义政党与王室为权力而斗争的十年，结果是王室获胜。1965 年是一个转折点，哈桑二世宣布国家处于紧急状态，对反对派进行了毫不留情的镇压。此种压迫在一段时间内成为国家政治生活的常态，民族主义政党被剪翼。他大胆认为，摩洛哥民族主义政党之所以会失败，是因为法国殖民统治太短暂了，还未来得及摧毁摩洛哥传统的封建结构。但他也指出，王室在整个摩洛哥社会的集体心理和精神结构中具有根深蒂固的力量。它是一种机制，

---

[1] Jacques Robert, *La Monarchie Marocaine*, Librairie Générale de Droit et de Jurisprudence, R. Pichon et R. Durand-Auzias, Paris, 1962.

[2] Rémy Leveau, *Le Fellah Marocain*, *Défenseur du Trône*, Presses de la Fondation Nationale des Sciences Politiques, Paris, 1984.

代表着摩洛哥穆斯林共同体在宗教和社会政治领域的统一。[1]

William Zartman 分析了哈桑二世执政前期的历史，并将其分为两个阶段。第一阶段为封闭式权力运作阶段（1961~1973 年）。哈桑二世驯服了各民族主义政党、控制了工会运动、解散了摩洛国全国学联；在 1965 年卡萨布兰卡暴乱后宣布国家处于紧急状态、中止了《1962 年宪法》、取缔了议会，并在国内形势较为稳定之后制定了《摩洛哥 1970 年宪法》，进一步加强了王权。第二阶段为政治开放和夯实统治基础阶段（1973~20 世纪 80 年代）。1975 年，哈桑二世成功组织"绿色进军"，在西班牙殖民者撤出后收复了西撒哈拉。这一历史性事件使哈桑二世获得"国家统一者"的称号，大大提高了其统治权威，有利于其凝聚国内政治共识、开放党禁，扩大反对派政治活动空间。[2]

John Waterbury 考察了摩洛哥分裂的政治精英如何有助于维护国王的统治。他指出，摩洛哥的政治精英群体（包括律师、医生、工程师、教师、军官和各种政治仆从等）娴熟地利用政党、工会、利益集团等工具为各自的政治目的服务。这个群体数量不大，但松散和各自为政。它们之间流动性大，分化组合频繁。政治精英要随时准备加入各种各样的联盟，与所有的政治集团保持联系，以免陷入孤立状态。国王也是政治精英，但其他精英之间的分裂有利于其分化瓦解和各个击破精英的挑战。国王还经常是这个分裂体系的操纵者。他一方面通过赏罚政策来分裂政治精英，另一方面出动军队和警察来控制和镇压反对派人士，维护自身最高仲裁者地位。这种分裂的政治体系是紧张的，阻碍了摩洛哥政治发展，导致政治停滞。[3]

Omar Bendourou 从宪政的角度分析了由国王主导的行政权的演变。他指出，摩洛哥宪法的一个主导原则是要确保国王至高无上的统治地位，国王权力不仅居于其他国家机构之上，也要高于宪法。国王作为国家元首指导行政事务，不是基于宪法对国王职责的规定，而是基于其宗教领袖资

---

[1] Maâti Monjib, *La Monarchie Marocaine et la Lutte pour le Pouvoir*, *Hassan II face à l'opposition nationale*, *De l'indépendance à l'état d'exception*, Editions L'Harmattan, Paris, 1992.

[2] William Zartman, "King Hassan's New Morocco," in William Zartman ed., *The Political Economy of Morocco*, 1987, pp. 1 – 33.

[3] John Waterbury, *The Commander of the Faithful: the Moroccan Political Elite——A Study in Segmented Politics*, New York: Columbia University Press, 1970.

格。他可以依其宗教地位颁布敕令（Dahir），独占宪法规定的所有权力。因此，摩洛哥宪法要服从于作为宗教领袖的国王。这样，摩洛哥的最高法律并不等同于法治国家中的宪法，而仅仅是国王权力的表达而已。在摩洛哥，两种权力的合法性来源总是存在着冲突。一种是基于宗教和传统的皇家统治的合法性；另一种是基于民主普选的合法性，即人民主权说，各政党试图代表该种合法性。[1]

二 国王与议会选举

摩洛哥独立后一直实行多党制，定期举行议会选举，至今已产生九届议会。摩洛哥1962年第一部宪法即禁止一党制，规定政党多元主义。多党政治有利于阿拉维君主超越党争，凌驾于各政党之上。摩洛哥实行"选举与代表相分离"的原则，即议员只能代表政党或自己，不能代表选民。国王是民众利益的代言人和国家的最高代表。

James N. Sater指出，摩洛哥的议会选举和政党政治日益让选民失去信任。选民对无权国家机构（如议会）的多元竞争性选举日益失去兴趣。对选民态度调查的结果显示，选民对摩洛哥王室等非竞争性的权力机构更加信任，而对竞争性的国家机构则更不信任。通过四种选举策略，王室可以确保没有强大的政治集团能威胁其统治。首先，通过改变选区来强化传统势力，特别是乡村柏柏人部落对国王的忠诚；其次，鼓励政党内部分裂，并通过精心制定的选举法来维持这种分裂；再次，王室通过成立新政党（保皇党）来吸引国家新的政治和经济精英；最后，国王控制内政部，通过对选举的违规操纵（如篡改选票或贿选等）来保证选举不会对王权构成威胁。这样，选举被用来证明：在摩洛哥，缺乏统一的政治运动挑战国王的权威。选举政治成为这样一种方式：候选人通过选举成为国王选择性进程的一部分，选举的竞争性部分地是为了进入和接受权力的核心。这一核心就是国王。[2]

---

[1] Omar Bendourou, *Le Pouvoir Exécutif au Maroc depuis l'Indépendance*, Publisud, Paris, 1986.

[2] James N. Sater, "Parliamentary Elections and Authoritarian Rule in Morocco," *The Middle East Journal*, Vol. 63, No. 3, Summer 2009, pp. 381–400.

Michael McFaul 和 Tamara Cofman Wittes 指出，摩洛哥民主制度的运作空间只限于议会下院，但议会的行动不能改变整个政治体系的运转。一方面，王室设计的议会选举制度可确保任何一个政党都无法取得议会的绝对多数席位从而可能威胁王权；另一方面，国王的权力无处不在，其在立法、行政、司法、宗教、军队、媒体等各领域都处于支配地位。选举制度还确保较小的政党也能获得议会席位。此外，议会选举的结果并不能决定内阁的组成。[1]

Andrew Barwig 则认为，议会选举把摩洛哥分裂的精英纳入体制内。这些精英成为王室新的"卫士"，有助于维持阿拉维王室统治的稳定性。这些精英包括商人、改革主义者和技术专家等。他们进入体制有助于确保其对统治体系的忠诚，或只追求有限度的变革。摩洛哥议会选举的门槛比较低，候选人能以独立人士身份参选和进入议会，有助于议会构成的碎片化。选举也使得摩洛哥王室独立于政党竞争之上。因此，选举是摩洛哥王室维护稳定统治的有意义的方式。[2]

Malika Zeghal 指出，在今日之摩洛哥，权威主义政府设计了自由的选举进程，但后者对政策制定产生不了直接影响。只有在王室的允许下，各反对派才能参与政府。各政党虽可以参加立法和地方选举，但都缺乏实权。[3]

三 信士长官、圣人崇拜与伊斯兰运动

阿拉维王室对伊斯兰运动的控制总体上是比较成功的。这得益于"信士长官"的宗教头衔，摩洛哥国王控制了乌莱玛最高委员会（le conseil supérieur des Ouléma），极力垄断对伊斯兰教法教义的解释权，有效抑制了反对派利用伊斯兰教来进行社会动员和从事政治活动。摩洛哥宪法禁止任何政党利用伊斯兰教来实现政治目的。在20世纪50~80年代，阿拉维王室

---

[1] Michael McFaul and Tamara Cofman Wittes, "Morocco's Elections: The Limits of Limited Reforms," *Journal of Democracy*, Vol. 19, No. 1, January 2008, pp. 19–33.

[2] Andrew Barwig, "The New Palace Guards: Elections and Elites in Morocco and Jordan," *The Middle East Journal*, Vol. 66, No. 3, Summer 2012, pp. 425–439.

[3] Malika Zeghal, "Participation Without Power," *Journal of Democracy*, Vol. 19, No. 3, July 2008, pp. 31–36.

曾暗中支持或默许国内激进伊斯兰团体（如"伊斯兰青年运动"，Harakat Ashabiba al-Islamiya）暗杀左派政党领导人。自20世纪90年代起，王室允许和鼓励以正义与发展党（Justice and Development Party，PJD）为代表的温和伊斯兰力量参加议会选举。在正义与发展党于2011年11月取得议会选举胜利后，穆罕默德六世授权该党党首班基兰（'Abd al-Ilah Benkiran）组建联合执政内阁，有效地把温和伊斯兰运动纳入体制中。目前，除"基地"组织马格里布分支（Al-Qaeda in the Islamic Maghreb，AQIM）和"正义与慈善总会"（'Abd al-Ilah Benkiran，Justice and Charity）等少数激进组织外，对摩洛哥王权构成现实威胁的伊斯兰主义组织并不多。

Mohamed Daadaoui 从微观层面考察了摩洛哥王室如何利用宗教仪式来构建其权力符号和君主至高无上的政治文化，以维护摩洛哥君主制的长久统治。这些宗教典礼和仪式在摩洛哥政治体系中已经机制化了，成为摩洛哥政治话语的重要组成部分。摩洛哥国王的巴拉卡（baraka，神佑、天助之义）、宗教头衔埃米尔·穆民尼（Amir al Mu'minin，即信士长官）、谢里夫身份（Sharaf，先知穆罕默德后裔）以及年度效忠宣誓仪式（Bay'a）等构成了摩洛哥宗教典礼的重要内容。这些精心设计的仪式庆典和宏大场景展现了国王的符号权力，在整个国家和民族记忆中强化了摩洛哥王室的神圣性及其影响力。他认为，摩洛哥国王的宗教权威及其对蕴含在宗教仪式中的权力符号的熟练运用，阻碍了伊斯兰主义者和其他反对派动员和渗透摩洛哥社会的能力。这种文化和社会霸权无处不在，有助于维护摩洛哥权威主义君主政体的弹力和稳定。[①]

Najib Mouhtadi 研究了摩洛哥历史上的宗教团体扎维亚（la Zaouia）及其与政治权力的关系。在摩洛哥传统社会，素丹权力的基础一般是宗教性质的，其宗教权威受到各部落的普遍认可，但其政治权威有可能遭到质疑和否定。扎维亚是一种突出的社会结构，其根据自身在宗教和经济上的实力和影响力，有可能独霸一方。在这种宗教团体里，宗教与世俗相互交织，其领袖受到追随者的敬畏、拥戴和保护，是神圣不可侵犯的。在扎维亚的势力范围里，素丹也有有限的世俗权力，两者之间的敌意常常导致马

---

① Mohamed Daadaoui, "Rituals of Power and the Islamist Challenge: Maintaining the Makhzen in Morocco," Doctoral Dissertation, Universtiy of Oklahoma, 2008.

赫增对扎维亚的战争。作者认为，扎维亚是传统摩洛哥社会的核心机制，其所折射出的摩洛哥人的行为方式（对宗教领袖的敬畏和追随）在今日的摩洛哥社会依然根深蒂固，不会轻易消失。扎维亚和马赫增同属一个体系。[1] 阿拉维王室在兴起时就是一个扎维亚，其始发于摩洛哥东南部沙漠边缘塔菲拉勒地区（Tafilalet）的阿拉维因（Alaouiyines）。该家族的祖先谢里夫穆莱·阿里（Moulay Ali）是当地受人尊敬的一个"圣人"，现仍作为一个"圣人"在该地区受到崇拜。[2]

Abdellah Hammoudi 从心理文化层面研究了摩洛哥君主制的高度稳定性。作者建立了一个以控制与服从为主要特征的"主仆关系文化模型"，对日常社会和政治生活中人们习以为常的权力关系做出解释。这种主仆模型特别体现在扎维亚教长（也称精神导师）与其门徒的关系上。门徒为了获得导师的巴拉卡，使自己成圣，要经历一个性别颠倒的阶段，在教长身边扮演女性化角色，丧失男子气概。这种男子气概的丧失是暂时的，但对于每一个渴望通向导师地位的门徒是必须经历的。在摩洛哥，人们普遍认为只有"圣人"（拥有巴拉卡或神圣魅力的人）才能显现神迹，揭示社会的行为规范、准则和价值观念。这种垄断地位迫使权力持有者（素丹或地方统治者）去追求"圣人"称号。"圣人－素丹"一体现象在摩洛哥表现得特别突出。随着历史的积淀，这种主仆关系模式在摩洛哥政治中定格成型，其体现出的理念和形象能量非常强大，由此塑造出摩洛哥独特的政治体制，以及为此体制提供了非常深入人心的情感上的支持。殖民统治和后殖民统治对该体制的结构和"集体记忆"进行了重塑，结果是一个现代的权威主义政体，其社会和政治生命依然非常顽强。[3]

Mohamed Tozy 分析了摩洛哥权威主义文化和奴役模式的历史根源，认为哈里发模式、谢里夫谱系以及以控制与支配为特征的马赫增仍然深刻地影响着摩洛哥现时的权力关系和结构。摩洛哥各政治行为体只有接受国王制定的

---

[1] Najib Mouhtadi, *Pouvoir et Religion au Maroc, Essai d'histoire politique de la Zaouia*, ED-DIF, 1993. 扎维亚一般都信仰神秘的苏菲主义（le soufisme）。

[2] Najib Mouhtadi, *Pouvoir et Religion au Maroc, Essai d'histoire politique de la Zaouia*, p.139; Jack Vahram Kalpakian, "A Tug-Of-War over Islam: Religious Faith, Politics, and the Moroccan Response to Islamist Violence," p.122.

[3] Abdellah Hammoudi, *Master and Disiple: The Cultural Foundations of Moroccan Authoritarianism*, Chicago, London, The University of Chicago Press, 1997.

游戏规则后才能涉足政治。国王统治的合法性主要是宗教性质的。他不能接受和认可其他政治行为体以伊斯兰教的名义表达自身，因为这种竞争性的表达将导致穆斯林共同体的分裂、损害国王对宗教的垄断地位以及削弱谢里夫统治的合法性。在摩洛哥王室与伊斯兰主义者之间，既有延续也有断裂。它们相互竞争，但共享一种权威主义的文化。这种文化不给普通的穆斯林民众任何发挥积极主动精神的空间，他们仅仅是国王的臣民和真主的仆人。摩洛哥的政治体系充满了双重的紧张，这使任何激进的变革都不可能实现。一方面是权威主义的文化根深蒂固，这无论是对君主制来说，还是对整个政治阶层而言都是有益的；另一方面是伊斯兰教的核心地位，现行权力机构要从伊斯兰教中寻找统治合法性，摩洛哥任何一股政治和社会力量，特别是对伊斯兰主义者而言，若要提出一个反方案，也需诉诸伊斯兰教。[1]

David Michael Mednicoff 考察和分析了摩洛哥国王哈桑二世如何通过在政治过程中操纵象征符号来化解亨廷顿语境中"现代国王的困境"，以维护阿拉维王朝的稳定统治。他提出 SPM（Symbolic Political Manipulation）的概念，认为哈桑二世对 SPM 的运用相当娴熟和成功。SPM 有助于哈桑二世获得民众的广泛支持，将摩洛哥的政治多元主义维系和控制在不同寻常的水平，同时使政治反对派无法广泛地进行社会动员。SPM 使哈桑二世可以在较少运用暴力和强制手段的前提下，应对各类政治和社会挑战，维护自身权威。SPM 所依赖的象征或符号资源来自阿拉维王室传统、摩洛哥民族主义、政治伊斯兰等各个方面。[2]

Kassem Bahaji 分析了摩洛哥现代伊斯兰主义运动的诉求、局限及其对摩洛哥君主制带来的挑战。他认为，摩洛哥伊斯兰主义运动尽管得到日益增多的民众支持，其吸引力和号召力还是有限的。大多数普通穆斯林不赞成把宗教与政治混杂在一起，他们也不相信"伊斯兰国"的概念。摩洛哥国王作为政治和宗教领袖的地位降低了伊斯兰主义运动的动员能力，伊斯兰主义者缺乏足够有效的手段去传递他们的信息。同时，国际环境对伊斯兰主义者也不是很有利。西方国家担心在欧洲南部的不远处出现一个"伊斯兰国"，不愿意对摩洛哥伊斯兰运动给予外部支持。不过，如果摩洛哥

---

[1] Mohamed Tozy, *Monarchie et Islam Politique au Maroc*, Presses de Sciences Po, Paris, 1999.
[2] David Michael Mednicoff, "The King's Dilemma Resolved? The Politics of Symbols and Pluralism in Contemporary Arab Monarchy," Doctoral Dissertation, Harvard University, 2007.

的经济形势继续恶化，越来越多的民众将会更加愿意加入到伊斯兰主义者的事业中来。除非国家采取措施解决民众的经济需求，否则，王室在未来将不得不面临更具挑战性的伊斯兰运动。①

Feriha Perekli 认为，自20世纪90年代以来，王室通过软硬两手，促使摩洛哥伊斯兰主义者在信念和行为上变得更加温和。一方面，王室开启的政治自由化进程使主要的伊斯兰政党——正义与发展党——日益参与到政治进程中来；另一方面，王室对反体制的伊斯兰力量仍持高压态势，采取限制和镇压政策。为了规避政府镇压和保持既得政治利益，正义与发展党主动把宗教和政治事务相分离，在政治上更具妥协性，尽量弱化甚至排除在政治活动中推进伊斯兰议程。通过设立宗教事务部，王室控制了宗教事务，其任命清真寺伊玛目，管理其礼拜祈祷活动，并对周五聚礼日的布道内容进行审查。王室把宗教符号纳入主流政治话语，封锁和堵塞伊斯兰主义者利用宗教进行社会动员的空间。王室操纵伊斯兰主义者活动的政治空间，尽力维护其"至上主义"政治地位，以免被伊斯兰主义者取代。摩洛哥国王"信士长官"的宗教地位使伊斯兰主义者面临巨大压力，后者不得不通过创新方式方法来参与政治竞争，避免被排挤出政治进程。摩洛哥苏菲主义的盛行是避免伊斯兰主义倒向激进伊斯兰的重要屏障。苏菲主义强调净化心灵、传播真主的爱，以及通过不断努力和进步靠近真主。摩洛哥的伊斯兰主义运动本身也是分裂的，这削弱了伊斯兰主义者挑战君主体制的力量。②

Fatima Ghoulaichi 指出，摩洛哥国王和扎维亚的"圣人"是摩洛哥历史上最著名的政治行为体，厘清它们之间的关系有助于洞察摩洛哥历史演变的规律。摩洛哥国王和扎维亚"圣人"都利用谢里夫身份和"巴拉卡"来构建自己的权力体系。它们之间的关系并非静止不变，而是随历史环境的变化而变化，显示出高度的动态性和活力，这助于理解摩洛哥谢里夫君主制（The Sharifian Monarchy）的高度稳定性。③

---

① Kassem Bahaji, "Islamism in Morocco: Appeal, Impact and Implications (1969 – 2003)," Doctoral Dissertation, Northern Illinois University, 2007.
② Feriha Perekli, "From Dissension to Accommodation: Islamist Moderation in Turkey and Morocco," Doctoral Dissertation, Indiana University, 2013.
③ Fatima Ghoulaichi, "Of Saints and Sharifian Kings in Morocco: Three Examples of the Politics of Reimagining History Through Reinventing King/Saint Relationship," Master Thesis, University of Maryland, 2005.

Malika Zeghal 指出，摩洛哥君主制的宗教基础正在逐步受到侵蚀和动摇，国王不再是核心的宗教机制。摩洛哥伊斯兰主义者对君主制的威胁在于否定国王的宗教权威及其"信士长官"的地位。这在"正义与慈善总会"领导人阿卜杜·塞拉姆·雅辛（Abdessalam Yassine）身上表现得最为明显。[1] 早在1974年，雅辛就向哈桑二世致公开信，要求他以伊斯兰准则来治理国家，否则将受惩罚。他于2000年上书穆罕默德六世，谴责摩洛哥的政治腐败和经济破产，要求穆罕默德六世为其父亲哈桑二世赎罪，把王室掠夺的财产还给摩洛哥人民。雅辛自称是先知穆罕默德的后裔，是谢里夫，并被其追随者奉为"圣人"和拥有"巴拉卡"。阿拉维君主用以建立自己神圣性的某些机制，被雅辛借用和复制过来了。如果伊斯兰主义者都借用这些符号和象征体系，摩洛哥君主制的象征性基础就会被动摇。[2]

Ashraf Nabih El Sherif 认为，正义与发展党通过转变意识形态立场和组织机构以适应摩洛哥的政治环境和体制限制，从而成功融入摩洛哥民主转型进程。正义与发展党现任党首班基兰是务实主义者和保皇派，主张渐进性变革，愿意与王室达成妥协，不赞成与马赫增相对抗，从而把正义与发展党引入政治上的死胡同。基于此，王室认为，把正义与发展党纳入体制内不会威胁其神圣体制。不过，正义与发展党内也存在鹰派。该派认为国王不受制约的权力阻碍了国家民主化进程，也妨碍了国家的良好治理，因而主张必要的政治斗争，纠正国王与其他国家机构在权力上的失衡，使整个政治体系变得更加民主。因此，正义与发展党对摩洛哥君主在宗教和宪法上的霸权仍构成威胁。[3]

四 "阿拉伯之春"与"摩洛哥例外论"

"阿拉伯之春"曾短暂波及摩洛哥，但穆罕默德六世没有遭遇类似

---

[1] 雅辛于2012年去世，其女 Nadia Yassine 成为其事业的接班人。
[2] Malika Zeghal, *Les Islamistes Marocains*, *Le Défià La Monarchie*, Editions la Découverte, Paris, 2005; Kassem Bahaji, "Islamism in Morocco: Appeal, Impact and Implications (1969 – 2003)," Doctoral Dissertation, Northern Illinois University, 2007.
[3] Ashraf Nabih El Sherif, "Institutional and Ideological Re – construction of the Justice and Development Party (PJD): The Question of Democratic Islamism in Morocc," *The Middle East Journal*, Vol. 66, No. 4, Autumn 2012, pp. 660 – 682.

本·阿里、穆巴拉克和卡扎菲等领导人被推翻的命运。2011年,在突尼斯和埃及民众革命的推动下,摩洛哥青年组织"2月20日变革运动"(The February 20th Movement for Change)在脸谱、推特等社交网络上号召民众举行街头抗议活动。自2月20日起,以青年人为主体的游行示威活动不时在拉巴特、卡萨布兰卡、马拉喀什和丹吉尔等大城市举行,要求摩洛哥政府进行政治经济改革、惩治腐败以及为失业大学生提供就业机会等。摩洛哥国王对此迅速做出回应。3月9日,穆罕默德六世向国民发表电视讲话称将修改宪法,并让选民对宪法进行公投。6月17日,新宪法出台。7月1日,73%的选民参加了宪法全民公投,新宪法以98%的赞成票获得通过。新宪法增加了首相和议会部分权力,满足了柏柏尔少数族裔的文化权利和女权主义者在两性平等上的要求,但它未实质上削减国王的最高权力。首相和议会新增加的权力,可以随意被国王剥夺。

Martine Gozlan 和 David A. Andelman 认为,摩洛哥"2月20日变革运动"主要由青年人发起,但未展现出任何革命特质。穆罕默德六世通过修改宪法来进行一些表面上的变革,以便不从根本上触动自身统治的根基。通过修宪和新宪法全民公投,摩洛哥国王成功地把"阿拉伯之春"转变为"皇室民主之春"(Royal Spring of Democracy)。摩洛哥媒体到处宣扬"现代国王的成功",赞美他对民主变革和言论自由的热爱。由于国王是摩洛哥国家身份与认同的核心,只有他可以公开代表"变革的希望"。摩洛哥政府甚至都处于被动境地,无力发起动议,实施大型发展项目。尽管"2月20日变革运动"在摩洛哥宪法公投后暂时偃旗息鼓,但可以预见的是,他们将继续抗争,以揭露摩洛哥王室的真面目。[1]

Sean L. Yom 和 F. Gregory Gause III 认为,"阿拉伯之春"更确切地说应称为"共和制阿拉伯国家之春"(The Arab Republic's Spring)。君主制的阿拉伯国家表现远远好于共和制的阿拉伯国家。在摩洛哥,主要由青年人号召揭竿而起的反对派走上街头,但未能成功动员起广大民众。摩洛哥能成功躲避此轮动乱浪潮主要归功于以下几个因素:第一,王室与工商阶层、宗教人士和农业精英结成基础广泛的利益联盟;第二,海合会提供的

---

[1] Martine Gozlan and David A. Andelman, "Morocco: In the Kingdom of Illusions," *World Policy Journal*, Vol. 28, No. 3, Fall 2011, pp. 101 – 112.

经济援助有利于摩洛哥当局纾缓困境；第三，美法等西方大国没有积极支持摩洛哥反对派推翻王室。①

Zoltan Barany 认为，摩洛哥"2月20日变革运动"只在短期内得到了"正义与慈善总会"和左派组织"联合社会主义党"（United Socialist Party）等少数团体的支持。绝大多数摩洛哥政党不但没有参与游行示威，还要求它们各自的青年组织远离抗议活动。实际上，在"2月20日变革运动"发起之前，穆罕默德六世通过选择性地吸纳反对派人士进入体制内已在有效化解国王面临的政治挑战。阿拉维王室悠久的统治历史，也有助于摩洛哥国王在推行改革时拥有更多的灵活性。国王"信士长官"这一宗教头衔降低了伊斯兰主义者的诉求和动员能力，这一宗教头衔甚至可以追溯至伊斯兰教早期，其增加了穆罕默德六世的统治权威。此外，摩洛哥国王还得到西方大国的外交支持。美国前国务卿希拉里·克林顿和法国前总统萨科齐都称赞穆罕默德六世为地区民主化的"领航灯"。②

Ahmed Benchemsi 认为，面对"2月20日变革运动"，摩洛哥国王迅速做出回应，承诺全面修改宪法、根据人民的意志组建多数党领导的政府、依法治国、惩治腐败以及保障司法独立等。这种表态实为先发制人的聪明之举，目的是给反对派来个釜底抽薪，使其失去动力，而不是为了实行真正的变革。由于经验不足和内部分裂（特别是在伊斯兰主义者与左派人士之间），"2月20日变革运动"没有产生关键性的领导人、缺乏核心的组织机构，从而被王室轻易挫败。摩洛哥新宪法从表面上看确实迎合了反对派的诉求，体现出自由、民主、多元和善治的外表，但其实质仍是寡头专制主义的。国王依然拥有绝对性权力，垄断国家政治、军事、宗教、立法、行政、司法等领域的最高权力。虽然在法语版的新宪法里"国王人身神圣性"的条款被废除，但在阿拉伯语版的宪法里，国王神圣性仍被暧昧地保留着。摩洛哥分裂的政党政治（目前有34个政党）和被操纵的选举制度（如选区划分、候选资格及比例代表制等）使得任何一个政党都不可能获得超过30%以上的议席实现一党独大，进而能够挑战王室。摩洛哥新宪法

---

① Sean L. Yom and F. Gregory Gause III, "Resilient Royals: How Arab Monarchies Hang on," *Journal of Democracy*, Vol. 23, No. 4, October 2012, pp. 74 – 88.
② Zoltan Barany, "Unrest and State Response in Arab Monarchies," *Mediterranean Quarterly*, Vol. 24, No. 2, Spring 2013, pp. 5 – 38.

里充满烟幕弹和模棱两可的规定，从而使得政府首脑和议会任何看似获得的新权力最终都有可能被国王剥夺。摩洛哥国王此次胜利也许是短暂的，未来更为强烈的变革之风将会驱散任何烟幕弹。[1]

Mohamed Madani 等人认为，在摩洛哥政党虚弱且名誉不佳的背景下，"2月20日变革运动"吸引了一些意识形态各异的反对派团体加入进来，要求更大程度的民主和变革。国王认识到有必要制定新的社会宪章并进行宪法改革，自上而下地推动了整个修宪进程。国王任命的皇家修宪委员会咨询各政党和社会团体，征求修宪建议，但大多数政党未就宪法关键性条款进行任何实质性辩论，且呼吁其成员在宪法公投中投赞成票。在这种政治形势下，2011年7月1日的宪法公投类似于摩洛哥传统中臣民对素丹的又一次效忠宣誓。[2]

Ana Belen Soage 认为，"摩洛哥例外论"源于伊斯兰教与君主政体的紧密联系、国王作为政治仲裁者和"信士长官"的角色以及穆罕默德六世自身的改革主义风格。摩洛哥民众对阿尔及利亚20世纪90年代内战和"阿拉伯之春"暴力的恐惧也是反对派无法动员民众的重要原因。[3] Ashraf Nabih El Sherif 认为，摩洛哥之所以能躲过"阿拉伯之春"，要归功于王室的包容性和多元主义政治安排。摩洛哥的政治体系在"阿拉伯之春"前已在经历政治转型，并将包括伊斯兰主义者在内的大多数政治力量纳入国家转型计划之中。这使得摩洛哥能够和平解决国内冲突和推动渐进性变革。[4]

五 结论

综上所述，国际学术界对阿拉维君主制统治高度稳定性和"摩洛哥例

---

[1] Ahmed Benchemsi, "Morocco: Outfoxing the Opposition," *Journal of Democracy*, Vol. 23, No. 1, January 2012, pp. 57–69.

[2] Mohamed Madani, Driss Maghroui and Saloua Zerhouni, *The 2011 Moroccan Constitution: A Critical Analysis*, International Institute for Democracy and Electoral Assitance, 2012.

[3] Ana Belen Soage, "Political Islam in Morocco: Is There an Exception Marocaine," *Middle East Review of International Affairs*, Vol. 17, No. 3, Fall 2013, pp. 1–8.

[4] Ashraf Nabih El Sherif, "Institutional and Ideological Re-construction of the Justice and Development Party (PJD): The Question of Democratic Islamism in Morocc," *The Middle East Journal*, Vol. 66, No. 4, Autumn 2012, pp. 660–682.

外论"的研究和解释是丰富而多元的。概括地说，摩洛哥独特的社会与宗教结构（以扎维亚为代表）、反对派内部的分裂（在政党政治和伊斯兰运动内部或者相互之间，分裂是一种常态）、国王特殊的宗教地位（信士长官）、王室高超的政治艺术（顺应时代潮流勇于变革、在反对派内部搞分而治之）、西方大国（美、法）的外部支持等观点都有助于解释摩洛哥君主制度的独特生命力。可以预见，阿拉维王室在未来的国际、地区和国内政治中仍将面临压力和挑战。这些挑战可能来自民主化的压力、伊斯兰运动的诉求、西撒哈拉的最终归属、西方人权和女权运动的干涉等。阿拉维王室能否成功化解这些威胁和挑战，维持"摩洛哥例外论"，值得学界继续关注和讨论。

论利比里亚内战的进程及影响[*]

王 涛 姚 琪[**]

非洲国家独立后的政治发展颇多曲折，许多国家都遭受了内战的困扰。利比里亚在1989~2003年所经历的内战，导致20多万人死亡，超过100万人沦为难民，是该地区冲突时间最长、破坏程度最大的内战之一。它既具有非洲政治生态的某些共性，又由于其独特的美裔黑人拓殖地性质而呈现出不同于其他非洲国家的特征。虽然这场内战已结束十多年，也有不少研究者对其进行了解读，[①] 但以利比里亚内战为研究对象，深入分析其缘起、进程及影响的成果尚未见到，本文试图在此方面有所突破。

一 利比里亚内战爆发的原因

利比里亚是美国遣返黑人奴隶的场所，于1847年取得独立。独立后，利比里亚经历了长达130多年的相对和平时期，可是自1980年以来，利比里亚政局突变，成为西非地区的"火药桶"，并在1989年爆发了大规模内战。这一变局的出现及至内战的爆发，主要有三方面的原因。

---

[*] 本文系教育部人文社科研究青年基金项目"撒哈拉以南非洲反政府武装问题研究：背景、进程与影响"（项目号12YJCGJW013）、云南大学校级课题"西非地区安全机制建构研究"的阶段成果。

[**] 王涛，云南大学国际关系研究院非洲研究中心讲师；姚琪，云南大学国际关系研究院硕士研究生。

[①] 国外对利比里亚内战的研究较深入，杜恩（Elwood Dunn）、克利弗（Gury Cleaver）、梅西（Simon Massey）、雷诺（William Reno）对内战原因与影响都有精辟的分析，不过他们疏于对内战进程的梳理，导致在分析时出现了时序错位的问题。国内李文刚编写的《利比里亚》有对内战的简明介绍，罗建波则考察了西共体介入利比里亚内战的问题。

第一，自建国以来，利比里亚族群间矛盾的逐步激化是内战爆发的根本原因。

利比里亚全国人口430万，在独立之初，国家权力被赋予仅占人口5%的美裔移民群体。当时，美裔移民占据沿海富庶地区，在生活方式上已经西化；占人口绝大多数的本土族群仍在内陆过着原始部落式的生活。[1] 在19世纪末欧洲列强瓜分非洲前，美裔移民的统治范围仅限于沿海城镇，沿海与内陆保持了相对分隔的状态。[2] 虽然美裔移民也会驱使内地本土族群到沿海做工，并到内地征税，但由于其统治相对松散，内地各个族群实际上是半独立的。[3]

19世纪末，欧洲列强开始瓜分非洲。英国人从塞拉利昂、法国人从象牙海岸与几内亚向西非内陆扩张，都觊觎并割占了利比里亚的部分土地。这促使利比里亚统治阶层加大了对内陆地区的管控。[4] 这一时期，利比里亚政府向内陆派驻了地方专员，他们以征服者的身份对内地族群进行残暴统治，收取名目繁多的苛捐杂税，[5] 却不愿给予内地居民以利比里亚公民权。后者被视为这个国家的二等臣民，虽承担大量义务，却不享有基本政治权利。[6] 在经济上，利比里亚已沦为全球资本主义的橡胶原料产地。政府将大量橡胶地承包给以美国为首的外国公司，后者垄断了利比里亚的经济命脉。[7] 橡胶种植园对劳工的巨大需求促使政府采取措施将内地族群变为强制性劳工，以半奴隶身份为种植园工作。[8] 政治上的无权状态与经济上被剥削的现实，加深了内地族群与美裔移民间的矛盾。在1945年前，利

---

[1] 〔美〕戴维·莱文森：《世界各国的族群》，葛公尚、于红译，中央民族大学出版社，2009，第252~253页。

[2] 〔美〕埃里克·吉尔伯特、乔纳森·雷诺兹：《非洲史》，黄磷译，海南出版社，2007，第201页。

[3] 〔加纳〕A. 阿杜·博亨主编《非洲通史（第七卷）：殖民统治下的非洲1880~1935》，中国对外翻译出版公司，1991，第203~204页。

[4] Martin Lowenkopf, *Politics in Liberia: The Conservative Road to Development*, Standford: Hoover Institution Press, 1976, pp. 33–37.

[5] Stephen Ellis, *The Mask of Anarchy: The Destruction of Liberia and the Religious Dimension of an African Civil War*, New York: New York University Press, 1999, pp. 41–42.

[6] 〔加纳〕A. 阿杜·博亨主编《非洲通史（第七卷）》，第254页。

[7] 〔英〕J. D. 费奇：《西非简史》，于珺译，上海人民出版社，1977，第380~381页。

[8] J. Gius Liebenow, *Liberia: The Quest for Democracy*, Bloomington: Indiana University Press, 1984, pp. 47–57.

比里亚爆发了多起内地族群因不堪压迫而起义的事件。[1]

面对内地族群日益激烈的反抗，1944年新上任的利比里亚总统威廉·杜伯曼（William Tubman）推行了旨在消除美裔移民与本土族群间身份、地位差异的改革，试图将本土族群同化到利比里亚"主流社会"中，以此缓和族群矛盾。不过，这个被命名为"统一政策"的改革，其本质是要模糊本土族群与美裔移民间的差别，而不是要改变美裔移民主导利比里亚政治、经济的局面。[2] 就"统一政策"的效果而言，一部分本土族群如瓦伊人（Vai）积极响应，其立场倒向政府，成为政府认可的"受尊敬的人"，成为新生的本土特权阶层；而另一部分本土族群如克鲁人（Krus）和格雷博人（Grebo），因对该政策反应消极而进一步被边缘化。本是用以模糊族群差异的政策反而强化了各族群对自身的身份认同，并使利比里亚社会从原先二元化的"美裔移民－本土族群"结构转变为三元化的"美裔移民－本土特权族群－本土边缘化族群"结构，进一步增加了族群矛盾的复杂性。此外，杜伯曼政府推行的旨在吸引外国资本的"门户开放"政策，也使族群间的差异因机会不均等而被固化。尤其是随着外资涌入，国家财政收入增加，美裔移民从中获益，进而增强了控制本土族群的力量。[3]

到1971年威廉·托尔伯特（William Tolbert）就任利比里亚总统时，国内族群矛盾随着社会、经济危机的加深而日益尖锐。长期以来，利比里亚政府为了保障城市居民的粮食供给，人为压低稻米的收购价格，打击了边远地区族群的种粮积极性。为了赚取更多收入，他们要么到城市做工，要么进入有政府补贴的经济作物种植园。首都蒙罗维亚在1940年还是个只有1.2万人的小城，到1976年已发展成人口超过16.6万的城市。由于住房、交通、卫生等公共基础设施建设滞后，城市变得拥堵、混乱。城市经济发展水平低下，也无法为大量涌入城市的外来人口提供足够的岗位。现有的城市行业已被外国人及本国特权族群所垄断：美裔移民控制着政治，黎巴嫩人垄断了销售业，几内亚人垄断了城市运输，欧美白人垄断了城市

---

[1] Ellen Johnson Sirleaf, "The Causes and Consequences of the Liberian Civil War," *Special Feature*, Spring 1991, p. 33.
[2] 李文刚编著《利比里亚》，社会科学文献出版社，2005，第63~69页。
[3] Martin Lowenkopf, op. cit., p. 2.

管理和技术岗位,留给本土人的只有贫困。[1] 1973 年,世界石油危机进一步打击了利比里亚经济。国际市场对利比里亚经济作物的需求减少导致价格走低,而其所需的能源进口费用却大幅增加。种植园纷纷裁员,边缘族群成为城市化与经济危机的牺牲品。由于长期压低粮食收购价所导致的种粮人口不足,稻米产量大幅下降,供不应求,引发粮食危机。1979 年年初,托尔伯特政府的农业部长佛罗伦斯·切诺维思(Florence Chenoweth)提议将大米收购价从每袋 22 美元增至 26 美元,以提高农民产粮积极性。可这一建议引发了城市居民的不满。为了抗议米价上涨,反对党"利比里亚进步联盟"(Liberia Progressive Alliance)在蒙罗维亚举行和平示威并演变为抢劫狂潮。[2] 虽然最终被镇压,但由经济危机引发的政治危机并未结束。

1980 年,在长期被边缘化的本土族群支持下,克兰人(Krahn)塞缪尔·多伊(Samuel Doe)发动政变,推翻了托尔伯特政府,结束了美裔移民长达 133 年统治的历史。[3] 多伊上台后,推行本族中心主义,打压其他族群,使得本土族群间的矛盾激化。[4] 多伊清洗了军队中的吉奥人(Gio)和马诺人(Mano),并在吉奥人家乡宁巴州(Nimba County)展开屠村行动。吉奥人和马诺人则将仇恨对准了克兰人与支持多伊政权的曼丁哥人(Mandingo)。出身于美裔利比里亚人家庭的查尔斯·泰勒(Charles Taylor)趁机组织反政府武装"利比里亚全国爱国阵线"(the National Patriotic Front of Liberia),于 1989 年挑起内战。[5]

美裔移民与本土族群间的矛盾、本土族群内部的矛盾交织并存,恶性发展,最终引发带有鲜明族际"清洗"性质的内战。这场内战是利比里亚国内族群矛盾长期积累的必然结果。冲突进一步恶化了族际关系,并导致内战的惨烈与旷日持久。

---

[1] 李文刚编著《利比里亚》,第 74 页。
[2] J. Gius Liebenow, op. cit., pp. 84–87.
[3] Augustine Konneh, "Understanding the Liberian Civil War," in George Klay Kieh, Jr. and Ida Rousseau Mukenge, eds., *Zones of Conflict in Africa: Theory and Cases*, London: Praeger Publishers, 2002, p. 77.
[4] Guy Arnold, *Africa: A Modern History*, London: Atlantic Books, 2005, p. 685.
[5] Jonathan Paye-Layleh, "Grim Legacy of Liberia's Most Isolated Town," *BBC News*, December 24, 2009, http://news.bbc.co.uk/2/hi/africa/8429962.stm.

第二，多伊政权统治的专断与腐败及由此引发的经济衰退，是内战爆发的直接原因。

1980年多伊通过军事政变上台，使其必然要采取非常规乃至暴力的手段以巩固自身权力。多伊上台伊始打着反腐败的旗号，曾得到本土族群的支持；但事后民众发现，多伊政权的腐败度比前政权有过之而无不及。1981年，多伊自封为五星将军并大肆扶植亲信，排斥异己。在地方部队中，多伊同时支持敌对的两派，令其相互制衡。① 他不信任克兰人以外的族群，将本族人大量安插在政府各要害部门。克兰人占利比里亚总人口的6%，但多伊政府的16名部长中有5名是克兰人。此外，央行行长、绝大多数握有实权的副部长或部长助理都由克兰人担任。在军队中，克兰人几乎垄断了所有重要职务（包括总统卫队队长），某些军官甚至借此培育自己的私人武装。② 民众以为政变可以改变以往政权垄断在少数人手中的局面，但事实上政权从一小撮人手中转移到了另一小撮人手里。这不仅引发了其他族群的愤怒，而且也产生了"示范效应"，即任何族群只要有力量并找到机会，都可以夺取政权，牟取私利。③ 这种恶性示范为日后利比里亚的冲突埋下了隐患。

在多伊时期，利比里亚政府成为某些人发财的工具而未发展出有效的政府管理体系。这些人贪赃枉法，疯狂聚敛财富，引发民众不满。多伊不仅不正视矛盾，反而严厉控制舆论，随意逮捕记者，查封报馆与电台。④ 甚至连统治集团内部的人都无法容忍多伊的独断专行，他的亲信在1982～1985年策划了至少五次政变。⑤ 1985～1989年，多伊面对民众对政府腐败与经济无能的指责，除了频繁更换部长外，并无其他建设性举措，这又进一步加深了政权内部的分歧，加速了其瓦解。⑥

多伊政权内部忙于聚敛私财，对国家的发展漠不关心。1980年多伊上

---

① William Reno, "Reconstructing Peace in Liberia," in Taisier M. Ail and Robert O. Matthews, eds., *Durable Peace – Challenge for Peacebuilding in Africa*, Toronto: University of Toronto Press, 2004, p. 118.
② Samuel K. Ngaima, "Liberian Civil War," *Futurics*, Vol. 27, No. 1 – 2, 2003, p. 220.
③ William Reno, op. cit., p. 118.
④ Augustine Konneh, op. cit., p. 78.
⑤ William Reno, op. cit., p. 118.
⑥ Guy Arnold, op. cit., pp. 685 – 686.

台后，经济状况日益恶化。1981～1989 年，利比里亚 GNP 年均下降 3.3%。到 1989 年内战爆发前夕，利比里亚的外汇储备仅余 787 万美元，工矿企业因为经营管理不善而大量裁员或关闭，失业率高达 50%。[1] 多伊统治期间，利比里亚人均 GDP 更是严重缩水（见表 1）。

表1　多伊时期利比里亚人均 GDP 情况

年 份	1980	1981	1982	1983	1984	1985	1986	1987	1988	1989
人均 GDP（美元）	444.58	425.61	419.49	387.21	389.30	384.94	378.58	439.65	474.15	364.15

资料来源：WB, *Africa Development Indicators 2013*, Washington, D.C.: World Bank, pp. 11-12。

经济的衰退导致政府债台高筑。1988 年，利比里亚外债已达 14 亿美元。[2] 政府被迫印发大量货币以平衡财政预算，从而导致通货膨胀，实际收入大幅缩水。利比里亚元与美元的 1∶1 官价汇率有行无市。在黑市交易中，利比里亚元与美元的比值已达 2.9∶1。[3] 不仅普通劳动者生活困苦，甚至连公务员都无法按时领取薪金。每况愈下的经济状况也成为内战爆发的重要诱因。

第三，在多伊执政时期，利比里亚的外交困境是内战爆发的外部原因。

在多伊时期，利比里亚与邻国关系的恶化左右着其国内局势的演进。随着多伊夺取政权，利比里亚国内的反对派与难民大量涌入周边国家，冲击了这些国家的内部秩序，造成了不稳定局面，形成了国内冲突波及周边的"扩溢效应"。这引发邻国对利比里亚局势的关注乃至干涉。各邻国出于自身利益考虑而支持利比里亚的反对派，又形成对多伊政权潜在的"包围"。为此，多伊多次与邻国塞拉利昂、科特迪瓦发生冲突。[4] 1985 年，塞拉利昂史蒂文斯（Siaka Stevens）政府在幕后支持托马斯·奎万克巴

---

[1] 南茜、伟雄：《多伊政权岌岌可危》，《世界知识》1990 年第 14 期，第 5 页。
[2] Max Ahmadu Sesay, "Bringing Peace to Liberia," *An International Review of Peace Initiatives*, p. 9, http://www.c-r.org/sites/c-r.org/files/Accord_01_Bringing_peace_to_Liberia_merged_1996_ENG.pdf.
[3] 南茜、伟雄：《多伊政权岌岌可危》，第 5 页。
[4] Adekeye Adebajo, *Building Peace in West Africa: Liberia, Sierra Leone, and Guinea-Bissau*, London: Lynne Rienner Publishers, 2002, pp. 48-49.

(Tomas Quiwonkpa) 发动推翻多伊的政变，两国关系由此恶化。[1] 内战爆发前后，塞拉利昂政府有意分化利比里亚各派势力以为其所用，甚至允许反政府武装"利比里亚民主联合解放运动"（简称"尤利姆"，The United Liberation Movement of Liberia for Democracy）在塞首都弗里敦附近建立基地。[2] 科特迪瓦乌弗埃－博瓦尼（Houphouet - Boigny）政府与利比里亚托尔伯特政府关系密切，托尔伯特的长子是博瓦尼的女婿。多伊推翻托尔伯特后，博瓦尼便资助反对多伊的"利比里亚全国爱国阵线"。[3] 而布基纳法索的布莱斯·孔波雷（Blaise Campaore）政府又因与博瓦尼关系密切而站在科特迪瓦一边，反对多伊。布基纳法索曾派遣1000名正规军协同"利比里亚全国爱国阵线"共同打击多伊政府军，并向"利比里亚全国爱国阵线"提供了飞机、防弹汽车等装备。[4] 几内亚政府则同情曼丁哥人，支持以其为基础的反政府武装"利比里亚民主联合解放运动"。利比里亚反政府武装之间也为了赢取邻国政府的支持而相互攻伐。[5] 这样，利比里亚政府与反政府武装的矛盾、利政府与邻国政府的矛盾、利反政府武装之间的矛盾、利反政府武装与邻国政府间的矛盾等各种矛盾交织在一起，消弭了利比里亚国内政治与地区国际政治的边界，政治局势日益复杂化，最终导致利比里亚内战的爆发。

利比里亚与美国关系的恶化也是内战爆发的重要诱因。利比里亚是美国遣返黑人奴隶建立的拓殖地，独立以来保持了与美国的"特殊关系"。多伊执政后，美国出于在非洲地区遏制苏联势力的考虑，继续加大对多伊政府的经济、军事援助。[6] 不过，1985年以后随着美苏关系的缓和，利比里亚在美国战略中的地位不断下降，加之利政府长期腐败低效及不断恶化

---

[1] S. Byron Tarr, "The ECOMOG Initiative in Liberia: A Liberian Perspective," *Issue*, No. 21, 1993, pp. 79 - 80.

[2] Elwood Dunn, "The Civil War in Liberia," in Taisier M. Ali and Robert O. Matthews, eds., *Civil Wars in Africa: Roots and Resolution*, London: McGill - Queen's University Press, 1999, p. 102.

[3] Adekeye Adebajo, op. cit., p. 48.

[4] A Sawyer, *The Emergence of Autocracy in Liberia: Tragedy and Challenge*, San Francisco: ICS Press, 1992, p. 302.

[5] S. Byron Tarr, "Plot to Destabilize Guinea Uncovered: Sekou Toure's Son, Charles Taylor Linked," *New Democrat*, March 1995, pp. 10 - 14.

[6] Augustine Konneh, op. cit., p. 74.

的人权纪录，引发了美国的反感。在美国国会的压力下，美国政府逐渐减少了对利比里亚的援助，并不断对其施加压力。[1] 多伊政府的存续仰赖美国的支持，美利关系的恶化使其更无力控制逐渐失控的局势，内战的爆发也就不可避免了。

总之，利比里亚建国以后不同族群在政治、经济利益上的零和博弈，及随之引发的胜利方"赢者通吃"、失败方被恶意边缘化的畸形族际关系格局，激化了族群矛盾，成为利比里亚内战爆发的根本原因。在多伊政府统治下，利比里亚政治统治的低效与腐败、经济发展的停滞与困境，激化了社会矛盾，成为利比里亚内战爆发的直接原因。而多伊时期利比里亚与周边邻国关系的恶性互动，特别是周边国家对利比里亚事务的干涉，成为利比里亚内战爆发的外部诱因。多伊政权丧失美国的支持则成为"压倒骆驼的最后一根稻草"，利比里亚内战终于在内外交困之下爆发。

二　利比里亚内战的进程及特征

1989年12月，查尔斯·泰勒率领"利比里亚全国爱国阵线"从科特迪瓦攻入利比里亚境内，在宁巴州（Nimba County）东北地区与多伊政府军发生冲突，内战爆发。[2] 这场耗时十三年之久的冲突，卷入了多个政治派别与武装势力，并波及周边国家和地区，成为20世纪末21世纪初非洲影响最大的冲突之一。

（一）内战第一阶段（1989年12月~1990年12月）

在这一阶段，内战主要是众多反政府武装将斗争矛头指向并最终推翻多伊政权。

1989年12月至1990年7月是以泰勒为首的"利比里亚全国爱国阵线"同多伊政府军的对峙期。泰勒为美裔移民，曾在多伊政府中任职，因

---

[1] Elwood Dunn, op. cit., p. 96.
[2] Godfrey Mwakikagile, *The Modern African State: Quest for Transformation*, New York: Nova Science Publishers, 2001, p. 2.

挪用公款被追查而出逃，之后在科特迪瓦建立了"利比里亚全国爱国阵线"。[①] 1989年12月24日，"利比里亚全国爱国阵线"在宁巴州东北部地区发动攻击，内战爆发。[②] 该组织宣称实现族群政治平等，致力于推翻多伊政权，吸引了长期被多伊压制的吉奥人与马诺人的支持，该组织也从成立之初的100人猛增至1990年6月的5000人。[③] 多伊政府军实施残酷的镇压，牵涉大量无辜的吉奥人、马诺人平民，大批难民出逃至邻国科特迪瓦、几内亚。[④] 冲突也因此从政府军与反政府武装的对抗升级为政府军与吉奥人、马诺人的对峙。[⑤] 1990年4月，"利比里亚全国爱国阵线"击溃宁巴州政府军，5月控制了除首都蒙罗维亚以外的利比里亚其他地区，并于7月初发动了对蒙罗维亚的进攻。[⑥] 至此，"利比里亚全国爱国阵线"以压倒性的优势掌握了内战的主导权。

1990年7月至12月为多伊政权瓦解和四方势力对抗期。这一时期，"利比里亚全国爱国阵线"虽在军事上不断取得胜利，但泰勒独占着几乎所有政治资源的分配权，并有意加强自身实力，挤压吉奥人的利益空间。1990年7月，在普林斯·约翰逊（Prince Johnson）的领导下，吉奥人退出"利比里亚全国爱国阵线"，另组"利比里亚独立全国爱国阵线"（简称"独立阵线"，the Independent National Patriotic Front of Liberia）。[⑦] "独立阵线"很快占领了蒙罗维亚的部分核心街区，成为打击多伊政权的先锋部队，同时它还与"利比里亚全国爱国阵线"公开争夺资源并发生冲突。[⑧]

与此同时，西非国家经济共同体（简称"西共体"，Economic Commu-

---

① 泰勒携90万美元逃至美国，后被捕并在引渡回国途中逃至科特迪瓦境内，建立反政府武装。参见 Oliver Furley and Roy May, eds., *Ending Africa's wars: Progressing to peace*, Aldershot: Ashgate Press, 2006, pp. 179 – 180。

② Al‐Hassan Conteh, Joseph S. Guannu, Hall Badio and Klaneh W. Bruce, "Liberia," in Adebayo Adedeji ed., *Comprehending and Mastering African Conflicts: The Search for Sustainable Peace and Good Governance*, London: Zed Books, 1999, p. 116.

③ Morten Boas, "The Liberian Civil War: New War/Old War?" *Global Society*, October 11, 2010, http://dx.doi.org/10.1080/1360082042000316059.

④ Augustine Konneh, op. cit., p. 83.

⑤ 〔英〕马丁·梅雷迪思：《非洲国：五十年独立史》，亚明译，世界知识出版社，2011，第558页。

⑥ Godfrey Mwakikagile, op. cit., pp. 2 – 3.

⑦ 〔美〕埃里克·吉尔伯特、乔纳森·雷诺兹：《非洲史》，第392页。

⑧ John‐Peter Pham, *Liberia: Portrait of a Failed State*, New York: Reed Press, 2004, p. 102.

nity of West African States）于 1990 年 8 月初在冈比亚首都班珠尔（Banjul）举行会议，决定组建以利比里亚流亡人士阿莫斯·索耶（Amos Sawyer）为首的利比里亚临时国务委员会，并派出一支 3000 人的西非多国维和部队赴利比里亚敦促各派停火。① 多伊政府、"独立阵线"均欢迎维和部队的进驻，而"利比里亚全国爱国阵线"反对这一决议，指责维和部队为"占领军"。② 1990 年 8 月底，维和部队与"独立阵线"合作，共同打击"利比里亚全国爱国阵线"，并成功进驻蒙罗维亚，扶持起以索耶为首的临时政府。③ 9 月初，多伊被"独立阵线"处死，其残余势力在迪格斯少校（Major Digges）率领下仍负隅顽抗。④ 此后，在内战中形成了四派——"利比里亚全国爱国阵线"、"独立阵线"、索耶临时政府、多伊残余势力——混战的局面。⑤ 1990 年 11 月底，在西非多国斡旋下，交战四方在马里首都巴马科（Bamako）签署停火协定，初步就权力分配问题达成共识，从而缓和了冲突，各派都赢得了喘息之机。⑥ 12 月，交战方签署《班珠尔协议》（Banjul Agreement），重组临时政府，增加各派在政府中的代表。⑦

在内战第一阶段，尽管众多反政府武装不断分化重组，但它们的目标仍聚焦于推翻多伊政权。因此在某些时候，为了达成这一目标，不同反政府武装间相互合作。在多伊政权垮台后，矛盾焦点转移，泰勒领导的"利比里亚全国爱国阵线"成为众多反政府武装围攻的新目标，内战局势发生重大变化。

---

① 维和部队由尼日利亚、加纳、几内亚、塞拉利昂和冈比亚五国派遣人员组成。参见 "Current Affairs: Liberia – A Farewell to Arms," *West Africa Magazine*, September 23 – 29, 1996, pp. 1506 – 1507。

② Augustine Konneh, op. cit., p. 84.

③ Herbert Howe, "Lessons of Liberia: ECOMOG and Regional Peacekeeping," *International Security*, Vol. 21, No. 3, Winter 1996/1997, pp. 145 – 176.

④ Guy Arnold, op. cit., p. 880.

⑤ "Liberia – First Civil War – 1989 – 1996," *Global Security*, http://www.globalsecurity.org/military/world/war/liberia – 1989.htm.

⑥ J. M. Richardson, Jr. and J. Wang, "Peace Accords: Seeking Conflict Resolutions in Deeply Divided Societies," in K. M. Silva and S. W. R. de A. Samarasighe eds., *Peace Accords and Ethic Conflicts*, New York: Pinter Publishers, 1993, pp. 190 – 191.

⑦ Chronology of Events, *An International Review of Peace Initiatives*, http://www.c – r.org/sites/c – r.org/files/Accord%2001_10Chronology%20of%20events_1996_ENG.pdf.

(二) 内战第二阶段 (1991年1月~1997年7月)

正当利比里亚冲突各方初步停火之际，泰勒自封总统的行动使局势再度紧张，由此进入利比里亚内战的第二阶段。在这一阶段，内战主要是在泰勒的"利比里亚全国爱国阵线"与其他冲突各派之间展开。

1991年1月至10月是"利比里亚全国爱国阵线"挑起冲突并与其他各派混战的时期。1991年1月，"利比里亚全国爱国阵线"为抢占先机，在蒙罗维亚附近的加尔恩加（Gbarnga）独自组建"全国爱国重建联合政府"（National Patriotic Reconstruction Assembly Government），泰勒自封为首脑，引起其他派别的不满，冲突再次爆发。[1] 5月，前多伊政权的支持者罗利·西基（Lori Hickey）组建了以克兰人与曼丁哥人为主体的、针对"利比里亚全国爱国阵线"的武装"尤利姆"。[2] 9月，"尤利姆"从它在塞拉利昂的基地攻入利比里亚西北部地区，同"利比里亚全国爱国阵线"发生激烈冲突，战局陷入胶着。西共体随即介入调停，1991年10月，交战各派经讨价还价在科特迪瓦首都亚穆苏克罗（Yamoussoukro）签署停火协议。[3] 协议规定将利比里亚的行政管理权移交给西共体，并在西共体监督下举行大选。[4]

1991年11月至1993年7月是在西共体组织下，各派武装联合围攻"利比里亚全国爱国阵线"的时期。虽然签署了停火协议，但泰勒并无和解诚意，寻衅再次挑起冲突。[5] 西共体为迫使其放下武器，于1992年4月开始在"利比里亚全国爱国阵线"实际控制区部署维和部队，双方发生交火。[6] 5月，六名塞内加尔籍维和士兵在冲突中战死，维和部队被迫撤回蒙罗维亚。为采取主动，泰勒在1992年10月发动"章鱼行动"（Octopus Action）进攻蒙罗维亚郊区的西非维和部队驻地，并包围首都。[7] 西共体放弃此前的中立

---

[1] George Klay Kieh Jr., "Combatants, Patrons, Peacemakers, and the Liberian Civil Conflict," *Studies in Conflict and Terrorism*, No. 15, 1992, pp. 129 - 131.

[2] Augustine Konneh, op. cit., p. 85.

[3] Elwood Dunn, op. cit., p. 112.

[4] Ikechi Mgbeoji, *Collective Insecurity: The Liberian Crisis, Unilateralism, and Global Order*, Toronto: The University of British Columbia Press, 2003, p. 24.

[5] 李文刚编著《利比里亚》，第80页。

[6] 李文刚编著《利比里亚》，第81页。

[7] William Reno, op. cit., p. 123.

立场，从调停者转变为内战中的冲突一方。它重整部队，武装多伊前政府军，并公开联合"尤利姆"展开反攻；同时还辅以大规模轰炸，对"利比里亚全国爱国阵线"施加压力。① 此外，西共体还对"利比里亚全国爱国阵线"控制区域实施封锁，阻止任何货品甚至人道主义援助物资进入该地区。② "利比里亚全国爱国阵线"渐处于不利局面。面对国内外压力，泰勒开始改变以往的不合作态度，尝试与西共体进行谈判。

1993 年 7 月至 1997 年 7 月是利比里亚冲突各方在局部对峙与冲突的情况下开始进行一系列和谈并最终达成妥协的时期。1993 年 7 月，"利比里亚全国爱国阵线"签署《科托努协议》(Cotonou Agreement)。③ 根据协议，"利比里亚全国爱国阵线"的裁军情况将接受 300 名联合国驻利观察员与 4000 名西非各国军队（不含维和部队）的监督；同时将建立全国过渡政府取代之前的临时政府。④ 但泰勒要求联合国先行驻军，以防西非维和部队的攻击；临时政府则坚持解除武装与派驻维和部队同时进行。双方僵持不下，原定于 8 月 24 日成立的国务委员会只得推迟。⑤ 1994 年 3 月联合国驻利比里亚观察团开始部署，国务委员会随即于 3 月 7 日成立，包括"利比里亚全国爱国阵线"在内的各派才着手解除武装。1994 年 9 月，"利比里亚全国爱国阵线""尤利姆－克罗马派"⑥ 及临时政府在加纳阿科松博（Akosombo）再次签署和平协议。协议规定，停火后三方均应在国务委员会中有自己的代表。⑦ 1995 年 8 月，三方签署了内战爆发以来的第十三个和平协议《阿布贾和平协议》(the Abuja Peace Agreement)，规定各派武装一律解散并转化为合法政党，通过竞选参与国家事务。这一协议成为此后实现利比里亚全国和解的重要依据。⑧ 随后，在 1997 年 7 月的总统选举中，由"利比里亚全国爱

---

① Stephen Elis, op. cit., pp. 99 – 100.
② Nicholai Hart Lidow, *Violent Order: Rebel Organization and Liberia's Civil War*, Stanford: Stanford University Press, 2011, p. 158.
③ Augustine Konneh, op. cit., p. 85.
④ William Reno, op. cit., p. 123.
⑤ 李文刚编著《利比里亚》，第 82~83 页。
⑥ 1994 年 3 月，"尤利姆"分裂为由克兰人罗斯福·约翰逊（Roosevelt Johnson）领导的"尤利姆—约翰逊派"（ULIMO – J）以及由曼丁哥人阿里·克罗马（Ali Kromah）领导的"尤利姆—克罗马派"（ULIMO – K）。See Nicholai Hart Lidow, op. cit., pp. 158 – 159.
⑦ Ibid, p. 159.
⑧ 罗建波：《西共体在利比里亚的维和行动反思》，《西亚非洲》2002 年第 2 期，第 30 页。

国阵线"转化的"利比里亚全国爱国党"(The National Patriotic Party)候选人查尔斯·泰勒以75%的得票率赢得大选。①

在各方和谈过程中,对峙与局部冲突也并未停止,流血事件时有发生。在"尤利姆—克罗马派"与"尤利姆—约翰逊派"之间,"尤利姆—约翰逊派"与西共体维和部队之间以及"利比里亚全国爱国阵线"与其他各派间冲突频发,蒙罗维亚街区的枪战时断时续。1996年4月,不断升级的冲突甚至波及各国驻利使馆与人道主义救援组织。② 西共体不得不于1996年11月通过建立非军事区以隔离冲突各方。③

在内战第二阶段,"利比里亚全国爱国阵线"成为最具影响力的武装派别,其领导人泰勒为了控制全国而与其他各派乃至西共体发生冲突,最终引发多方合力围剿,并促成和平协议的签署与全国和解,泰勒当选总统后利比里亚也实现了短暂的"和平"。但威胁和平的不稳定因素仍然存在,各派间的矛盾也未从根本上得到解决。《阿布贾和平协议》框架下实现的"和平"只是两年的休战。

(三) 内战第三阶段 (1997年8月~2001年3月)

在查尔斯·泰勒当选总统后,利比里亚境内大规模军事冲突暂告一段落,但小规模的交火仍然持续,内战进入第三阶段。泰勒上台后,并未进行积极治理,恢复社会秩序,而是利用国家资源为个人及亲信牟利,削弱了执政基础,国内不同派别的对立与冲突依旧。④ 这一时期利比里亚国内局势表现为低烈度的冲突不断。

泰勒上台后处心积虑地巩固自身势力,削弱对手力量。在执政初期,泰勒及亲信就牢牢掌控着政府核心部门,反对党成员在政府中只担任某些不重要的职位,尤其是"尤利姆—克罗马派"在政府中的人员遭到明显排挤。1997年年底,泰勒还建立由其子领导的"反恐小组"(the Anti-Terrorist Unit),这一安全部门接受了以色列军事机构的培训,将保障泰勒个

---

① Pham John-Peter, op. cit., p. 133.
② UNSC, "Seventeenth Progress Report of the Secretary-General on the United Nations Observer Mission in Liberia," United Nations Security Council, 1996, p. 362.
③ 李文刚编著《利比里亚》,第84页。
④ William Reno, op. cit., p. 127.

人安全作为首要任务，也负责铲除异己力量。① 大批"尤利姆—克罗马派"中的曼丁哥人在压力下不得不逃至几内亚。1998年年初，泰勒还迫使军队中的2500名克兰人士兵提前退伍，以此削弱"尤利姆—约翰逊派"对军队的影响；同时，泰勒强化了"反恐小组"的力量，将其作为自己的"近卫军"。② 1998年9月，"反恐小组"袭击了"尤利姆-约翰逊派"在首都的总部，后者进行反击，随即爆发大规模巷战。③ 由于此前克兰人在军队中的力量被削弱，"尤利姆—约翰逊派"被击败，其首领罗斯福·约翰逊逃往尼日利亚避难，大量克兰人难民涌入几内亚与科特迪瓦。至此，"尤利姆—克罗马派"与"尤利姆—约翰逊派"等反对党的核心成员都已逃至境外并重新集结起来，在边境地区进行小规模袭扰。④

2000年1月，在几内亚总统兰萨纳·孔戴（Lansana Conte）的支持下，⑤ 利比里亚人塞古·科纳（Sekou Conneh）组建了吸纳多支反对力量的"利比里亚和解与民主联盟"（简称"利民联"）。⑥ 2000年8月，"利民联"从几内亚攻入利比里亚境内，并夺取洛法州首府沃因贾马（Voinjama）。⑦ 泰勒进行反击，其军队不仅击败了"利民联"武装，而且还攻占了几内亚边境的城镇。⑧ 在孔戴的支持下，"利民联"与泰勒政府军展开了长期拉锯战，几内亚军队也介入其中。⑨

在内战第三阶段，泰勒政权排除异己的行为重新激化了对立派别间的矛盾，以曼丁哥人、克兰人为主的反政府武装在几内亚政府的支持下，完成了内部的重组，成立了"利民联"这支统一的反泰勒武装。"利民联"

---

① "Liberia: Taylorland Under Siege," *Africa Confidential*, February 19, 1999, pp. 6 – 7.
② Pham John – Peter, op. cit., p. 177.
③ William Reno, op. cit., p. 127.
④ Nicholai Hart Lidow, op. cit., pp. 162 – 163.
⑤ 几内亚总统孔戴之所以支持利比里亚的反对派，主要是由于泰勒也在秘密支持几内亚的反政府武装。参见 William S. Reno, "Liberia: the LURDs of the New Church," in Morten Boas and Kevin C. Dunn, eds., *African Guerrillas: Raging Against the Machine*, London: Lynne Rienner Publisher, 2007, p. 73。
⑥ 塞古·科纳此前并没有什么政治影响，但因其妻子是几内亚总统孔戴的"通灵师"而赢得孔戴的信任。See Nicholai Hart Lidow, op. cit., p. 163.
⑦ William S. Reno, op. cit., p. 74.
⑧ ICG, "Liberia: the Key to Ending Regional Instability," *International Crisis Group: Africa Report*, No. 43, April 2002, p. 4.
⑨ Nicholai Hart Lidow, op. cit., p. 163.

与泰勒的政府军在利几边境地区正面对峙,战局陷入胶着。

(四) 内战第四阶段 (2001年3月~2003年10月)

"利民联"与泰勒政府军的对峙局面因联合国2001年3月的介入而被打破,内战由此进入第四阶段。在此阶段,国际社会与利比里亚反政府武装合力,共同向泰勒施压,最终迫使其辞职交权,利比里亚在经历了十三年冲突后,终于结束内战,恢复了和平。

以联合国为首的国际社会之所以对泰勒政权实施制裁,一方面是由于泰勒长期支持塞拉利昂反政府武装"革命联合阵线"(Revolutionary United Front)以换取"血钻",泰勒则向"革命联合阵线"大量输出武器装备并提供军事培训,这加剧了塞拉利昂的人道主义灾难,引发国际社会谴责。另一方面则是由于泰勒在西非地区四面树敌,支持几乎所有邻国的反政府武装,破坏了西非整体的安全与稳定,成为地区动荡的罪魁祸首。2001年3月,联合国决定对利比里亚实施经济制裁与贸易禁运,特别禁止其出口"血钻"与进口武器,并禁止利政府高级官员及亲属出境与海外存款。[1]

制裁实施后,利比里亚内战局势发生变化。由于泰勒的政府军断绝了军火补给,力量受到削弱;而"利民联"却能源源不断地获得几内亚及外部世界的援助,在冲突中逐渐占据优势。[2] 2001年下半年,"利民联"先后攻占利比里亚北部的塔布曼堡(Tubmanburg)与克雷(Klay)等重镇,随后控制全国大部分地区,逼近蒙罗维亚。[3] 到2003年3月,它已控制全国13个州中的10个,势力扩及全国2/3的地区。[4]

与此同时,另一支由"尤利姆—克罗马派"前成员托马斯·尼梅利(Thomas Yaya Nimely)组建的反政府武装"利比里亚民主运动"(The De-

---

[1] Gerry Cleaver and Simon Massey, "Liberia: A Durable Peace at Last?" in Oliver Furley and Roy May, eds., *Ending Africa's Wars: Progressing to Peace*, Aldershot: Ashgate Publishing, 2006, p. 182.

[2] Morten Boas, op. cit.

[3] Mary H. Moran and M. Anne Pitcher, "The 'Basket Case' and the 'Poster Child': Explaining the End of Civil Conflicts in Liberia and Mozambique," *Third World Quarterly*, Vol. 25, No. 3, 2004, p. 506.

[4] 李文刚编著《利比里亚》,第89页。

mocracy Movement of Liberia）也在科特迪瓦政府的支持下发展壮大，① 并趁泰勒政权与"利民联"混战之际，自科特迪瓦攻入利比里亚境内并夺取大吉德州（Grand Gedeh County）首府绥德鲁（Zwedru）。2003 年 3 月，"利比里亚民主运动"已控制利比里亚南方大部分地区。8 月，它又夺取第二大城市布坎南（Buchanan）。②

在"利民联"与"利比里亚民主运动"的夹击下，泰勒政权控制区不断缩减，蒙罗维亚也被围城，形势岌岌可危。③ 政权内外要求泰勒下台的呼声不断高涨，2003 年 8 月 11 日，泰勒将权力移交给副总统摩西·布拉（Moses Blah）后逃往尼日利亚，布拉随后组建过渡政府。④

2003 年 8 月 18 日，两大反政府武装与过渡政府在加纳首都阿克拉（Acra）签署最终和平协议，结束内战。⑤ 9 月 19 日，联合国安理会一致通过第 1509 号决议，决定建立联合国利比里亚维和任务区，以支持利比里亚全国过渡政府和其他各派有效、及时地执行和平协议。⑥ 10 月初，取代驻利尼日利亚军队的联合国维和人员开始监督冲突各派裁军。⑦ 10 月中旬，临时政府成立，内战结束。

在内战的最后阶段，由于国内外形势的变化，泰勒政权所遭受的生存压力日益加剧。"利民联"与"利比里亚民主运动"的夹击最终迫使泰勒选择放弃权力。利比里亚内战在经过十三年的漫长冲突后，以签署最终和平协议、组建临时政府为标志而宣告结束。2005 年 10 月，利比里亚战后首次大选举行。埃伦·约翰逊–瑟利夫（Ellen Johnson – Sirleaf）当选为利比里亚新任总统，利比里亚开始了一个新的发展时期。⑧

---

① 当 2002 年 11 月科特迪瓦反政府武装在泰勒的支持下挑起内战时，作为报复，"利比里亚民主运动"也获得科特迪瓦政府的援助。参见 Nicholai Hart Lidow, op. cit., p. 164。
② Mary H. Moran and M. Anne Pitcher, op. cit., p. 506.
③ 〔英〕马丁·梅雷迪思：《非洲国：五十年独立史》，第 517~518 页。
④ Gerry Cleaver and Simon Massey, op. cit., p. 183.
⑤ John M. Kabla, "Peacebuilding in Liberia and Sierra Leone: A Comparative Perspective," in Neil Ferguson ed., *Post – Conflict Reconstruction*, Newcastle: Cambridge Scholars Publishing, 2010, p. 137.
⑥ 罗建波：《西共体在利比里亚的维和行动反思》，第 29 页。
⑦ UNSC, "Sixteenth Progress Report of the Secretary General on the United Nations Mission in Liberia," United Nations Security Council, March 2008, p. 183.
⑧ Nicholai Hart Lidow, op. cit., p. 166.

三 利比里亚内战的影响

利比里亚内战持续十三年,旷日持久,造成了巨大的破坏,引发了一系列连锁反应,不仅冲击了利比里亚国内秩序,而且波及西非周边国家,产生了深远的影响。

首先,利比里亚内战造成了大量人员伤亡、物资损毁,并导致经济衰退和社会失序,引发了一系列社会问题。

利比里亚内战造成大量人员伤亡。内战的直接死亡人数高达25万人,占利全国总人口的1/10,而间接死亡的人数更是巨大。[1] 壮年劳动力都被征入伍参战,成为战争中损耗最大的人群,死亡比例也最高。内战结束时,全国壮年男性劳动力奇缺,人口中的55%均为16岁以下的儿童。[2] 利比里亚内战也使境内公共设施和私人财产遭到严重损毁。首都蒙罗维亚在内战中被破坏殆尽,电力与自来水供应全部停止,其他地区的情况更为糟糕。十三年内战导致全国80%以上的基础设施被毁;[3] 对生产与运输设施的破坏程度尤为严重,引发大规模经济衰退(见表2)。1987~1995年,利比里亚人均国内产值下降了90%,到2003年内战结束时,失业率高达85%,而人均收入不到战前的1/3,64%的人口处于赤贫状态。[4]

冲突中的人员伤亡、流散与经济衰退则引发社会失序与动荡。内战破坏了全国80%的房屋,民众无家可归,流离失所。为了躲避高烈度的冲突,难民甚至都无法稳定居住在难民营中,被迫随时迁徙,生产更无从开展,造成了难民群体中饥饿人口比例居高不下。1997年泰勒就任总统时,

---

[1] Terrence Sesay, "Consequence of Liberian Civil War," *Heritage*, June 27, 2012, http://www.news.heritageliberia.net/index.php/columns-opinions-letters/where-we-live/144-consequences-of-liberian-civil-war.

[2] IRC, "Leveraging Learning: Revitalizing Education in Post-Conflict in Liberia: International Rescue Committee: Review of the International Rescue Committee's Liberia Repatriation and Reintegration Education Program, 1998-2001," International Rescue Committee, December 2002, p. 6.

[3] Sunday E. Edeko, "The Security Implications of Civil Wars in Africa: The Liberian and the Darfur Civil Wars in Perspectives," *Sacha Journal of Human Rights*, Vol. 1, No. 1, 2011, p. 59.

[4] IMF, *Liberia: Poverty Reduction Strategy Paper*, International Monetary Fund Country Report, July 2008, pp. 15-16.

表2 内战前后利比里亚经济部门生产指标对比（以1992年经济指标为100）

	1987年	2005年	降幅（%）
总产值	1167.0	401.7	65.6
农业及渔业	368.7	177.9	51.8
橡胶	59.9	41.5	30.7
咖啡	0.9	0.1	90.8
大米	117.1	28.4	75.7
林业	56.6	59.0	-4.3
原木	34.4	0.0	100.0
矿产业	124.9	0.7	99.4
铁矿石	116.2	0.0	100.0
其他	8.7	0.7	91.9
制造业	86.9	51.7	40.5
水泥	23.0	14.9	35.5
饮料及啤酒	52.5	33.7	35.9
服务业	529.9	112.3	78.8
建筑业	39.0	8.0	79.4
贸易	71.5	19.2	73.1
运输及通信业	89.5	27.6	69.2

资料来源：IMF, *Liberia: Poverty Reduction Strategy Paper*, International Monetary Fund Country Report, July 2008, p.16。

国内难民人数已达100万，2003年内战结束时，国内难民增至120万，占全国总人口的近一半。[1] 这些不断流动的人口加剧了国内社会动荡，他们涌入首都周边，致使该地人口激增，远远超出那里的资源承受力，不仅导致疾病蔓延，而且引发大范围饥荒，民众间私斗盛行。抢劫、强奸等犯罪行为肆虐，政府无力管理，民众人人自危。内战结束时，新政府接手了一个年度财政收入仅有8500万美元的烂摊子，人均年度公共支出不到25美元，为世界最低水平。[2] 在教育领域，内战前全国有2400所各类学校，

---

[1] A Sawyer, *Beyond Plunder: Toward Democratic Governance in Liberia*, London: Lynne Rienner Publishers, 2005, p.43.
[2] IMF, op. cit., p.16.

2003年只剩下不到400所学校还在勉强支撑，82%的适龄入学人口失学。① 2000~2004年有40%的利比里亚人是文盲。② 在内战期间，利比里亚大学的入学率几乎为零。③ 对教育的破坏性甚至在内战结束十年后都有所显现，2013年利比里亚2.5万名考生无一通过大学入学考试。④ 在医疗领域，利境内的医院、诊所在内战中也遭到严重破坏。内战结束五年后，全国合格的医师仅有51名，相当于一个医师需要负责7万名利比里亚人，医疗人力资源严重匮乏。⑤

特别是内战"造就"的儿童兵问题所产生的影响比人员伤亡、经济衰退更为恶劣。在利比里亚内战期间，形形色色的武装派别为了扩充兵源，胁迫或利诱儿童参军。据联合国儿童基金会（UNICEF）1994年统计，约有6000名15岁以下的儿童参军，占参加利比里亚内战士兵总数的10%，而年龄在15~17岁之间的士兵占总数的20%。⑥ 到2003年内战结束时，参战各方军队中，至少有50%~60%的士兵不满18岁，其中许多15岁以上的儿童已是身经百战的"老兵"。⑦ 这些儿童兵身上有两种相互矛盾的属性——既是冲突的受害者，又是残忍的施暴者。他们从小就接受洗脑，缺乏明确的善恶观与正确判断是非的标准，其中许多人成为"天然"的士兵与"战争机器"。战后当儿童兵放下武器重新回归社会时，又会遇到各种障碍，如自身的再适应、社区的接纳度等问题。⑧ 2003年后，利比里亚政府在国际社会的协助下，对卸下武器的儿童兵进行一系列职业技能培训，不过计划实施八年后仍有许多人无法找到工作。美国和平研究所（United States Institute of Peace）2008年在利比

---

① IRC, op. cit., p. 6.
② 张建波:《利比里亚大学高考全军覆没》,《环球时报》2013年8月28日,第4版。
③ Sunday E. Edeko, op. cit., p. 55.
④ 张建波:《利比里亚大学高考全军覆没》,《环球时报》2013年8月28日,第4版。
⑤ IMF, op. cit., p. 16.
⑥ Janet Fleischman and Lois Whitman, eds., *Easy Prey: Child Soldiers in Liberia*, Human Right Watch, September 1994, pp. 1 - 5.
⑦ 李文刚编著《利比里亚》,第133页。
⑧ 对于儿童兵来说，通过暴力手段获取生活物资远比辛勤劳动更简单，因而他们无法在短期内适应和平状态下的社会生活；对社区而言，接纳曾经屠杀过平民的儿童兵遭到了社区成员不同程度的抵触与反对，儿童兵在社区成员另类眼光的"注视"下，也很难成功融入。参见 Jimmie Briggs, *Innocents Lost: When Child Soldiers Go to War*, New York: Basic Books, 2005, pp. 105 - 144。

里亚的一个调查也发现，失业与贫穷会导致儿童兵再次拿起武器重返战场。在科特迪瓦前总统巴博（Laurent Gbagbo）与现总统瓦塔拉（Alassane Ouattara）间的冲突中，就出现了前利比里亚儿童兵的身影。[1] 可以说，儿童兵问题是对利比里亚社会结构的釜底抽薪，其恶劣影响将逐步显现。

战争暴力引发的社会心理问题也十分突出。据统计，有44%的利比里亚人在经历残酷的内战后患上了"创伤后应激障碍症"（PTSD），[2] 但仅有不到1%的人接受了专业心理治疗，其他人则要长期面对心理创伤，不仅对个人，也对家庭、社会造成了严重的困扰。[3] 此外，内战中士兵恶意传播性病及艾滋病也造成了严重的公共卫生安全隐患。内战结束后还有超过2.2万名女兵被遣散各地，她们很多是随军性奴隶，带有各种疾病，离开军队后无以为生，只能做"皮肉生意"。[4]

其次，利比里亚内战瓦解了政府管理系统，使国家陷入无政府状态，进而消解了国家整合的努力，阻碍了利比里亚的国家构建进程。

利比里亚内战使整个国家陷入无政府状态。内战爆发后不久，多伊政权就迅速瓦解，此后从1990年到1997年，利比里亚都没有一个真正意义上的中央政府。1997年泰勒任总统后，这种局势也未得到根本扭转。他虽试图以强制手段垄断全部国家资源，但这不仅未能成为整合国家的契机，反而沦为牟取私利的手段。泰勒政府支出的绝大部分都用于私人武装与个人享受。如1999年政府的总支出为560万美元，其中490万都用于总统与各级官员的轿车、武器装备等。到2000年，政府预算中有260万美元用于泰勒私人武装，而当年中央政府对各州的拨款几乎为零。[5] 泰勒政府正是通过维系"主从关系"（patron – client relationships）的

---

[1] "Liberia Minors Used in Ivory Coast Raids," *BBC News*, June 6, 2012, http://www.bbc.co.uk/news/world – asia – 18338095.
[2] 创伤后应激障碍症是指个体在经历或目睹死亡、性暴力、躯体损毁等行为后导致的个体延迟出现和持续存在的精神障碍。
[3] Tamasin Ford, "Liberia Slowly Coming to Terms with Civil War's Impact on Mental Health," *The Guardian*, October 10, 2012, http://www.theguardian.com/global – development/2012/oct/10/liberia – civil – war – mental – health.
[4] Gerry Cleaver and Simon Massey, op. cit., pp. 188 – 192.
[5] William Reno, op. cit., p. 128.

小集团网络以保护私利,而不真正热心于培育民众对国家认同的政治、经济基础,[1]维持社会基本服务的大部分支出都是由外国捐赠者与驻利比里亚的国际非政府组织承担的。

这种私利型"中央"政府在本质上不过是一个在蒙罗维亚的地方政府,其政令不出首都;[2]国家也不再承担向公民提供保护的责任,沦为一个"影子国家"。[3] 2003年内战结束后,利比里亚政府负债累累,管理体系完全崩溃,甚至连战后第一次地方选举都因缺乏资金而拖延了四年才得以举行。至于涉及难民安置、土地再分配等事关民众基本生存权利的问题时,政府更是无力推进,直至2008年都还有因土地纠纷而发生私斗、实施私刑的恶性事件。[4]国家没有尽到对公民最基本的职责,其合法性丧失,不再能代表广大民众的利益,民众的国家认同也因此衰减。利比里亚国家整合进程步履维艰。

相对于国家认同,利比里亚民众对本族群的认同更为强烈,这既是利比里亚内战爆发的原因,又因内战而强化。内战中的各派基本上是按族群界限划分的,族群提供了可获得地位与权力的结构,又作为文化连续性的象征,在族际关系紧张时强化了内部认同。[5]内战从这个意义上讲就是地方民族主义对抗下的族际冲突。在冲突中,国家扮演不了"保护者"的角色,每个人的安危只能托庇于自己所属的族群。[6]民众的道德、忠诚、责任和承诺都被引入非国家行为体中,使民众对诸如家族、部落等的忠诚远远超过对国家的忠诚。对民众而言,既然国家不是他们"公正的家园",那么他们只能寻求非国家行为体的庇护。[7]

---

[1] Bruce J. Berman, "Ethnicity, Patronage and the African State: The Politics of Uncivil Nationalism," *African Affairs*, Vol. 97, No. 388, 1998, pp. 305 – 342.

[2] Stephen Elis, "Liberia 1989 – 1994: A Study of Ethnic and Spiritual Violence," *African Affairs*, Vol. 94, No. 375, April 1995, p. 175.

[3] 〔英〕威廉·托多夫:《非洲政府与政治》,肖宏宇译,北京大学出版社,2007,第305页。

[4] John M. Kabla, op. cit., p. 143.

[5] 〔美〕加布里埃尔·阿尔蒙德等:《发展中地区的政治》,任晓晋等译,上海人民出版社,2012,第224页。

[6] 徐济明、谈世中主编《当代非洲政治变革》,经济科学出版社,1998,第155~157页。

[7] Peter Ekeh, "Colonialism and the Two Publics in Africa: A Theoretical Statement," *Comparative Studies in Society and History*, Vol. 17, No. 1, 1975, pp. 91 – 112.

利比里亚内战中武装派别林立同样也滋生了领袖崇拜情绪，进一步弱化了民众对国家的忠诚度。在内战中，各派领袖握有对民众生杀予夺的绝对权力，迫使民众无条件服从以求自保，忠诚的对象就从国家政府转向各派领袖。非洲政治普遍缺乏一种"妥协的文化"，却盛行着"赢者通吃"的心理，其中失利者预期胜利者会滥用他们的职位并剥夺竞争者的权利，因为情况反过来他们也会这么做。于是，塑造民众的排他性忠诚以增强自身实力成为每个派别的重要任务。① 2003年内战结束后，尽管放下了武器，但差异化的认同已经确立，人与人之间在心理上的鸿沟难以弥合。如何与曾为不共戴天的敌人在同一个国家内和平相处，并共同承载"利比里亚人"这一共有身份，成为利比里亚国家构建中所面临的最大挑战。

再次，利比里亚内战的扩溢效应也波及周边国家，引发了地区动荡的连锁反应；随着反政府武装参与到西非国际关系的互动进程中，这一地区的国际行为体日益"碎片化"，局势日益复杂化，对西非和平进程造成了消极影响。

利比里亚内战首当其冲地对周边邻国造成冲击。内战导致大量难民外逃，涌入这些国家。在内战爆发之初，有超过87万难民前往邻国避难。其中，几内亚有32万，科特迪瓦有30万，塞拉利昂有12.5万。② 1997年，利比里亚逃至境外的难民已达100万人。③ 随着内战结束，难民陆续回国，但到2002年仍有21万难民滞留邻国。④ 大量难民滞留，引发食品供应、防疫防灾等问题，不仅对难民营周边环境造成了巨大破坏，而且由于难民多数没有工作，整天无所事事，盗窃、抢劫等犯罪行为增多，引发社会秩序的混乱，恶化了难民与当地民众之间的关系，加剧了国家间关系的紧张。

更突出的问题是，随着内战的扩溢，邻国对利比里亚内战的态度以及利冲突各方对邻国人力与物资的争夺，导致邻国内部不同派别间的分化，

---

① IISS, *Strategic Survey 1993 - 1994*, London: International Institute for Security Studies, 1994, pp. 202 - 213.
② USCR, *U. S. Committee for Refugees World Refugee Survey 2002 - Liberia*, The U. S. Committee for Refugees, June 10, 2002, http://www.refworld.org/docid/3d04c1357.html.
③ Veronica Nmoma, "The Civil War and the Refugee Crisis in Liberia," *The Journal of Conflict Studies*, Vol. 17, No. 1, 1997, http://journals.hil.unb.ca/index.php/jcs/article/view/11734/12489#a53.
④ 其中，科特迪瓦有10万人，几内亚有9万人，塞拉利昂有15000人。参见USCR, op. cit.

进而引发邻国内部冲突。1990年年底，由于塞拉利昂政府向"西共体"提供隆吉机场（Lungi Airport）作为后方基地并派兵进入利比里亚增援"西共体"，致使"利比里亚全国爱国阵线"未能成功夺取蒙罗维亚。[1] 作为对塞政府的报复，泰勒从1991年开始派出部分士兵前往塞拉利昂，帮助"革命联合阵线"夺取距利比里亚边境100英里处的科诺（Kono）钻石矿区。[2] 随后，泰勒垄断了这一钻石矿的对外走私渠道。这条"血钻"之路，既从经济上打击了塞政府，又帮助泰勒囤积了大量资金。在泰勒当政期间，利比里亚每年的官方出口额为3亿~4.5亿美元，远超出其国内产值，这一差额正是从塞拉利昂走私"血钻"的结果。[3] 如利比里亚1997年的钻石产量约为15万克拉，但同年比利时安特卫普（Antwerp）却从利进口了580万克拉钻石。[4] 为报复"利比里亚全国爱国阵线"，塞政府则支持其在利比里亚的反对派"尤利姆"。[5] 泰勒还支持过几内亚前总统塞古·杜尔（Ahmed Sekou Toure）的儿子领导的几内亚反政府武装，旨在推翻几内亚总统兰萨纳·孔戴，原因是后者曾支持"尤利姆"。[6] 泰勒为几内亚反政府武装提供了利比里亚北部的训练基地，助其发展壮大，最终引发几内亚内战。[7] 可以说，利比里亚的两个邻国塞拉利昂与几内亚的内战，都具有"代理人战争"的性质，是利比里亚内战扩溢到邻国的典型反映。

利比里亚内战还波及整个西非地区。内战爆发后，利比里亚的难民涌入了加纳、尼日利亚等不接壤的西非国家，数量上万，成为仅次于在邻国境内的第二大难民群体，恶化了这些国家的社会秩序。[8] 同时，随着内战的演进与"西共体"的介入，"西共体"各国对利比里亚内战的立场也开

---

[1] Lansana Gberie, *A Dirty War in West Africa*: *The RUF and the Destruction of Sierra Leone*, Bloomington: Indiana University Press, 2005, pp. 55 – 56.
[2] 〔英〕马丁·梅雷迪思：《非洲国：五十年独立史》，第506~507页。
[3] 〔英〕马丁·梅雷迪思：《非洲国：五十年独立史》，第517页。
[4] Ian Smillie, Lansana Gberie and Ralph Hazleton, *the Heart of the Matter*: *Sierra Leone Diamonds and Human Security*, Ottawa: Partnership Africa Canada, 2000, p. 32.
[5] Elwood Dunn, op. cit., p. 102.
[6] 兰萨纳·孔戴曾于1984年发动政变，打破了塞古·杜尔家族世袭统治几内亚的企图。参见〔英〕马丁·梅雷迪思《非洲国：五十年独立史》，第517页。
[7] William Reno, op. cit., p. 127.
[8] USCR, op. cit.

始发生分化。尼日利亚、几内亚、塞拉利昂、冈比亚等国主张出兵干预，其他国家最初则表示反对。① 泰勒则利用这一点，拉拢科特迪瓦总统博瓦尼、布基纳法索总统孔波雷，反对支持"尤利姆"的塞拉利昂与几内亚（见表3）。

表3 利比里亚内战前期（1991～1997年）的对立派别

利内战双方	国家行为体	各国在战争中的利益	非国家行为体（反政府武装）
泰勒方	全国爱国重建联合政府（泰勒）	消灭其他武装派别，夺取利比里亚政权	利比里亚全国爱国阵线
	科特迪瓦政府（博瓦尼）	因与多伊存在矛盾，故而打击多伊残余势力尤利姆及其支持者几内亚	革命联合战线（塞拉利昂）（与泰勒合作，走私钻石）
	布基纳法索政府（孔波雷）	因与科特迪瓦关系密切，从而站在科特迪瓦一边	塞古·杜尔家族的反政府武装（几内亚）（与泰勒合作，打击孔戴政府）
尤利姆方	索耶临时政府	消灭其他武装派别，夺取利比里亚政权	尤利姆-克罗马派
	塞拉利昂政府（约瑟夫·莫莫）	消灭革命联合战线及其背后支持的泰勒势力	尤利姆-约翰逊派
	几内亚政府（孔戴）	消灭反政府武装及其背后的泰勒势力	利比里亚独立全国爱国阵线

资料来源：笔者综合资料自制。

由此可见，以利比里亚内战中的不同派别为基础，西非各种利益集团（包括各国政府）形成了对立的两方，分别支持利内战中的一派。这既使利比里亚国内的无政府状态波及周边，诱发并激化了西非各国内部的矛盾，引发了诸如塞拉利昂、几内亚内战这类国内冲突，同时它也恶化了西非国家间的关系。尤其是，随着反政府武装成为影响西非国际关系发展的一个举足轻重的力量，它们扮演了与国家行为体同等重要的角色。利比里

---

① 莫翔：《当代非洲安全机制》，浙江人民出版社，2013，第178页。

亚反政府武装率先挑起国内冲突，进而波及邻国乃至整个西非地区，引发多种国际行为体、多层次的复杂互动。在互动中，各派系又不断分化重组，西非各利益集团相互支持对方境内"代理人"、相互拆台，并诱发多国内部冲突且相互扩溢、影响，使西非国际关系日趋"碎片化"与紧张化。[1]

十多年后再回顾利比里亚内战，仍有许多值得反思之处。在利比里亚内战中，政治表达、政治沟通、政治整合功能的缺失进而引发政治权威的不确定与快速的"变革"，非国家行为体作用随之上升，族际关系"覆盖"国际关系。这一"规律"在撒哈拉以南非洲具有普遍性。当今该地区的内战与冲突仍没有止息，仅2013年，马里、中非共和国、南苏丹就都爆发了具有相似规律的内战。深入思考利比里亚内战，对于观察与理解当今非洲的冲突，探索非洲的和平问题，无疑具有重大意义。

---

[1] 〔英〕巴里·布赞、〔丹〕奥利·维夫：《地区安全复合体与国际安全结构》，潘忠岐等译，上海人民出版社，2010，第235页。

浅析安哥拉内战与苏联的作用[*]

南 江[**]

1975年7月25日"安哥拉人民解放阵线"（FNLA，简称"安解阵"）向"安哥拉人民解放运动"（MPLA，简称"安人运"）宣战，8月5日"安哥拉彻底独立全国联盟"（UNITA，简称"安盟"）向安人运宣战，安哥拉全面内战正式拉开帷幕，此次内战持续至1976年3月底，是安哥拉内战的第一阶段。1975年11月11日，安人运在罗安达宣布建立"安哥拉人民共和国"（The People's Republic of Angola），安人运主席内图当选为安哥拉人民共和国首任总统，纳西门托当选为总理。苏联立即承认安人运政府并在其后全力支持其赢得内战的胜利。本文主要利用俄文文献资料回顾安哥拉内战第一阶段即1975年7月~1976年3月的历史，与以英文文献为主要资料来源的研究成果相互补充，以期更全面地进行历史考察。

一 开启三方内战（1975年7月25日~11月10日）

1975年5月，由于扎伊尔收到安人运招募"加丹加宪兵"的消息，其总统蒙博托更加紧援助安解阵；1975年6月，安解阵与安盟从美国得到1000万美元的军援，"安盟用这笔钱建立了15个训练营地，每周训练一两

---

[*] 本文在写作过程中得到北京大学国际关系学院李安山教授、外交部离休干部汪勤梅先生、北京大学国际关系学院牛军教授、华东师范大学历史学系沈志华教授、俄罗斯科学院非洲研究所首席研究员舒宾（Шубин В. Г.）教授和该所南部非洲教研室主任托卡列夫（Токарев А. А.）教授、莫斯科大学亚非学院格罗莫娃（Громова Н. Б.）教授的指导和帮助，特此致谢。

[**] 南江，华东师范大学国际冷战史研究中心博士后。

千名新兵";① 1975 年 7 月，罗伯托的两名代表在瑞士与以色列机构建立了联系，他们希望以色列为安解阵提供外交支持和其他援助，帮助罗伯托夺取政权，条件是"罗伯托掌权后，安哥拉走资本主义发展道路……与苏联和其他社会主义国家断绝联系，与南非进行政治对话";② 与此同时，安解阵与南非政府进行谈判，南非共和国将一个旅的武装雇佣兵交给安解阵。③由此开启了安哥拉全面内战的帷幕。

8 月 1 日，卡宾达解放阵线主席弗朗克宣布卡宾达独立并建立以吉阿卡为总理的"卡宾达临时革命政府"。④ 8 月 4 日，安人运和安解阵之间曾达成在沿海城市洛比托和本格拉停火的协议，但停火没维持多久双方很快就又重燃战火。⑤

1975 年 5~8 月，萨文比与南非种族政权进行了多次谈判，之后萨文比发表声明表示，纳米比亚应独立解决自己的问题，不应把安哥拉拖入纳米比亚问题。这个声明表明，安盟不再支持其曾大力援助过的"西南非洲人民组织"（SWAPO），以此取得南非的支持。8 月，安盟获得了美国 40 委员会批准的 10 万美元秘密援助武器。⑥ 8 月 5 日之前安盟作为中立方没有参与到安人运与安解阵的内战中，8 月 5 日萨文比正式向安人运宣战，再次与安解阵联手与安人运开始三方全面内战。

8 月 7 日，安解阵召回自己在过渡政府中的代表，而过渡政府中的葡萄牙最高委员卡尔多祖也于 7 日宣布将不返回安哥拉，⑦ 过渡政府陷于瘫

---

① 〔苏〕伊凡·叶戈罗维奇·沙夫罗夫主编《局部战争今昔》，军事科学院外国军事研究所译，解放军出版社，1984，第 231 页注释 1。

② Хазанов А. М. Ангола – республика, рожденная в борьбе. М.：Знание, 1976, с. 33. （《安哥拉：战斗中诞生的共和国》）。

③ 〔苏〕伊凡·叶戈罗维奇·沙夫罗夫主编《局部战争今昔》，第 230 页。

④ Токарев Андрей Александрович ФНЛА в антиколониальной борьбе и гражданской войне в Анголе. М.：Институт Африки РАН., 2006, с. 116. （《安哥拉民族解放阵线的形成及其反殖民主义的斗争史和内战史》）。

⑤ Токарев Андрей Александрович ФНЛА в антиколониальной борьбе и гражданской войне в Анголе. М.：Институт Африки РАН., 2006, с. 117.

⑥ Васелов Александр Павлович Движение УНИТА. Политика и идеология. 1966~1995 гг.：Дис. ... канд. ист. наук. М., 1996, с. 67. （《安盟运动：政治与意识形态（1966~1995）》）。

⑦ Токарев Андрей Александрович ФНЛА в антиколониальной борьбе и гражданской войне в Анголе. М.：Институт Африки РАН., 2006, с. 117.

痪。8月12日，安人运军队将安解阵和安盟军队赶出罗安达，并控制了16个省中的12个。① 安解阵总部被迫迁往罗安达北部的安布里什小城（Ambriz），而安盟的军队迁往安哥拉南部地区。

8月22~23日，安人运、安解阵和安盟在葡萄牙的调停下在安哥拉南部城市萨达班代拉［Sa da Bandeira，今卢班戈（Lubango）］进行停火谈判。24日，安人运和安解阵在木萨米迪什签署了停火协议，该协议规定安解阵军队从其占领地区撤出并将武器交给葡萄牙守军；9月，安人运和安盟在里斯本签署了停火和交换战俘的协议。② 但安人运与安解阵间的停火协议尚有余温，9月双方间的大规模军事冲突就已经在卡宾达展开了，最终安解阵军队在扎伊尔军队的护送下离开卡宾达；安盟在卡宾达也有少量军队，他们并未与安人运发生军事冲突，在安解阵军队撤出后不久也自行撤出卡宾达。③

自9月份开始安解阵从外部获得大量军事援助：扎伊尔用"大力神"运输机将提供给安解阵的装甲车运到安哥拉北部内卡热机场；法国通过扎伊尔为安解阵提供法制武器；④ 中国于9月向安解阵派遣112名军事顾问、提供450吨的武器和大量药品，即9月底前安解阵从扎伊尔、法国、美国、中国、南非获得大量武器。安解阵雇佣军包括美国黑人、比利时人和突尼斯人，他们中的一些人参加过1960~1961年的刚果内战。⑤

---

① 1 съезд Народного движения за освобождение Анголы（МПЛА）. М.：Политиздат，1978，с. 19.（《安哥拉人民解放运动第一次代表大会》），*Корольков Александр Владимирович* Интернационализм во внешней политике Кубы в период холодной войны 1959~1991 гг.：Дис. ... канд. ист. наук. М.，2010，с. 104 中指出安人运控制了15个省中的10个（《冷战时期古巴对外政策中的国际主义（1959~1991）》）。

② *Токарев Андрей Александрович* ФНЛА в антиколониальной борьбе и гражданской войне в Анголе. М.：Институт Африки РАН.，2006，сс. 119-120. *Васелов Александр Павлович* Движение УНИТА. Политика и идеология. 1966~1995 гг.：Дис. ... канд. ист. наук. М.，1996，с. 67 提供了月份。

③ *Токарев Андрей Александрович* ФНЛА в антиколониальной борьбе и гражданской войне в Анголе. М.：Институт Африки РАН.，2006，с. 120.

④ *Шарый В. И.* Военное вмешательство иностранных государств в гражданскую войну в Анголе. 1975 - начало 1976 года. //Военно-исторический журнал. №4. 2008，сс. 19-20.（《1975~1976年初对安哥拉内战的国际军事干涉》）。

⑤ *Шарый В. И.* Военное вмешательство иностранных государств в гражданскую войну в Анголе. 1975 - начало 1976 года. //Военно-исторический журнал. №4. 2008，с. 20.

9月，葡萄牙政府宣布暂停履行《阿沃尔协议》(Alvor Agreement)①，葡军在1975年11月11日前留在安境内，在此期间葡军将会恪守中立。② 这意味着安哥拉过渡政府完全解散，三方在各自控制区行使"类政府"的职能。

9月中旬三方的控制区情况大致是：安人运控制罗安达及其周边地区、安哥拉中部直到与赞比亚接壤的边境地区、大西洋沿岸直到与纳米比亚交界的地区，其中比较重要的大城市有马兰热、恩利科德卡尔瓦和三个重要的港口城市——本格拉、洛比托和木萨米迪什，总部设在罗安达；安解阵控制扎伊尔省、威热省和北宽扎省的一部分，与扎伊尔交界处东北部的钻石矿区，其中比较重要的大城市有安布里什、安布里泽特（Ambrizete）和卡尔莫纳［现威热市（Uige）］，10月前总部由扎伊尔迁至卡尔莫纳；③ 安盟控制本格拉铁路以南的整个中南部地区直到与赞比亚和纳米比亚的交界处，总部设在新利日伯［现万博市（Huambo）］。④

1974年4月起南非开始秘密入侵安哥拉⑤，安哥拉全面内战开始后南非公然入侵安哥拉。也有学者认为，"1975年7月南非就已开始入侵安哥拉南部"。⑥ 8月8日⑦，以摩托机械化师和装甲坦克武装起来的南非军队以保护南非出资兴建的库内内河上游的卡卢埃克（Калуэке）水电站为由入侵安哥拉南部，南非与安解阵－安盟联军共同进行军事行动，占领了南部城市卡列科和卢卡纳⑧；8月26日，南非军队占领了库内内省的佩雷拉德

---

① 1975年1月15日由安人运、安解阵、安盟、葡萄牙政府签署，根据协议安哥拉于11月11日正式独立。
② Токарев Андрей Александрович ФНЛА в антиколониальной борьбе и гражданской войне в Анголе. М. : Институт Африки РАН. , 2006, с. 122.
③ Токарев Андрей Александрович ФНЛА в антиколониальной борьбе и гражданской войне в Анголе. М. : Институт Африки РАН. , 2006, с. 169 第648注释。
④ Токарев Андрей Александрович ФНЛА в антиколониальной борьбе и гражданской войне в Анголе. М. : Институт Африки РАН. , 2006, с. 122.
⑤ 1 съезд Народного движения за освобождение Анголы (МПЛА). М. : Политиздат, 1978, с. 41.
⑥ 梁根成：《美国与非洲——第二次世界大战结束至80年代后期美国对非洲的政策》，北京大学出版社，1991，第209页。
⑦ Корольков Александр Владимирович Интернационализм во внешней политике Кубы в период холодной войны 1959~1991 гг. : Дис. ... канд. ист. наук. М. , 2010, с. 105.
⑧ Корольков Александр Владимирович Интернационализм во внешней политике Кубы в период холодной войны 1959~1991 гг. : Дис. ... канд. ист. наук. М. , 2010, с. 120.

萨［今翁吉瓦（Ondjiva）］①；除了直接作战外，南非还为安解阵—安盟联军招募并派遣雇佣军，租用南非航空公司去掉南非标识的民航飞机或直升机为安解阵—安盟联军架设由安解阵基地内卡热和安盟基地席尔瓦—波尔多之间往返的"空中桥梁"，为其空投武器、粮食和药品；② 8 月，南非的军事教官开始出现在内卡热和席尔瓦—波尔多的安解阵与安盟基地。③ 9 月，南非借口"西南非洲人民组织"用苏制火箭袭击位于纳米比亚的南非营地，800~1000 名装备直升机的南非士兵深入安哥拉 25 英里；10 月 23 日④，南非军队更大规模介入安哥拉内战，其在安哥拉军队的人数约在 5000 左右。⑤

9 月 1 日，近千人的白人雇佣军突击队从安哥拉与纳米比亚交界处进攻安哥拉第三大城市萨达班代拉。⑥ 9 月 25 日扎伊尔—安解阵军队从北部，10 月 14 日南非—安盟军队从南部、"葡萄牙解放军"从纳米比亚进入安哥拉从南北双向进攻安人运控制区。⑦ 10 月 23 日，南非开始发动代号为"祖鲁"的"热带丛林行动"入侵安哥拉，南非—安盟联军占领了安哥拉南部城市萨达班代拉。⑧ 10 月，在扎伊尔和南非的援助下，安解阵—安盟联军占领了战略要地木萨米迪什、洛比托和本格拉，以便美国和南非从海路为其提供援助。⑨ 11 月中旬，安解阵—安盟—南非—雇佣

---

① *Корольков Александр Владимирович* Интернационализм во внешней политике Кубы в период холодной войны 1959~1991 гг.: Дис. ... канд. ист. наук. М., 2010, с. 105.

② *Хазанов А. М.* Ангола - республика, рожденная в борьбе. М.: Знание, 1976, с. 35. *Корольков Александр Владимирович* Интернационализм во внешней политике Кубы в период холодной войны 1959~1991 гг.: Дис. ... канд. ист. наук. М., 2010, с. 106.

③ *Корольков Александр Владимирович* Интернационализм во внешней политике Кубы в период холодной войны 1959~1991 гг.: Дис. ... канд. ист. наук. М., 2010, с. 106.

④ 〔苏〕伊凡·叶戈罗维奇·沙夫罗夫主编《局部战争今昔》，第 232 页。

⑤ 梁根成：《美国与非洲——第二次世界大战结束至 80 年代后期美国对非洲的政策》，第 209~210 页。

⑥ *Токарев Андрей Александрович* ФНЛА в антиколониальной борьбе и гражданской войне в Анголе. М.: Институт Африки РАН., 2006, с. 120.

⑦ *Токарев Андрей Александрович* ФНЛА в антиколониальной борьбе и гражданской войне в Анголе. М.: Институт Африки РАН., 2006, с. 124.

⑧ *Токарев Андрей Александрович* ФНЛА в антиколониальной борьбе и гражданской войне в Анголе. М.: Институт Африки РАН., 2006, с. 169 第 660 注释。

⑨ *Хазанов А. М.* 40 лет вместе.//40 - летие начала вооруженной борьбы анголь （转下页注）

军5000～6000人的联军已经从安哥拉南部将战线向北推进了500公里，离首都罗安达只有100多公里，[1] 此时的战场形势对安人运极为不利。

10月中旬，古巴"在安哥拉有480名教官——在卡宾达还有一队人从事训练工作"，古巴教官只配备训练用的轻武器，因此当10月23日南非入侵安哥拉时，安人运唯一位于南部的本格拉革命训练中心的古巴教官与安人运新士兵共同战斗，其间"8名古巴教官牺牲，7名受伤"。[2] 11月3日，他们停止战斗开始撤退至港口城市安博伊瓦（Amboiva）。[3] 此时处于军事困境中的安人运并没有向苏联求援，而是首先向古巴和南斯拉夫求援。[4] 11月5日，古巴共产党中央会议同意安哥拉领导人发来的补充紧急援助的请求，决定向安哥拉派志愿军性质的常驻部队，开始"卡洛塔行动"[5]（卡斯特罗回忆录指出"11月4日夜间"古巴决定向安哥拉派兵[6]）。时任苏联外交部副部长的科尔延科是从苏联驻古巴使馆的电报中才知道，古巴第二天将派满载古巴士兵的飞机飞往安哥拉；时任苏共中央国际部副部长的布鲁捷恩茨是从苏联国防部知道此事的；苏共中央政治局甚至向卡斯特罗发去电报建议古巴放弃如此冒险的行动，但当电报到达哈瓦那时，满载古巴士兵的飞机已经飞在大西洋上空了。[7] 11月7日，首批古巴军事专家在古巴内务部热良将军的带领下携带3门75毫米口径

（接上页注⑨）ского народа за национальную независимость и советско－ангольское военно－политическое сотрудничество: материалы научно－практической конференции (Москва, 29 марта 2001 года). М.: ЛЕАН, 2002, с. 17.（《安哥拉人民进行民族独立武装斗争暨苏安军事政治合作40年》）。

[1] Брутенц К. Н. Тридцать лет на старой площади. М.: Международные отношения, 1998, с. 206.（《在老广场的30年》）。
[2] 〔古〕菲德尔·卡斯特罗、〔法〕伊格纳西奥·拉莫内：《卡斯特罗访谈传记：我的一生》，中国社会科学院拉丁美洲研究所译，中国社会科学出版社，2008，第286～287页。
[3] Корольков Александр Владимирович Интернационализм во внешней политике Кубы в период холодной войны 1959～1991 гг.: Дис. ... канд. ист. наук. М., 2010, с. 120.
[4] Брутенц К. Н. Тридцать лет на старой площади. М.: Международные отношения, 1998, с. 206.
[5] Корольков Александр Владимирович Интернационализм во внешней политике Кубы в период холодной войны 1959～1991 гг.: Дис. ... канд. ист. наук. М., 2010, с. 113.
[6] 〔古〕菲德尔·卡斯特罗、〔法〕伊格纳西奥·拉莫内：《卡斯特罗访谈传记：我的一生》，第289页。
[7] Брутенц К. Н. Тридцать лет на старой площади. М.: Международные отношения, 1998, с. 207.

轻型炮和3门82毫米扣紧迫击炮乘坐古巴航空公司的专机起飞,这架专机在巴巴多斯进行空中加油,另一架从几内亚比绍起飞的专机首先飞抵罗安达,15分钟后古巴专机抵达罗安达。① 11月7日,载有运输炮兵团、摩托营和几组防空炮的船驶离古巴,11月27日抵达安哥拉②(1975年11月~1976年3月单程时长20天的海路武器运输进行了43次③)。11月8日中午11点30分,卡宾达飞地解放阵线的2个营和近150名由美国、法国和葡萄牙人组成的安解阵雇佣军袭击了卡宾达安哥拉人民军,刚刚抵达的古巴士兵与安哥拉人民军共同作战,但契贡托失守,安解阵前线已经靠近罗安达北部30公里的金方多格。④

当时在美国中情局任职的斯托克韦尔指出,截至1976年1月,古巴在安哥拉有2800名士兵和军事专家,到2月至少有1万古巴人⑤。实际上他低估了古巴军队的人数,对此,卡斯特罗在1976年3月与日夫科夫的谈话中指出,"美国人认为古巴派了1.2万人(未注明时间,作者推测可能是指到3月——作者注),实际上我们派去的人数要更多"。⑥ "更多"到底是多少呢? 到1976年3月,"36000名古巴士兵"都已到达安哥拉。⑦ 根据时任苏联驻刚果(布)一秘,负责直接与安人运联络的来自苏联情报总局的官员鲍里斯回忆,在南非入侵安哥拉后,古巴用古巴航空公司的"伊尔-

---

① *Корольков Александр Владимирович* Интернационализм во внешней политике Кубы в период холодной войны 1959~1991 гг.: Дис. ... канд. ист. наук. М., 2010, с. 113.

② *Корольков Александр Владимирович* Интернационализм во внешней политике Кубы в период холодной войны 1959~1991 гг.: Дис. ... канд. ист. наук. М., 2010, с. 114.

③ *Корольков Александр Владимирович* Интернационализм во внешней политике Кубы в период холодной войны 1959~1991 гг.: Дис. ... канд. ист. наук. М., 2010, с. 111, с. 121.

④ *Корольков Александр Владимирович* Интернационализм во внешней политике Кубы в период холодной войны 1959~1991 гг.: Дис. ... канд. ист. наук. М., 2010, с. 111, с. 114.

⑤ *Корольков Александр Владимирович* Интернационализм во внешней политике Кубы в период холодной войны 1959~1991 гг.: Дис. ... канд. ист. наук. М., 2010, с. 121;程广中、汪徐和编著《两霸争雄:美苏冷战及后冷战时代》,知识出版社,1997,第306页。作者指出,截至1975年12月底,古巴在安哥拉的军队人数达到7000人,但未注明数字出处。

⑥ *Корольков Александр Владимирович* Интернационализм во внешней политике Кубы в период холодной войны 1959~1991 гг.: Дис. ... канд. ист. наук. М., 2010, с. 128.

⑦ 〔古〕菲德尔·卡斯特罗、〔法〕伊格纳西奥·拉莫内:《卡斯特罗访谈传记:我的一生》,第288~289页。

62"客机（载客 198 人）运送 120 架次古巴士兵到安哥拉①（未注明截止时间，作者估计运输时间从 1975 年 11 月中旬至 1976 年 1 月期间），也就是说，苏联当时并未直接参与古巴士兵的运输工作。

在安哥拉宣布独立前，安解阵与安盟达成联合协议。11 月 2~3 日，罗伯托与萨文比在金沙萨谈判签订了《宪法协议》，商定双方将按期于 11 月 11 日联合宣布独立，有两套定都方案：如果能够夺取罗安达，定都罗安达；如果不能夺取则定都在安盟总部所在地新利日伯，新政府将于 12 月 1 日正式组成；建立由 24 人组成的"全国革命委员会"以及双方代表各半的"联合最高安全指挥部"；双方派代表参加 11 月初安人运、安解阵和安盟在时任非统轮值主席乌干达总统阿明的调解下即将于乌干达首都坎帕拉举行独立前最后一次停火谈判。但此次谈判最终由于安人运提出南非应撤出安哥拉为谈判前提条件而未能召开。②

三方谈判的努力失败后，11 月初战事再起，目标是夺取具有重要政治意义的首都——罗安达。11 月 10 日，安解阵从罗安达北部、安解阵—安盟联军从罗安达南部、安解阵—卡宾达解放阵线联军从卡宾达同时向安人运控制区发动大规模进攻。③

11 月 10 日，在安人运宣布独立的前一天，安解阵军队和约 1400 人④的扎伊尔军队对安人运控制区发起联合进攻，但在金方多格遭到安人运和古巴军队的阻击，安解阵未能实现夺取罗安达的计划。⑤ 在罗安达以南，安人运军队和古巴军队将安解阵—安盟联军和南非军队阻击在罗安达以南 150 英里

---

① Борис Гаврилович Путилин Мы обеспечивали МПЛА оружием. //Ред. - сос.: Токарев А. А., Шубин Г. В. Воспоминания непосредственных участников и очевидцев гражданской войны в Анголе. Устная история забытых войн. М.: Memories, 2009, cc. 24 - 25.（《我们武装保卫了安人运》）。

② Токарев Андрей Александрович ФНЛА в антиколониальной борьбе и гражданской войне в Анголе. М.: Институт Африки РАН., 2006, c. 127.

③ Токарев Андрей Александрович ФНЛА в антиколониальной борьбе и гражданской войне в Анголе. М.: Институт Африки РАН., 2006, c. 123.

④ 〔美〕戴维·奥塔韦、玛丽娜·奥塔韦：《非洲共产主义》，魏培忠、艾平、肖援朝、王平译，东方出版社，1986，第 164 页。

⑤ Хазанов А. М. 40 лет вместе. //40 - летие начала вооруженной борьбы ангольского народа за национальную независимость и советско - ангольское военно - политическое сотрудничество: материалы научно - практической конференции（Москва, 29 марта 2001 года）. М.: ЛЕАН, 2002, c. 17.

的地区。① 此时，虽然南非—安盟联军控制了安哥拉中南部的大部分地区，占领了佩雷拉德萨、萨达班代拉、木萨米迪什、洛比托和新列栋多②，但安人运在古巴军队的帮助下在安哥拉宣布独立前夕牢固控制首都罗安达。

值得注意的是，11月10日安哥拉人民军—古巴军队进行的阻击战所使用的重型武器之一——火箭炮是苏联的，俄罗斯学者认为，火箭炮是在苏联人并不知情的情况下动用的。"11月9～10日大量苏联武器抵达布拉柴维尔，它们在那里等待11月11日转交安哥拉政府。古巴8～9日紧急赶到布拉柴维尔（以上为1976年3月卡斯特罗与保加利亚领导人日夫科夫的谈话中提到的——作者注），并秘密地（未通知苏联）带走5门'БМ－21'火箭炮，10日它们就参加安哥拉的战斗了。"③ 此处有一个疑点：古巴是怎么在苏联不知情的情况下解决偷运武器的运输问题的？一种方式是，如果火箭炮在运输机上，古巴飞行员直接将安博伊瓦载有火箭炮的飞机开走；另一种方式是古巴军人将每个战斗全重达11.5吨的火箭炮从飞机上抬下来（或者将已经放在地面的火箭炮）转至自己的飞机上运走，但这两种方式都一定会被苏联第一时间发现。因此作者认为，苏联真的不知道自己的火箭炮被古巴军人运走这样的说法非常牵强，最有可能的情况是，如果古巴真的从布拉柴维尔偷运走火箭炮，苏联应是装作不知道，实际上是默许了盟友这样的做法。另外，根据鲍里斯的回忆，苏联自己早在11月2～3日（如果回忆者记忆准确的话——作者注）即安哥拉尚未宣布独立前就已经把4门"БМ－21"火箭炮运至安哥拉，2个一组放在"安－22"运输机上从布拉柴维尔［是苏联飞行员还是刚果（布）飞行员执飞未说明——作者注］运抵黑角（Pointe－Noire），从黑角用悬挂索马里国旗的古巴船只经过1昼夜航行运至安哥拉。④ 这也就是说，苏联在11月初已经为安人运做了战

---

① Токарев Андрей Александрович ФНЛА в антиколониальной борьбе и гражданской войне в Анголе. М.：Институт Африки РАН.，2006，с. 128.
② Васелов Александр Павлович Движение УНИТА. Политика и идеология. 1966～1995 гг.：Дис. … канд. ист. наук. М.，1996，с. 69.
③ Корольков Александр Владимирович Интернационализм во внешней политике Кубы в период холодной войны 1959～1991 гг.：Дис. … канд. ист. наук. М.，2010，с. 115. 转引自威尔逊中心，http：//www. wilsoncenter. org.
④ Борис Гаврилович Путилин Мы обеспечивали МПЛА оружием. //Ред. － сос.：Токарев А. А.，Шубин Г. В. Воспоминания непосредственных участников и очевидцев гражданской войны в Анголе. Устная история забытых войн. М.：Memories，2009，сс. 21－23.

争准备，只是政治上还缺少正当性与合法性。古巴除了从刚果（布）获得苏联武器外，从10月开始就从古巴本土运送武器到安哥拉，安哥拉宣布独立后，古巴向安哥拉运送武器还有更新本国装备的目的：古巴与苏联达成协议（时间未注明——作者注），苏联允许古巴把早先苏联援助古巴的陈旧武器（例如苏联于1973年就停产的"图-55"坦克）运至安哥拉，苏联再为古巴提供最新武器。[1] 但无论如何，这些苏联武器对于安哥拉人民军—古巴军队在战场上取得优势地位发挥了至关重要的作用，对此西方学者写道："内图后来坦率承认，苏联的武器和一万五千到二万名古巴作战部队，是阻止南非1975年10月初发动的攻势的'主要力量'。"[2]

二 安哥拉宣布独立与内战第一阶段高潮

1975年11月11日，内图在罗安达宣布独立，建立"安哥拉人民共和国"，苏联、古巴、非洲所有葡语国家都第一时间宣布承认"安哥拉人民共和国"并与之建立外交关系。同日，安解阵—安盟在新利日伯宣布建立"安哥拉人民民主共和国"[3]（The Democratic Republic of Angola），并形成两个首都——北方首都威热、南方首都新利日伯，两位总理——安解阵的比诺克、安盟的恩德勒共同组阁的奇特局面。[4] 在外部"安哥拉人民民主共和国"没有得到任何一个国家的承认；在内部，同时在安

---

[1] Борис Гаврилович Путилин Мы обеспечивали МПЛА оружием. //Ред. – сос.: Токарев А. А., Шубин Г. В. Воспоминания непосредственных участников и очевидцев гражданской войны в Анголе. Устная история забытых войн. М.: Memories, 2009, с. 25.
[2] 〔美〕戴维·奥塔韦、玛丽娜·奥塔韦：《非洲共产主义》，第166页。
[3] 林永乐：《安哥拉争端与美苏冲突》，第38页。作者指出，11月23日安解阵-安盟联合建立"安哥拉民主共和国"；另《列国志·安哥拉》，第103页指出，由于安解阵与安盟之间的不合，该政府于1975年12月建立，但根据安解阵与安盟11月初达成的宪法协议，该政府原本定于12月1日组成。
[4] Васелов Александр Павлович Движение УНИТА. Политика и идеология. 1966 ~ 1995 гг.: Дис. …канд. ист. наук. М., 1996, с. 69. 林永乐：《安哥拉争端与美苏冲突》，第38页。作者指出安哥拉民主共和国由罗伯托和萨文比按月轮流担任总理。

哥拉南部地区活动的安盟与安解阵的契潘达在新利日伯、洛比托、本格拉和比耶存在严重的利益冲突，① 它们之间的军事争斗不仅削弱了彼此的力量，也使得安解阵——安盟联合建立的"安哥拉人民民主共和国"处于名存实亡的境地。

11月11日内图宣布独立当天，苏联驻刚果（布）大使阿法纳欣科率领的苏联代表团与安哥拉人民共和国代表团在罗安达举行谈判，苏联承认安哥拉人民共和国，双方决定在《联合国宪章》和《维也纳公约》的原则基础上建立大使级外交关系。② 11月12日，苏联最高苏维埃主席团主席波德戈尔内向安哥拉人民共和国总统内图发电确认两国建立外交关系并希望两国关系顺利发展。③ 此时苏联并未派大使到任，而是先在罗安达建立了代办处。

西方学者认为，"直到1975年年末苏联与古巴领导人就安哥拉的军事计划达成一致之后，苏联人才最终对其位于南部非洲的一个盟友做出重大投入，由此也使得'安人运'成为该地区重要性仅次于'非国大'的第二号盟友"。④ 作者判断，此处的"1975年年末"的具体日期大致应是11月1~15日：10月，苏联派间谍到罗安达搜集情报；⑤ 11月1日，苏联军事代表团小组秘密抵达布拉柴维尔，但一周内一直没有任何行动，直到1周后才去黑角；11月4日，内图与苏联驻刚果（布）大使阿法纳欣科会谈，内图多次提出苏联援助武器、提供财政援助和国际支持的问题，但当时并没有提及要求苏联派兵的问题；⑥ 值得注意的是，正是在古巴时

---

① *Васелов Александр Павлович* Движение УНИТА. Политика и идеология. 1966~1995 гг.：Дис. ...канд. ист. наук. М.，1996，с.69.
② СССР и страны Африки：Документы и материалы，1971~1976 гг. В 2-х ч. Ч.2. (1975~1976 гг.). М.：Политиздат，1985，сс.91-92.（《苏联与非洲：文件资料》）。
③ СССР и страны Африки：Документы и материалы，1971~1976 гг. В 2-х ч. Ч.2. (1975~1976 гг.). М.：Политиздат，1985，с.90.
④ 〔挪〕文安立：《全球冷战：美苏对第三世界的干涉与当代世界的形成》，牛可等译，世界图书出版公司北京公司，2012，第223页。
⑤ *Корольков Александр Владимирович* Интернационализм во внешней политике Кубы в период холодной войны 1959~1991 гг.：Дис. ... канд. ист. наук. М.，2010，с.97.
⑥ *Корольков Александр Владимирович* Интернационализм во внешней политике Кубы в период холодной войны 1959~1991 гг.：Дис. ... канд. ист. наук. М.，2010，с.104.

间11月4日夜,古巴领导人才决定向安哥拉派兵支援处于危急中的安人运;苏联间谍指出"11月11日前不久苏联领导人才决定全力支持安人运"[1]。作者判断,"前不久"的时间点大约就在11月8日(这天大量苏联武器抵达布拉柴维尔,等待11月11日转交新政府)或之前一两天,但此时苏联仍然没有做最后的决定;因此,当11月11日安哥拉宣布独立时苏联军事代表团没有马上进入安哥拉,而是在16日即南非入侵安哥拉的次日才进入,其间除了组织人力所需的时间,大概最重要的还是决策行为所需的时间,南非的入侵行为是促使苏联下定决心干预安哥拉内战的重要诱因之一。11月1~15日发生的高层决策行为仍需待俄罗斯相关档案解密后才能进一步研究。

11月15日,由1000~1500人组成的两支南非机械化兵团以及由法国人和美国人组成的白人雇佣军再次入侵安哥拉。[2] 此时,安解阵有1.5万名士兵[3],其中包括近1500名由契潘达率领的从安人运转自安解阵的士兵[4];安盟有8000名士兵[5];1975年12月~1976年1月进入安哥拉作战的扎伊尔军队由1000人增至4000~6000人、"葡萄牙解放军"有300~1000人[6];由葡萄牙人、法国人和荷兰人组成的安盟雇佣军有100~300人,另有80多名雇佣军指挥官指挥安盟和安解阵军队[7],他们与在苏联军事顾问指导下的安哥拉人民军和古巴军队展开较量。1975年11月~1976年3月安人

---

[1] *Корольков Александр Владимирович* Интернационализм во внешней политике Кубы в период холодной войны 1959~1991 гг.: Дис. ... канд. ист. наук. М., 2010, с. 97.

[2] Книга памяти. Т. 10 (1946~1982). М.: Патриот, 1999, с. 474. (《怀念》); *Токарев Андрей Александрович* ФНЛА в антиколониальной борьбе и гражданской войне в Анголе. М.: Институт Африки РАН., 2006, с. 132。

[3] *Токарев Андрей Александрович* ФНЛА в антиколониальной борьбе и гражданской войне в Анголе. М.: Институт Африки РАН., 2006, с. 123. *Шарый В. И.* Военное вмешательство иностранных государств в гражданскую войну в Анголе. 1975 – начало 1976 года. //Военно-исторический журнал. №4. 2008, с. 20 中指出安解阵军队有1500人应该是有误的。

[4] *Шарый В. И.* Военное вмешательство иностранных государств в гражданскую войну в Анголе. 1975 – начало 1976 года. //Военно-исторический журнал. №4. 2008, с. 22.

[5] *Токарев Андрей Александрович* ФНЛА в антиколониальной борьбе и гражданской войне в Анголе. М.: Институт Африки РАН., 2006, с. 124.

[6] *Токарев Андрей Александрович* ФНЛА в антиколониальной борьбе и гражданской войне в Анголе. М.: Институт Африки РАН., 2006, с. 131.

[7] *Токарев Андрей Александрович* ФНЛА в антиколониальной борьбе и гражданской войне в Анголе. М.: Институт Африки РАН., 2006, с. 132.

运及盟友的军力情况是：11 月初古巴军队和安哥拉人民军共计 3.6 万人，300 辆坦克①；到 1975 年年底在安哥拉有近 200 名苏联军事顾问②；此外，古巴在安哥拉有 650 名教官③；到 1976 年 3 月仅古巴军队就有 3.6 万人，兵力占据绝对优势。

安哥拉独立前夕，苏联派出首批由梁申科大尉率领的近 20 人的军事专家分队于 1975 年 11 月 1 日乘坐苏联航空公司的"图 - 154"飞机抵达刚果（布）。他们临行前在莫斯科从苏联国防部总司令部得到关于安哥拉情况的最新消息：安人运控制了安哥拉的大部分省份和首都，但并不稳固；与安哥拉相关各方都在积蓄力量，例如扎伊尔向法国购买的"幻影"战机很快就会到货，也许"幻影"战机会参加空袭罗安达的军事行动；首批苏联军事专家分队的目的就是培训士兵使用"天剑 - 2M"防空导弹系统，为期一个半月，有可能会延长。苏联当时低调支持安人运，出于保密的需要④，他们抵达布拉柴维尔后不能住在使馆，也不能住在苏联驻刚果（布）军事专家住的别墅中，只能住在潮湿闷热的阁楼里。一周都处于待命状态。一周后，首批苏联军事专家分队抵达黑角，在那里苏联教官培训古巴士兵学习使用"天剑 - 2M"（Стрела - 2M）防空导弹系统以应对"幻影"战机。根据苏联部长会议 1975 年 11 月 12 日的决议，11 月 16 日由特罗菲门科（1975 年 11 月 16 日 ~ 1976 年 1 月在

---

① *Брутенц К. Н.* Тридцать лет на старой площади. М.: Международные отношения, 1998, с. 206.
〔美〕戴维·奥塔韦、玛丽娜·奥塔韦：《非洲共产主义》，第 165 页。作者指出 11 月安哥拉人民军约有 3 万人。

② Книга памяти. Т. 10（1946 ~ 1982）. М.: Патриот, 1999, сс. 474 - 475. 另 *Курочкин Константин Яковлевич* основные направления деятельности советского военного советнического аппарата в Народной Республике Ангола в начале 1980 - х гг. // 40 - летие начала вооруженной борьбы ангольского народа за национальную независимость и советско - ангольское военно - политическое сотрудничество: материалы научно - практической конференции（Москва, 29 марта 2001 года）. М.: ЛЕАН, 2002, с. 20 中指出 1975 年 11 月苏联有 2000 名军事顾问，古巴有 4 万士兵在安哥拉（《1980 年代初苏联军事顾问机构在安哥拉的主要工作》）。

③ *Хазанов А. М.* 40 лет вместе. //40 - летие начала вооруженной борьбы ангольского народа за национальную независимость и советско - ангольское военно - политическое сотрудничество: материалы научно - практической конференции（Москва, 29 марта 2001 года）. М.: ЛЕАН, 2002, с. 16.（《40 年在一起》）。

④ 系作者判断。

安哥拉①）上校率领包括首批分队在内共 40 多名成员的军事专家团从刚果（布）乘坐"安－12"运输机抵达罗安达，他们中有各军种专家，军事翻译中有人来自培养过安哥拉学员的克里木军事培训中心。② 苏联首批进入安哥拉的军事专家团不仅仅承担军事顾问的职责，实际上他们中的一部分人马上就进入罗安达战区与安哥拉人民军—古巴军队并肩战斗。③

进入 12 月后，苏联对安人运的军事援助更加升级：1976 年 1 月 21 日，苏联提供的首批"米格"战机抵达罗安达，当时安哥拉人民军还没有一个飞行员，该机型由古巴空军飞行员驾驶；当天出席"米格"战机交付仪式的内图总统还宣布安哥拉人民军第一个位于金布安扎军事培训中心的成立是安哥拉与苏联、古巴军事合作的另一个重要见证，此后就不必派基层军官出国进行军事培训了。④ 自 1976 年 1 月起，来自苏联、南斯拉夫和东德的武器、食品和药品从海路和空路运抵安哥拉，仅 3 个月的时间苏联从海路运抵安哥拉 27 批武器。⑤

特罗非门科上校于 1975 年 11 月 ~1976 年 1 月担任首任苏联驻安哥拉最高军事顾问，1976 年 1 月由外高加索军区第 7 军军长波诺马连科中将接任。⑥ 到 1976 年 3 月底，苏联军事顾问团达到 90 人的规模，其中包括 1 名军事顾问、74 名军事专家和 15 名军事翻译，他们中有 3 名将军、44 名军

---

① Васелов Александр Павлович Движение УНИТА. Политика и идеология. 1966 ~ 1995 гг.: Дис. ... канд. ист. наук. М.，1996，с. 116 指出其任期到 1976 年 9 月，应是错误的。

② Токарев Андрей Александрович О работе советских военных переводчиков в Анголе. .//40 - летие начала вооруженной борьбы ангольского народа за национальную независимость и советско - ангольское военно - политическое сотрудничество: материалы научно - практической конференции (Москва, 29 марта 2001 года). М.: ЛЕАН, 2002, с.46. (《苏联军事翻译在安哥拉的工作情况》)；Токарев Андрей Александрович Командировка в Анголу. //Азия и Африка сегодня. №2. 2001, сс. 37 - 38. (《出差安哥拉》)。

③ Токарев Андрей Александрович Командировка в Анголу.//Азия и Африка сегодня. №2. 2001, сс. 38 - 39. 该文作者作为首批苏联军事专家团成员之一于 1975 年 11 月 1 日抵达刚果（布），在安哥拉从事了一年零一个半月的军事翻译工作。

④ Токарев Андрей Александрович Командировка в Анголу.//Азия и Африка сегодня. №2.2001, с.41.

⑤ Шарый В. И. Тысячи патриотов бьют колонизаторов советским оружием. //Военно - исторический журнал. №9. 2008，с. 33. (《安哥拉爱国者用苏联武器反对殖民主义》)。

⑥ Токарев Андрей Александрович ФНЛА в антиколониальной борьбе и гражданской войне в Анголе. М.: Институт Африки РАН.，2006，с.130. Шарый В. И. Тысячи патриотов бьют колонизаторов советским оружием. //Военно - исторический журнал. №9. 2008, с. 32 中指出波诺马连科于 1976 年 3 月担任安哥拉人民军最高军事顾问。

官、5名准尉、26名中士和12名军队后勤人员。①

安哥拉全面内战开始前美国中情局就秘密援助安解阵。"到1975年6月，已运给'解阵'600万美元军用品。"② 7月16日，福特总统批准了中情局于当天拟定的代号为"安菲尔"的安哥拉秘密行动计划，之后于同月，40委员会在得到福特同意后批准了向安解阵和安盟提供1400万美元的援助。③另一种说法是，布鲁捷恩茨指出，"7月18日福特总统批准了向安解阵提供3000万美元并于7月在扎伊尔向安解阵交付1600万美元的武器"④。

8月美国参议院"乔治委员会"在关于中情局活动的听证中了解到，中情局在几个月之内为安解阵提供了2100万美元的秘密资金援助；美国派往安哥拉几百名进行过热带丛林作战训练的雇佣军，他们当中还有越战老兵。南非报纸 Стар 曾报道，美国为美籍雇佣军每月支付1105美元的报酬，美国从美国亚拉巴马军事基地将提供给雇佣军和安解阵、安盟军队的武器通过扎伊尔运至安哥拉。⑤ 西方学者指出，由美国组织并支付薪水的美国籍、英国籍、法国籍、希腊籍雇佣军的人数达到1200人左右。⑥ 8月20日，美国再提供1070万美元援助⑦。10月，美国中情局原局长科比（William Colby）说道，"中情局不允许安哥拉落入共产党人之手"，中情局继续通过扎伊尔直接干涉安哥拉事务。⑧ 美国也为安解阵和

---

① Шарый В. И. Тысячи патриотов бьют колонизаторов советским оружием. //Военно-исторический журнал. №9. 2008，c. 32. 原文为到1976年年底，但根据其他相关材料，作者判断可能应该是到1976年3月底。
② 梁根成：《美国与非洲——第二次世界大战结束至80年代后期美国对非洲的政策》，第208页。
③ 梁根成：《美国与非洲——第二次世界大战结束至80年代后期美国对非洲的政策》，第207页。
④ Брутенц К. Н. Тридцать лет на старой площади. М. : Международные отношения, 1998, c. 206.
⑤ Хазанов А. М. Ангола - республика, рожденная в борьбе. М. : Знание, 1976，c. 34.
⑥ 梁根成：《美国与非洲——第二次世界大战结束至80年代后期美国对非洲的政策》，第208页。
⑦ 梁根成：《美国与非洲——第二次世界大战结束至80年代后期美国对非洲的政策》，第207页。
⑧ Хазанов А. М. Ангола - республика, рожденная в борьбе. М. : Знание, 1976，c. 34. 另 Токарев Андрей Александрович ФНЛА в антиколониальной борьбе и гражданской войне в Анголе. М. : Институт Африки РАН., 2006, c. 131 指出，1975年中情局为安解阵提供了1700万美元援助。

安盟提供了军事顾问,"大约有12名美国准军事顾问在安哥拉活动","中央情报局的准军事官员也曾在席尔瓦波尔图和安布里什分别训练安盟和安解阵的军队使用步兵武器"[1]。

俄罗斯学者认为,"1975年1～11月美国为安解阵和安盟提供了总值3.32亿美元的援助"[2]。1975年11月14日,40委员会批准了中情局从其特别储备基金中向安哥拉拨付总值700万美元援助的计划,至此,中情局为安哥拉提供的援助资金已达到3170万美元;11月24日,中情局提出将提供给安哥拉的援助资金由3000多万增至1亿美元,其中包括武器援助所需资金,不过由于中情局特别储备基金的短缺,这项援助计划最终没能实施。[3] 12月,美国国会冻结了为安解阵和安盟提供秘密行动的资金;12月19日,美国参议院以54对27票通过了《克拉克—敦尼修正案》(Amendment Clark – Tunney),禁止美国政府在1976年度为安解阵和安盟提供武器和其他形式的援助;1976年1月27日,美国众议院以323对99票通过了该修正案,福特政府被迫正式签署。[4] 虽然该修正案禁止美国官方为安解阵和安盟提供援助,但并不禁止美国的私人援助,因该修正案存在拐弯绕行的漏洞,安盟在1976年～1986年能间接从美国获得援助。《克拉克—敦尼修正案》通过后,南非种族政权继续为安盟提供援助。

1975年12月初驻守罗安达的安哥拉人民军只有两个营的兵力,一个营位于恩达拉坦多,另一个营位于金方多格。他们装备有120毫米口径的迫击炮、75毫米口径带6个校准器的大炮以及苏联的"БМ－21"火箭炮,古巴的军事顾问深入到排级。[5]

自12月起,安哥拉人民军与古巴军队的军事行动进入全面反攻阶段。

---

[1] 梁根成:《美国与非洲——第二次世界大战结束至80年代后期美国对非洲的政策》,第208页。

[2] Шарый В. И. Тысячи патриотов бьют колонизаторов советским оружием. //Военно - исторический журнал. №9. 2008, с. 33.

[3] Шарый В. И. Военное вмешательство иностранных государств в гражданскую войну в Анголе. 1975 - начало 1976 года. //Военно - исторический журнал. №4. 2008, с. 22.

[4] 林永乐:《安哥拉争端与美苏冲突》,第49页。

[5] Корольков Александр Владимирович Интернационализм во внешней политике Кубы в период холодной войны 1959～1991 гг. : Дис. ... канд. ист. наук. М., 2010, с. 126.

浅析安哥拉内战与苏联的作用

12月2日，中情局专家开会时指出，在安哥拉北部活动的安解阵—扎伊尔联军已经开始溃逃、在安哥拉南部的古巴军队相对于南非军队已取得绝对优势[①]；12月5日，在苏联军事顾问的指导下，安哥拉人民军—古巴军队在卡申托和卡杰科分别距首都以北和以南100公里地区击退了安解阵—扎伊尔联军和安解阵—安盟—南非联军[②]。北部战线，1月4日，安哥拉人民军占领了安解阵总部卡尔莫内。自1975年12月至1976年3月，安哥拉人民军与古巴军队在北部战线共进行了43次战役，赶走2.5万人（扎伊尔军队、安解阵军队、安解阵雇佣军）。[③]

南部战线，12月26日安哥拉人民军和古巴军队开始反攻[④]。1976年1月1日南线梅杜金战役是南线战争的转折点，装备了坦克和大炮的古巴3个步兵团迅速推进战事，但面临武器不足的问题，苏联的武器还没有全部运到，古巴决定用原计划兵力的1/3迅速发起进攻；[⑤] 1月3日安哥拉人民军占领推进到科维河，1月6日占领新列栋多，1月12日占领本格拉；[⑥] 1月中旬安哥拉人民军在南线发起了全线反攻；[⑦] 1月26日萨文比宣布安盟进入丛林区进行游击战；[⑧] 1月南非军队开始逐步撤离；2月9日安哥拉人

[①] *Шарый В. И.* Военное вмешательство иностранных государств в гражданскую войну в Анголе. 1975 – начало 1976 года. //Военно – исторический журнал. №4. 2008, с. 22.

[②] *Токарев Андрей Александрович* ФНЛА в антиколониальной борьбе и гражданской войне в Анголе. М.: Институт Африки РАН., 2006, с. 133. *Корольков Александр Владимирович* Интернационализм во внешней политике Кубы в период холодной войны 1959 ~ 1991 гг.: Дис. ... канд. ист. наук. М., 2010, с. 126.

[③] *Корольков Александр Владимирович* Интернационализм во внешней политике Кубы в период холодной войны 1959 ~ 1991 гг.: Дис. ... канд. ист. наук. М., 2010, сс. 127 – 128.

[④] *Корольков Александр Владимирович* Интернационализм во внешней политике Кубы в период холодной войны 1959 ~ 1991 гг.: Дис. ... канд. ист. наук. М., 2010, с. 124.

[⑤] *Корольков Александр Владимирович* Интернационализм во внешней политике Кубы в период холодной войны 1959 ~ 1991 гг.: Дис. ... канд. ист. наук. М., 2010, сс. 124 – 125.

[⑥] *Корольков Александр Владимирович* Интернационализм во внешней политике Кубы в период холодной войны 1959 ~ 1991 гг.: Дис. ... канд. ист. наук. М., 2010, с. 125.

[⑦] *Токарев Андрей Александрович* ФНЛА в антиколониальной борьбе и гражданской войне в Анголе. М.: Институт Африки РАН., 2006, с. 133.

[⑧] *Токарев Андрей Александрович* ФНЛА в антиколониальной борьбе и гражданской войне в Анголе. М.: Институт Африки РАН., 2006, с. 134.

民军—古巴军队占领安盟总部新利日伯，2月10日攻占洛比托和本格拉；① 2月底人民军占领了安哥拉南方最大的城市卢班戈以及木萨米迪什港。②

2月1日，安盟和南非军队从新利日伯和席尔瓦波尔多撤出；③ 2月10日，萨文比正式命令安盟军队离开城市开始游击战，南部的安盟军队退守至卢班戈并进一步南撤至梅农盖，中部的安盟军队撤至东部卢祖〔Luso，今卢埃纳（Luena）〕地区；2月11日，安哥拉人民军和古巴军队攻占了卢祖，安盟军队分两路继续撤退：南线由安盟总书记布纳率领撤退至梅农盖地区、东线由安盟总司令兹瓦列率领撤退至赞比亚边境地区，④ 安盟开始进行历时7个月的"长征"；3月，扎伊尔军队全部撤出安哥拉；3月27日，南非军队全部撤出安哥拉，安哥拉人民军重新控制库内内河水电站。

南非种族政权对新生主权国家的军事入侵行为激起了大多数非洲国家的不满。1975年，尼日利亚首先承认了安哥拉人民共和国；⑤ 曾经支持安盟的坦桑尼亚于1975年12月10日宣布关闭安盟和卡宾达解放阵线设在达累斯萨拉姆的代表处；⑥ 至1976年1月，46个非统成员国中的41个承认了安哥拉人民共和国，⑦ 这标志着非统承认了安哥拉人民共和国；2月12日，非统承认安人运作为安哥拉唯一合法政府；⑧ 2月21日，非统正式接

---

① *Васелов Александр Павлович* Движение УНИТА. Политика и идеология. 1966~1995 гг.: Дис. ... канд. ист. наук. М., 1996, с. 71；林永乐：《安哥拉争端与美苏冲突》，第39页。作者指出安人运2月21日攻占新立日伯，综合判断，这个日期应是错误的。

② 〔苏〕伊凡·叶戈罗维奇·沙夫罗夫主编《局部战争今昔》，第235页。

③ *Корольков Александр Владимирович* Интернационализм во внешней политике Кубы в период холодной войны 1959~1991 гг.: Дис. ... канд. ист. наук. М., 2010, с. 125.

④ *Васелов Александр Павлович* Движение УНИТА. Политика и идеология. 1966~1995 гг.: Дис. ... канд. ист. наук. М., 1996, сс. 71-72.

⑤ 刘海方编著《列国志·安哥拉》，社会科学文献出版社，2006，第421页。

⑥ *Токарев Андрей Александрович* ФНЛА в антиколониальной борьбе и гражданской войне в Анголе. М.: Институт Африки РАН., 2006, с. 170 第673注释。

⑦ *Токарев Андрей Александрович* ФНЛА в антиколониальной борьбе и гражданской войне в Анголе. М.: Институт Африки РАН., 2006, с. 129. *Васелов Александр Павлович* Движение УНИТА. Политика и идеология. 1966~1995 гг.: Дис. ... канд. ист. наук. М., 1996, с. 70 中提供了非洲国家数。

⑧ 〔苏〕伊凡·叶戈罗维奇·沙夫罗夫主编《局部战争今昔》，第235页。

纳安哥拉人民共和国加入该组织,[①] 这就意味着安解阵与安盟联合建立的"安哥拉人民民主共和国"从此失去了法律和外交地位。安哥拉人民军—古巴军队的军事胜利也进一步改善了安哥拉人民共和国的外部环境：1月，全世界已有50多个国家与安哥拉人民共和国建立了外交关系[②]；2月22日，葡萄牙总统科米兹在葡萄牙左派的压力下宣布承认安哥拉人民共和国;[③] 2月28日，内图与蒙博托在金沙萨举行会谈，双方决定建立睦邻友好关系,[④] 3月扎伊尔军队从安哥拉北部撤出，在安解阵退出安哥拉政治舞台后，扎伊尔转而秘密支持安盟；[⑤] 3月27日，南非军队全部从安哥拉撤出；4月，苏联正式派遣驻安哥拉大使赴任;[⑥] 4月后，罗伯托撤至扎伊尔，以后安解阵的军事影响力逐步下降。

三 安哥拉内战第一阶段期间苏联与安人运的关系

1975年7月至1976年3月，苏安关系在苏联大力援助的情况下基本平稳，但其中也时有波澜。1975年7月，内图"请求苏共中央提供军事和财政的补充援助";[⑦] 8月前后，苏联就开始行动，"苏联已把装甲车、重机枪、重型迫击炮和火炮以及上万支步枪运到安人运手中……苏联运给安人运的武器足够武装四万五千人"[⑧]。1975年9~12月苏联团结委给安人运提供人道主义援助的清单如下。[⑨]

[①] 林永乐:《安哥拉争端与美苏冲突》，第39页。
[②] Токарев Андрей Александрович ФНЛА в антиколониальной борьбе и гражданской войне в Анголе. М.: Институт Африки РАН., 2006, c. 135.
[③] Токарев Андрей Александрович ФНЛА в антиколониальной борьбе и гражданской войне в Анголе. М.: Институт Африки РАН., 2006, c. 170 第674注释。
[④] Токарев Андрей Александрович ФНЛА в антиколониальной борьбе и гражданской войне в Анголе. М.: Институт Африки РАН., 2006, c. 134.
[⑤] Адамишин А. Белое солнце Анголы. М.: Вагриус, 2001, c. 11.
[⑥] 林永乐:《安哥拉争端与美苏冲突》，第63页。
[⑦] 沈志华总主编《苏联历史档案选编（33）》，社会科学文献出版社，2002，第12页。
[⑧] 夏义善:《苏联外交六十五年记事》，世界知识出版社，1987，第527页。
[⑨] Афонсу Кангомбе Советско - Ангольские отношения 1975~1991 гг.: Дис. ... канд. ист. наук. М., 1994, cc. 45-47.（《苏联与安哥拉关系研究（1975~1991）》）。

	车辆、设备、现金	数量
1	装载 20 人飞机	1
2	装载 12 人飞机	1
3	200 吨排水量的船只	6
4	100 吨排水量的渔船	4
5	100 吨容积的冷冻设备	4
6	45 座汽车	20
7	"РАФ"型汽车	15
8	带牵引和支架的轻型汽车	30
9	带牵引和支架的 20 吨重卡	20
10	带牵引和支架的 10 吨重卡	20
11	救护车	20
12	自发电电影放映车	20
13	扩音喇叭	80
14	车载电话	20
15	100 频段短波电台设备	1
16	50 频段短波电台设备	1
17	首都与 16 省间通信的电话设备	1
18	100 万美元现金	1

	食品	单位（吨）
19	大米	1000
20	牛奶	100
21	糖	100
22	面粉	500
23	玉米	1000
24	大豆	100
25	奶粉	50
26	肉罐头	50

	燃料	单位（升）
27	汽油	50 万
28	机油（30、40、90、140）	1 万
29	航空汽油	30 万

	纸制品	单位（包）
30	发行量为 4 万份的日报 3 个月用纸	30 万
31	1.16×0.82 幅的报纸	30 万
32	0.58×0.82 幅的报纸	30 万
33	61×86（CM）书写纸	12 万
34	彩色书写纸	4 万
35	оберточная бумага	1 万

	印刷油墨	单位（千克）
36	报纸	2000
37	书	1000
38	特殊	200
39	彩色报纸	600

	其他	数量
40	按照安人运需求清单提供的药品	未解密
41	军装及民用服装	2 万件
42	男裤	2 万件
43	男衬衣	2 万件
44	毯子	4 万条
45	外套	2 万件
46	餐具	4 万套
47	军用锅炉	5000 个
48	牙刷、牙膏、香皂	4 万套
49	儿童玩具	档案未解密

台湾学者根据西方材料认为,苏联提供给安人运的军援在1975年"八月至十一月中旬估计约八千万美元;十一月中旬再增加九千万美元;而元月中旬至二月中旬又激增一亿美元,一九七五年三月以后之军援累计竟达三亿美元";[1] 大陆学者根据西方材料指出,"到1976年2月中旬(反推时间应从1975年3月起——作者注),苏联仅在11个月内就运去了3亿美元武器和几百名技术人员。苏联在不到一年的时间内运到安哥拉的武器,比它过去15年给'人运'的全部援助(约6000万美元)还多得多"。[2] 不过,内图仍然对苏联的援助有所不满。1975年8月,古巴向劳尔·卡斯特罗提交的报告档案材料指出,内图向古巴人"抱怨苏联的援助不仅少而且不能及时兑现";[3] 据古巴1975年12月18日"关于安哥拉政治形势的电报"的档案显示,古巴人认为,"苏联对安哥拉人民解放运动组织怀有强烈的不信任感"。[4]

苏联不仅为安哥拉政府提供军事援助,在外交领域也积极支持安哥拉政府进行"第二次解放战争"。1976年1月16日,安哥拉人民共和国外长艾杜尔多和安哥拉外交官鲁武阿鲁在莫斯科参加世界和平理事会主席团委员会关于安哥拉问题的会议;[5] 1月31日,苏联团结委员会副主席扎索霍夫率领的包括苏共中央国际部耶夫休科夫、《消息报》记者等成员在内的代表团抵达罗安达,2月2~4日苏联代表团参加了亚非人民团结组织在安哥拉城市卢福达召集的"团结战斗的安哥拉人民国际会议",[6] 2月6~10日苏联该代表团参加由非洲国家发起的"团结安哥拉人民特别国际会议",[7] 在上述会议中苏联代表塑造了安哥拉政府抵抗外部侵略的积极

---

[1] 林永乐:《安哥拉争端与美苏冲突》,第46页。
[2] 梁根成:《美国与非洲——第二次世界大战结束至80年代后期美国对非洲的政策》,第206页。
[3] 华东师范大学国际冷战史研究中心编著《冷战国际史研究·Ⅳ》,世界知识出版社,2007,第296页。
[4] 华东师范大学国际冷战史研究中心编著《冷战国际史研究·Ⅳ》,第295页。
[5] Постановления с 1-96 заседании Бюро Правления СФМ за 1976 г., Т. 1. ГАРФ. Ф. 9605. О. 1. Д. 138. 1976 г., с. 31. (《苏联和平基金会常务理事会第1~96次会议决定》)。
[6] Постановления с 1-96 заседании Бюро Правления СФМ за 1976 г., Т. 1. ГАРФ. Ф. 9605. О. 1. Д. 138. 1976 г., с. 44.
[7] Постановления с 1-96 заседании Бюро Правления СФМ за 1976 г., Т. 1. ГАРФ. Ф. 9605. О. 1. Д. 138. 1976 г., с. 60.

外交形象，呼吁国际社会给政府军提供支持。

在安哥拉内战第一阶段，苏联与安哥拉政府军事关系顺利发展。内图在1976年2月19日与苏联驻安哥拉代办兹韦列夫的谈话中宣布打算建立一支强有力的现代化军队。① 2月23日，其在苏联建军节招待会的讲话中指出，"今后愿意加强同社会主义国家，首先是同苏联和古巴的全面合作，利用他们的经验，依靠他们的支援"，② "希望苏联和古巴在建立国防军中起主要作用"，内图同时请求苏共中央派军事专家到罗安达新建立的军事科学院任教。③ 在国际社会普遍谴责苏联武装安人运，从而挑起安内战引起地区局势动荡并要求苏、古立即撤军的大环境下，内图态度坚决地指出，"过去和现在坚决不能接受从安哥拉撤出古巴军队和苏联军事专家的要求"。④ 3月安人运政府基本控制全国局面后，苏安关系基本稳定发展。

1976年3月21日，苏联国防部部长和苏联武装力量总司令库里科夫提出在安哥拉使馆设立编制为6人的武官处作为"苏联武装力量总司令部驻南部非洲大陆的主要谍报机构"；⑤ 4月12日，苏共中央行政部副部长萨文金、苏共中央国际部副部长乌里扬诺夫斯基同意设立武官处；4月13日，苏共中央书记处同意设立；4月26日，苏联部长会议主席柯西金签署文件：（1）同意苏联国防部关于在苏联驻安哥拉大使馆建立武官处的建议，该机构由5人组成，武官同时负责空军和海军；（2）授权苏联外交部与安哥拉人民共和国就该问题进行相关谈判；（3）苏联财政部自1977年起向国防部拨付必要的资金，1976年的资金由苏联国防部承担。⑥ 4月，苏联驻安哥拉大使到任。

1976年4月后苏联与古巴一方面承担保护安哥拉的军事安全责任，另一方面苏联也在推动安哥拉进入社会主义制度建设阶段。

---

① 沈志华总主编《苏联历史档案选编（33）》，第16页。
② 沈志华总主编《苏联历史档案选编（33）》，第17页。
③ 沈志华总主编《苏联历史档案选编（33）》，第16页。
④ 沈志华总主编《苏联历史档案选编（33）》，第17页。
⑤ О создании аппарата военного, военно - воздушного и военно - морского атташе при посольстве СССР в НРА. РГАНИ. Ф. 89. О. 27. Д. 7. 1976., с. 6. （《关于在苏联驻安哥拉使馆设立陆海空军武官事宜》）。
⑥ Об учреждении аппарата военного атташе при посольстве СССР в Народной Республике Ангола. РГАНИ. Ф. 89. О. 27. Д. 7. 1976., сс. 1 - 8. （《关于在苏联驻安哥拉使馆设立武官的事宜》）。

四 苏联与古巴在安哥拉内战第一阶段中的关系

（一）援助问题

1975年8月3日，内图与劳尔·卡斯特罗的代表阿尔汗利斯在罗安达举行会谈，当时内图提出需要古巴提供武器、现金和国际援助，并没有提及需要古巴军队[①]，因而古巴援助内图10万美元现金，决定向安哥拉派遣480名军事专家，他们将在6个月内为安哥拉建立4个培训中心（罗安达以东300公里的恩达拉坦多、本格拉、隆达省的苏里墨以及卡宾达[②]）和16个步兵营、25组炮手和几个反导基地、115辆车以及车辆通信设备。

古巴将军用物资用"Корал Айлэнд"号和"Ла Плата"号货船，人员用"Вьетнам Эроико"号客船运至安哥拉。10月4日"Вьетнам Эроико"号客船抵达安哥拉安博伊瓦港；10月7日"Корал Айлэнд"号、10月11日"Ла Плата"号先后抵达刚果（布）的黑角。[③]

苏联1975年12月底开始用苏联飞机从苏联运送武器到安哥拉战场，[④] 1976年1月8日开始用"伊尔-62"从古巴运送古巴士兵到安哥拉。[⑤] 关于前者，1976年3月卡斯特罗在与保加利亚领导人日夫科夫的会谈中指出，1975年12月古巴向苏联提出90辆坦克和30毫米口径火炮的援助要求，苏联同意所有援助要求，条件是苏联提供武器，而古巴提供会使用这些武器的专家。12月底苏联开始提供坦克和"БМ-21"。由于此时美国禁止古巴飞机在亚速尔群岛进行空中加油，在这种情况下，苏联的运输机承

[①] Корольков Александр Владимирович Интернационализм во внешней политике Кубы в период холодной войны 1959~1991 гг.: Дис. ... канд. ист. наук. М., 2010, с. 104.
[②] Корольков Александр Владимирович Интернационализм во внешней политике Кубы в период холодной войны 1959~1991 гг.: Дис. ... канд. ист. наук. М., 2010, с. 110.
[③] Корольков Александр Владимирович Интернационализм во внешней политике Кубы в период холодной войны 1959~1991 гг.: Дис. ... канд. ист. наук. М., 2010, с. 109.
[④] Корольков Александр Владимирович Интернационализм во внешней политике Кубы в период холодной войны 1959~1991 гг.: Дис. ... канд. ист. наук. М., 2010, с. 121.
[⑤] 田金宗：《冷战视野下的安哥拉内战（1974~1988）》，华东师范大学世界史专业硕士学位论文，2013，第115页。

担了运送坦克和火炮的任务。①

(二) 古巴撤军问题

3月27日南非军队撤出后本也应撤出的古巴军队却被留在了安哥拉,这其中既有安哥拉政府的考虑,也有卡斯特罗自身的考虑。3月30日,古巴驻军指挥官夫利阿斯代表安人运与南非签署了边境管控协议。② 但卡斯特罗认为南非还有随时入侵安哥拉推翻现政府的可能性,古巴军队不但没有撤军计划,反而在3月制订了保卫罗安达的防御计划,其中包括重建道路、为"米格-21""米格-17"航空大队(苏联提供飞机、古巴提供飞行员)兴建军用停机坪,并规定这些工事在2个月内完成。③

苏联在美国政府的压力下要求古巴撤军。④ 4月,古巴国防部部长劳尔·卡斯特罗飞抵安哥拉与内图讨论古巴撤军问题。最终双方决定古巴3年内分阶段逐步撤军,每年撤军1.2万人,即3年将总共3.6万古军全部撤出。⑤ 卡斯特罗指出,古巴驻军的任务不是与安盟作战,而是为了应对外部威胁,古巴军队只有在紧急情况下才能参与(对安盟——作者注)作战。⑥ 5月,美国对安哥拉政府下了最后通牒,美国承认安哥拉政府的条件就是所有的古巴和苏联军人必须从安哥拉撤出,否则美国就支持南非和安盟,对此内图回应,古巴军队当然不会常驻,但他们会待到安哥拉有能力自卫为止。⑦ 8月1日,古巴与安哥拉政府签署协

---

① *Корольков Александр Владимирович* Интернационализм во внешней политике Кубы в период холодной войны 1959 ~ 1991 гг. : Дис. ... канд. ист. наук. М. , 2010, с. 121.

② *Корольков Александр Владимирович* Интернационализм во внешней политике Кубы в период холодной войны 1959 ~ 1991 гг. : Дис. ... канд. ист. наук. М. , 2010, с. 130.

③ *Корольков Александр Владимирович* Интернационализм во внешней политике Кубы в период холодной войны 1959 ~ 1991 гг. : Дис. ... канд. ист. наук. М. , 2010, сс. 129 - 130.

④ 〔古〕菲德尔·卡斯特罗、〔法〕伊格纳西奥·拉莫内:《卡斯特罗访谈传记:我的一生》,第289页。

⑤ *Корольков Александр Владимирович* Интернационализм во внешней политике Кубы в период холодной войны 1959 ~ 1991 гг. : Дис. ... канд. ист. наук. М. , 2010, с. 131.

⑥ *Корольков Александр Владимирович* Интернационализм во внешней политике Кубы в период холодной войны 1959 ~ 1991 гг. : Дис. ... канд. ист. наук. М. , 2010, с. 132.

⑦ *Корольков Александр Владимирович* Интернационализм во внешней политике Кубы в период холодной войны 1959 ~ 1991 гг. : Дис. ... канд. ист. наук. М. , 2010, с. 134.

议①，分阶段撤军后仍然驻留的那部分古巴军队将继续在安哥拉训练安哥拉人民军。

五　结论

第一，苏联在以下关键时间点对安哥拉进行间接干涉：1975年11月1日，其派近20人的军事专家分队从莫斯科飞抵刚果（布）待命；12日，苏联部长会议通过支持安哥拉人民解放运动的政治决议；16日，首批40多名成员的苏联军事专家团从刚果（布）飞抵罗安达并很快进入战区协助安哥拉人民军和古巴军队同南非政府军、扎伊尔军队、安盟—安解阵联军及雇佣军作战；自1975年12月底开始，苏联从本国直接运送武器到安哥拉；自1976年1月8日开始，苏联用苏联飞机从古巴运送古巴士兵到安哥拉。在安哥拉宣布独立的关键时期，苏联、古巴为安人运提供了有力的军事援助，为安人运顺利夺取政权奠定了重要的军事基础。

第二，本文认为安哥拉战争是否可以称为"代理人战争"仍然需要进一步研究。这里的关键点是如何定义"代理人战争"本身。目前"代理人战争"的定义是：一个国家出钱出军火，另一个国家出面出军队，对第三国进行军事干预。②这也就是说，古巴是苏联的代理人，双方共同对安哥拉进行干预。在经济学中"代理"这个概念涉及财产所有权，在政治学中则涉及最终的政治军事决策权。目前笔者所能见到的俄文档案以及其他资料不足以证明古巴在安哥拉内战第一阶段以及其后对安哥拉所进行的直接干涉是执行苏联所发出的指令，但也无法证明相反的情况，因为要做出是不是"代理人"的结论，必须研究苏联、古巴和安哥拉三者之间的政治军事决策机制。目前俄罗斯的俄文相关档案尚未开放，而古巴档案的开放也仍需要漫长的等待。因此，对于安哥拉战争是不是"代理人战争"仍需进一步进行研究，而在此之前，本文认为它是间接干涉的典型案例。

---

① Корольков Александр Владимирович Интернационализм во внешней политике Кубы в период холодной войны 1959~1991 гг.: Дис. ... канд. ист. наук. М., 2010, с. 132.
② 曾庆洋主编《军事新知识词解》，中国铁道出版社，1991，第114页。

调研报告

中国非洲研究评论
（2013）

中国与利比里亚

——与一个走出冲突国家的交往（2003~2013）*

〔贝宁〕吉尤姆**

刘均*** 译

一 导言

利比里亚曾被国际社会列为"失败国家"。但自2005年第一次真正的民主选举以来，它享有经济社会的复兴。这个国家已走出战争泥潭，并给予非洲大陆一个骄傲的理由：瑟利夫被选为大陆的第一位女总统，她也是2011年诺贝尔和平奖的联合获得者。

国际社会，主要是西共体、非盟、联合国、布雷顿森林体系国家和作为整体的捐助者共同体，在利比里亚重建中发挥了十分积极的作用。特别有趣的是，国际社会参与的是利比里亚政府优先考虑的领域，包括安全重建、司法改革、国家和解以及治愈战争创伤。① 从双边的角度看，无论在

---

* 作者希望感谢在采访过程中遇到的所有人，甚至包括2010年11月20日至12月5日在蒙罗维亚及其在周边地区实地考察过程中随意聊了几句的人。不提他们是因为担心漏掉那些在一个或其他方面发挥关键作用的人，同时也必须感谢 Dr. Chris Alden 和 Udy Smith - Höhn 无价的评论和编辑工作。

** 吉尤姆（Moumouni Guillaume）先后获得北京大学国际关系学士、硕士和博士学位，南非国际事务研究所和贝宁阿利翁·贝耶和平研究院的副研究员，目前任贝宁阿波美卡拉维大学助教兼政法学院政治系主任助理，非洲最知名的中国问题专家之一，在中非经济学术交流方面拥有丰富的专业经验。他曾在贝宁担任过两家中国公司的翻译、公共事务官员和总经理，最近他任某地方外办的副主席。吉尤姆博士能流利地运用法语、汉语和英语进行交流和写作，还能讲西班牙语。

*** 刘均，北京大学国际关系学院国际政治专业博士研究生。

① L. Gberie, *Liberia: The 2011 Elections and Building Peace in the Fragile State*, Situation Report, Pretoria: ISS (Institute for Security Studies), 2010, p. 1.

联合国利比里亚特派团（以下简称"联利特派团"）内还是在利比里亚经济恢复和社会重建中，中国一直都是这个国家的主要参与者之一。

自2003年复交以来，中国一直是利比里亚重建努力中主要的外国参与者之一。在联利特派团的框架内和双边层面上，中国政府都明确证明了它是一个重要的利益相关者和发展伙伴；在非洲结束了冲突的绝大多数国家里，这都是普遍事实。

本文着眼于中利复交后十年来的合作（2003~2013），对中国在利比里亚维和行动中的作用进行了深入检验，包括中国维和人员的部署、活动，与其他维和部队、利政府和当地群众的互动，以及他们资助的项目和工作。接下来，文章在多边和双边层面上探索了中国为支持利比里亚战后重建工作的外交活动，讨论了中国在利基础设施建设中的作用，包括资金安排、实施单位（公司）、管理、劳务和相关问题；谈到了中国经济参与者在利比里亚其他经济领域中的作用，尤其是零售业和采矿业。文章还对前述活动进行评估，评估它们对利比里亚推进战后政治经济目标努力的总体影响。在结论中，文章提出在所谓的"双赢"关系中，利比里亚是一个"相对赢家"，尽管中国做出了全方位的贡献，但中国成为"绝对赢家"。

二 从不稳定到日益稳定的政治关系

1821年，大量美国非裔决定重返"故土"。利比里亚于1824年建成，1838年成为联邦，但仍处于美国的全面影响之下，尤其是继续严重依赖费尔斯通之类的美国公司。1847年利比里亚宣布独立，到19世纪末它和埃塞俄比亚是非洲大陆仅有的两个独立国家。[1] 此后直到20世纪80年代后期是一段经济缓慢增长、政局相对稳定的时期。

1989年，总统多伊遇刺。他的独裁统治在统治精英和广大农民中都激起了强烈抵抗，引发了系列事件，导致内战蔓延。虽然继任者泰勒在1997年通过选举上台，但他的当政证明更具破坏性。在国际社会和西共体的联

---

[1] R. Goff et al., eds., *The Twentieth Century: A Global Brief History*, Boston: Mc Graw Hill, 5th edition, 1998, p. 42.

合努力下,2003年泰勒最终被迫下台,为过渡政府和2005年大选提供了条件。瑟利夫,一位在宏观经济管理方面拥有丰富经验的技术专家,当选为非洲第一位女总统。她开启了一段稳定时期,为国家复兴铺平了道路。中国在利比里亚战后重建中的作用特别重大。

然而,在瑟利夫当选前的相当一段时间内,中国政府在利比里亚发挥的作用服从于利比里亚与中国大陆和台湾之间外交关系的转换。众所周知,中国与任何国家建交的底线是"一个中国"原则。在利比里亚一例中,从1977年2月利比里亚结束与台北20年的"蜜月期",转而与北京建交起,它就开始了在两岸间的"朝秦暮楚":1989年10月,蒙罗维亚再次倒向中国台湾,但四年后与北京复交;1997年,泰勒鼓吹承认"两个中国"、试图"脚踏两只船",北京自然以再次断交作为回应;最后,2003年10月,利比里亚过渡政府签署了一项联合声明和一项谅解备忘录,再次承认"一个中国"原则。此举被视为试图阻止又一次倒向中国台湾的"背叛",因为这个问题在那时依然非常敏感但无法解决。实际上,在中国参与联利特派团之前,蒙罗维亚非常清楚:对于中国人来说,与利比里亚保持稳定的外交关系和获取利比里亚的资源都很重要。[1] 2005年8月19日,利比里亚参众两院一致通过第52届国会第001号决议,批准和再次确认"一个中国"政策的不动摇,并规定这项新政策"不可取消"。[2] 因此,当时任众议院议长的斯诺在2006年7月暗示可能与中国断交后,瑟利夫很快否认了这一说法,斯诺最终被迫辞职。[3] 为证明中国是负责任的国家和支持利中关系,时任外长的李肇星2006年多次到访蒙罗维亚;一年之后,时任中国国家主席胡锦涛访问利比里亚。

从利比里亚的角度看,在帮助通过支持利比里亚社会政治生活正常化的决议时,作为联合国安理会常任理事国的中国是不可或缺的角色。中国

---

[1] Personal interview, Mohammed BOS Kenneth, Minister Counsellor at the Liberian Embassy in Beijing, January 14, 2009.

[2] Liberia, *Resolution No. 001 of the 52nd Legislature of the Republic of Liberia*, Liberian Embassy, Liberia – China Relations, Beijing: Liberian Embassy, 2005, p. 3.

[3] 参见 "Ex – Taylor ally sacked as speaker," *BBC News*, January 18, 2007, http://news.bbc.co.uk/2/hi/africa/6276381.stm; G. Sneh, "The Honourable House deserves a better leader," *The Perspective*, July 19, 2006, http://www.theperspective.org/articles/0719200601.html, accessed 27 December 2007。

作为影响全球的新兴大国、拥有对其他发展中国家日益扩大的投资及援助，是额外的动因。虽然利比里亚与西方特殊关系的历史很长，但变化的全球环境和中国在非洲新的突出地位鼓励它与中国发展更密切的联系。这反映在过渡政府所谓的发展外交中，后者对外交事务优先采取更务实的办法。而中国，作为重视与利关系的重要信号，2009年在蒙罗维亚修建了一座宏伟的大使馆。这引发了诸多期望，期望它在利比里亚重建过程中发挥同样重要的作用。

三　对中国参与联利特派团的评估

（一）利比里亚内战背景

利内战正式始于1989年12月24日，泰勒领导他的"全国爱国阵线"向时任总统多伊的野蛮独裁统治开战。冲突本身是冷战的产物，因为泰勒由卡扎菲训练和武装，目的是推翻多伊，他被视为西方傀儡。[1]"全国爱国阵线"最终分裂，约翰逊成了另一派的头目。这一派在1990年下半年抓住了多伊，并当着约翰逊的面残忍地处决了他。因担心利比里亚新政治冲突的扩散，作为泰勒兵员来源国的周边国家，即几内亚、冈比亚、塞拉利昂、加纳与尼日利亚共同决定发起"西非观察组"，最终阻止了泰勒控制蒙罗维亚。泰勒则以武装和训练野蛮的"革命联合阵线"在塞拉利昂（"西非观察组"的后方基地）制造混乱来还以颜色，此举最终导致1995年和1996年的《阿布贾协定》。根据该协定，利比里亚1997年7月举行选举，泰勒赢得大选。他的恶政加上对"革命联合阵线"的继续支持，酿成针对他的武装力量联合起来。联合武装先被几内亚支持的"利比里亚人和解与民主联盟"（简称"利民联"，英文缩写为LURD）、后被科特迪瓦支持的"利比里亚民主运动"（简称"利民运"，英文名称为Liberian Action Party）领导。尽管和平谈判一直在进行，但直到2003年8月西共体部署了3500名维和人员之后，战争才最终停下来。迫于压力，已被削弱的泰勒流亡尼日利亚。

---

[1] ICG (International Crisis Group), *Africa Report No. 43*, Brussels: ICG, 2002, pp. 1 - 2.

（二）中国参与联利特派团

伴随1978年后期开始的改革开放政策，以及快速的增长和发展，中国对国际事务的参与变得更加积极。这种变化最终变成多层次的倡议，如胡锦涛倡导的"和谐世界"，反映了中国对国际新秩序的新期待，换句话说：[1] 共同分享发展机遇，推进人类和平与发展的崇高事业……各国人民携手努力，推动建设持久和平、共同繁荣的和谐世界。因此，在国际事务中，各国应该遵循联合国宪章宗旨和原则，恪守国际法和公认的国际关系准则，弘扬民主、和睦、协作、共赢精神。

中国一直积极参与联合国在非洲、特别是西非的维和行动，有人认为这事实上采取了有限协商干预政策，与中国一直坚持的不干涉他国内政的理论框架相冲突。[2] 有限协商干预实际上是参与集体行动的一种方式，而不是革命性的单边主义。

中国参与联合国维和行动不断增加归因于多种因素的结合。第一，它一直增长的经济实力对维和行动提供了大量资源（人力、物力和财力）。第二，"9·11"事件帮助中国重塑对主权的理解和对全球反恐斗争的认同。第三，加入世界维和行动是改善中国形象的手段之一：它是体系的保证者和利益相关者，而不是全球和平的威胁。这也是它21世纪"历史使命"的一部分和所谓和谐世界的"实验室"。第四，维和行动有助于增强中国人民解放军的知识技能。[3] 中国确实一直在逐步建立维和体系：2000年，中国维和民事警察培训中心在河北廊坊创立，它与南京国际关系学院进行合作；2009年，新的维和培训中心在离北京市区不远的怀柔建立，以帮助"中国国防部维和事务办公室"集中和协调中国的维和行动；那里也是国际交流的场所，包括开研讨

---

[1] Xinhuanet, "Bao gao jie du tui dong jian she chi jiu he ping, gong tong fan rong de he xie shi jie," Report on "Pushing for the construction of a peaceful, prosperous and harmonious world," http://news.xinhuanet.com/newscenter/2008-01/20/content_7455216.htm. Quotation translated by the author.

[2] This concept is developed further in a forthcoming book by the author on the dialectic of China's international responsibility and noninterference principle in Africa.

[3] Yin He, *China's Changing Policy on UN Peacekeeping Operations*, Stockholm: ISDP (Institute for Security and Development Policy), 2007, pp. 9–10.

会和培训外国维和人员。① 第五，维和行动是中国在解决世界和平与安全事务时偏好多边主义而不是单边主义的最好证明。它们提供了一个非常实用的平台，用于中国提倡什么是合法的联合国干预以及什么不是。②

在此背景下，中国参与联利特派团有两个因素：一是联合国 2003 年 9 月 19 日通过的第 1509 号决议，它授权联利特派团的部署；二是同年 10 月中利复交。联利特派团支持全面落实和平协议，提供人道主义和人权帮助，推动安全部门的改革，促进和平进程；2003 年 10 月 1 日，联利特派团接管了西共体在利比里亚的维和部队。第二个因素也与联合国第 1509 号决议相关，它授权联利特派团与西共体和国际组织合作，协助利比里亚"全国过渡政府"重建军队。因此，中国早在 2003 年 11 月就派遣了第一支维和部队。

2013 年 7 月，中国第 15 批派往利比里亚的维和部队有 724 人，包括 564 军人、158 名警察和 2 名专家。这支部队包括工兵、步兵和医疗人员。截至 2013 年年底，中国向联利特派团共派遣约 8370 人次。2013 年 11 月 30 日，联合国特派团共有 8933 人。③

中国驻利维和部队的特点：

> ➢ 比较重要的部队。中国维和部队的人数仅次于巴基斯坦、尼日利亚和加纳（分别是 2013、1610 和 742 人），名列第四。
>
> ➢ 统一指挥，包括运输分队、工兵分队和医疗分队。
>
> ➢ 后勤保障者。中国主要提供后勤支持，包括人道主义救援物资和联合国其他维和部队的运输、施工和战地医院（如大吉德州）。
>
> ➢ 更多集中于硬件设施，而不是软件设施。因此，十分必要与其

---

① B. Gill and Chin – Hao Huang, *China's Expanding Peacekeeping Role：Its Significance and Policy Implications*, SIPRI (Stockholm International Peace Research Institute) Policy Brief, Stockholm：SIPRI, 2009, p. 3; Safer World, *China's Growing Role in African Peace and Security*, London：Safer World, 2011, p. 75.

② Safer World, *China's Growing Role in African Peace and Security*, London：Safer World, 2011, p. 76.

③ "zhong guo fu li bi li ya wei he bu dui wan cheng di 14 ci lun huan (Chinese peacekeeping contingent in Liberia has completed its 14th shift)," http：//military. people. com. cn/n/2013/0725/c1011 – 22326123. html; "UN Mission's Summary Detailed by Country, Month of report：30 November 2013".

他外国参与者开展更多合作,后者参与能力建设、制度改革等。

(三) 工程贡献和后勤支持

利比里亚公路网是西非最糟糕的路网之一,而且非常不发达。利总面积 111370 平方公里,只有 10600 公里道路,其中仅 657 公里是柏油路。因暴雨(每年有 8 个月下雨)和维护不善,道路系统连续被大量损毁。大多数道路雨季无法通行,不到 10% 的道路被列为全天候道路。全国只有两条交叉的高等级公路:从蒙罗维亚经卡卡塔市到宁巴州的南北公路,以及从靠塞拉利昂边界的"波河之滨"到布坎南市的东西公路。[1]

如上所述,中国在联利特派团的特色是:运输分队、工兵分队和医疗分队全部进行统一指挥。工兵分队修复和保养了超过 500 公里的道路,特别是绥德鲁分别至塔佩塔、格林维尔和韦博的高等公路,及拓市到科特迪瓦边界的道路。[2] 运输分队运送水、油、建筑材料和装备,以及世界卫生组织为来自 37 个国家维和部队捐赠的医药用品。中国医疗分队还诊治了数千病人。

与孟加拉国和巴基斯坦同行一起,中国维和部队恢复了 2000 公里的路网,新建或修复了大量桥梁。[3]

(四) 与捐助共同体的互动

中国维和部队充分发挥主动性,积极振兴当地社区,特别是它驻扎的绥德鲁市(大吉德州的首府)。他们经常组织培训农具的使用、水稻和蔬菜种植技术等,也注入了一些中国文化元素。他们和联利特派团其他部队的互动相当少,但会参加联合国秘书长特别代表组织的重要聚会,如联合国日。因此,中国维和部队并不喜欢与其他国家的维和部队开展持续互动。[4]

---

[1] Based on T. Schweitzer and M. Kihlström, "Logistics Capacity Assessment" – Liberia, Version 1.05, 2009, p. 49, http://safersurgery.files.wordpress.com/2012/04/liberia-country-assessment.pdf.

[2] A. Kaure, "Peacekeepers from China, with love," *UNMIL Focus*, September – November 2006, p. 35.

[3] Safer World, op. cit., p. 75.

[4] Personal interview, Rory Keane, Advisor on Security Sector Reform to the Special Representative of the UN Secretary – General, UNMIL – Headquarters in Monrovia, November 24, 2010.

四　中国在双边层次的参与

（一）发展援助

中国对利比里亚的发展援助（中国政府外交术语中的"技术援助"）涉及如下几个经济社会领域。

1. 教育

虽然两国在1982年签署了一项文化合作协议，但交流范围一直非常有限。到2008年年底，仅有108名利比里亚人在中国受过常规项目的培训。[1]

然而，这种状况近5年来一直在大幅改善。至2013年年底，约有500名利比里亚学生在中国接受过或正在接受正规教育，近2000名公务员和新闻工作者在中国受过某种形式的培训。[2] 占地面积11公顷、建筑面积124800平方米的利比里亚大学芬德尔分校[3]，耗资2300万美元（超出最初2150万美元的预算），已由中方建成并于2010年7月20日移交利方。中国还帮其建了3所乡村学校。[4]

2. 医疗

中国捐资1000万美元修建了塔佩塔医院，在中国为25名利比里亚医务人员提供培训，以便他们更有效使用和维护医院的现代化设备。三批次援外医疗队被派往各个医院。中国还耗资470万美元续建了利比里亚卫生部大楼，在蒙罗维亚创办了疟疾防治中心。[5]

---

[1] Personal interview, Mohammed BOS Kenneth, op. cit. A total of 41 students received training from 1981 – 1995; and a further 67 had participated in regular studies by the end of 2008. Since then, China has been offering roughly 70 government scholarships and 200 training opportunities. "China Outlines Achievements in Liberia," http：//www. thenewdawnliberia. com/index. php? option = com_ contentandview = articleandid = 9271: china – outlines – achievements-in – liberiaandcatid = 25: politicsandItemid = 59.

[2] Calculation based on Note 20 above.

[3] 中国商务部网站上的数据是24800平方米。——译者注

[4] Chinese Ambassador Zhou Yuxiao, "Remarks at the Handover Ceremony of the China – aided Fendall Campus of the University of Liberia," http：//lr. china – embassy. org/chn/dszc/jianghua/t718566. htm.

[5] Personal interview, Chinese Ambassador to Monrovia, Zhou Xiaoyu, China's embassy in Monrovia, December 3, 2010.

中国修建的示范中心是中非合作论坛的结果之一，提供了价值100万美元的农业设备。在位于马吉比州卡卡塔市的 BWI 职业培训学校，中国专家进行了水稻种植技术培训。

与利比里亚首次建交以来，中国为利修建了大量的经济社会基础设施，如糖厂和体育综合设施，还提供农具、维修医院和医疗救助（自1984年以来已派出60多名中国医疗人员到利比里亚）。它还在宁巴州的萨尼科莱市组织了水稻种植发展项目，在马里兰州修建了利比里亚糖业公司。[①]

3. 其他基础设施项目

包括投入760万美元维修 SKD 体育馆，在邦州建塔布曼兵营，以及使利广电节目覆盖全国。

4. 免除债务

2006年的中非合作论坛后，中国总共免除了利比里亚1600万美元的债务，每年还给予2000万美元的援助。

提到如下事实也很重要：作为利比里亚重建和发展委员会的利益相关者，2011年中国兑现了它全部承诺。表1列出了中国完成的项目。

表1 中国 2006~2011 年为减贫战略的捐赠

单位：百万美元

主要项目	承诺款项	已拨款项	差 额
和平与安全	6.2	6.2	0
重振经济	14.2	14.2	0
管理和法治	0	0	0
基础设施和基本服务	68.0	68.0	0
总 计	88.4	88.4	0

资料来源：ACET, December 2009。2010年12月3日，通过对中国前驻利比里亚大使周欲晓的采访，证实所有承诺的项目都将在2011年6月之前完成。

如表1所示，中国对"管理和法治"项目没有投入一分钱，这个特殊

---

① Chinese Embassy in Monrovia, http://lr.china-embassy.org/chn/sbgx/jingji/default.html, Liberian Embassy in Beijing, "Liberia-China Relations," op. cit., p. 1; Personal interview, Mohammed BOS Kenneth, op. cit.

问题是中国怀疑论的症候。虽然不干涉他国内政的话语已经演变,① 但对他国管理和法治状况要有一个清晰的立场,中国还有很长的路要走。然而,这也明显表明了中国在非洲大陆利益的复杂性,但几个国家在管理和法治方面日益增长的赤字很快就会让中国不能逃避这个问题。②

(二) 贸易

根据交易商品的结构和贸易的不平衡状况,中利双边贸易是中国与该地区贸易的反映。2001 年,两国贸易总额为 1.415 亿美元,其中中国出口 1.11 亿美元,进口仅 2900 万美元。③ 2006 年,复交三年后,两国贸易总额上升到 5.32 亿美元,相比利比里亚 200 万美元的出口,中国出口 5.30 亿美元;中国只进口了铁矿石和木材,出口主要是食品、机电设备和船舶。2009 年,双边贸易达 18.8 亿美元,比 2008 年增长了 65%;其中,利比里亚出口仅 400 万美元,下降了 33.3%,而中国出口则增长了 65.5%;利比里亚出口的主要是橡胶,木材和废金属。④

根据中国海关的数据,2012 年双边贸易额达到 36.7 亿美元,其中中国出口 34.4 亿美元,这对利比里亚非常有利,其意味着利比里亚对中国的出口额创纪录地超过了 2 亿美元。⑤ 这种趋势在 2013 年前九个月已被证实:19.2 亿美元的双边贸易中,利比里亚出口总计 1.65 亿美元。⑥

令人吃惊的是,中国对利比里亚高达 70% 的出口是船舶。⑦ 实际上,绝大多数挂利比里亚旗帜的船舶是他国人员(包括拥有 1185 艘船舶的德

---

① See Chris Alden, Dabiel Large, "China's Evolving Policy towards Peace and Security in Africa: Constructing a new paradigm for peace building," in Mulugeta Gebrehiwot Berhe, Liu Hongwu, eds., *China – Africa Relations*: *Governance*, *Peace and Security*, Ethiopia, Institute for Peace and Security Studies (Addis Ababa University), 2013, pp. 16 – 25.

② Admore Mupoki Kambudzi, "Africa and China's Non – interference Policy: towards peace enhancement in Africa," in Mulugeta Gebrehiwot Berhe, Liu Hongwu, eds., ibid., p. 43.

③ Liberian Embassy in Beijing, "Liberia – China Relations," internal document, January 2008.

④ "2009 nian zhong li shuang bian mao yi e tong bi shang sheng 65%" (China – Liberia two way trade increased by 65% in 2009), http://lr.mofcom.gov.cn/aarticle/zxhz/tjsj/201003/20100306802801.html.

⑤ Chinese Ministry of Foreign Affairs, "China – Liberia Relations," http://www.mfa.gov.cn/fzs/sbgxdsj/t6599.html.

⑥ Chinese Ministry of Foreign Affairs, "China – Liberia Relations".

⑦ Chinese Ministry of Foreign Affairs, "China – Liberia Relations".

国人、斯堪的纳维亚国家人和其他西欧国家人）所有，以逃避他们自己国家更严格的管理和税收，这个现象被称为"方便旗"。2012 年，利比里亚有 2771 艘船舶注册，在"方便旗船籍国"中排名第二。同年的记录显示，包括利比里亚在内的十个国家"控制"了全世界 70% 以上的商船。①

表2　中利 2006～2012 年的贸易额

单位：十亿美元

年　份	进出口总额	中国出口额
2006	0.532	0.53
2007	0.80	0.80
2008	1.14	1.13
2009	1.88	1.876
2010	4.41	4.39
2011	5.00	4.96
2012	3.67	3.44
Total	17.432	17.126

资料来源：作者本人通过对中国商务部和中国驻利大使馆经贸办提供的数据计算所得。

两国贸易的顶峰是 2011 年，达到了 50 亿美元，其中利比里亚出口近 5000 万美元，比 2010 年增长了 84%。② 然而，这种增长实质上依然没有意义，因为它不到总交易额的 1%。因此，在与中国的合作中，对利比里亚政府而言重要的是想出更有进取心的政策，使它的私营部门能在中国人的市场获得份额。这包括能力建设、进入金融市场的渠道、综合信息处理机构和对合资企业的多种激励，特别是在原材料加工方面。实际上，利比里亚的情形重复了中国商人在整个非洲的情形。③

---

① The Basement Geographer, "Flags of Convenience," http://basementgeographer.com/flags-of-convenience/.
② Alaskai Moore Johnson, "Chinese Business Association of Liberia Launched, As China's Trade with Liberia Passes US＄5 Billion in 2011," http://www.liberianobserver.com/index.php/business/item/1105-chinese-business-association-of-liberia-launched-as-china%E2%80%99s-trade-with-liberia-passes-us＄5-billion-in-2011.
③ Personal interview, Thomas Jaye, noted academic, Liberia, November 22, 2010.

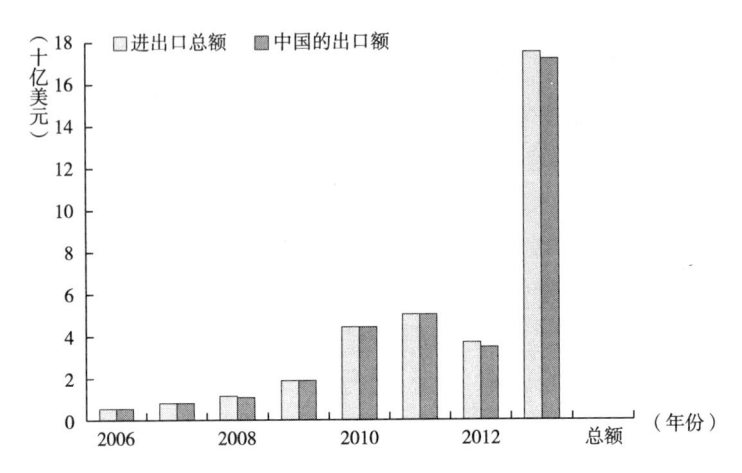

图 1 进出口总额和中国的出口额

资料来源：作者对前文数据的计算。

如图 1 所示，进出口总额几乎等于中国的出口额。随着双边贸易以惊人的速度发展，利比里亚方的贸易赤字继续扩大。

瑟利夫政府仍面临的另一个挑战是将中国公司与利比里亚腐败官员合谋走私铁矿石和木材的活动纳入规范框架。2003 年泰勒下台前，商业伐木一直是国家经济的重要组成部分；2012 年，它占利比里亚 GDP 的 1/4、外汇收入的 65%。[1] 伐木业和钻石产业成了泰勒和其他人预算外收入的主要来源，这在利比里亚国内和邻国（塞拉利昂、科特迪瓦和几内亚）引发了冲突。2003 年联合国安理会通过第 1521 号决议，对这些产业进行制裁，直到中央政府全面控制国家的自然资源。[2] 然而，在 2005 年的一项调查中，国际热带木材组织证实中国是利比里亚 75% 的出口原木目的地，而欧洲占了 80% 的锯材。应该声明的是：在泰勒时代，伐木业务主要被"东方伐木公司"控制。该公司归荷兰人考恩霍文（Gus van Kouwenhoven）所

---

[1] ITTC (International Tropical Timber Organization), Achieving the ITTO Objective 2000 and Sustainable Forest Management in Liberia, ITTC (XXXVIII)/6, 2005, p. viii, http://www.itto.int/mission_reports.

[2] UNSC, S/RES/1521 (2003), Liberia, Adopted by the Security Council at its 4890th meeting, on December 22, 2003, http://www.un.org/ga/search/view_doc.asp?symbol=S/RES/1521%282003%29.

有，他是泰勒当局臭名昭著的帮凶。①

为处理经贸关系相关的问题，2010年4月23日，中利两国政府举办了第一届中利经济和贸易合作论坛，约100名来自中国和利比里亚公司的代表参会。论坛虽然还没有具体成果，但它的主要精神在于希望在两国间建立更密切的联系。中国同意在布坎南飞地建立自由贸易区，这是利比里亚人迫切期望的成果之一。另一个成果是2011年3月17日利比里亚中国企业商会的成立，15家中国公司成为创始会员，中利联利比里亚矿业公司董事长熊兴海任会长。此举与其他行为一起回应了前大使周欲晓的呼吁：他的同胞只做合法生意。②

（三）投资：邦矿协议研究

战后初期，利比里亚被列为FDI（外国直接投资）流出国，2006年FDI流出8200万美元，尽管远低于2005年的4.79亿美元。随着瑟利夫总统当选，投资者信心缓慢恢复。③ 中国商务部副部长傅自应在蒙罗维亚披露，2010年中国在利投资总额达到99亿美元。④ 中国正被利比里亚政府强烈争取去开发其国内丰富的自然资源，这是个公开的秘密。当然，这同样符合中国的利益。

2008年12月8日，瑟利夫总统宣布中国矿业公司"中利联"中标邦矿（位于蒙罗维亚北部150公里邦州的邦山）。在26亿美元的一揽子协议中，中利联承诺预付4000万美元，政府希望把这笔钱作为它减贫战略的一部分。⑤

邦矿协议由利比里亚政府、中利联（香港）和中利联（利比里亚）邦矿

---

① Global Witness, *Cautiously Optimistic: The Case for Maintaining Sanctions in Liberia*, Briefing Document, June 2006, p. 7. In March 2005 Gus van Kouwenhoven was eventually arrested and tried the following year at the Hague on the account of violation of UN Resolution (788) of arms embargo on Liberia. See the Geneva Academy of International Humanitarian Law and Human Rights, "The trial of Charles Taylor," http://www.adh-geneva.ch/RULAC/international_judicial_decisions.php?id_state=127.

② 参见《利比里亚中国企业商会成立》(Chinese Business Association of Liberia is born), http://lr.mofcom.gov.cn/aarticle/jmxw/201103/20110307458315.html (Chinese economic and commercial office's website).

③ UNCTAD (UN Conference on Trade and Development), *World Investment Report 2007: Transnational Corporations, Extractive Industries and Development*. New York and Geneva: UNCTAD, 2007, p. 36.

④ *AllAfrica*, "Liberia: China's investment reaches US $9.9 billion," April 26, 2010, http://allafrica.com/stories/201004280378.html.

⑤ *AllAfrica*, "Liberia: China's investment reaches US $9.9 billion," April 26, 2010, http://allafrica.com/stories/201004280378.html.

投资有限责任公司三方签订。① 对邦矿的勘探和开发进行招标由利比里亚政府2008年1月发起。中国的中利联投资有限责任公司（代表驻蒙罗维亚）和中利联矿业公司（香港）的一家子公司，联合投标并于2008年5月得到批准。因全球金融危机，协议在2009年1月19日才签署。②

开采区域（包括一期59000英亩的开采区域和二期94000英亩的开采区域）总计153000英亩。合同期限25年，勘探权限5年。据政府估计，开采区域品位为36.5%的铁矿石储量达3.04亿吨，其中矿业开发公司主要致力于开采品位至少在64.5%~65%的铁矿石，这有更高的附加值。利比里亚对矿业公司运营的主要目标是：矿业开发获益，包括促进增长中心，地区可持续发展教育，创造更多就业就会，鼓励和发展本地商业，确保技能、知识和技术被转让给利比里亚人，获得国家矿业资源的相关基本数据，保护和恢复自然环境以利于未来发展。③

与中利联签署的是一个综合性协议，这一点也不令人吃惊，它对国内大多数生产部门都有影响。总体而言，协议包含如下方面。④

（1）财政方面：一是付给政府矿区土地使用费和地皮租金。矿区土地使用费是指导价格的3.8%；⑤ 而地皮租金分两阶段支付，前10年每年10万美

---

① The agreement was actually signed by the Minister of Land, Mines and Energy, the Minister of Finance, and the Chairman of National Investment Commission on the one side; and by China Union (Hong Kong) Mining Company Limited and China Union Investment (Liberia) Bong Mines Company Limited on the other side. Yin Fuyou signed in his capacity as Chief Executive Officer of both companies.

② The Liberian government was advised in part by Joseph Bell and Lorraine Sostowski, who are partners of Hogan andHartson LLP. Joseph Bell is also Chair of the Advisory Board of the Revenue Watch Institute.

③ See formal document signed on January 19, 2009: "Mineral Development Agreement between the Government of the Republic of Liberia, China – Union (Hong Kong) Mining Co., Ltd., and China – Union Investment (Liberia) Bong Mine Co., Ltd.," p. 1.

④ See formal document signed on January 19, 2009: "Mineral Development Agreement between the Government of the Republic of Liberia, China – Union (Hong Kong) Mining Co., Ltd., and China – Union Investment (Liberia) Bong Mine Co., Ltd.," p. 1.

⑤ Royalties (R) are calculated according to the following formulae: a) when the index price is $100/m3, R = 3.25%; b) when the index price is greater than $100/m3 and less than $125, R = 3.5%; c) when the index price is greater than $125/m3 and less than $150, R = 4.0%; and d) when the index price is $150/m3 or more, R = 4.5%. The index price should be the Vale spot price Free on Board (FOB) /Brazil for shipment to China for iron ore of the same grade and quality produced at Bong Mine.

元，后 15 年每年 25 万美元。二是系列基金，如矿物研发基金（从首次支付开始，单次 5 万美元，每年 10 万美元）；综合教育基金，每年 20 万美元，作为奖学金。三是预付款，合同生效后三天内支付 2000 万美元，余下 2000 万美元在合同生效后 120 天内支付。

（2）环境和社会准则：一是环境影响评估和环境管理计划，以待将来矿山最终关闭时可使有害影响最小化，确保矿区恢复到可耕状态。二是社会影响评估和社会评估计划，以处理矿山建设和设备运营时对附近社区的潜在负面影响，如社区的重新安置。三是中利联将按合理的价格为雇员、他们的家庭，以及社区成员提供医疗服务，并为雇员提供住宿。

（3）遵守"利比里亚矿业透明倡议"，实施其标准和原则。这是一项国际标准，但撒哈拉以南非洲的大多数资源国家都没这项制度。

（4）劳动力提升。除将没技术含量的职位优先给予利比里亚人外，协议还规定：5 年内利比里亚人占的管理职位应至少占技术职位总数的 30%（包括 10 个最高职位中的 3 个），10 年内至少占 70%（包括 10 个最高职位中的 7 个）。这项重要的条款主要确保技术转移。

协议有项条款还规定：相对于别的地方的商品和服务，如果利比里亚的在质量、数量、价格、时限和运输方面都不差时，优先购买利比里亚的。

除上述可以预料的收益，竞争也附带一些积极的效果。邦矿协议的结果之一是，同样在利比里亚开矿的阿塞洛米塔尔公司于 2010 年 2 月宣布它也将参与社会责任活动，包括下述事项：

- 每年 300 万美元的社区发展基金，使当地社区受益。
- 制作宁巴山区独特雨林的第一张生物多样性图谱。
- 给予公司修复道路影响的社区适当补偿。
- 每年提供 20 万美元的奖学金，以便利比里亚的大学毕业生进行深造。
- 支持利比里亚大学矿业和生态系的发展。
- 为所有利比里亚雇员和他们的家庭提供免费医疗和免费教育，为当地社区的教育和医疗提供方便。

- 遵守"利比里亚矿业透明倡议"条款。[1]

表3 利比里亚政府和社会的预计收益

单位：美元

编号	项目	数额	观测数据
1	社会影响评估补偿	10000000	每年40万封顶
2	社会捐赠	87500000	350万×25年
3	大众教育基金	5000000	20万×25年当奖学金
		1250000	5万×25年用于矿业和生态所
4	常规使用费	10000000	每年40万封顶
5	矿区使用费	1571072000	估计9类（304亿吨）×平均指数（3.8%×136*）
6	收入税	1033600000	总销售额10%中的25%
7	地皮租金	4750000	（10万×10年）+（25万×15年）
8	矿物发展基金	50000	单次支付
9	科研基金	2500000	10万×25年
	总计	2725722000	

说明：*最近6个月每吨铁矿石均价136.20美元。

资料来源：Infomine，"6 Month Iron Ore Fines Prices and Price Charts," http://www.infomine.com/investment/metal-prices/iron-ore-fines/6-month/m；Index Mundi，"Iron ore monthly price," http://www.indexmundi.com/commodities/?commodity=iron-ore。

上述内容显示了邦矿协议的积极方面。然而，可以预料的是，协议中存在大量不利于利比里亚政府和社会的缺陷。第一，中利联过了一年多时间才支付协议规定的第一笔预付款（2000万美元），也没提及其他应在协议生效后三天内交付的款项。据报道，在中利联继续付款前，利比里亚政府曾威胁废除协议。后一半款项直到2011年1月才支付。[2] 实际上，"利比里亚矿业透明倡议"第四次报告于2013年5月15日发布，它只提到截至2011年6月1370万美元的支付总额。相反，中利联做了一次令人印象

---

[1] P. Wrokpoh, "Liberia's mining sector: Stimulating post-war reconstruction?" *Pambazuka News*, 481, May 13, 2010, http://www.pambazuka.org/en/category/africa_china/64411.

[2] Personal interview, MatenokaryTingba, Director of Mines at the Ministry of Land and Mines, office in Monrovia, November 25, 2010.

深刻、价值560万美元的实物捐赠，以修复邦矿到亨迪（11.4千米）和到卡卡塔的道路（30千米）。

第二，协议免除了中利联在高收益项目中所有的附加税，该条款与金融危机导致铁矿石价格下跌相关。然而，价格极可能在未来几年，甚至几个月内上升，这在协议签署仅几个月后就已成事实。作为一项长达25年的合同，对利比里亚来说这意味着财产损失。当这事发生时，可以预料政府会面临一些重新谈判附加税的压力。[1]

第三，不清楚政府为什么放弃10%~15%的免费股权，这是利比里亚矿产和采矿法对所有采矿活动的规定。[2]

第四，中利联被免除了红利税。它是对外来人员前12年的规定，其中规定的税率是5%。同样，协议规定收入税恒定为25%，[3]而税法第701节规定的特别税是30%（与阿塞洛米塔尔公司矿业合同的税率一致）。[4]

第五，也是最重要的，当仔细看双方的预期收益时，我们得到的总体结果是：如上所述利比里亚将获得27亿美元，中利联106亿美元，假定中利联的开销和损失总和上升到预期总收入的25%。换句话说，利比里亚和中利联的预期收益比例几乎是1:4。[5]

尽管中利联承诺了许多社会捐助和教育基金，利比里亚政府也应确保矿产和采矿法相关条款的全面实施。

（四）承包项目

不到10家中国建筑公司涉足利比里亚的承包市场，最著名的是"河南国际""重庆外建"和青岛建设集团等。

"河南国际"（CHICO）、"重庆外建"（CICO）是两家主要的国际道路承包商，它们几乎赢得了每一个道路项目。值得注意的是，蒙罗维亚的中国建筑公司与它们在非洲其他地方的中国同行间没有本质差异。

---

[1] "Draft analysis of China Union contract fiscal framework," Revenue Watch Institute and Colombia University, February 25, 2009, p.2.
[2] "Draft analysis of China Union contract fiscal framework," Revenue Watch Institute and Colombia University, February 25, 2009, p.2.
[3] Section 14.3.a.
[4] Section 14.3.a.
[5] China Union's expected income is then: 104000000 tonnes × \$136 × 75% = \$10608000000.

表4　中国在利比里亚的主要承包商

No	Company name	Business area	Location
1	China – Union (Liberia)	Mining	Congo Town, Monrovia
2	CICO	General construction	Vai Town Monrovia
3	CHICO	General construction and mining	Bong County
4	Qing Dao Liberia Construction Corporation	Generalconstruction and mining	Paynesville, Monrovia
5	Riders Incorporated	Generalconstruction and mining	Clara Town, Monrovia
6	Vic Liberia Development Corporation	Generalconstruction and mining	24th Street, Sinkor, Monrovia
7	Global Koream Trading Corporation	Construction Services	Point Four, Monrovia
8	Liberia Yong Dong San Sen Corporation	Construction Services	Jamaica Road, Monrovia
9	Qing Dao Construction Group	Construction Services	Congo Town, Monrovia

资料来源：摘自中国国家工商总局的中国商务名录，CHICO 和 CIC。为作者增加。

1. "河南国际"

2010年最后一个季度，"河南国际"被高度关注，它修复的棉花镇至博开镇道路在交付后被指不达标。这是到第二大城市布坎南道路的一期工程，15千米的道路预算是920万美元。完工后仅几个月，道路状况开始恶化，这显示出维修工作做得很差。"河南国际"辩称世界银行和利比里亚重建信托基金都知道那笔预算不足以修出高质量的道路，也争论说工程工期太短。然而，如时任中国驻利大使的周欲晓所言，如果"河南国际"知道无法保证工程质量，它可以拒绝做这项工程。[1] 不提这个项目的共同责任是不公平的，因为世界银行和利比里亚重建信托基金都参加了工程完工后的交接仪式，并表扬了"河南国际"在规定期限内交付了高质量的工程。[2] 无论如何，河南公司还获得了长10千米的二期工程，它的总造价是1650万美元（包括一期预算），以及其他道路建设项目。

---

[1] Personal interview, former Chinese Ambassador, Zhou Yuxiao, op. cit.
[2] See Minutes of the Oversight Commission meeting of the LRTF (Liberia Reconstruction Trust Fund), March 3, 2011, p. 1.

2. "重庆外建"

"重庆外建"于 2008 年进入利比里亚建筑行业。它竞得了世界银行资助的招标——修复蒙罗维亚的道路和 240 米桥梁（知名的"老桥"），这些道路连接布什罗德岛工业区、"滨河市场"商业区、曼巴角领馆区、西点半岛和首都中心区域，工程总造价 3400 万美元。[1] 政府的批评者认为它故意将桥的完工推迟到大选前，以吸引选民支持现任总统。不知不觉地，"重庆外建"自己投身到 2011 年 10 月的总统选举中。

"重庆外建"利比里亚公司雇用了将近 470 名利比里亚工人（包括临时工）和 30 多个中国工人。利比里亚工人已发动了几次罢工，希望得到更多报酬。工会会员坚持每月最低工资不低于 150 美元，而中方认为每月 60 美元即高于国家的最低工资标准。然而，"重庆外建"对包括工程师在内的技术工人提供的月薪也仅 300~400 美元，相比跨国公司在利比里亚的标准就非常低了。反常的是，"重庆外建"发起了一个公司社会责任项目：维修周边区域道路，把重型设备无偿借给警察部门和市政工程部。[2]

总体而言，中国对设计、建造和移交的交钥匙项目更感兴趣（自己出资或通过竞标），而不是以产量和质量为基础的合同，后者意味着后续 10 年维护等。对利比里亚政府来说，可取的是，在运营这些基础设施方面可以结合中国的硬件和西方的软件。这种结合已有一些迹象，如美国国际开发署在芬德尔校区（中国援建）内的工程学院里为工程和道路维护建立的"卓越中心"（通过蒙罗维亚社区基础设施项目）。[3]

五 结论

中国参与"联利特派团"是全球帮助利比里亚实现政治、经济社会形势正常化努力的一部分。联合国的授权在利比里亚全国成功实现了安全。对于民政部分，特派团拥有一定程度的建设能力，虽然还未真正授权。大部分重建项目确实由外部资助，因此很难说利比里亚真正拥有自己的战后

---

[1] Personal interview, XieXudong, CICO, Monrovia, December 4, 2010.
[2] Personal interview, XieXudong, CICO, Monrovia, December 4, 2010.
[3] Chinese Embassy in Monrovia, "Chinese engagement in Liberia," February 16, 2010, http://www.cablegatesearch.net/cable.php?id=10MONROVIA188.

重建议程，或在重建中包含"本地精神"。①

通过本文，我们已看到在利比里亚战后重建中中国是一个关键的参与者，研究的关键是评估中国给予了什么和获得了什么。

（一）评估中国的投入与产出

2003年，利比里亚"全国过渡政府"继承了一个在社会经济和外交方面都很糟糕的局面。后者包括与中国断交，它的直接影响是中国援助的所有项目都被中断（包括水稻栽培、SKD体育场的维修）。那些留在利比里亚的中国商人成功与泰勒的统治网络搭上线，他们中的一些人参与了非常赚钱但非法的伐木业，后者被联合国第1521号决议所禁止。2003年10月，随着两国复交，可以推测中国方面可能会推动禁令的取消和随后商业伐木的重启。对中国在利比里亚战后重建中作用可以从很多方面进行总体评估，这仅是其中之一。

评估可量化变量和不可量化变量的复杂互动不是一件容易的事。甚至可量化变量也不能完全从一些边缘的、非决定性的方面分离出来，而保持清晰后者不被考虑。表5是评估可量化变量的一种尝试，时间范围为2003~2013年。

对中国170亿美元的评估不应被绝对化，提到这点很重要。因为它是贸易往来的结果，中国的商品和服务在交易中被消费。然而，不能低估这个事实，中国贸易出超额是它对利战后重建工作捐赠总量的15倍。如加上中国在矿业方面近110亿美元的预期收益，很明显，利比里亚与中国不是双赢的伙伴关系，而是一个"相对赢—绝对赢"的结构。

利比里亚的"相对赢"来自对中国预期的总体满意：对"联利特派团"及其延期的支持，支持利比里亚取消钻石矿制裁和木材贸易禁令的请求，对利比里亚战后重建的全面贡献（包括社会经济基础设施、技术援助、免除债务、多次捐助，在资金缺乏的矿业领域进行具有重要社会影响的投资、为促进外国在利投资营造良好氛围）。

中国的"绝对赢"来源于如下事实，中国不仅在相对意义上赢了（包括利比里亚国会做出的"一个中国"政策不可取消以及在国际舞台支持

---

① Kantarína Bajzíková, "Distribution of Power within Post - Conflict Reconstruction Concept (Liberian Case)," paper presented at the seminar "AFRICA: 1960 - 2010 - 2060 A Century (Re) visited: What next?" University of Pécs (Slovakia), May 27 - 29, 2010.

表5 中国投入和产出的量化结果（2003~2013年）

单位：美元

编号	项目	投入利比里亚	中方受益
1	维和费用	255450000[a]	0
2	减贫战略	88300000	0
3	债务免除	16000000	0
4	发展援助[b]	200000000[c]	0
5	社会经济基础设施[d]	49250000	0
6	奖学金	4000000	0
7	在中国的培训费	20000000	0
8	贸易	360000000	17110000000
9	投资（邦矿）[e]	—	—
10	其他	100000000	0
总计		1093000000	16017000000[e]

说明：[a] 考虑了到联利团十年来平均每年的预算是6.5亿美元，中国对联合国维和行动的出资比例是3.93%。

[b] 考虑每年2000万美元的援助。

[c] 不含采矿业的巨大收益，集中体现在邦矿超过25年106亿美元的巨大收益。

[d] 包括卫生部大楼465万美元的续建费用和蒙罗维亚职业学校和竹编中心约300万美元的维修费用。

[e] 正如邦矿协议研究所示，适中的收入预计仍表明中利联在超过25年时间里将获得106亿美元的惊人收入，而利比里亚仅得到约27亿美元。

中国的条款），而且当对伙伴关系进行量化比较时，它也享有压倒性优势，上述关于贸易和矿业的数据就是这种现象最好的例子。余下的就是看利比里亚如何能从中国的"绝对赢"中增加它自己的份额。

最后，对于中非合作的最终恢复，在利比里亚看来是一个失去的机会。换句话说，恶化中国在非洲大陆其他地方存在的缺点同样存在于北京和蒙罗维亚的双边关系中：引发零星骚乱和罢工（已在邦矿发生）的低工资、造假、交付的劣质项目和生产事故等。

（二）建议

1. 对利比里亚政府的建议

为从中国参与中大幅增加自身的收益，利比里亚政府应做如下工作。

(1) 通过建立混合委员会、结成友好城市和分散化的合作，形成永久性政治协商制度，把与中国的双边关系推到更高的阶段。

(2) 由于脆弱的安全环境，让中国推动"联利特派团"更缓慢的撤出。[1]

(3) 让中国综合执行它的各个项目，包括"联利特派团"框架内的项目。即完成硬件设施时配套相应的软件，必要时让其他利益相关者如国际机构、邻国、美国和欧盟等也参与，它们的优势是更熟悉利比里亚国内的文化、复杂的种族关系、政治因素和语言等实际情况。

(4) 真正掌管重建议程。除安全和稳定问题外，利比里亚人还有一个重要挑战，就是除了本国的输出外还要提出对外国输入的期望。此外，不仅在政府层面，而且在如公民社会、教育、公共服务和安全等其他层面，对能力建设的需求很大。

(5) 保证中国的建筑公司分包部分工程给当地公司。

(6) 利比里亚政府全面负责不达标工程的验收。这样，无论是中国资助的还是招标的公共工程，都应加强监督。

(7) 尽管预期与中利联之类中国公司的矿业合同能带来许多益处，仍有足够证据表明利比里亚能够获得更多。政府应设法邀请中利联回到谈判桌，以便能修改部分合同，特别是那些在瑟利夫时代结束之后可能被挑战的条款（矿区土地使用费、免费股权、对高收益项目免除附加税、免除外来人员前12年的红利税等）。

2. 对中国政府的建议

可以假定中国正从它在利比里亚的参与中获益甚多，迄今为止也不需要任何咨询。然而，如果中国人不谈论他们在利比里亚存在的相关关键问题，他们可能错过许多眼前的机会。从长远看，他们的利益将受损。

(1) 寻求与别的参与者合作可以更好地处理他们所交付硬件设施的软件管理，特别是安保培训领域。坦率地说，大多数利比里亚人依然亲美。对于中国资助的培训项目，美国国际开发署援建的警察学院可能是一个不错的场所。[2]

---

[1] Interview with Rory Keane, op. cit.
[2] Interview with Mr. Varlee M. Keita, Public Safety Director (retired on December 30, 2010), December 2, 2010. Mr. Keita was a strong advocate of the return to the American training as far as public security is concerned.

（2）尽管投标合同已签了字，还是应考虑矿业收入分配的公平问题。一家矿业公司获得的收益竟然可能是国家和社会累计的 4 倍，未免太财大气粗了。

（3）中国还有一个机会把它在利比里亚的参与变成在非洲的典范，方式是控制产品质量、避免交付不达标工程、通过国内税收激励以鼓励更好的薪酬、强制执行公司社会责任等。它的机会来自在利比里亚的重建过程中，他们比其他大国贡献更多而带来的普遍满意。此外，利比里亚的产品价格通常比中国贵 4~6 倍，因此对任何一个拥有健全采购渠道的中国商人来说，投资回报是非常快的。中国人在确保维修、提供零配件等售后服务方面也比较有优势。①

（4）作为对全球努力重建利比里亚做出贡献的主要大国，在利比里亚的管理和法治等问题上，中国不应被视为消极的国家。实际上，管理和法治是利比里亚政府对那些承诺和划拨用于重建的资源负责任的最佳保障，而且，多年来这也是中国国内改革的议程。这意味着中国清醒地认识到，如果不落实这些核心价值，利比里亚无法实现那个目标。

缩写词和缩略词

ECOMOG	ECOWAS Monitoring Observer Group，西共体观察团
ECOWAS	Economic Community of West African States，西共体
EIA	Environmental Impact Assessment，环境影响评估
EITI	Extractive Industries Transparency Initiative，矿业透明倡议
EMP	Environmental Management Plan，环境管理计划
ITTO	International Tropical Timber Organization，国际热带木材组织
LCI	Limited Consultative Intervention，有限协商干预
LEITI	Liberian Extractive Industries Transparency Initiative，利比里亚矿业透明倡议

---

① Economic and Trade Office of the Chinese Embassy in Liberia.

LRTF	Liberia Reconstruction Trust Fund，利比里亚重建信托基金	
NPFL	National Patriotic Front of Liberia，全国爱国阵线	
NTGL	National Transitional Government of Liberia，利比里亚过渡政府	
PLA	People's Liberation Army，中国人民解放军	
PRS	Poverty Reduction Strategy，减贫战略	
RUF	Revolutionary United Front，革命联合阵线	
SAP	Social Assessment Plan，社会评估计划	
SIA	Social Impact Assessment，社会影响评估	
UNMIL	UN Mission in Liberia，联利特派团	
UNSC	UN Security Council，联合国安理会	

加纳人对中国和中国人的认知*

刘少楠**

一 引论

中国采金者早在 2006 年就已经进入加纳从事小规模采金活动,他们凭借独特的采金技术、较为先进的重型设备和辛苦的工作赚得了第一桶金。随后,以广西上林人为主体的中国采金者群体呈现爆炸式增长,而近几年国际金价的上涨也使得大量中国人涌入加纳采金。中国人大多都以提供技术、资金和设备的方式与当地人合作采金,由当地人帮助中国采金者获得采金许可证。但是,即使是这种合作方式也违反了加纳"外国人不得从事小规模采金"的矿产法规定,而这种"违法"的活动也是导致 2013 年 5 月危机的主要原因之一。

自从 2013 年 5 月加纳政府成立联合特遣力量打击非法采金活动以来,加纳境内的非法采金活动,尤其是中国采金者的非法采金活动成为加纳政府、媒体和公众关注的焦点。截至 2013 年 6 月 6 日,已经有 169 名中国公民遭到加纳部际联合特遣力量的逮捕并被驱逐出境;[①] 根据有关媒体援引加纳移民局的数据,2013 年 6~7 月已经有约 4592 名中国采金者被遣返回

---

* 本调研项目由笔者与加纳学者科乔·阿多(KojoAidoo)博士共同完成。科乔·阿多博士是加纳大学非洲研究中心教授,他负责本项目尼日利亚部分的调研。本报告是"非洲四国公民对中国移民看法联合调研项目"的一部分,主要调查地点是加纳。该调研项目隶属于外交部中非联合研究交流计划,主要调查加纳、尼日利亚、坦桑尼亚和肯尼亚四国公民对于中国移民的认知和看法。该项目由北京大学非洲研究中心负责。

** 刘少楠,北京大学非洲研究中心成员,现在美国密歇根州立大学攻读非洲历史博士学位。

① 中国驻加纳大使馆网站,http://gh.chineseembassy.org/chn/xwdt/t1048837.htm。

国。① 大多数中国采矿者都面临着非法入境并滞留加纳、从事（加纳政府）禁止外国人从事的小规模采金和污染当地环境的指控。乍看之下，中加关系和中国人在加纳的形象也因为非法采金活动遭受重创：似乎每个加纳人都希望中国非法采金者尽快离开加纳，因为无论是政府还是当地居民都十分不欢迎非法采金。加纳法律规定外国人不得在加纳从事小规模采矿活动，一切外国人所从事的小规模采矿活动都属于违法活动。"违法"这个词却远远不能让我们完全理解加纳人对中国和中国移民的认知，因为在"违法"和"合法"之间还有着十分广阔的中间地带。那么，加纳人（尤其是矿区附近的当地居民）究竟是如何看待中国移民的呢？加纳人喜欢中国和中国移民的哪些方面，又不喜欢哪些方面？"违法"活动总是不受欢迎的么？或者说从事"违法"活动的中国人就等同于坏人？

通过对加纳第一大报纸《每日写真报》(Daily Graphic)有关报道的分析和对上登基拉西区（Upper Denkyira West District）的案例研究，本文旨在探究加纳人对中国和中国移民的认知。对当地加纳人的口头采访是本文的主要资料来源。我们总共进行了35次个人和集体采访，受访者共60人。受访者的职业分布十分广泛，包括政府官员、传统领导人（酋长）、政党领袖、商贩、工人、农民、前矿工、出租车司机、教师、学生、性工作者和失业者。访谈涉及的城镇和村庄不仅包括上登基拉西区的首府敦夸（Dunkwa），而且还包括其周围的许多村庄如阿杨福瑞（Ayanfuri）、毕阿巴聂阿（Biabaniah）、布瑞芒（Bremen）、布鲁夫叶杜（Brofuyedu）、加芒（Gyaman）、恩科提姆松（Nkotimso）和恩柯涅－瓦萨（Nkonya - Wassa）。这些地区是中国人进行采金比较集中的区域之一。在60位受访者中，22位是女性，38位是男性。我们用英语或者特维语对当地人进行采访。除了口头采访之外，我们还查阅了2013年5～6月的《每日写真报》，从而对口头采访和媒体报道的结果进行比对。

二 《每日写真报》中加纳对中国人的认知

《每日写真报》是加纳发行量最大也是最流行的全国性报纸。作为一

---

① http://www.theguardian.com/world/2013/jul/15/ghana - deports - chinese - goldminers.

家国有媒体,它是政府的传声筒,同时也代表了加纳媒体的主流观念,对许多公共热点问题的导向有着非常重要的影响。因此,梳理《每日写真报》中有关中国和中国移民的报道可以帮助我们了解加纳官方和主流媒体对于中国及其移民的认知。基于对2013年5~6月《每日写真报》的仔细阅读,本部分将展示该报报道中有关中国和中国移民的两种截然不同的认知,并对该报有关中国采金者的报道进行分析。

总体来说,在对中国和中国人的认知方面,该报5~6月的报道既有正面的也有负面的。正面的报道主要是关于中国的援助项目和中国政府,而负面报道则集中于中国采金者。该报中的中国和中国人的形象以及对中国人的认知呈现出了鲜明的两极化。

(一)《每日写真报》中对中国的正面认知

该报有关中国形象的正面报道主要是关于中国的援助项目、中国政府和国有企业。例如,《每日写真报》对中国援建的布维水电站工程给予了极高的积极评价。5~6月该报有多篇文章涉及布维水电站工程,所有文章对该工程给予了正面评价。首先,中国是该项目的资金提供者。根据该报的报道,该项目的大部分资金来自中国,其中包括中国政府提供的2.635亿美元的优惠贷款和中国进出口银行提供的2.985亿美元买方信贷;中国方面的资金占到了总共6.22亿美元中的90%。[1] 其次,布维水电站工程将会帮助加纳解决其国内的电力短缺问题。布维水电站一期工程容量133兆瓦,全部完工后将达到400兆瓦。[2] 布维水电站将可以使得加纳摆脱长期约束其经济发展的电力短缺问题,甚至还可以向邻国出口电力。《每日写真报》对于中水电公司如期高效地完成这一工程表示了感谢。[3] 最后,布维水电站工程为当地人提供了工作机会,该工程最多时曾经雇佣6000名当地劳工。而且,该工程会对当地约3000公顷土地的灌溉、当地的生态旅游业、渔业和布维城的建立起到极大的促进作用。报道也提到加纳人对于该项目的一些怨言,如库区移民安置。但是整体而言,该报认为布维水电站

---

[1] "Bui Power Project," *Daily Graphic*, Friday, May 3, 2013.
[2] "Bui Hydro Power Provides New Impetus for Sino‐Ghana Relations," *Daily Graphic*, Thursday, May 23, 2013.
[3] "Bui Power Project," *Daily Graphic*, Friday, May 3, 2013.

建设的成功是中国和加纳两国政府之间经济、技术和贸易合作的一项巨大成就。另一篇有关中国政府的报道则称赞了中国对加纳的持续援助，对中加友谊和中国对加纳的帮助做出了高度评价。①

(二)《每日写真报》对中国的负面认知

但是，该报对中国的第二种认知，或者说中国在该报中的另一个形象却是完全负面的，而且负面报道的数量要远远多于正面报道的。2013年5~6月总共有5篇关于中国工程和中国政府的正面报道，但是同时有多达22篇关于中国采金者的负面报道。值得一提的是，关于中国采金者的每一篇报道几乎都是完全负面的。这些报道很容易给人留下这样一种印象，即中国采金者在加纳一无是处：他们破坏土地，污染水源，枪击当地人，导致国家财富流失并且违反加纳法律。

首先，每一篇关于中国采金者的报道都用"违法"或者"非法"一词来描述他们。其中一篇报道提到，加纳2006年颁布的《矿产品和采矿法》禁止外国人在加纳境内从事小规模采矿；该法案的第83条第1款还规定："小规模矿业开采的执照不得被发放给加纳公民之外的外国公民。"② 因此，中国采金者参与了专属于当地加纳人的小规模采金行业，违反了加纳法律。同时，这些中国采金者没有合法的居留文件。一些中国采金者没有护照，一些人有护照但是没有签证或者是签证过期，还有一些人持有旅游签证但是从事商业活动。中国采金者不仅从事违法活动，而且自身的身份也不合法，这就不难理解为什么"违法"（"非法"）一词在《每日写真报》有关中国采金者的报道标题中如此频繁的出现。比如，一些报道的标题就是《加纳移民局驱逐80名中国非法采金者》③、《非法采金威胁中部省的水源》④、《和非法采金带来的威胁斗争》⑤、《非法采金者挖出电话公司的地下电缆》⑥ 和《两个

---

① "China Pledges More Support for Ghana," *Daily Graphic*, Wednesday, May 29, 2013.
② "GIS repatriates 80 Chinese illegal miners," *Daily Graphic*, Saturday, May 11, 2013.
③ "GIS repatriates 80 Chinese illegal miners," *Daily Graphic*, Saturday, May 11, 2013.
④ "Illegal Mining threatens water bodies In Central Region," *Daily Graphic*, Saturday, May 11, 2013.
⑤ "Fighting menace of illegal mining," *Daily Graphic*, No. 19150, Wednesday, May 15, 2013.
⑥ "Illegal miners dig out underground telecom cables," *Daily Graphic*, No. 19154, Monday, May 20, 2013.

中国人因为非法采金被捕》①。"违法"("非法")这个标签被牢牢地贴在了中国采金者的身上,几乎成了后者的代名词。

其次,除了自身身份和从事的活动非法,中国采金者还被认为从事了其他非法活动,这让他们进一步在《每日写真报》的报道中被贴上了"危险"这个标签。由于中国人持有武器,所以他们对当地人的人身安全构成了威胁。比如,根据该报的一篇报道,在阿散蒂省欧布瓦西(Obuasi)的玛米日瓦(Mamiriwa),由于当地加纳人和中国人产生土地纠纷,两名加纳人遭到中国非法采金者枪击身亡,另有两个加纳人受伤。② 另一篇报道称,有两个中国人在欧布瓦西(Obuasi)因为持有枪支弹药被捕,他们持有一把 AK47 步枪、三把手枪和二十七发子弹。③ 在西部省的瓦萨(Wassa),一处中国人的采金地点遭到两个加纳人抢劫,随后中国采金者追击抢劫者并且对他们开枪射击,造成一死一伤;另外一起事件中,两个中国人在利益分摊上产生纠纷,随后一人把另一人枪杀。④ 在这些报道中,中国采金者都在从事违法而又危险的活动,比如持有武器和枪击。

最后,中国采金者的违法行为不仅仅威胁到了当地人的人身安全,而且还给加纳带来了有害影响,如加纳总统马哈马所言,"他们肆意砍伐森林、污染农田和水源并且影响了当地人的健康"。⑤ 比如,中部省的普拉河(the Pra River)以及赛奇瑞 - 贺芒(Sekyere Hemang)、特维夫 - 普拉索(Twifo Praso)和奥芬的敦夸(Dunkwa - on - Offin)等地的水体都因为非法采金活动而受到了污染,水污染进一步导致海岸角(Cape Coast)出现了供水短缺。⑥ 另一篇报道指出,两个中国人、两个意大利人和一个加纳人一起在距离普拉河仅仅 80 米远的距离进行非法采金,而且还附上了河水遭到污染的图片。⑦ 在这处采矿工地,非法采金者挖掘了一条沟渠来把普

---

① "Two Chinese arrested for illegal mining," *Daily Graphic*, Thursday, May 23, 2013.
② "GIS Repatriates 80 Chinese Illegal Miners," *Daily Graphic*, Saturday, May 11, 2013.
③ "Two Chinese Arrested for Illegal Mining," *Daily Graphic*, Thursday, May 23, 2013.
④ "3 Killed over Galamsey Booty," *Daily Graphic*, Thursday, May 30, 2013.
⑤ "Prez Inaugurates Committee to Deal with Galamsey," *Daily Graphic*, No. 19150, Wednesday, May 15, 2013.
⑥ "Illegal Mining Threatens Water Bodies In Central Region," *Daily Graphic*, No. 19147, Saturday, May 11, 2013.
⑦ "Fighting Menace of Illegal Mining," *Daily Graphic*, No. 19150, Wednesday, May 15, 2013.

拉河的水引入采金机器中，随后在采金结束后，含有化学品的水又被重新排入河中；采金者的这一行为导致了河水的污染。① 在阿散蒂省，一篇题为《非法采金让西阿芒希（Amansie West）支离破碎》的报道列出了中国采金者给当地人带来的负面影响：

a. 儿童辍学并从事非法采金活动。

b. 非法采金活动导致该地区奥芬（Offin）、努内（Nwene）、奥达（Oda）和苏本（Subin）四条主要河流被污染。

c. 阿散蒂省西阿芒希地区（Amansie West District）的一个名叫邦萨茨（Bonsaaso）的村庄是千禧年村庄工程的受益者，该村庄的生态因为受到非法采金活动的威胁而面临崩溃。②

简而言之，中国非法采金者的非法采金活动对加纳而言意味着"民族灾难"。③

此外，非法采金活动还给加纳带来了其他损失。在西部省，加纳的一家主要通信公司MTN抱怨非法采金者的活动切断了它们的电缆，给该公司带来了巨大的额外成本。④ 通信服务的中断造成了人们的不满，因为一些紧急呼叫往往无法接通。⑤

我们可以发现，在《每日写真报》关于中国采金者的报道中，中国采金者被牢牢地贴上了"非法"（"违法"）、"危险"和"污染并摧毁环境"的标签。他们非法在加纳居留、从事非法采金行业、涉嫌枪击当地人的危险活动并且破坏和污染环境，他们是"自私的"⑥。一些报道甚至称加纳遭到了成千上万的中国人的"外国入侵"。⑦

---

① "Fighting Menace of Illegal Mining," *Daily Graphic*, No. 19150, Wednesday, May 15, 2013.
② "Illegal Mining Making Amansie West Crumble," *Daily Graphic*, Saturday, June 1, 2013.
③ "Illegal Mining a National Disaster in Waiting," *Daily Graphic*, Saturday, June 1, 2013.
④ "Illegal Miners Dig out Underground Telecom Cables," *Daily Graphic*, No. 19154, Monday, May 20, 2013.
⑤ "Illegal Miners Dig out Underground Telecom Cables," *Daily Graphic*, No. 19154, Monday, May 20, 2013.
⑥ "Illegal Mining Threatens Water Bodies In Central Region," *Daily Graphic*, No. 19147, Saturday, May 11, 2013.
⑦ "Mad Rush for Our Gold," *Daily Graphic*, Tuesday, June 18, 2013; "China Supports Action on Illegal Miners—But Says it Must be Done with a Human Face," *Daily Graphic*, Wednesday, June 19, 2013.

总之,《每日写真报》中呈现出了两种截然不同的对中国和中国移民的认知。对中国援助工程和中国政府的正面认知和报道的数量远远少于对中国非法采金者的负面认知和报道。当笔者行走在阿克拉和敦夸的街头时,当地人看到我的中国面孔就首先会问我是不是来进行小规模采金的。在和加纳人的聊天中,他们对于中国的第一印象也是非法采金,而不是布维水电站。

三 上登基拉西区居民对中国移民的认知

如果每一个加纳人对于中国和中国移民的认知都和《每日写真报》中的报道一样,那么我们可以假定上登基拉西区首府敦夸(Dunkwa)及其周边村庄的居民都会对中国采金者十分厌恶,并且希望他们尽快离开自己的城镇和乡村而且永远不再回来。但是,在对中国人的认知方面,我们在敦夸及其周边地区所进行的口头采访所得到的结果和《每日写真报》的报道大相径庭。在受访者中,无论是政府官员、传统领袖、商贩、教师、学生、工人、农民还是失业者,他们在"你是否希望中国人回来"这个问题上的回答都是十分肯定的。那么,为什么这个中国人采金集中的地区的居民希望中国人回来继续采金呢?当地居民对中国和中国移民的认知又是怎样的呢?他们的认知和《每日写真报》有着怎样的不同?

(一) 整体认知

1. 中国工程项目和中国政府

如上所述,以布维水电站为代表的中国工程项目和中国政府援助在《每日写真报》的报道中代表着加纳人对中国认知的积极一面。那么,敦夸及其周边地区居民是否听说过布维水电站工程或是其他的中国工程项目?他们又是怎样认识这些中国工程和中国政府的呢?

虽然布维水电站对于加纳全国的整体贡献很大,但是当地的受访者在采访中都没有提到布维水电站项目。实际上,在60位受访者中,52位根本就不知道任何的中国工程项目,只有8位听说过中国的工程项目。这些听说过中国项目的人大部分都是受过教育的精英。比如,敦夸市政长官谈到了中国援建的加纳国家剧院、敦夸水利工程和沃达丰项目等;① 当地一所高中的校长听说过中国援建的议会大厦和足球场。② 他们都十分赞赏这些项目,认为这些项目对于社区和国家都很有益处。但是整体而言,中国的工程项目在该地区的知名度很低,所以中国的工程项目很难成为当地人对中国认知的一部分。

在对中国政府的认知方面,无论是访问加纳并承诺更多援助的中国政府代表团③还是中国驻加纳大使馆官员都没能成为当地居民对中国认知的一部分。在60位受访者中,只有5位见到或者听说过中国政府官员曾到访他们的社区,而且他们只是在2013年5月加纳政府开展大规模清理非法采金行动之后才见到过中国使馆的官员。敦夸市政协调员称,两位中国使馆的领事曾来到敦夸跟他商谈并且要求释放被捕的中国采金者。④ 但是,"在危机严重恶化之前,没有一个中国政府官员在当地出现;他们来了之后也只是和加纳官员商谈以解决问题,他们从没有和当地普通居民进行过交流"。⑤ 对于敦夸及其周边地区的居民来说,中国政府——无论是其援助还是使馆官员都距离他们的生活过于遥远,无法成为他们对中国认知的一部分。

2. 中国商品

由于中国制造的产品遍布全世界,中国商品在世界上的许多地方都代表着中国的形象。中国商品通常是世界各地人们对中国和中国人认知的一个重要组成部分。那么上登基拉西区(Upper Denkyira West District)当地居民又是怎样看待"中国制造"呢?

整体而言,敦夸及其周边地区的当地居民对中国商品的评价兼具积极和消极两方面。首先,多数受访者都认为价格低廉的中国商品受到普通百姓的青睐。比如,当地宾馆的一位接待员称中国商品更便宜,他更喜欢中国制造的手机,因为那是他唯一可以接受的价格。⑥ 同样,当地一所高中

---

① 采访敦夸市政长官,2013年6月17日。
② 采访当地 BOA Amponsem 高中校长,2013年6月19日。
③ "China Pledges More Support for Ghana," *Daily Graphic*, Wednesday, May 29, 2013.
④ 采访敦夸市政协调员,2013年6月17日。
⑤ 采访敦夸市政协调员,2013年6月17日。
⑥ 采访敦夸市 Choice 宾馆接待员,2013年6月19日。

的学生也喜欢中国产品而不是美国产品，因为前者的价格更亲民。[1] 一位在当地的尼日利亚性工作者说道："中国产品很好。我们都是穷人。没有中国制造的产品，我们就不能买到手机、手表和其他日用品。"[2] 其次，在中国产品的质量问题上，一些当地居民抱怨中国产品的质量较差，而另一些人则说中国产品的质量参差不齐，而且这些中国产品都是由加纳人进口到当地的。例如，当地移民官员称，中国药品的质量非常好，但是中国手机可以使用的时间较短。[3] 阿杨福瑞（Ayanfuri）村的传统领导人称，质量差的中国产品都是由加纳人从中国进口的，这些加纳人只选择那些质量差的中国商品。[4] 当地一个商贩称，人们可以在市场上发现中国制造的原装手机、高质量仿造手机和低质量仿造手机。[5]

从访谈的结果来看，我们可以发现当地居民尤其是当地的穷人更加倾向便宜的中国商品。价格低廉的中国商品使得当地人可以用上之前他们完全买不起的如手机之类的商品。中国产品构成了当地人对中国认知的一部分，但是它现在还能代表当地人对中国的全部认知么？

3. 中国采金者

敦夸当地宾馆接待员史蒂芬·阿散蒂认为，"在小规模采金开始之前，中国意味着中国商品；在小规模采金开始之后，中国就意味着小规模采金者"。[6] 如史蒂芬在采访中所言，自从外国人进入该地区从事小规模采金之后，中国采金者就已经取代中国商品成为中国形象的代名词。当被问到他们对中国和中国人的主要印象时，所有受访者都会提到他们各自社区中的中国采金者及其相关活动，一些人甚至直接就把中国/中国人等同于小规模采矿。[7] 只有当我们针对中国商品提出特定问题时，受访者才会提到中国制造的手机和药品。中国采金者、他们的小规模采金活动以及他们对当地的影响通常会在采访中被受访者最先提及，而且被提及的频率也最高。因此，搞清楚当地人对中国采金者的认知可以帮助我们真正明白他们对中

---

[1] 采访当地 BOA Amponsem 高中的学生，2013 年 6 月 19 日。
[2] 采访敦夸当地两位尼日利亚性工作者，2013 年 6 月 19 日。
[3] 采访敦夸当地加纳移民局官员的一位女性官员，2013 年 6 月 18 日。
[4] 采访阿杨福瑞村（Ayanfuri）王室成员首领和其他传统领导人，2013 年 6 月 18 日。
[5] 采访敦夸 Choice 宾馆的一位商人，2013 年 6 月 19 日。
[6] 采访当地宾馆的接待员史蒂芬·阿散蒂（Stephen Asante），2013 年 6 月 19 日。
[7] 采访加芒村（Gyaman）的餐馆老板阿卡亚乌（Akayawu），2013 年 6 月 18 日。

国/中国人的认知。总之，对于他们来说，中国采金者就意味着中国/中国人。

(二) 对中国采金者的认知

《每日写真报》的报道把中国采金者描绘成"非法的""危险的"和"对环境起到破坏作用的"。该报认为，他们在加纳境内非法居留，进行非法采金，同时还涉嫌如枪击之类的违法活动，并且破坏当地环境。该报认为这些中国采金者，或者说中国人的大规模"外部入侵"，① 是不受到加纳人欢迎的。《每日写真报》所表达出的加纳人对中国采金者的认知是否可以代表上登基拉西区（Upper Denkyira West District）这一采金集中地区内民众对中国采金者的认知呢？后者的认知和前者又有何差别？为了搞清楚这个问题，我们需要从关注媒体的新闻报道转移到聆听当地人的声音。

1. 中国/中国人对当地人来说意味着什么

在采访中，当被问到他们对中国/中国人的第一印象时，当地人首先想到的是他们城镇或者村庄附近的中国采金者。他们对于中国/中国人的主要评价如下。

a. 中国采金者意味着生意和繁荣的地方经济。② 一位受访者称，在中国采金者到来之前，市场并不繁荣，人们也不怎么买东西；中国人来之后，他们买了很多大米、肉类、饮料以及其他商品。③

b. 许多其他词汇也被当地人用来描述中国采金者给当地带来的影响，

---

① "Mad Rush for Our Gold", *Daily Graphic*, Tuesday, June 18, 2013; "China Supports Action on Illegal Miners—But Says it Must be Done with a Human Face", *Daily Graphic*, Wednesday, June 19, 2013.

② 采访敦夸市政协调员，2013 年 6 月 17 日；采访胜利宾馆工人多瑞斯（Doris），2013 年 6 月 19 日；采访敦夸的加纳移民局官员，2013 年 6 月 18 日；采访敦夸当地宾馆接待员夸西（Kwasi），2013 年 6 月 19 日；采访布瑞芒（Bremen）当地六名商贩，2013 年 6 月 20 日；采访布瑞芒（Bremen）当地三名商贩，2013 年 6 月 20 日；采访布鲁夫叶杜村（Brofuyedu）的商人普林斯·伍迪（Prince Wodi），2013 年 6 月 20 日；采访恩科提姆松（Nkotimso）的加油站工人穆萨（Musah），2013 年 6 月 20 日；采访阿杨福瑞村（Ayanfuri）人民大会党妇女领袖阿库娃（Akua），2013 年 6 月 21 日；采访阿杨福瑞村（Ayanfuri）大香蕉商贩菲利克斯（Felix），2013 年 6 月 21 日；采访恩柯涅－瓦萨村（Nkonya - Wassa）酋长及其孩子——娜娜和大卫，2013 年 6 月 21 日；其他受访者也间接谈到了中国采金者给他们带来的工作机会和当地的经济繁荣。

③ 采访敦夸当地宾馆接待员夸西（Kwasi），2013 年 6 月 19 日。

如"进步""文明""发展""技术"等。① 夸西说,中国人给他们带来了文明和先进的科技,拓宽了他们的视野。② 中国采金者所使用的挖掘机和其他重型机械对于受过教育的精英来说可能算不上什么"先进技术",但是对于那些很少接触到这些机器的当地人来说,这些重型机械就意味着技术和更加有效的采金方式。

c. 大多数中国人都与人为善。他们非常友好,也十分慷慨。中国采金者经常会赠予当地人礼物,并且提供免费的饮料。③ 每逢当地人向中国人抱怨饥饿并向他们索要食物时,中国采金者会给他们钱让他们去买吃的。④ 中国采金者同时也非常和平。他们只专注于自己的工作,绝不会去打扰当地居民。⑤ 他们十分小心谨慎,努力不被卷入麻烦之中。⑥

d. 中国人是纯粹的商人,他们非常善于做自己的工作。他们非常努力地工作,对于自己的采金工作严肃认真。⑦ 一些受访者对于中国老板和自己的员工一起工作这一情况十分惊讶。⑧

e. 中国不信仰上帝,不去教堂。⑨

f. 中国采金者破坏土地,污染水源,没有回填采金后留下的矿坑。人们因此不再能够从当地的河流和其他水源中饮水,每个家庭都不得不依靠水井。人们有时会跌入矿坑中摔死。

g. 中国采金者有时会枪击那些靠近金矿意图获取黄金的当地年轻人。⑩

h. 中国采金者有一些当地人十分厌恶的坏习惯:他们追求当地女孩儿并且使得对方怀孕;⑪ 中国人在包括公共场所在内的地方随意吸烟。

---

① 采访敦夸市政长官,2013年6月17日;采访敦夸当地宾馆接待员夸西(Kwasi),2013年6月19日;采访敦夸当地商人科菲,2013年6月19日;采访布鲁夫叶杜村(Brofuyedu)的失业者科菲(Kofi),2013年6月20日;采访BOA Amponsem高中校长,2013年6月19日;采访阿杨福瑞村(Ayanfuri)人民大会党妇女领袖阿库娃(Akua),2013年6月21日。
② 采访敦夸当地宾馆接待员夸西(Kwasi),2013年6月19日。
③ 采访阿杨福瑞村(Ayanfuri)大香蕉商贩菲利克斯(Felix),2013年6月21日。
④ 采访敦夸两位尼日利亚性工作者,2013年6月19日。
⑤ 采访毕阿巴聂阿村(Biabaniah)的一位出租车司机和一位农民,2013年6月20日。
⑥ 采访敦夸市政长官,2013年6月17日。
⑦ 采访阿杨福瑞村全国民主大会党常务秘书长,2013年6月17日。
⑧ 采访敦夸当地宾馆接待员史蒂芬·阿散蒂,2013年6月19日。
⑨ 采访敦夸当地商贩爱迪斯(Edith),2013年6月19日。
⑩ 采访布瑞芒(Bremen)当地六名商贩,2013年6月20日。
⑪ 采访敦夸当地宾馆接待员夸西(Kwasi),2013年6月19日。

总之，当地居民对于中国采金者有着正负两方面的评价。他们抱怨未回填的矿坑、水污染和枪击加纳青年，但是他们同时也十分喜欢中国采金者带来的东西——繁荣的经济、更多的工作机会以及技术和发展。从访谈的结果来看，他们更加倾向于把中国采金者看作是帮助地方经济发展和提高人们生活水平的好朋友。

2. 中国移民（采金者）是否夺走了当地人的工作机会？

由于中国移民在敦夸及其周边地区的大量存在，人们常常会认为中国人或许会夺走当地人的工作机会。但是采访的结果显示，60 位受访者中的 56 位（约 93%）都不认为中国人夺走了工作机会；相反，他们认为中国人给当地人创造了很多工作机会。比如，敦夸市政协调员就说，中国人没有夺走加纳妇女商贩和其他产业的工作机会；中国人只是从事采矿及其相关行业，如五金业。[1] 另一位政府官员说，中国人雇用了许多当地人，对于解决当地就业和促进经济发展起到了帮助作用。[2] 当地一位餐馆老板说，中国采金者从他的店里买了许多食物和饮料，让他获益颇丰，也促进了整体经济的发展。[3] 敦夸一家宾馆的接待员也相信中国人是在创造工作机会，而不是在从当地人手中抢走工作机会；对于他而言，如果没有中国人，他的宾馆也就不会有那么高的入住率了。布瑞芒（Bremen）的一些商贩也都说，中国人没有抢走他们的工作机会，那是因为即使中国人不来，这里本来也就没什么工作机会；中国人为我们创造了许多工作。[4] 如敦夸的一位教师所言，"中国意味着就业"。[5]

3. 中国/中国人是不是新的殖民主义者？

从 2000 年以来，伴随着大量的中国投资、移民和公司涌入非洲，中国和非洲之间的经济关系正变得越发紧密起来。"新殖民主义"的标签时不时地会被贴在非洲的中国/中国移民身上。在上登基拉西区，人们是否把中国看作是新的殖民者呢？

事实上，绝大多数当地居民都不认为中国和中国移民是殖民者。95%

---

[1] 采访敦夸市政协调员，2013 年 6 月 17 日。
[2] 采访敦夸市政长官，2013 年 6 月 17 日。
[3] 采访加芒村（Gyaman）的餐馆老板阿卡亚乌（Akayawu），2013 年 6 月 18 日。
[4] 采访布瑞芒（Bremen）当地六名商贩，2013 年 6 月 20 日。
[5] 恩科提姆松村（Nkotimso）的伊萨克（Issac），2013 年 6 月 19 日。

的受访者（60人中的57人）不认为中国是殖民者。相反，他们认为中国和中国移民是他们的发展伙伴，给他们带来了友谊及进口、出口、机器和技术。[1] 他们认为以采金者为主体的中国移民只是来这里工作而已，中国移民没有任何意图在当地建立任何形式的政治统治。[2] 而且，中国移民还给当地人带来了一些新的东西，并且不会向当地输入价值观念。[3]

只有三位受访者认为中国是殖民者。他们持这种观点的第一个原因是中国人在杀人之后可以通过贿赂警察逃脱法律惩罚。[4] 第二个原因则是他们认为以中国的国力、人口和财富，中国应该会在将来成为殖民者。[5]

（三）"非法"（"违法"）的问题

《每日写真报》中用来描述中国采金者最为频繁的词汇就是"非法"，而加纳政府逮捕和驱逐中国采金者的头一个原因也就是他们没有合法拘留文件，同时没有采矿的合法执照。但是，多数当地民众似乎并不在乎中国采金者的身份和行为是否合法。只有1/6的受访者提到了"法律""非法"和"文件"等词汇。在这1/6的受访者中，两名政府官员的表态和《每日写真报》中的说法如出一辙，称中国人应该遵纪守法并且获得合法的执照；[6] 一些人认为中国人应该携带合法的居留证明文件；[7] 一位商人则把"违反法律"等同于"没有回填矿坑"；[8] 一些曾经为中国人工作的当地矿工希望法律可以阻止污染；[9] 阿杨福瑞村（Ayanfuri）的农民则称中国人从

---

[1] 采访BOA Amponsem高中学生亚乌（Yaw），2013年6月19日。
[2] 采访加芒村（Gyaman）的餐馆老板阿卡亚乌（Akayawu），2013年6月18日；采访敦夸当地加纳移民局官员，2013年6月18日；采访敦夸当地宾馆接待员史蒂芬·阿散蒂，2013年6月19日；采访BOA Amponsem高中学生亚乌（Yaw），2013年6月19日；采访敦夸当地手机卡商贩亚（Yaa），2013年6月19日。
[3] 采访敦夸市政长官，2013年6月17日。
[4] 采访敦夸一位商贩和前出租车司机伊萨克（Issac），2013年6月20日。
[5] 采访阿杨福瑞村（Ayanfuri）大香蕉商贩菲利克斯（Felix），2013年6月21日。
[6] 采访敦夸市政协调员，2013年6月17日；采访敦夸市政长官，2013年6月17日。
[7] 采访胜利宾馆工人多瑞斯（Doris），2013年6月19日；采访BOA Amponsem高中教师，2013年6月19日；在毕阿巴聂阿村（Biabaniah）采访罗伯特和另外一名村民，2013年6月20日；在毕阿巴聂阿村（Biabaniah）采访全国民主大会党成员，2013年6月20日；在毕阿巴聂阿村（Biabaniah）采访达克斯塔（Dacosta），2013年6月20日。
[8] 采访敦夸的商人科菲（Kofi），2013年6月19日。
[9] 在布瑞芒村（Bremen）采访几名前矿工，2013年6月20日。

来没有违反任何法律或是做任何坏事。① 1/5 的受访者根本就没有使用"非法"或是"违反法律"之类的词汇来描述中国采金者。

除了政府官员之外,普通民众对法律的理解和《每日写真报》的理解有着很大的不同。对于当地居民而言,他们并不关心抽象的矿产法和移民法,而是更加关心未回填的矿坑、被污染的水源和对当地人的枪击,以及更重要的当地经济和生活水平的提升。

(四) 环境污染和矿坑回填问题

当地人对中国采金者最大的怨言就是环境污染和未回填的矿坑。首先,奥芬河(Offin River)和其他水源因为采金活动而受到严重污染。以前奥芬河的河水一直都清澈见底,但是现在污染十分严重,以至于人们已经不能再从奥芬河中取水饮用。每个家庭和宾馆都不得不自己掘井取水。②实际上,许多被污染的水源就在民众的房屋和店铺旁边。其次,土地被摧毁。敦夸及其周边村庄的土地过去曾种植庄稼和可可,但是现在这些土地上只有垃圾、矿坑和污水,土地已经被毁掉。敦夸的一位官员说:"当你看到这些土地时,你一定会为之哭泣,这不是宣传,这是事实;我们(阻止非法采金)是为了我们的子孙后代着想。"③ 而且,没有回填的矿坑对于当地的孩子和青少年来说十分危险。一些年轻人想到矿坑周围碰碰运气看能否得到一些残留的黄金,孩子们则喜欢到矿坑周围玩耍,但是他们有时会跌入矿坑内摔死。未回填的矿坑对于当地环境和当地人的人身安全来说都是一个十分严重和现实的威胁。

当地人认为中国采金者和他们的采金活动与当地的环境污染和未回填的矿坑有一定关系,但是他们并没有像《每日写真报》那样把所有责任都推给中国人。在水污染方面,大多数加纳人都认为中国采金者应该承担主要责任,因为中国采金者选择了靠近河流的采金地点并使用重型机器提取黄金,还把含有有害化学物质的水直接排入河中造成污染。即使是中国采矿者自己也承认他们污染了当地的水源并且对此感到十分内疚。④

---

① 采访阿杨福瑞村(Ayanfuri)农民娜娜·波法(Nana Bofa),2013 年 6 月 21 日。
② 采访敦夸当地宾馆接待员夸西(Kwasi),2013 年 6 月 19 日。
③ 采访敦夸市政协调员,2013 年 6 月 17 日。
④ 采访敦夸当地的几位中国采金者和商人,2013 年 6 月 21 日。

但是，在未回填的矿坑和被摧毁的土地方面，当地人的观点恰恰相反。一些人指责中国采金者自私自利、不负责任，得到黄金之后也不回填矿坑就离开当地。① 但是绝大多数受访者都站在中国采金者一边，认为矿坑没有得到回填并不是中国人的错。例如，阿杨福瑞村（Ayanfuri）的传统领袖（酋长和长者）就说："中国采金者挖了那些矿坑，他们离开时土地没有被回填，但是中国人并不是问题所在。加纳的中间人才是罪魁祸首，他们没有把那些中国人给他们的钱交给酋长。"② 当地的商人、政党成员、农民和出租车司机也都持有类似观点。他们认为矿坑问题不是中国人的错，因为他们的当地伙伴——加纳中间人本应该负责回填工作，但是他们只拿了中国人的钱而没有做事。③ 当我们对敦夸当地的一些中国采金者和商人进行采访时，他们也都说合同十分清楚地规定土地回填工作应当由加纳中间人负责。政府官员也承认自己没有很好地组织好中国公司的采金活动。④

当地居民在水污染问题上和《每日写真报》的观点一致，认为中国采金者及其采金活动是主要原因。但是在土地回填问题上，当地人并没有把中国采金者当作替罪羊。在当地人看来，错不在中国人，而在于负责土地回填的加纳中间人。

（五）"危险的"中国人——枪击和杀戮

在《每日写真报》的报道中，中国人被贴上了"危险"的标签，因为他们涉嫌枪击和杀害加纳人。这些报道给人留下了这样一种印象，即中国人应该负全部责任。敦夸及其周边地区的当地居民也提到中国采金者枪击当地人的事件，那么，当地人又是如何看待这些"危险的"中国人的呢？

---

① 采访阿杨福瑞村（Ayanfuri）全国民主大会党常务秘书长，2013年6月17日。
② 采访阿杨福瑞村（Ayanfuri）传统领导人，2013年6月18日。
③ 采访加芒村（Gyaman）的餐馆老板阿卡亚乌（Akayawu），2013年6月18日；采访敦夸当地手机卡商贩亚（Yaa），2013年6月19日；采访敦夸当地商人科菲（Kofi），2013年6月19日；在毕阿巴聂阿村（Biabaniah）采访全国民主大会党成员，2013年6月20日；在毕阿巴聂阿村（Biabaniah）采访一位出租车司机和一位农民，2013年6月20日；在毕阿巴聂阿村（Biabaniah）采访达克斯塔（Dacosta），2013年6月20日；采访阿杨福瑞村农民娜娜·波法（Nana Bofa），2013年6月21日。
④ 采访敦夸市政协调员，2013年6月17日。

首先，尽管当地人不喜欢中国采金者对当地年轻人的枪击，但是他们对中国人开枪的原因十分同情和理解。例如，为中国采金者操作机器的工人达克斯塔（Dacostta）说，一些加纳人先攻击中国人并试图抢劫他们的黄金和现金。[1] 一位在加油站工作的工人则说，一些年轻人从中国人那儿偷盗和抢劫，因此中国人被迫开枪还击；他还说中国人十分友好，他有很多中国朋友。[2] 阿杨福瑞村（Ayanfuri）的一位大香蕉商贩则称，如果你不去攻击中国采金者，那么他们绝不会攻击其他人。[3]

其次，《每日写真报》有关中国人枪击加纳人事件的报道给读者留下的印象是：他们（邪恶的中国人）在杀害我们的同胞（善良无辜的加纳人）。但真实的故事却是，那些被枪击的加纳人可能没有被当地居民看作"我们的同胞"。访谈中的一个十分有趣的有关中国人枪击加纳人的故事或许可以向我们展示当地居民是如何在当地的语境下理解特定的枪击事件的。一位年长的女性商贩向我讲述一起枪击事件。她说："谢谢你们中国人替我们射杀了那个臭名昭著的罪犯。他有魔力在保护他。但是他的魔力对于中国人不起作用，所以他在试图抢劫中国人的采矿工地时被杀死了。"[4] 敦夸的一位教师提到这起枪击事件时也持有相同的态度。他说，抢劫者有犯罪前科并且正在遭到警方通缉；当中国人射杀了那个通缉犯时，这儿的每个人都很高兴。[5]

总之，大多数受访者都认为中国人爱好和平，他们开枪射击只是出于自卫的目的。[6]《每日写真报》中有关"危险的"中国人枪击加纳人的报道把所有枪击事件都简化成了一个叙述版本，模糊了真正的事实。

（六）融合的问题

几乎所有受访者都说，中国采金者没有融入当地社区，他们也很少和当地人交流。他们关于交流融合的评论如下。

---

[1] 在毕阿巴聂阿村（Biabaniah）采访达克斯塔（Dacosta），2013 年 6 月 20 日。
[2] 采访恩科提姆松（Nkotimso）的加油站工人穆萨（Musah），2013 年 6 月 20 日。
[3] 采访阿杨福瑞村（Ayanfuri）大香蕉商贩菲利克斯（Felix），2013 年 6 月 21 日。
[4] 采访阿杨福瑞村（Ayanfuri）的阿贝纳（Abena），2013 年 6 月 21 日；采访 BOA Amponsem 高中校长，2013 年 6 月 19 日。
[5] 采访 BOA Amponsem 高中教师，2013 年 6 月 19 日。
[6] 采访阿杨福瑞村（Ayanfuri）的阿贝纳（Abena），2013 年 6 月 21 日。

a. 中国采金者都住在远离城镇或村庄的靠近采金工地的帐篷或丛林中。① 即使受到了那些为他们工作的当地人的邀请，中国人也很少参加当地人的婚礼或者葬礼，因为他们一直都在工作。②

b. 中国人到城镇时只从当地商贩那儿购买汽油、食品、饮料和其他生活用品，随后就离开返回工地。他们很少和当地人进行交流。③

c. 大部分中国人不会说任何的英语或者特维语。④ 很少一部分中国人能够说支离破碎的英语，但是这仅仅能满足生意上的要求，但是远远不够进一步的交流。⑤ 语言成为中国人和当地人交流的最大障碍。

（七）为什么当地人欢迎"外国入侵"？他们为什么希望中国采金者回来？

在分析过当地人对中国采金者的认知与《每日写真报》的认知的差别后，我们就不难理解为什么当地各个阶层的所有受访者都十分欢迎"外国入侵"并且非常渴望中国采金者赶快回到他们的城镇和乡村附近。在《每日写真报》的报道中，中国采金者面临着"违法""危险"和污染环境的指控。第一，他们因为没有合法的居留许可而违法了移民法；第二，他们因为从事专属于加纳公民的小规模采矿而违反了矿产法；第三，中国采金者枪击并杀害当地人，因而十分危险；第四，他们还污染水体、摧毁土地并且不回填矿坑。

但是，敦夸金矿区周边的当地人更加关心自己的生活水平，而不是抽象的移民法和矿产法。兴旺的生意、繁荣的经济、充盈的工作机会和不断提升的生活水平要远远比法律条文更有吸引力。许多受访者都说："我们当地人和中国人之间没有矛盾；和中国人有矛盾的是政府；我们想让中国采金者回来。"⑥ 一位加油站的工作人员认为中国采金者是非常好的顾客，

---

① 在毕阿巴聂阿村（Biabaniah）采访一位出租车司机和一位农民，2013年6月20日；采访阿杨福瑞村农民娜娜·波法（Nana Bofa），2013年6月21日。
② 在毕阿巴聂阿村（Biabaniah）采访阿玛（Amma），2013年6月20日。
③ 采访加芒村（Gyaman）的餐馆老板阿卡亚乌（Akayawu），2013年6月18日。
④ 采访阿杨福瑞村（Ayanfuri）全国民主大会党常务秘书长，2013年6月17日。
⑤ 在毕阿巴聂阿村（Biabaniah）采访一位出租车司机和一位农民，2013年6月20日。
⑥ 采访阿杨福瑞村（Ayanfuri）的阿贝纳（Abena），2013年6月21日；采访阿杨福瑞村的前士兵兰斯福德（Ransfold），2013年6月21日；采访阿杨福瑞村（Ayanfuri）大香蕉商贩菲利克斯（Felix），2013年6月21日。

因为他的加油站过去每天可以销售 3 万~4 万升汽油，但是在中国人遭到逮捕和驱逐之后加油站每天只能卖出大概 1000 升汽油。① 有了从中国采金者那儿挣来的工资，现在当地人可以有钱来盖自己家的房子，而这在过去是无法想象的。② 一位名叫阿玛（Amma）的当地妇女过去三年一直为中国采金者做饭洗衣服，她这样可以每月赚 300 塞地（约合 150 美元），这份收入对于一个一直处于失业状态的妇女来说十分可观。③ 在政府发动清理行动后，中国采金者大量撤离或隐藏，阿玛也因此丢掉了她的这份工作。④ 布瑞芒（Bremen）的一位年长的女性商贩十分激动地对我说："你们中国人回到加纳来！中国人就是工作，就是金钱！中国人走了之后，我的生活变得越发艰难了。以前我给中国人工作，每个月可以赚 200 塞地（约合 100 美元），但是现在我一无所有。如果你们中国人不回来，我们就会到政府门前游行示威，要求你们回来。"⑤ 加油站的一位工人也说："当我们失去中国人，我们就失去了一切。"⑥

当地居民虽然不喜欢中国人的枪击行为，但是他们没有把责任完全推给中国人。相反，他们很明确地把枪击罪犯和枪击无辜的年轻人区分开来，他们对中国采金者持枪自卫的需求表示理解。对于水污染和土地回填，当地居民认为中国人应该对水污染负责，但是土地回填并不是中国人的责任。当地人认为，采金所产生的负面效果，应该由中国采金者和当地人共同努力解决；政府也不应该因为这些负面效果就把中国人从小规模采金领域驱逐出去，让地方经济陷入停滞。当地居民更希望中国人回到当地从事小规模采金，因为中国人可以带动当地的经济繁荣、生意兴旺和生活水平提高。

中国人在当地人眼中几乎就等同于金钱，中国人开采黄金的同时当地人也得到了财富。这在经济层面是一种双赢，尽管在沟通交流和环境保护方面还有些问题待解决。

---

① 采访恩科提姆松（Nkotimso）的加油站工人穆萨（Musah），2013 年 6 月 20 日。
② 采访阿杨福瑞村（Ayanfuri）人民大会党妇女领袖阿库娃（Akua），2013 年 6 月 21 日。
③ 在毕阿巴聂阿村（Biabaniah）采访阿玛（Amma），2013 年 6 月 20 日。
④ 在毕阿巴聂阿村（Biabaniah）采访阿玛（Amma），2013 年 6 月 20 日。
⑤ 采访布瑞芒（Bremen）当地十名商贩，2013 年 6 月 20 日。
⑥ 采访恩科提姆松（Nkotimso）的加油站工人穆萨（Musah），2013 年 6 月 20 日。

四 如何改善中国人和当地人的关系

(一) 对中国采金者和采矿公司的建议

(1) 遵守当地法律。虽然当地居民并不在乎移民法和矿产法,但是中国企业尤其是矿业公司必须要遵守当地法律,备齐所有法律文件,中国采金者也应该在远离河流和水源的地方采金。

(2) 承担社会责任。和在加纳的欧洲、澳大利亚乃至印度的采矿公司相比,中国采金者和矿业公司没有很好地尽到自己的社会责任。敦夸金矿周边的当地居民说,西方公司和印度公司在加纳待的时间很长,他们知道如何承担起社会责任。西方和印度公司一方面从当地获取黄金等矿产资源,另一方面他们也关心当地人的社会福利,积极为当地建设学校、医院和电力设施。中国人应当向欧洲、澳大利亚和印度企业学习他们承担社会责任的做法。这些东西没有写在合同中,但是欧洲和澳大利亚的公司通过给当地人提供社会福利成功地和当地人建立了良好的关系。他们往往能够发现当地社区真正需要什么,然后相应地出资建设。这种做法使得矿业公司能够拉近自己和当地人的距离。[①] 如果中国采金者能够更多地承担起社会责任,积极帮助当地修建道路、桥梁、学校、医院和水管等,那么他们就能够和当地政府以及当地市民社会有着更融洽的关系。

(3) 中国采金者应该亲自回填矿坑,而不是把工作交给加纳中间人去完成,因为回填矿坑直接关系着当地居民特别是年轻人的生命安全。首先,每当有青少年跌入矿坑伤亡,当地人自然会首先责怪制造这些坑的中国采金者。其次,未回填的矿坑以前曾经是农田或者可可田,但是现在当地农民无法再在上面种植农作物,这些矿坑就成了破坏土地和经济剥削的双重标志。如果中国采金者能够亲自回填矿坑而不是外包给当地中间人,

---

① 采访敦夸市政协调员,2013 年 6 月 17 日;采访敦夸市政长官,2013 年 6 月 17 日;采访阿杨福瑞村传统领导人,2013 年 6 月 18 日;采访布鲁夫叶杜 (Brofuyedu) 村的商人普林斯·伍迪 (Prince Wodi),2013 年 6 月 20 日;采访敦夸当地商人科菲 (Kofi),2013 年 6 月 19 日;采访加芒村 (Gyaman) 的餐馆老板阿卡亚乌 (Akayawu),2013 年 6 月 18 日。

那么中国采金者就可以避免遭到类似的指责，同时建立起更负责任的形象。一些当地居民建议中国采金者向澳大利亚和印度公司学习，给土地重新种植棕榈树或者其他作物。①

（4）学习当地语言并且融入当地社区。首先，许多受访者都说语言是中国采金者和当地人之间交流的最大障碍。② 例如，移民官员感觉他们很难和中国人交流，靠近采矿工地的年轻人经常因为无法和中国人交流而遭到误伤，当地普通民众也常常因为语言障碍而和中国人出现误会。如果中国采金者能够学习当地语言，或者在来加纳之前接受一定的语言训练，那么双方之间的问题会大大减少，交流也会更加流畅。其次，中国采金者融入当地社区的第二个障碍是他们不住在当地社区内，而是住在较远的丛林中。最后，中国移民和中国公司都是后来者，他们需要一定的时间来学习如何适应当地社会。当地一位老农民说，交流和融合是时间问题，而中国人作为新来者正在从当下的危机中得到教训。③

（5）中国采金者应当寻求当地普通民众、传统领导人和警察的帮助，而不是持有枪支并且不分青红皂白射击一切靠近采金工地的加纳人。尽管多数当地居民对于中国人拿起武器保护私有财产表示理解，但是中国采金者也必须明白，并非所有靠近中国人工棚的加纳人都是小偷和劫匪。④ 误解和误伤经常会造成加纳无辜民众的伤亡。以暴易暴不能够解决问题，反而只会激化矛盾，造成双方关系进一步恶化。鉴于当地大多数居民都十分欢迎中国人在他们社区中的存在，中国采金者在受到威胁时可以向当地民众寻求帮助。中国采金者远离当地社区而独自住在丛林中，这使得他们很

---

① 采访 BOA Amponsem 高中教师，2013 年 6 月 19 日；采访布瑞芒（Bremen）当地三名商贩，2013 年 6 月 20 日；采访布鲁夫叶杜村（Brofuyedu）的商人普林斯·伍迪（Prince Wodi），2013 年 6 月 20 日。

② 采访敦夸市政长官，2013 年 6 月 17 日；采访敦夸当地加纳移民局官员，2013 年 6 月 18 日；采访敦夸当地商人科菲（Kofi），2013 年 6 月 19 日；采访胜利宾馆工人多瑞斯（Doris），2013 年 6 月 19 日；采访敦夸当地宾馆接待员史蒂芬·阿散蒂，2013 年 6 月 19 日；采访敦夸当地商贩爱迪斯（Edith），2013 年 6 月 19 日；采访 BOA Amponsem 高中教师，2013 年 6 月 19 日；采访布鲁夫叶杜村（Brofuyedu）的失业者科菲（Kofi），2013 年 6 月 20 日；采访恩科提姆松（Nkotimso）的加油站工人穆萨（Musah），2013 年 6 月 20 日；采访阿杨福瑞村（Ayanfuri）大香蕉商贩菲利克斯（Felix）2013 年 6 月 21 日；在恩柯涅-瓦萨村（Nkonya - Wassa）采访大卫和娜娜两位村民，2013 年 6 月 21 日。

③ 采访阿杨福瑞村（Ayanfuri）农民娜娜·波法（Nana Bofa），2013 年 6 月 21 日。

④ 采访阿杨福瑞村（Ayanfuri）人民大会党妇女领袖阿库娃（Akua），2013 年 6 月 21 日。

容易成为劫匪的目标,因为那些偏僻的地点处于当地民众和警察的保护范围之外。许多当地居民都十分欢迎中国采金者居住在他们的城镇或者村庄里,因为这样一来中国人就可以得到民众、酋长和警察的保护。① 这种保护可能要比自己持有武器的效果更好,而且选择入住当地社区也会让双方的关系更加密切。

(6) 中国采金者应该戒除一些坏习惯,比如在公共场所吸烟。

(二) 对于中国政府和媒体的建议

(1) 中国使馆和其他有关政府部门应该在中国采金者来加纳之前就对他们进行教育,促进他们对加纳当地法律的理解,尤其是在中国采金者比较集中的省份和地区,如广西上林。政府还应该通过教育和宣传来阻止那些没有合法证件的人前往加纳,同时用法律知识武装那些拥有合法证件的中国移民。

(2) 中国驻加纳使馆应该帮助把中国采金者组织起来,形成一个中国采金者协会或者类似的同盟组织。目前加纳境内的中国采金者和采矿公司基本上都处于分散经营和无组织的状态,因而在面对加纳的罪犯和腐败的警察时显得格外脆弱。如果所有中国采金者或者说一部分采金者能够形成一个全国性或者地区性的采金者组织,那么这样他们就可以更好地维护自己的利益。中国采金者的声音也更容易被加纳大众听到。

(3) 中国驻加纳使馆应该定期到中国移民比较集中的地区进行实地调查研究。通过和中国移民交谈并了解他们的需求,中国使馆可以以更好的方式帮助海外华侨华人。使馆官员还可以和当地加纳人交流,并且为中国移民和当地加纳人建立一个可以供双方进行交流的平台。为海外华侨华人服务是使馆的重要职能之一,所以使馆应该未雨绸缪,而不是等到中国公民被捕并在异国监狱遭受虐待之后再扮演"消防员"的角色。

(4) 中国政府和媒体应该想办法在加纳人眼中塑造更好的中国形象。很显然,在《每日写真报》的报道中,中国采金者的负面形象要远远大于中国援建的布维水电站等项目的积极形象;而且,中国采金者在上登基拉

---

① 采访敦夸当地手机卡商贩亚(Yaa),2013年6月19日;采访布瑞芒(Bremen)当地十名商贩,2013年6月20日。

西区这一金矿集中区域所做出的积极贡献基本上不为除了当地民众之外的其他加纳人所知；《每日写真报》中所有关于中国采金者的报道都忽略了中国采金者的积极贡献，而且把所有责任都推给了他们。中国采金者在加纳公众中缺乏自己的声音，同样中国媒体和中国政府也没有很好地表达自己的声音。这对于中国在加纳的存在是一个很严重的问题。

（5）中国驻加纳使馆应该更加强有力地维护中国移民的利益，对于加纳执法机构损害中国移民生命和财产安全的行为持更强硬的态度。一些加纳警察和移民官员已经十分习惯于骚扰和敲诈中国移民和企业，甚至是拥有合法证件的中国人也深受其害。许多中国人不希望在异国他乡惹麻烦，加上英语水平有限，所以多数中国人会选择忍气吞声，破财免灾，任人宰割。一些仍然躲藏在敦夸的一些中国采金者和商人说，他们仍然感觉自己还是"东亚病夫"：因为中国采金者在加纳被当地执法机构欺凌、勒索和骚扰，但是中国的外交策略过于审慎和软弱，在保护本国公民的问题上态度不够强硬。

（6）政府和其他企业应当出资支持学术机构对于加纳的历史和现状进行更加深入的研究，尤其是进行长时期的实地调研。和美欧等国相比，中国关于非洲史和非洲当代问题的研究起码落后了五十年。通过资助中国学者在加纳和整个非洲进行实地调研考察，相信在不久的将来，中国会有越来越多的加纳问题专家和非洲问题专家；他们能够真正了解加纳和非洲，为政府、企业和移民提供有意义的意见和建议。

青年园地

西非阿拉伯语文学的思想与文学特征

阎鼓润*

阿拉伯语除通行于西亚和北非二十余个国家外，也是伊斯兰教的宗教语言。世界各国的穆斯林用阿拉伯语进行宗教活动，促进了阿拉伯语在世界范围内的传播。

公元 639 年，哈里发欧麦尔派遣阿穆尔将军领兵由巴勒斯坦进入埃及，伊斯兰教自此传入非洲，从而掀开了非洲历史上新的一页。随着伊斯兰教在非洲地区不断扩张，阿拉伯语作为文字载体也随之传播开来，用阿拉伯语进行的文学创作逐渐兴起。其中，以西非为代表的阿拉伯语非通用语地区的阿拉伯语创作很值得关注。

阿拉伯语文学创作在西非的历史非常悠久，在伊斯兰教与非洲传统文化的长期碰撞与融合中发展成为特色鲜明的文学种类。国内对这种文学的研究尚属空白，国外的研究也较为零散。《剑桥非洲及加勒比地区文学史》一书中有《非洲的阿拉伯语文学》一章，其中虽然主要关注北非的文学创作，但对撒哈拉以南地区有所涉及。[1] 一些研究著作重点关注某一地区的某些作品，如《阿拉伯文学期刊》上刊载的《文本研究和西非阿拉伯语诗歌：19~20 世纪尼日利亚诗歌阅读》[2] 和《西非阿拉伯

---

* 阎鼓润，北京大学外国语学院亚非语言文学系硕士研究生，东方文学专业非洲文学方向。

[1] Abu - Haidar Farida, "African Literature in Arabic," *Cambridge History of African and Caribbean Literature*, Cambridge University Press, 2008, pp. 178 - 198.

[2] Abdul - Samad Abdullah, "Intertextuality and West African Arabic Poetry: Reading Nigerian Arabic Poetry of the 19th and 20th Centuries," *Journal of Arabic Literature*, Vol. 40, 2009, pp. 335 - 361.

语诗歌：简述19~20世纪塞内加尔、尼日利亚的颂歌和挽歌》[1]；《非洲文学研究》上刊载的《本地文化和全球文化之间的阿拉伯语书写：约鲁巴地区的学者和诗人》[2]和《塞内加尔阿贾米文学：以塞林·穆萨·卡为例》[3]。约翰·胡维克对撒哈拉以南地区的非洲文学关注较多，著有《非洲苏丹地区写作》[4]、《尼日利亚阿拉伯文学传统》[5]和《东非穆斯林的写作》[6]等。

值得一提的是《非洲阿拉伯文献》[7]系列丛书。该书由约翰·胡维克编辑，荷兰莱登非洲研究中心出版。这套书籍已经出版6卷，对目前发现的非洲阿拉伯语文献进行分类，详细列出了文献作者简介、内容提要和藏书地等信息，是迄今为止研究这一主题最权威的读物，但是该书的语言是英语，未附阿拉伯语原文。

综上所述，对西非的阿拉伯语文学作品国外有所研究，但并不系统，对这类文学从文学性角度进行的研究较少，更多是和伊斯兰教的历史相结合。本文试图从思想内容和写作特点两方面入手，介绍西非的阿拉伯语文学传统，分析这种文学从产生到发展的特征。

一 伊斯兰教在西非的传播与变异

很多人将伊斯兰教等同于阿拉伯世界，这种思维定式显然是错误的。

---

[1] Abdul-Samad Abdullah and Abdul-Sawad Abdullah, "Arabic Poetry in West Africa: An Assessment of the Panegyric and Elegy Genres in Arabic Poetry of the 19th and 20th Centuries in Senegal and Nigeria," *Journal of Arabic Literature*, Vol. 35, No. 3, 2004, pp. 368-390.

[2] Razaq D. Abubakre and Stephen Reichmuth, "Arabic Writing between Local and Global Culture: Scholars and Poets in Yorubaland," *Research in African Literatures*, Vol. 28, No. 3, 1997, pp. 183-209.

[3] Sana Camara, "A'jami Literature in Senegal: The Example of SērinMousaaKa," *Research in African Literatures* Vol. 28, No. 3, 1997, pp. 163-182.

[4] John Hunwick, "The Writings of Central Sudanic Africa," *Arabic Literature of Africa*, Vol. 2, 1995, Leiden: Brill.

[5] John Hunwick, "The Arabic Literary Tradition of Nigeria," *Research in African Literatures*, Vol. 28, No. 3, 1997, pp. 210-223.

[6] John Hunwick, "The Writings of the Muslim Peoples of Eastern Africa," *Arabic Literature of Africa*, Vol. 3, 1998, Leiden: Brill.

[7] John Hunwick ed., *Arabic Literature of Africa*, African Studies Center, Leiden.

阿拉伯世界只是伊斯兰世界的一个组成部分。西非仅尼日利亚就有7800万名穆斯林，撒哈拉以南非洲是世界穆斯林人口增长最快的地区，年增长率至少为3%。[1] 这说明，在撒哈拉以南的非洲地区，伊斯兰教具有相当旺盛的生命力。

撒哈拉以南非洲分为西非、东非、中非和南非，这些现代概念是随着欧洲人的探险活动和殖民入侵而产生的。从整体观察撒哈拉以南非洲的伊斯兰教分布，大的趋势是自北向南，伊斯兰化程度呈现逐渐递减的带状分布。

西非和东非是撒哈拉以南非洲受伊斯兰教影响最广的区域，其中西非距离阿拉伯-伊斯兰世界更远，不像东非有印度洋作为传播媒介，撒哈拉沙漠阻隔了伊斯兰教由北向南的扩张，但柏柏尔人的定居、跨撒哈拉沙漠的商路以及柏柏尔人和西南部邻居的广泛交往使得伊斯兰教在西非地区广泛传播。

西非伊斯兰教的传播经历了四个历史阶段：公元9～13世纪是前体制化时期，此时穆斯林学者和商人以和平方式在西苏丹和中苏丹[2]传播伊斯兰教，进度缓慢；14～16世纪，穆斯林学者建立起伊斯兰教育中心，进行专职传教，伊斯兰教育机构与政治体制相结合，极大地推动了伊斯兰教的发展；17～18世纪是前"吉哈德"时期，西非伊斯兰教因受到桑海国洗劫伊斯兰学术中心廷巴图克的影响而陷入困境，本土宗教卷土重来，混合主义大行其道；19世纪则是"吉哈德"运动时期，混合主义被清除，正统的伊斯兰城邦得以建立。[3]

---

[1] Pew Research Center, *Mapping the Global Muslim Population: A Report on the Size and Distribution of the World's Muslim Population*, October, 2009.

[2] 古代阿拉伯人将撒哈拉以南黑人居住的地区称为"بلاد السودان"，即"黑人的土地"。这里的苏丹指西起大西洋，东至非洲之角的地区。在学术研究领域多用"苏丹"这一概念，特别是在非洲历史和非洲伊斯兰教史的研究领域。因为在非洲历史与文化背景下，苏丹除了地理概念，更包含阿拉伯人与非洲人、北非与撒哈拉以南非洲、伊斯兰教与非洲传统宗教等诸多层面的历史文化含义。为了更加具体地指称苏丹这一区域，阿拉伯人又将苏丹自西向东分为西苏丹、中苏丹与东苏丹，其中西苏丹和中苏丹属于我们现在研究的撒哈拉以南非洲，而东苏丹涵盖的苏丹共和国和南苏丹共和国则划入阿拉伯非洲的范围。李维建：《西部非洲伊斯兰教历史研究》，社会科学文献出版社，2011，第9～10页。

[3] 李维建：《西部非洲伊斯兰教历史研究》，社会科学文献出版社，2011，第35页。

伊斯兰教在撒哈拉以南非洲广泛传播的同时也发生了变异，这一点在西非比东非要更加明显。西非穆斯林有选择地接受了伊斯兰教中与传统宗教不冲突的部分，同时保留了对传统宗教的信仰，所以他们信仰的伊斯兰教是一种"混合"的宗教。摩洛哥旅行家伊本·白图泰造访西苏丹时，正值当地伊斯兰教的高峰期，他的游记中有幸记录下当地的宗教信仰状况和"混合"伊斯兰教的特色，譬如当地妇女并不注意遮蔽羞体、男女关系开放、饮食不遵照教法要求等。他提供的一些记录也证明了当地伊斯兰信仰内部的派系复杂，譬如他途经的某个村庄的居民既有信仰逊尼派的支派马立克学派的穆斯林，也有信仰"伊巴兑耶"（即哈瓦利吉派支派伊巴德派）的穆斯林，这些穆斯林和平共处。[①] 从伊本·白图泰的叙述中我们可以发现，在伊斯兰教的外衣下，传统文化仍在顽强生存，与教法相比，伊斯兰教的礼仪性内容显然在当地具有更重要的意义，而在西非的苏菲派（伊斯兰神秘主义派别）中原始宗教的成分非常明显。

西非和东非在对待伊斯兰信仰方面具有差异性，这是因为早期的东非有很多阿拉伯、波斯地区侨民，他们真正遵守伊斯兰教法，且东非是海洋性文明，对外来文化接受程度高，对本土文化依恋程度较小。东非当地形成的斯瓦希里文明最大限度地对外来的阿拉伯伊斯兰文化进行吸收与接纳，最终将其与本地文明相融合成为非洲本土文化。所以，伊斯兰教在传入东非后尽管做出了一些适应性调整，在宗教仪式、教法解释等方面都带有地方性特点，但总体而言并没有西非本土化程度高。西苏丹和中苏丹地区属于内陆地区，本土文明根深蒂固，伊斯兰教若想在西非生存，则不得不对西非本土宗教和传统风俗做出妥协，吸收当地传统，或者允许本土宗教与伊斯兰教并存。17世纪之后，伊斯兰教力量逐渐强大，虔信的穆斯林以武力的方式清除了当地伊斯兰教中的"异教"传统，但是刺激性的"异教"色彩已经深入当地社会生活的方方面面，包括文学作品。

二 伊斯兰教与西非阿拉伯语文学

阿拉伯语作为伊斯兰教的宗教语言，随伊斯兰教的发展传入西非。伊

---

① 〔摩洛哥〕伊本·白图泰口述、朱甾笔录：《异境奇观——伊本·白图泰游记》（全译本），李光斌译，海洋出版社，2008，第609页。

斯兰教是撒哈拉以南非洲阿拉伯语文学作品的重要主题，很多文学作品的创作有着明确的宗教目的和政治企图。

西非阿拉伯语文学创作的几次高潮都与伊斯兰教的宗教运动有关，譬如旨在改变以穆斯林为主体的社会中不严格遵守伊斯兰教法的现象而发起的穆特拉比运动，以及旨在建立纯粹的穆斯林国度的吉哈德运动等。伴随这些运动而来的是穆斯林学者将大量的宗教书籍带入西非，穆特拉比运动更是开启西非本土穆斯林用阿拉伯语写作新时代的典范。在这些运动的推动下，当地穆斯林学者系统学习阿拉伯语文献，提高阿拉伯语水平，催生了一批阿拉伯语作家。

苏菲主义在撒哈拉以南非洲的阿拉伯语学术和文学发展过程中起到了重要作用。该地区用阿拉伯语写作的主要学者都属于苏菲派，他们的作品涉及伊斯兰教义学、教法学、经注学、圣训学和神学，他们的诗歌也存在明显的宗教色彩和道学隐喻。

13世纪开始，尼日利亚境内开始出现了阿拉伯语学者，其中最著名的是诗人、语法学家阿布·伊沙克·易卜拉欣（Abu Ishaq Ibrahim）。但直到18世纪末，尼日利亚的阿拉伯语文学创作仍然局限在宗教题材上。19世纪初，阿拉伯语创作在富拉尼族（Fulani）学者的领导下受到了伊斯兰复兴运动的影响，其中最重要的作家是谢赫·奥斯曼·伊本·穆罕默德·富迪奥（Shaykh Uthman Ibn Muhammad Fudi）、其兄阿卜杜拉（Abdullah Ibn Muhammad Fudi）及其子穆罕默德·贝洛（Muhammad Bello），他们三人创作了大量的阿拉伯语散文、诗歌作品、经训学著作以及苏菲圣徒传，他们使用标准的阿拉伯语，试图摒弃其中的土语成分。谢赫·奥斯曼·伊本·穆罕默德·富迪奥是西非"吉哈德"运动的精神导师，他在追寻伊斯兰影响的道路上屡屡碰壁，最终号召信徒采取武力手段，建立了纯粹的伊斯兰国度索科托穆斯林联邦。虽然他自称是"时代的革新者"，但他拒不承认自己是最后的革新者"马赫迪"，为了剖白自己，在其最著名的诗歌《马赫迪》中，他说道："不要再为我而撒谎，不要再将我视作马赫迪。"[①] 作为撒哈拉以南非洲最伟大的伊斯兰学者，他自认为被真主选中领导西苏丹

---

① 转引自 Mervyn Hiskett, *The Sword of Truth: the Life and Times of the ShehuUsumandanFodio*, Oxford University Press, 1973, p.123。

的伊斯兰教革新,对即将到来的大变革有着清醒的洞见。而他最伟大之处在于不仅洞见了变革,更领导了变革,尽管他知道自己对豪萨的改革只是权宜之计,但仍然担负了神圣的职责。文学作品就是他宣传的媒介与手段,他的阿拉伯语文学作品甚至成为豪萨的吉哈德运动的思想纲领与行动指南。

塞内加尔是撒哈拉以南非洲的阿拉伯语文学创作的重镇。苏菲教团是这些创作的重要推动力量。著名学者谢赫·阿玛杜·邦巴(ShaykhAhmadouBamba)曾经是卡迪里教团(Qadiriyya)的成员,后来发展了独立的穆里德教团(Muridiyya,寻求神圣知识的志愿者)。穆里德教团总部位于图巴(Toupa),这一地区后来成为该教团最重要的宗教圣地,取代了当代穆斯林原先心目中麦加清真寺的地位。① 该教团重视经训,尊重苏菲传统。阿玛杜·邦巴本人也是一位著名的阿拉伯语诗人、学者和宫廷精神导师,他的主要文学作品是阿拉伯语诗歌。政治上,他的作品中蕴含反对法国殖民主义者的强烈感情;宗教上,他在诗歌中经常以"真主的仆人"自居,强调要模仿先知穆罕默德的行为。他的诗歌作品用标准阿拉伯语写成,激励并影响了一批塞内加尔的沃洛夫语(Wolof)诗人。在著作《天堂之路》(*Masaalik al - Jannah*)中他解释了自己用阿拉伯语写作的原因:"阿拉伯语是接近苏菲修行至高点的途径,是和真主与先知交流的方式。"② 提加尼教团(Tijaniyya)也在塞内加尔阿拉伯语文学的发展中扮演了重要角色。该教团的大学者易卜拉欣·尼亚斯(Ibrahim Niasse,1900~1975)著有多部阿拉伯语书籍和诗歌,作为"圣人",他在豪萨七邦之一的卡诺(Kano)有一批追随者,在他的鼓励下,当地的本土语言文学开始出现。

在西非的阿拉伯语文学创作中,女性也占据了重要的地位。这与当地的苏菲教团,特别是卡迪里教团重视妇女的教育有直接关系。很多大家族,如上文提到的谢赫·奥斯曼·伊本·穆罕默德·富迪奥,他所在的奥斯曼家族就有教育妇女的传统。在奥斯曼家族中,尽管"妇女的生活不似豪萨妇女一样快乐,但是她们被赋予了学习的机会,这是豪萨妇女所缺少的。她们通过学习受益匪浅,很多人成为与男子一样博学、虔诚的学者与

---

① 李维建:《西部非洲伊斯兰教历史研究》,第 207~208 页。
② F. Allen and Mary Nooter Roberts, *A Saint in the City: Sufi Arts of Urban Senegal*, Los Angeles, 2003, pp. 45 - 67.

苏菲主义者，在伊斯兰世界这是不多见的"。① 这些妇女中最杰出的就是娜娜·阿斯玛（Nana Asma'u）。她是谢赫·奥斯曼·伊本·穆罕默德·富迪奥的女儿，在西非的吉哈德运动中扮演了重要角色。除了社会活动家的身份外，她还是一名诗人和学者。其父所在的卡迪里教团坚持走精英与学术路线，将学术视为一切事物的根基，所以她从小生活在伊斯兰苏菲主义的知识传统中。

娜娜·阿斯玛的作品丰富，除了少数散文外，几乎全部是诗歌，就内容而言包括劝诫诗、传记诗、教育诗、史诗、颂诗、解经诗和苏菲仪式祷文等。在接受阿拉伯语教育的过程中，她主要学习阿拉伯诗歌的写作方法，学会了大量的语言技巧。她可以用阿拉伯语、富尔贝语和豪萨语三种语言写作，会根据读者选择不同的语言，《贝洛挽歌》《〈古兰经〉之歌》《先知之药》《哀悼阿伊莎》等均是用阿拉伯语撰写的。② 初看之下，她的很多作品似乎有强烈的感情色彩，有很多颂诗和挽歌，但要注意她赞颂或哀悼的对象是执政的贝洛和阿卜杜拉，而写作背景是豪萨人伊斯兰信仰开始淡漠、本土信仰卷土重来。所以，她的创作中很少有手足之情的考虑，更多的是宗教与政治原因。她不是为情感而写作，而是为宗教和政治而写作。她的作品是观察当时豪萨社会伊斯兰教的窗口，这些作品奠定了她在西非阿拉伯语文学史上的地位，也让她在尼日利亚文学史上留下了浓墨重彩的一笔。

三 西非阿拉伯语文学的体裁与写作特点

西非的阿拉伯语文学体裁总体而言沿袭了阿拉伯的古典文学传统，包括诗歌、故事、编年史和游记。

诗歌的种类很多，包括赞颂真主和先知穆罕默德的颂诗、悼念亲友的悼亡诗以及讽刺诗、劝诫诗等，这些都是阿拉伯古典诗歌常见的题旨。由于创作者多为苏菲教团成员，他们在谈论真主、存在和人的时候，通常借助于象征、隐喻和韵律等艺术形式。他们创作的很多诗歌作品通过和情人交

---

① Mervyn Hiskett, *The Sword of Truth: the Life and Times of the ShehuUsumandanFodio*. Oxford University Press, 1973, p. 26.
② Nana Asma'u, Jean Boyd and Beverly B. Mack, *Collected Works of Nana Asma'u, Daughter of Usman Dan Fodio (1793 – 1864)*, Michigan State University Press, 1997.

往的隐喻，表达对神性的追求和与真主沟通的渴望。西非的阿拉伯语诗歌严格遵守阿拉伯古诗"盖绥达"的体例，并采纳阿拉伯的诗歌韵律。这是因为创作者接受的是正统的阿拉伯-伊斯兰文化教育，他们也希望借用严格的体例来推广阿拉伯-伊斯兰文化，从而表达自己虔诚而坚定的信仰。

非洲本土语言素有口头诗歌传统，但西非阿拉伯语文学并没有。归根结底，这是因为写作者是一个规模不大的学者阶级，他们虽然精通阿拉伯语，但是其作品对缺少书面文化、不以阿拉伯语为通用语的主体人口影响不大。口头诗歌传播的土壤较小，因此不成气候，但是也存在一些非洲诗歌传统与阿拉伯语诗歌互相影响的例子。在尼日利亚西南的约鲁巴土地上，爱洛林（Ilorin）成为伊斯兰教中心，当地学者用阿拉伯语创作了大量的宗教诗歌和散文。事实上，约鲁巴族有自己的语言约鲁巴语，也有丰富的诗歌传统。作家创作的阿拉伯语颂歌直接影响到了约鲁巴语诗歌的创作，很多约鲁巴语传统诗歌也被翻译为阿拉伯语流传，为阿拉伯语文学创作注入了本土的元素。[1] 约鲁巴人素有讲故事的传统，一些约鲁巴地区的阿拉伯语写作者借鉴了约鲁巴族的动物寓言故事，将其翻译成阿拉伯语或进行改写，在其中加入宗教含义与道德说教。阿拉伯地区也有讲故事的传统，从贾希利叶时期"阿拉伯人的日子"到集大成之作《一千零一夜》都是这种传统的发展与延续。我们甚至可以假设，即《一千零一夜》之中的一些来自埃及的故事，有可能受到撒哈拉以南非洲地区——特别是西非约鲁巴地区故事的影响，不过这有待从故事形态学和故事演变的角度进行考证。

撒哈拉以南非洲地区，特别是西非和东非接受了伊斯兰教的诗歌编年体。原因在于西非和东非小城邦林立，每个小城邦都需要记录本地王朝的历史，如《卡诺编年史》和《巴高达之歌》等。口头历史可以根据社会和政治需要进行修正，而文字记载的历史相对稳定。有些地区的早期编年史是用阿拉伯语写作的，具有一定的史料价值，但其中不乏夸张成分。因为采用诗歌体进行创作，所以每一篇编年史都可以看作一部歌颂国王丰功伟绩、赞美城邦繁荣兴旺的长诗。

西非阿拉伯语文学类型中值得注意的一类是游记文学。游记文学的发展

---

[1] Razaq D. Abubakre and Stephen Reichmuth, "Arabic Writing between Local and Global Culture: Scholars and Poets in Yorubaland," *Research in African Literatures*, Vol. 28, No. 3, 1997, pp. 183 – 209.

与作为伊斯兰教"五功"之一的朝觐密不可分。一些阿拉伯语作家会在朝觐途中或归来后记录沿途的所见所闻，这些作品多采用散文体，是我们了解西非伊斯兰教和朝觐沿途风土人情的重要窗口。重要的游记作家有索宁克人马赫穆德·卡提，他的作品《探索者史》（*Tarikh al-Fattash*）是研究西苏丹重要的历史记录。[①]

西非阿拉伯语与阿拉伯地区阿拉伯语在发音、词汇和语法层面都存在差异，但是使用阿拉伯语进行文学创作的学者大多会自觉采用标准阿拉伯语。很多非洲本土语言如豪萨语、富尔贝语等在与阿拉伯语的长期接触中逐渐迈入文字时代，即"阿贾米语"时代，开始用阿拉伯字母拼写相应的语言。在阿贾米语定型的过程中出现了一批方言诗歌，混合了阿拉伯语和当地土语，但是更加易于使用本土语言的人理解。这种诗歌作为伊斯兰文化扩张的一部分迅速传播。不过，对这些作品到底属于阿拉伯语还是本土语言很难界定，但其中确实可见明显的阿拉伯文学痕迹，它们从中世纪末的伊斯兰末世学、历史学和纯文学作品及其他阿拉伯语作品中吸取思想、意象和内容。这种文学将伊斯兰教从精通阿拉伯语的学者的私产转变为人人可学的自由知识，可以看作西非阿拉伯语文学向本土语言文学的过渡。

四 结语

综上所述，伊斯兰教是西非阿拉伯语文学的绝对主题，而有影响力的作家几乎都是苏菲教团的成员。这主要有两点原因：其一，与阿拉伯地区不同，阿拉伯语在西非并非通用语，掌握阿拉伯语的人都是在清真寺接受过正统伊斯兰教育的人。西非的阿拉伯语作家首先具有宗教属性，其次才具有文学属性，他们的文学创作归根结底是为自己的宗教观点服务的。而在宗教与政治紧密结合的情况下，他们的作品也会为政治服务。其二，苏菲派崇敬知识，有尊师重教的传统，教团成员的文化水平比其他人要高。苏菲派热衷写作，是因为他们认为诗歌写作是表达修行奥秘的首要方式，

[①] John Hunwick, "The Writings of Central Sudanic Africa," *Arabic Literature of Africa*, Vol. 2, 1995, Leiden: Brill, pp. 56–59.

正如当代阿拉伯著名诗人阿多尼斯所言，"将诗歌语言视为认知的首要途径"。[1] 与伊斯兰正统教派的观念不同，苏菲派认为真主在万物中永无止境地显现，强调人对宗教的内心体验，希望通过功修达到"人主合一"的境界。苏菲派赋予"神"以人性，同时又追求人的内心升华，旨在抵达神的境界，最终消弭人、神的分化。[2] 阿拉伯语作为宗教语言存在，苏菲派以阿拉伯语为媒介，最终希望达成与真主和先知的精神交流。但是，西非的伊斯兰运动并未导致阿拉伯语的大规模传播，阿拉伯语始终只被少数受教育的阶层所接受。某些西非土著语言借用部分阿拉伯语词汇，满足了宗教、商业和姓名等方面的需要，但这些土著语言创作的文学作品显然不能归入阿拉伯语文学。

西非本地的阿拉伯语文献出自少数的伊斯兰教精英，局限于社会上层，始终未能在当地普遍推广。这是因为伊斯兰化仍局限于社会上层，伊斯兰教的价值观虽然在缓慢地走向民间，但是整个伊斯兰化过程的作用显现得十分缓慢。当地的学者恪守古板的伊斯兰教法，在文学创作过程中并没有求新、求变，所以与宗教相结合的阿拉伯语文学未能获得更深层次的发展。

无论如何，我们都不能忽视西非的阿拉伯语文学创作，它是非阿拉伯地区阿拉伯语文学的代表地区，是世界范围内阿拉伯语文学的有机组成部分，在阿拉伯语文学史上占有一席之地。这些作品中蕴含的大量历史、宗教和政治信息可以为我们了解西非伊斯兰教、伊斯兰教的传播以及西非地区的社会生活提供帮助。

---

[1] 〔叙利亚〕阿多尼斯：《在意义天际的写作——阿多尼斯文选》，薛庆国、尤梅译，外语教学与研究出版社，2012，第148页。

[2] Khālid Balqāsim, Adonis Wa Al-khatāb Aṣ-ṣūfī, Dār Tūbqāl Li-alnashr, Ad-dār Al-beidā', 2000, p. 1.

浅析基库尤人在东非保护地初期社会决策阶层的变化及其影响

王 唱[*]

前 言

19世纪末，东非保护地作为英国在非洲的新领土并不受重视。随着人们对它的不断摸索和掌控，它的神秘感才逐渐消散，其白人经济在一战之后得到了突飞猛进的发展。这种变化不是必然的，也不能将其看成殖民地欧洲人口、生产量或贸易额的上涨，更不能看作欧洲殖民者单方面的活动。东非保护地初期，在英国殖民者的统治需要和当地部分原住民尤其是一部分基库尤人的经济政治利益之间，出现了契合点，构成了双方合作的基础，一方面为后续的英国殖民统治提供了便利，另一方面也改变了基库尤人的传统社会秩序。

通过综合分析基库尤人传统决策阶层的构成与功能，以及东非保护地创建初期基库尤人和欧洲人的交往情况，笔者认为，东非保护地成立初期，英国殖民政府为了保障该地区的经贸往来和发展建设，而逐步深入内地打造统治基础。在基库尤人与英国人的接触过程中，其决策阶层由以年龄组和氏族为基础的、权力较为分散的决策机构，逐渐过渡到以英国人任命的酋长为代表的、权力较为集中的统治者手中，这种改变对基库尤社会造成了多方面的影响。

在进入正文之前，还有几个相关概念需要说明。文中笔者多次用到"土著"（native）、"原住民"（indigenous, aboriginal）这两个词语，而在关于基库尤人的学术专著或论文中，都是以英文的"native"来表达的。

---

[*] 王唱，北京大学历史学系硕士研究生。

对其进行区分的原因并非怀疑"土著"这个名词在当代有无歧视的隐义，而是因为在 19 世纪初 20 世纪末的文献中，许多运用"native"这个词的作者都在文中或多或少地体现出了对其原始、落后的评价。① 另外，关于"tribe"一词的译法，参考李安山教授的论述，笔者根据所描述的对象大小来选择使用"族群"或"民族"。② 其他相关人类学词汇的译法，则参考使用《中译人类学词汇》③ 一书。

一 基库尤社会的传统结构和决策阶层

在殖民者到来之前，基库尤人不存在统一的民族权力机构，但在不同的社会事务中分别存在一批相对稳定的决策阶层。乔莫·肯雅塔曾在他的《面对肯尼亚山》④ 中对基库尤族的政治体系进行了概述，他认为在殖民者到来之前，基库尤社会是完全建立在"真正的民主原则"⑤ 之上的，可以称为一种"部落民主制"。⑥ 综合多方面材料，笔者认为基库尤族社会在殖民者干预

---

① 姜德顺先生通过考察"土著"与"原住民"两个词的语源、使用等，对这两个中文译法做过辨析。他指出"原住民"是从日本舶来的词汇，使用率大大低于前者，且大多出现在南洋问题研究和台湾"原住民运动"的语境中。"土著"一词本无歧视意味，硬要往"原始""文化水平低下"去挂钩，或许有些牵强。但笔者认为，在特定历史时期和人类交往活动中，不可否认"土著/原住民（native）"一词的确具有贬义，而且也不能根据某一研究领域在词汇的使用频率上的高低来规定该词汇的适用范围。非洲学研究有一定的特殊性，其土地和人民长期受到来自白人和部分黄种人的歧视和侵犯，所以笔者认为"原住民"这一词语在非洲学领域的使用有待讨论。出于本文论述需要，在引用东非保护地初期英文文献时，笔者采用"土著"的译法，而在论述过程中，笔者采用"原住民"的译法，在此说明。参见姜德顺《略辩"土著"与"原住民"》，《世界民族》2012 年第 6 期。
② 参见李安山《论中国非洲学研究中的"部族"问题》，《西亚非洲》1998 年第 4 期。
③ 谢剑主编《中译人类学词汇》，香港中文大学出版社，1980。
④ 在引用这本书的过程中，需要清楚认识到肯雅塔的写作背景。20 世纪二三十年代，肯雅塔长期生活在英国，作为基库尤中央协会（Kikuyu Central Association）驻伦敦的代表，为基库尤人在肯尼亚殖民地的利益游说于殖民官员、议会、出版社和利益集团之间。1934 年，肯尼亚土地委员会取消了肯雅塔和基库尤中央协会的代表权，而该书也随即在这种政治背景下出版，之后很多作家对其政治目的做了分析。参见 Bruce Berman, "Ethnography as Politics, Politics as Ethnography: Kenyatta, Malinowski, and the Making of Mount Kenya," *Canadian Journal of African Studies*, Vol. 30, No. 3, 1996, pp. 313 – 344。
⑤ Jomo Kenyatta, *Facing Mount Kenya: The Tribal Life of the Gikuyu*, New York: Vintage Books, 1965, p. 179.
⑥ 高晋元:《吉库尤族的社会政治演变》，《西亚非洲》1981 年第 4 期，第 37 页。

浅析基库尤人在东非保护地初期社会决策阶层的变化及其影响

之前是否"民主"有待商榷,但基库尤社会的确不是一个集权社会。它的决策阶层是嵌套在氏族和年龄组中的多个议事机构,有一定的分权效果。作为一位土生土长的基库尤人,加瑟鲁先生(R. Mugo Gatheru)曾明确指出,年龄组和氏族体系可以毫不夸张地称为"基库尤精神的根源"[①]。因此,笔者将介绍基库尤社会中年龄组和氏族的构成及决策阶层的功能和特点。

(一)年龄组和氏族制

传统基库尤社会有两重基本组织形式,即"年龄组"(age set)和"氏族"(clan)。早在欧洲殖民初期,欧洲的民族学家和人类学家就对基库尤社会的这两个特征进行了研究。"年龄组"这种社会现象在东非地区含米特人和部分班图人的族群中十分普遍。根据人类学家的定义,"年龄组"(age set)和"年龄群"(age group)、"年龄等级"(age grade)被泛称为年龄组织,这种年龄组织被用来指涉所有基于年龄的团体,某些地区的"年龄组"以"年龄等级"这一制度为基础,规定男人在一定的时间经由成年礼进入成人地位,随即组成永久性的团体,每一团体都有特殊的社会任务。而"年龄组"指若干人在同一时期所加入的团体,通常每数年一次,经由典礼而组成部(set)。[②]

"氏族"则是人类在发展过程中普遍经历的社会组织形式。"氏族"一般指一个单系的继嗣群,其中"父系氏族"指的是经由父亲或男性一方来计算继嗣关系的氏族团体,有行政机构、角色分工、宗教、礼仪和一定的社会制约办法。在政治争端中,年长者往往是全氏族同外部群体进行交涉的代表。[③]

具体来说,基库尤村社作为一个共同体,分为七个年龄组[④],每个年龄组在村社中扮演不同的角色;同时,村社又由若干个氏族组成,每个氏族有权管理氏族内部的各项事务。通常,每一个基库尤成年男性都会有两重社会

[①] R. Mugo Gatheru, *Child of Two Worlds: a Kikuyu's Story*, New York: Praeger, 1964, p. 63.
[②] 芮逸夫主编《人类学》,台湾商务印书馆股份有限公司,1971,第 130 页; Claude S. Philips, *The African Political Dictionary*, Santa Barbara: ABC – Clio Information Services, 1984, p. 20.
[③] 芮逸夫主编《人类学》,第 83、74 页;吴泽霖主编《人类学词典》,上海辞书出版社,1991,第 144 页。
[④] 高晋元:《吉库尤族的社会政治演变》,第 37 页。

身份——氏族的和村社的。成年人①而未娶妻的男性为"勇士"（warrior）阶层，在氏族中向长辈学习制造武器、练习武艺，是氏族中的主要劳力和保卫者；而他所属的年龄组也将成为军事会议的成员（council of war），承担保护村社和抢掠他族的责任。一旦基库尤男性娶妻成家，他将继承一块新的土地，在氏族中他转变为新家长、氏族的"长者"，可以参与氏族事务的讨论和决策过程；而在村社这一维度，随着时间的推移，他所加入的年龄组也将对村社负有其他的责任，如他们将有资格通过族内推选成为村社军事集团中的首领或老人会议的成员。②

（二）传统决策阶层的特点及功能

基库尤族的决策阶层有两个特点，一是公私分明，二是长幼尊卑明星。公私分明主要体现为共同体对氏族自主权的尊重，长幼尊卑指的是不同的年龄组构成的社会组织之间有一定的长幼秩序，其功能则主要针对土地和社会事务。在氏族内部，男性家长负责决定自有土地的划分和用法；在氏族之外、村社范围内，各个年龄组的决策阶层负责决定军事事务、民事纠纷和氏族间或与外族的冲突解决等。

对于以农耕为主的基库尤人来说，土地的神圣性不言而喻，而基库尤人的耕地基本上都属家族或氏族私有，氏族对耕地有绝对的所有权和分配权。比如，19 世纪末生活在肯尼亚省基库尤区（肯尼亚山南坡及其以南地区）的基库尤人，在殖民者到来之前是该地区土地的所有者。这里的可耕地最初都是森林地区，基库尤人用牲畜从恩德鲁布人③（Ndorobo，森林中的狩猎

---

① 在传统基库尤社会中，每个人在其一生中都会分为几个年龄阶段，其中一个最重要的分界是"成人礼"，以割礼作为主要仪式。这是一名基库尤人从"生理的人"到"社会的人"的重要阶段。加瑟鲁在他的回忆录中记录了基库尤族儿童所经历的两次重要事件——"重生"和"成人"。前者主要发生在 11 岁左右，通过重演孩子出生时的场景，标志儿童跨越孩提时代，开始为成人做准备，在此之后基库尤儿童将正式学习农事和社会经验；"成人"则以割礼为标志，女孩一般在月经之前进行，而男孩则在 16~18 岁进行。参见 R. Mugo Gatheru, *Child of Two Worlds: A Kikuyu's Story*, pp. 21–23。

② 参见 Jomo Kenyatta, *Facing Mount Kenya*, pp. 189–199。老人会议：政治权由一群老人掌握，他们有保持和平，决定祭祀、狩猎以及集体迁移等事项的权力。参见芮逸夫主编《人类学》，第 134 页。

③ 采用〔肯尼亚〕莫加·吉卡鲁《阳光照耀大地》（北京编译社译，世界知识出版社，1959）中的译法。

浅析基库尤人在东非保护地初期社会决策阶层的变化及其影响

者)那里购得,经由开垦成为耕地,属于私人所有。而那些平原地区,在基库尤人到来之前还没有主人,所以基库尤人没有申明私人所有权,属公共所有。[1] 家族私有土地是基库尤土地政策的主要部分,它是基库尤人进行农业生产的基础,也是维系家族团结稳固的重要条件。最初的土地购买者享有管理土地的绝对权力,他可以称这片土地为"我的土地"(githkagiakwa,基库尤语),而他的妻儿只能称其为"我们的土地"(githakagiito,基库尤语)。一旦土地购买者去世,这片土地便为整个家族所有,尽管族中辈分最高的成年男性(通常为嫡长子)享有名义上的土地所有权,负责分配、管理土地的运用,但如果涉及土地买卖问题,他必须获得族内成年男性的一致同意才能做决定。[2]

在殖民者到来之前,基库尤族主要的农业产品包括高粱、小米、豆类、薯类、香蕉、甘蔗等[3],每户拥有土地的家族都基本达到自给自足的水平,剩余的粮食则用来换取生产工具以及周边畜牧民族生产的牛羊皮毛和乳制品。[4] 出现空余土地或农忙时分,土地主还可以将土地承包给族外的基库尤人,他们不收取固定的租金,但承包者会定期向土地主赠送部分农产品。[5] 平原是共有的,基库尤区的基库尤人将肯尼亚山南坡的平原地区当作牧场,该地区的所有基库尤人都可以在这里放牧。需要注意的是,基库尤人并没有对私有林地进行彻底开发,因为森林是基库尤人索取建材、燃料、草药、野生动物、种子等资源的天然仓库,同时也可作为农地的防护墙,[6] 而这些地区都被后来的欧洲人认为是"闲置"的土地并大肆开发。

---

[1] 关于19世纪初基库尤人和恩德鲁布人的土地交易,参见 Jomo Kenyatta, *Facing Mount Kenya*: *The Tribal Life of the Gikuyu*; R. Mugo Gatheru, *Child of Two Worlds*: *A Kikuyu's Story*; Mervyn H. Beech, "Kikuyu System of Land Tenure," *Journal of the Royal African Society*, Vol. 17, No. 65, 1917, pp. 46 – 59。

[2] Mervyn H. Beech, "Kikuyu System of Land Tenure," p. 56.

[3] 高晋元:《吉库尤族的社会政治演变》,第36页。

[4] 参见 Richard Waller, "Acceptees and Aliens: Kikuyu settlement in Maasailand," in Thomas Spear and Richard Waller, eds., *Being Maasai*, London: James Currey Ltd, 1993, pp. 226 – 257。

[5] Louis S. B. Leakey, *The Southern Kikuyu Before 1903*, London, New York, San Francisco: Academic Press, 1977, pp. 117 – 118,转引自 Carolyn M. Clark, "Land and Food, Women and Power, in Nineteenth Century Kikuyu," *Africa*: *Journal of the International African Institute*, Vol. 50, No. 4, 1980, pp. 361。

[6] Alfonso Peter Castro, "Indigenous Kikuyu Agroforestry: A Case Study of Kirinyaga, Kenya," *Human Ecology*, Vol. 19, No. 1, 1991, p. 3.

概括来说，对土地的自主权是基库尤人经济社会延续的基础，人们根据世代沿袭的传统对土地进行分配和利用。由此可见，在基库尤人同欧洲人接触之前，氏族中男家长这一集体对土地的占有、分配、利用、传承已经有了一套比较完整的办法和规则（称"家庭共有制"或"村社公有制"[①]），享有高度的决策权；而从事农耕活动的女性成员，在安排和分配劳动方面也有一定的自由。基库尤区是基库尤人口扩张后开发的新领地，说明在这种制度下基库尤人有能力发展和壮大族群的力量。

基库尤社会年龄组制度与人类学家给出的定义基本吻合。一旦基库尤成年男性完成割礼，他将被自动纳入一个"勇士"年龄组，在这一年龄组的成员将成为该村社的"卫兵"，并因此荣誉受到大家的尊重。每逢战时，其中表现突出、骁勇善战、足智多谋或纪律严明的成员将被年龄组推选为该年龄组的决策阶层，相当于某种程度上的"军事首领"（athamaki）。[②]

老人会议则由已有成年子女的长者组成，他们在村社的年龄组中位高权重，其他年龄组通常也会听从他们的决策。他们组成全村社范围内的司法机构，涉及继承、债务、偷盗、杀伤、渎圣等事务的矛盾时，人们都会根据事件的严重程度请老人会议给予仲裁，并接受老人会议的决定。[③] 当然，老人会议这一年龄组中也有更核心的决策阶层——内部会议（ndunduyakiama），他们曾是各个家族优秀的勇士，经推选成为"议员"，是村社中最德高望重的一批人。内部会议还会推举一名发言人（athamaki），他很可能在当地已经是公认的集智慧勇敢于一身的人物，而他将和老人会议一同裁决族内重要的土地争端。[④] 总的来说，基库尤社会的权力还是相对分散的，针对不同方面的不同事物，氏族和年龄组内部都有相应的决策机构。

笔者认为，在讨论东非保护地时期基库尤社会的决策阶层变化之前，需

---

① 高晋元：《吉库尤族的社会政治演变》，第36页。
② Jomo Kenyatta, *Facing Mount Kenya*, p. 198. "Athamaki"指的是任何组织的"首领"，用于老人会议上时，通常指代"发言人"（spokesman），后文的"Muthamaki"，为复数形式。
③ H. R. Tate, "The Native Law of the Southern Gikuyu of British East Africa," *Journal of the Royal African Society*, Vol. 9, No. 35, 1910, pp. 238, 241 – 243, 252.
④ Jomo Kenyatta, *Facing Mount Kenya*, pp. 189 – 200; Carolyn M. Clark, "Land and Food, Women and Power, in Nineteenth Century Kikuyu," pp. 360 – 361.

要简要分析殖民政府的扩张动机和殖民初期的经济活动。因为这些因素既是欧洲殖民者接触原住民的起因,也规定了殖民活动的主要内容和方向,而决策阶层的变化又是随殖民活动发生的。在变化过程中,非洲的原住民并不完全处于被动状态,他们的主动选择也是导致自身改变的主要原因。

二 保护地初期欧洲人和原住民的基本情况

(一) 英国在东非保护地的预期

1895年,在索尔兹伯里侯爵任首相期间,"东非保护地"正式成为英国外交部的直接管辖范围,和乌干达、桑给巴尔保护地一同成为英国在东非的领土。东非保护地不仅在面积上比英国本土面积大了两倍多,其温暖湿润的气候保障了土地的生产和居民大量的经济活动,其海岸港口则是奴隶贸易和海运贸易的中转站。

在东非保护地建立之前,英国已经有很多探险者和科学家前往东非地区,对当地的风土民情进行考察。他们发现高地和山地丰富的自然资源,十分适合欧洲人居住。一位在东非考察了三年半的英国人,曾对基库尤人聚居的肯尼亚山南坡给出这样的评价:"(这里)是最适合种植英国的小麦,不像热带的酷暑,这里丰富的红色火山土、频繁的大雨和光照非常适合谷物的成熟;实际上,在公司(不列颠东非公司)据点,已经尝试并成功种出了大麦。"[1] 还有一位调查者对内陆高地十分看好,他写道:"当你爬到海拔较高的地方时,你会穿越一片片椰树林、印度人的谷地和芝麻地、甘薯地和小米地,香蕉林和壮丽的杧果树林。一条条小溪环绕山野,到处都充满了生机与茂盛之感。"[2]

除了东非保护地本身优越的环境之外,更现实的考虑是东非保护地处于印度洋西岸,可以充分发挥贸易中转站的作用。19世纪后半叶,东非海岸的印度人口正在不断上升,而印度商人在东非海岸贸易的参与中也越来越重要。索尔兹伯里侯爵早在他担任印度事务大臣期间就对东非保护地产生了浓厚的兴趣,

---

[1] C. W. Hobley, "People, Places, and Prospects in British East Africa," *The Geographical Journal*, Vol. 4, No. 2, 1894, p. 114.

[2] J. W. Pringle, "With the Railway Survey to Victoria Nyanza," *The Geographical Journal*, Vol. 2, No. 2, 1893, p. 114.

并且向英国外交部提出了扩张建议。在1875年3月24号的一份急件中，索尔兹伯里称印度政府应当着手开展直接鼓励印度人移民至东非的政策。他认为，如果在这样一片温暖的英国属地进行殖民活动，一定会带来很多益处，这片土地什么自然资源也不少，缺少的只是智慧而勤劳的人民。[1] 在当时的英国，有人将东非称为"印度的美洲"[2]，因为它为英属印度提供了殖民的机会。

（二）在东非保护地的初期交往

正如前文所述，在东非保护地成立之初，英国殖民者对这片广阔的地区知之甚少，而他们对东非保护地内陆的探索是随着乌干达铁路的建设开始的。[3] 因此，关于当时原住民的记载主要局限于乌干达铁路沿线的民族，其中关于基库尤人和马萨伊人的研究最多。初期的驻地官员还记载了他们与这些民族交往的情况。为了保障东非保护地稳定的经济来源和英国的控制权，殖民者与原住民的关系经历了由紧张到缓和，由猜疑到合作的转变，这为后来英国殖民者的间接统治创造了有利条件。

以马萨伊人为例，在东非保护地建立之初，内陆地区正受牛病侵扰，1899年《东非保护地公报》发布了这样一条规定："由于保护地内路地区流行的牛病，在后续决议之前禁止皮毛出口。"[4] 牛病流行对于以畜牧为生的马萨伊人来说影响到底有多大，目前还没有充分的证据可以说明[5]，但

---

[1] Kauleshwar Rai, *Indians and British Colonialism in East Africa: 1883–1939*, Ashok Rajpath: Associated Book Agency, 1979, pp. 8–9.

[2] R. B. Buckley, "Colonization and Irrigation in the East Africa Protectorate," *The Geographical Journal*, Vol. 21, No. 4, 1903, p. 349.

[3] 乌干达铁路最初连接东非保护地重要港口城市蒙巴萨和维多利亚湖东岸城市基苏木，后来延伸到乌干达和坦噶尼喀地区。该铁路于1896年开工，1897年投入使用，建设时期每英里耗资9500英镑，初期处于亏损阶段，但1905年后开始为英国财务部创收，逐步收回成本。截至1936年，原长572英里的铁路延伸至总长度1625英里。参见Z. A. Marsh and G. Kingsnorth, *An Introduction to the History of East Africa*, Cambridge: Cambridge University Press, 1957, pp. 168–173; G. N. Uzoigwe, *Britain and the Conquest of Africa: The Age of Salisbury*, Ann Arbor: The University of Michigan Press, 1974, pp. 158–159。

[4] "Cattle Disease," *The Official Gazette of the East Africa Protectorate*, Vol. 1, No. 3, 1899, p. 2.

[5] 许多欧洲文献认为牛病是削弱马萨伊人势力的重要因素，但实际上牛病在东非地区长期流行，是马萨伊人畜牧生活中规律性的现象。而且，几乎每年的保护地公报上都对牛病现象做了提示，因此笔者认为并没有直接证据可以说明，在欧洲人进入保护地之初，马萨伊人正经历衰落阶段。参见John G. Galaty, "Maasai Expansion and the New East Africa Pastoralism," in Thomas Spear and Richard Waller, eds., *Being Maasai: Ethnicity and Identity in East Africa*。

浅析基库尤人在东非保护地初期社会决策阶层的变化及其影响

的确有马萨伊人的代表为了获得更多的牛而同殖民者进行合作的事例发生。例如，19世纪90年代末，英国人同该地区马萨伊人的代表莱纳纳（Lenana）进行了一笔交易：英国人可以以便宜的价格雇用一部分马萨伊人作为保镖，消除其他游牧民族带来的危险，而马萨伊人可以获得一定比例的英国人从其他土著那里没收来的牛。① 这种合作关系的建立减轻了欧洲人之前的担忧。1904年8月9日，双方签订协议，马萨伊人将从铁路周边地区撤离，集体迁到一个特定的保留地中去，并断绝与欧洲殖民区的来往。②

类似的合作也发生在基库尤人与欧洲人的初期交往中，笔者将在下文详细介绍。但与马萨伊人不同的是，基库尤人并没有被白人勒令迁走，而成为东非保护地内与欧洲人交集最多的族群。爱德华七世于1901年发布《1901东非枢密院令》，宣布东非保护地的所有土地及其资源全部为"皇家土地"，由国王派出的行政长官和总督管理，他们有权决定在适合的情况下将土地授予或借出给欧洲白人，③ 其中1/5适合白人居住的土地被专门划出，称为"白人高地"，是条件最佳的农业生产区。④

基库尤人被夺走了110平方英里的土地，而他们大多被驱赶到土地较贫瘠的"保留地"。⑤ 之后，"白人高地"上便出现了许多"占地者"，他们多为原来就在此生活的基库尤人，殖民者不但没有驱赶这些原住民，反而想办法将他们留住。1910年5月18日，总督杰罗德（Percy Girourd）在发布的一份机密文件中称："让那些劳工尽可能地舒适，并且努力使他们

---

① Paul Spencer, *Time Space and the Unknown: Maasai Configurations of Power and Providence*, London: Routledge, 2003, pp. 205–206.
② "Agreement, dated 10th August, 1904, between His Majesty's Commissioner for the East Africa Protectorate and the Chiefs of the Masai Tribe," reprinted from East Africa Protectorate, *Correspondence Relating to the Masai*, Command Paper No. 20360, Received 28 March 1910, *House of Commons Parliamentary Papers*, Volume LII, 1911, pp. 730–731.
③ "The East Africa (Land) Order-in-Council, 1901," *The Official Gazette*, Vol. III, No. 46, 1901, p. 1.
④ Ralph J. Bunche, "The Land Equation in Kenya Colony: As Seen by a Kikuyu Chief," *The Journal of Negro History*, Vol. 24, No. 1, 1939, p. 34；〔加纳〕A. 阿杜·博亨主编，联合国教科文组织《非洲通史》国际科学委员会编写《非洲通史·第七卷》，中国社会科学院西亚非洲研究所译，中国对外翻译出版公司，1991，第312页。
⑤ 高晋元：《肯尼亚》，第77~78页。

留下来接受永久的聘用,是符合殖民者们的利益的。"① 因此,"白人高地"和基库尤保留地是穿插规划的,正如当时的一位传教士所说的,"你一跨出内罗毕,就到基库尤保留地了"。②

另外,基库尤人不同于逐水草而居的马萨伊人,他们是定居的农耕民族,这种生产生活方式便于殖民者的管理,包括招收劳工、收取税款、进行殖民教育等,这也符合殖民地经济发展的要求。从1902年开始,英国皇室向东非保护地的所有居民收取"茅屋税",规定每所房屋每年上缴2卢比(Rupee)的税,该税款分别在1903年和1915年涨至每年3卢比和5卢比,而在1910年又将其改为"茅屋和人头税",任何不能以现金形式缴税的成年男子,可以以劳抵税,为殖民政府劳作一个月即能抵消一个人的税款。③

类似的殖民地政策逐渐出台,它们的落实离不开一部分作为中间人的基库尤人,如果没有这些被政府任命的新兴"决策阶层",殖民政府恐怕需要花大力气说服或征服原住民,使其为英国人服务。

三 保护地时期新决策阶层的形成及其影响

关于欧洲人与东非保护地原住民初期接触的资料,绝大部分都是以欧洲人的视角来写的相关游记、报告和评论文章,没有原住民对这一时期书面文字的描述,主要是代代相传的口传故事。实际上,现有材料十分有限,而且只能描述英国殖民者与当时各个民族首领的交互来往,并不能体现普通原住民对欧洲人的看法。

(一) 初期合作

不列颠东非公司与基库尤人的最初接触,正值基库尤人人口增长和土地扩张时期。19世纪80年代,当欧洲商人、探险者和传教士进入东非保

---

① KNA, DC NVA 4/1, p. 5, quoted in Tabitha Konogo, *Squatters and the Roots of Mau Mau*, Athens: Ohio University Press, 1987, p. 18.
② Canon T. F. C. Bewes, "Kikuyu Religion, Old and New," *African Affairs*, Vol. 52, No. 208, 1953, p. 202.
③ 参见"Hut Tax", *The Official Gazette*, Vol. III, No. 48, 1901, p. 1; "The East Africa Hut Tax Ordinance, 1903," *The Official Gazette*, Vol. V, No. 92, 1903, p. 297; "The Native Hut and Poll Tax Ordinance 1910," *The Official Gazette*, Vol. XII, No. 249, 1910, p. 96。

浅析基库尤人在东非保护地初期社会决策阶层的变化及其影响

护地这片区域时,基库尤人正在由肯尼亚山南坡向如今的基安布地区扩张。同时,他们在与坎巴人和马萨伊人的牛羊抢夺冲突中变得越来越有侵略性。在森林的保护下,基库尤人的农业耕种也蒸蒸日上,很快就吸引了欧洲商队的注意。1887年,一位匈牙利伯爵和他的随行赫内尔中尉(Lieutenant Hohnel)与基库尤人产生了激烈的冲突。[1]

不列颠东非公司在东非保护地内陆创建的头两个据点都很不成功,公司由于财政状况无法再向这些地方据点提供任何财政支持,[2] 于是生活在这片陌生地区的欧洲人不得不在开垦土地的同时,掠夺周边基库尤人的粮食和牛羊,并且还伴随着频繁爆发的冲突和射杀基库尤人的事件。当时专门负责报告东非相关事务的特别专员杰罗尔德·博尔德撰文严厉批评了那些驻守在内陆的公司人员,他说史密斯堡(在东非保护地建立的第二个据点)"实际上处于一种包围的状态之下","他们通过赖账、抢掠、虚张声势和射杀土著。这个公司已经令整片地区的人与白人敌对起来了"[3]。由此可知,在欧洲人进入东非保护地内陆初期,原住民对欧洲人就已经积怨很深,对后来殖民者的开垦也有所戒备。

然而,在1892年,随着弗朗西斯·霍尔的到来,该地区白人与原住民之间的紧张关系出现了变化,白人与一部分基库尤决策阶层的"亲密合作"开始了。用一位非洲学者的话来说,霍尔以"坚持与策略精妙结合"的态度赢得了基库尤人的拥戴。[4]

弗朗西斯·霍尔最初看到的是基库尤内部的"分裂"和基库尤人与其他民族的冲突,他首先将自己塑造为一位基库尤人的"拥护者",帮助他打击外族侵扰,从而帮助自己在族内提升荣誉和拥戴;其次,基库尤人也会帮助霍尔抵挡其他原住民对英国据点的侵扰,扩大欧洲人的势力。其中

---

[1] L. von Hohnel, *Discovery of Lakes Rudolf and Stefanie I* (London, 1894), pp. 286 – 361, 转引自 G. H. Mungeam, *British Rule in Kenya, 1895 – 1912:The Establishment of Administration in the East Africa Protectorate*, p. 12。

[2] G. H. Mungeam, *British Rule in Kenya, 1895 – 1912:The Establishment of Administration in the East Africa Protectorate*, p. 12.

[3] G. H. Mungeam, *British Rule in Kenya, 1895 – 1912:The Establishment of Administration in the East Africa Protectorate*, p. 13.

[4] G. H. Mungeam, *British Rule in Kenya, 1895 – 1912:The Establishment of Administration in the East Africa Protectorate*, p. 37.

一位名叫基尼安究依（Kinyanjui）的基库尤人在霍尔的信件中经常出现。1893 年，古鲁古鲁人（Guru Guru）对基尼安究依发动攻击，霍尔出面惩罚了这些人。① 在霍尔 1894 年的信件中，他称基尼安究依为"忠实的追随者……住在我们旁边，而且总是对欧洲人忠诚的基库尤首领"。② 在基尼安究依和他的勇士们的帮助下，霍尔也逐渐建立了白人的权威。对于不服从白人控制的原住民，霍尔则派"友好者"对他们进行突袭，他允许"友好者"抢掠其他族群的牛羊，称"他们（反抗的原住民）会发现和白人交好会比和白人争吵赚得更多"。③ 例如，在一次报复行动中，霍尔派出了一队由基库尤人、马萨伊人和努比亚人组成的突袭队，两次从一批不合作的原住民那里抢来了牛羊，第一次有 500 头羊和 7 头牛，第二次则超过了 800 头羊和 16 头牛，并且只有两个人受伤。最终导致一位反抗的首领带着 2 头羊向霍尔求和。④

这种合作方式显然对基库尤人和霍尔来说都有益处，一方面基库尤人在霍尔的军事支持下可以放任自由地抢夺牲畜，而"合作者"的威望将因其战果累累有所提升；另一方面，霍尔在这些基库尤人的帮助下，可以加快平定该据点周围的原住民，方便欧洲商队在此地换得粮食，保障乌干达铁路深入内地。当然，弗朗西斯·霍尔只能解决邻近基库尤族的问题，其他地区的基库尤人也有反抗殖民的暴力事件。

霍尔在世时，有一个心头大恨，即由穆拉卡（Muraka）领导的一支基库尤人，他们对霍尔和他的"友好者"们进行了武力反抗。霍尔在平叛的路上病逝，继承者欣德（S. L. Hinde）以类似的手段对穆拉卡和另一支由伊拉伊尼（Iraini）为头领的基库尤人进行了镇压，杀死了约 1500 名基库尤人。⑤ 可以看出，英国殖民者对基库尤人的军事首领的态度是十分鲜明的，即支持

---

① Robert L. Tignor, *The Colonial Transformation of Kenya: The Kamba, Kikuyu and Maasai from 1900 to 1939*, p. 19.
② Hall to Colonel Hall, 10 June 1894. 转引自 G. H. Mungeam, *British Rule in Kenya, 1895–1912: The Establishment of Administration in the East Africa Protectorate*, p. 37。
③ B. E. F. Hall, "How Peace came to Kikuyu: Extracts of Letters from Francis George Hall," *Journal of the Royal African Society*, Vol. 37, No. 149 (Oct., 1938): 437.
④ B. E. F. Hall, "How Peace came to Kikuyu: Extracts of Letters from Francis George Hall," pp. 440–442.
⑤ G. H. Mungeam, "Maasai and Kikuyu Responses to the Establishment of British Administration in the East Africa Protectorate," p. 136. 作者称当时的行政长官查尔斯·艾略特（Charles Eliot）为了保护欣德不受英国处分，将死者人数改为 400 人。

浅析基库尤人在东非保护地初期社会决策阶层的变化及其影响

态度友好的合作者，消灭顽强抵抗的反抗者。

随着白人权威的巩固，除基库尤人中的军事首领能获得好处之外，又出现了一批帮助英国人招收劳工、收取税收的合作者；欧洲教会学校中也培养出了一批亲欧洲人的基库尤人。这些基库尤人逐渐在他们的村社中成为新兴决策阶层，对传统村社的决策方式和制度造成了挑战。

（二）新兴决策阶层的构成及功能

基库尤族是以氏族家长和年龄组中的代表会议作为决策阶层的，并不存在"酋长"这类集权的首领，尽管在老人会议和勇士组中只有少数人担任发言人并代表族人对外交涉，但他们行使的只是代表权。而英国人到来之后，在没有与基库尤人商议的情况下单方面任命了一批头人、酋长和土著委员会，并赋予他们相应的管理和处罚权，促成了新兴决策阶层的形成。

为了加强控制，英国政府将东非保护地行政区划分为三级，即省、区、地，前两级由英国行政官员管辖，而地一级由殖民政府指派的"酋长"管辖，他们向区专员和省专员汇报，受其监督。[①] 因此，这些新的掌权者几乎全部都是曾经为欧洲人服务过的"合作者"，而非由传统基库尤村社推举的佼佼者。当时的英国官员看到基库尤社会结构的分散性，于是"创造"了一个酋长的头衔，通过他来控制特定区域内所有的基库尤人，时任马恰科（Machako）副行政官的安斯沃斯（J. D. Ainsworth）称，"只要这个人对我们忠诚，他可以为了增强他的权力为所欲为"。[②]

考察东非保护地时期各个地级区域的头人或酋长的背景，就能发现这些人原本在基库尤村社中默默无闻，但他们最后都成为某一地区原住民中的最高决策者。例如，前文所提到的基尼安究依在1912年成了基库尤区土著会议的主席[③]和基安布地区的最高酋长。在成为欧洲人的"合作者"之前，他并不属于其年龄组中的"首领"（muthamaki，基库尤语）阶层，不过由于他之

---

① Robert L. Tignor, *The Colonial Transformation of Kenya: The Kamba, Kikuyu and Maasai from 1900 to 1939*, p. 42.
② *Reports Relating to the Administration of the East Africa Protectorate*, Cd. 2740 (1905), p. 33, 转引自 "Masai and Kikuyu Responses to the Establishment of British Administration", p. 137。
③ "List of Native Councils in the Kikuyu District," *The Official Gazette*, Vol. XIV, No. 310, 1912, p. 662.

前为不列颠东非公司做过向导①并协助霍尔等英国殖民者平定土著反抗,因此当英国人需要在基库尤区寻找中间人的时候,基尼安究依成为他们的首选。他的"崛起"并非特殊现象,当时很多基库尤"酋长"或"头人"曾经担任过欧洲人的保安、搬运工、向导或翻译,他们普遍都是一些年轻人,属于基库尤社会中的勇士阶层,这很大程度上影响了传统老人会议的权威。

随着殖民活动的加强,英国殖民者在东非保护地主要有两大需求:保安和劳力。1902年的法令规定,酋长的职责主要有三个方面,即维护地方秩序、保持道路畅通以及主持程度较轻的司法审判。②

如前所述,虽然英国人周围出现了一批"合作者",但仍存在普遍的反抗现象,而在一战之前,东非保护地的欧洲白人大约只有3145人③,不足以抵御原住民的攻击。与此同时,白人也非常需要原住民作为劳力,加快英国殖民地的建设。因此,在1912年,殖民政府进一步加强了这些"酋长"和"头人"的权力。在殖民政府看来,除了收取税收外,他们有权且应当介入地方违法事件,逮捕违法人员或扣留犯人归还的偷盗物品;有义务限制原住民携带武器,镇压可疑的反叛行动;发现基库尤人在基库尤保留地之外地区耕种时,他们应当出面制止并将其遣回保留地内;等等。值得注意的是,"酋长"对基库尤人的自有土地也有管理权,他们可以监督和限制辖区内的水资源及森林资源的利用,还会定期安排任意成年基库尤人做"社区劳动"。④

---

① Robert L. Tignor, *The Colonial Transformation of Kenya: The Kamba, Kikuyu and Maasai from 1900 to 1939*, p. 46.
② Robert L. Tignor, *The Colonial Transformation of Kenya: The Kamba, Kikuyu and Maasai from 1900 to 1939*, p. 43.
③ 代理总督鲍林估计,1919年在东非保护地征召的欧洲人士兵为1987名。加上铁路建设、官员、传教士、老年人和不适合参战的男性,战前男性人口约为3145人。参见John Overton, "War and Economic Development Settlers in Kenya, 1914 – 1918," *The Journal of African History*, Vol. 27, No. 1, 1986, p. 86。1910年4月,在《1910年主仆法令》中英国政府对"劳动力中介"这一新"职业"做了明确规定,他们可以在殖民官的许可下招收劳工。"An Ordinance to regulate the relations between Employers and Natives employed as Servants and to control the recruiting and engagement of Natives for service within or without the Protectorate," *The Official Gazette*, Vol. XII, No. 250, 1910, p. 127。
④ "An Ordinance to make further and better provision in regard to the powers and duties of Native Chiefs, Councils and Headmen recognized or appointed by the Governor and to provide for the enforcement of Native Authority," *The Official Gazette*, Vol. XIV, No. 312, 1912, pp. 742 – 743.

很明显，在欧洲人的重新规定下，基库尤村社层面的决策阶层被重新洗牌了。原本享有司法权的老人会议，在殖民者看来没有任何法律效应；而以军事武力为荣的勇士也必须卸下盔甲，无法发挥其军事职能；就连氏族中最基本的管理土地的权利，也可以随时被各种名目的规定所干预。

（三）决策阶层变化的影响

新兴决策阶层与传统决策阶层的重要区别在于，基库尤传统社会的司法权、执法权、行政管理权（以土地为主要对象）的执行是依据氏族和村社内年龄组进行分工的，而且这些权力由各个会议共同掌握；而英国殖民政府构建的新兴决策阶层，目的在于将管理基库尤人的权力集中于一人之手，因此酋长们同时具有司法、执法以及支配土地的权力。

在过去的基库尤社会中，权力的分散保证了基库尤人的土地所有权和经济来源，即使存在没有土地的人（ahoi，基库尤语），他们也可以在有地的家族中谋得一分田地，适时向"地主"送上一部分粮食和牛羊便可安家。老人会议的权威也显示出基库尤人对长者的尊重。老人会议的管理决策职能已经成为基库尤人的普遍共识，通过他们举行仪式、仲裁纠纷解决村社内的冲突、维护安定和平已经成为一种普遍秩序，但是东非保护地时期的外国统治给基库尤人的这种社会结构带来了变化，"它的方法是简单地强调个人才能和成就"，[①] 侵蚀旧的决策阶层的威望。崛起的酋长们削弱了传统决策阶层的职权，他们对基库尤人的治理并非为了当地百姓的和平安康，而是从欧洲移民和殖民政府的角度出发进行统治，因此必然会给基库尤人社会带来许多影响。

新任的年轻酋长并不是基库尤村社中的佼佼者，他们既没有老人会议丰富的社会经验，又缺乏来自基库尤社会的普遍支持。因此，当酋长代表殖民者利益行使权力而受到族人抵抗的时候，就很容易产生冲突，实际上这种冲突往往上升为暴力，严重影响了基库尤社会的平安稳定。为了帮助新酋长巩固自己的力量，落实各项规定和命令，殖民者还赋予酋长招纳助手的权力，这样酋长既可以形成自己的权力班子，也为英国殖民者培养了一批又一批的后继者。比如，原来跟着基尼安究依做保安的马拉罗

[①] 〔加纳〕A. 阿杜·博亨主编《非洲通史·第七卷》，第402页。

(Mararo)和姆科马(Mukoma)后来就被他举荐为基安布地级区域的酋长。① 普通基库尤人对这些"酋长"并不信任,认为他们只是自私自利、盲目跟随英国殖民者的傀儡而已。

吉卡鲁说:"酋长们都是徒有虚名的,他们都是些'无名小卒',是情愿为三十两银子出卖自己人民和子孙的犹大……酋长唯恐丢了官职,就到人民那里,施用暴力,说谎话,无所不用其极……"② 这些酋长的帮手大部分都被称为"保安"(askaris,斯瓦希里语),但实际上是酋长们的武装力量,他们不惜使用暴力来执行酋长的命令。基安布的名叫卡卢里(Karuri)的酋长曾经招纳了数百名"保安",他们个个都是体力好的年轻人,他们常常在收税、招工时使用暴力。一位基安布的传教士记载了当时"保安"们对年轻女性的暴行以及他们抢掠殴打青年和老年男性的行为。③

酋长权威的增强还伴随着基库尤社会贫富差距的加大。英国殖民者认为他们指派的新酋长是"智商更高的土著"④,而酋长可以将欧洲更加先进的农业生产方法教授给本地人,因此酋长也有权干涉基库尤私人的土地使用。这种干涉,一方面扩大了酋长获取土地的途径;另一方面,由于酋长的生产方式或农业产品更具"商业性",也更容易积聚财富。以氏族为基础的传统土地政策也伴随生成了一套相对平衡的农业劳动系统。由于基本上每个家庭都有相应的用于耕作的土地,因此,基库尤人不论男女都会参与农业生产,不致因土地问题造成悬殊的贫富差距。然而,依仗英国人的支持,酋长很容易就能以其权威和武力积累大片的土地。有证据显示,基尼安究依曾经用58头牛、1000头山羊、90头绵羊和10罐蜂蜜,从一名马萨伊人那里"买"来了16000英亩土地。⑤ 另外,除了那些被白人殖民者分割出来的土地之外,本地的精英也通过各种手段占用了将近100英亩的

---

① Robert L. Tignor, *The Colonial Transformation of Kenya: The Kamba, Kikuyu and Maasai from 1900 to 1939*, p. 46.
② 〔肯尼亚〕莫加·吉卡鲁:《阳光照耀大地》,第13~14页。
③ Robert L. Tignor, *The Colonial Transformation of Kenya: The Kamba, Kikuyu and Maasai from 1900 to 1939*, p. 48.
④ H. R. T., "The Opening up of British East Africa," *Journal of the Royal African Society*, Vol. 4, No. 13, 1904, pp. 54 – 55.
⑤ Robert L. Tignor, *The Colonial Transformation of Kenya: The Kamba, Kikuyu and Maasai from 1900 to 1939*, p. 49.

浅析基库尤人在东非保护地初期社会决策阶层的变化及其影响

土地，使得剩下来的族人蜷缩在平均每户不足 5 英亩的土地上，[1] 而这里的"精英"指的就是酋长及其随从，或在殖民者的各种机构谋得一官半职的人。

酋长所获得的利益不仅是土地。依照基库尤人的社会传统，土地的增长意味着佃户的增多，而为酋长工作的佃户通常会寻求他的庇护，成为随从，从而进一步增强酋长的影响力。这实际上是对传统基库尤社会的一种继承，氏族中拥有空余土地的男性家长也会通过将土地承包给佃农来增加其土地的生产量，从而增加"地主"的财富。如果一名发言人是世系中的长者且拥有闲置的土地，那么会有很多人慕名住在他的土地上，而他也会成为一个更有影响力且富裕的人。[2] 有的酋长通过模仿欧洲人种植经济作物也获得了许多佃农，如卡卢里就曾经办过糖厂，招了不少劳工。[3] 同时，酋长为了进一步削弱传统决策阶层的势力，会将自己的"敌人"安排到远离故土的白人高地上工作，因此很多基库尤人为了留在自己的土地上而讨好酋长，赠送礼品，这种做法常常被欧洲人说成最初的"行贿行为"。[4] 酋长及其头人通过这种积聚土地和财富的方法，打破了以往基库尤社会的权力平衡，逐渐构成一个掌握着经济强权的利益阶层。

酋长还有一个重要任务就是替白人招募劳工，尽管他们只是欧洲人用来控制基库尤人的中介，但他们的确直接造成了大批基库尤族雇佣劳工的出现。有学者直言不讳地指出，基库尤保留地就是欧洲殖民者的"黑人劳力库"。[5] 根据统计，1906 年超过 600 名白人殖民者需要"土著劳动力"[6]。因此，为了满足欧洲殖民者的要求，政府开始寻求酋长的协助。萨德勒总督在 1906 年建立起了劳动局，其中设有土著事务部（Secretary for Native

---

[1] Felistus Kinyanjui, *Causes of persistent rural poverty: rural poverty in Kenya*, Saarbrücken: LAP Lambert Academic Pub., 2010, p. 27.

[2] John Middleton and Greet Kershaw, *The Kikuyu and Kamba of Kenya*, London: International African Institute, 1965, p. 31.

[3] Robert L. Tignor, *The Colonial Transformation of Kenya: The Kamba, Kikuyu and Maasai from 1900 to 1939*, p. 47.

[4] Robert L. Tignor, *The Colonial Transformation of Kenya: The Kamba, Kikuyu and Maasai from 1900 to 1939*, pp. 55–56.

[5] David Killingray, "Labour Exploitation for Military Campaigns in British Colonial Africa 1870–1945," *Journal of Contemporary History*, Vol. 24, No. 3, 1989, p. 496.

[6] David M. Anderson, "Master and Servant in Colonial Kenya," *The Journal of African History*, Vol. 41, No. 3, 2000, p. 461.

Affairs），该部为铁路建设、公共建设和私人企业提供和管理土著劳工。[1] 出任部长的赫里斯（A. C. Hollis）则寄希望于地方酋长，他为酋长由于其招募劳工申请了100英镑的补助，而且他并不十分在意酋长对基库尤人的强迫行为。[2] 很多酋长很好地完成了欧洲人布置的这一任务，例如"臭名昭著"的卡卢里，由于其在收取茅屋人头税和征集劳动力方面十分有效率，以至于在殖民政府的报告中他都受到了表扬。[3] 于是，为了满足欧洲农场和城市建设的劳动力需求，酋长们将辖区内的青壮力遣送到白人高地上当雇佣劳工，催生了"占地者"和基库尤流动劳工的形成。

另外，由于酋长们为欧洲殖民者的劳力来源提供了保障，所以在劳工待遇上，基库尤人很难向殖民者提出挑战。即使到了一战初期，英国人在东非战场最需要原住民的时候，基库尤雇佣兵的报酬还是远远低于欧洲人和印度人。[4]

除了以上负面影响外，新兴酋长对推动基库尤人的学校教育起到了一定的积极作用。在欧洲人与基库尤人接触之前，基库尤人的教育主要是在家族内的、"学徒式"的教育形式。由于基库尤人需要学习的内容主要在两方面，即传统社会中的概念（如本族起源、神灵祖先、社会秩序组成等）以及农牧知识，因此基库尤人的教育多为上辈对下辈的传授，农牧生产方式也就比较稳定，没什么大的创新。

在东非保护地初期，欧洲人首先想到的教育内容就是农学。例如，一位英国殖民官员对当时基库尤人50年左右的农业生产这样评价："这些土著破坏了近1000平方英里的森林，这价值是相当大的，他们没有轮作制或深耕的概念，而这些办法将大大延长土地的使用。"此外，他还敦促殖民政府要重视对原住民的农事教育。[5]

---

[1] Colonial Office to Treasury, March 12, 1907, PRO CO 533/18. 转引自 Robert L. Tignor, *The Colonial Transformation of Kenya: The Kamba, Kikuyu and Maasai from 1900 to 1939*, p. 100。

[2] Robert L. Tignor, *The Colonial Transformation of Kenya: The Kamba, Kikuyu and Maasai from 1900 to 1939*, p. 100.

[3] William R. Ochieng, "Colonial African Chiefs – were they primarily self – seeking scoundrels?" in Bethwell A. Ogoted, *Politics and Nationalism in Colonial Kenya*, Nairobi: East African Publishing House, 1972, p. 56.

[4] G. W. T. Hodges, "African Manpower Statstics for the British Forces in East Africa, 1914 – 1918," *The Journal of African History*, World War I and Africa, Vol. 19, No. 1, 1978, pp. 112 – 113.

[5] C. W. Hobley, "Some Native Problems in Eastern Africa," *Journal of the Royal African Society*, Vol. 22, No. 87, 1923, pp. 194 – 195.

浅析基库尤人在东非保护地初期社会决策阶层的变化及其影响

东非保护地的传教士首先建立起了教会学校①，初期的酋长并不见得是从教会学校中毕业的，大部分还是由于曾经为欧洲人做工而得来的头衔，但他们中的很多人都对欧洲的学校教育表现出兴趣。保护地初期的欧洲人数量较少，少量的传教士也需要与酋长搞好关系，寻求庇护，因此两方之间就有了合作。例如在1903年，一个天主教传教团的康索雷塔神父（Consolata Fathers）就在尼耶里寻求基库尤酋长瓦恩公贝（Wangombe）的协助，之后在1908年，他就已经开起了一间小工厂、孤儿院、传道师学校和大农场。② 而之前提到的卡卢里酋长也在他的辖区内开设了学校，并尤其鼓励基库尤的儿童和青少年上学。③

学校以技术教育和传教为主，因此能够为欧洲殖民者培养一批技术熟练、通晓一些欧洲语言和文化的劳动力，而他们在殖民政府中的职位和工资都能相对高一些。正是这一原因，许多基库尤青年人和家长对这种制度化的教育逐渐产生了兴趣。当然，这种舶来品也会导致少数基库尤青少年脱离氏族、脱离村社的后果，很多学生要走很长的路才能到达学校，不受长辈约束，④ 而学校里的学习内容又打开了新的视野，所以这对他们后来的身份认同产生了极大的影响。酋长对欧洲学校的推广，改变了普通基库尤人对教育的看法，在传统的、学徒式的教育之外，引入了效率更高、知识更加现代的学校教育，为后来基库尤人中新社会精英的出现提供了条件。

四 结语

正如非洲通史中所说的，"列强把殖民主义强加给人民，在大部分情况下使用暴力，即使有时把暴力伪装成法律形式"⑤。基库尤"酋长"就是

---

① 有学者称，教会学校在东非保护地首先占领原住民的土地，之后再招纳周边原住民过来上学，一方面进行传教，另一方面也会迫使他们在教会的土地上耕作，所获经济利益将维持和壮大教会在该地的影响力。参见 Robert L. Tignor, *The Colonial Transformation of Kenya: The Kamba, Kikuyu and Maasai from 1900 to 1939*, p. 114。
② Robert L. Tignor, *The Colonial Transformation of Kenya: The Kamba, Kikuyu and Maasai from 1900 to 1939*, p. 115.
③ Bethwell A. Ogoted., *Politics and Nationalism in Colonial Kenya*, Nairobi: East African Publishing House, 1972, p. 57.
④ R. MugoGatheru, *Child of Two Worlds*, pp. 34 – 42.
⑤ 〔加纳〕A. 阿杜·博亨主编《非洲通史·第七卷》，第135页。

一个生动的案例,殖民政府并不在意传统基库尤社会的习惯与规则,他们只会根据控制基库尤普通人民的"才能"和"成就"来选择中间人、合作者,并为他们提供上升的机会,破坏传统决策阶层的权威。

不过,如果将视野拓宽到 20 世纪 30~50 年代,就会发现尽管这些保护地初期的酋长是新创造的职位,但在受教育程度和思想观念方面,他们还是"传统派",在他们的直接作用下,殖民者对基库尤人的土地、劳动剥削和学校教育对基库尤青少年思想的改变,导致了后来基库尤族内的新旧矛盾。但是,这些初期的酋长无法以欧洲人的方式向殖民政府争取权利,也不能参与到后起基库尤社会精英的社会辩论中。例如,1919 年建立的基库尤协会(Kikuyu Association)和 1924 年建立的基库尤中央协会(Kikuyu Central Association),前者由各地基库尤酋长组成,通过与欧洲人协商、合作等温和的方式来为基库尤人争取权益;后者则由后起的、经西方教育的青年基库尤人组成,相对激进,认为基库尤协会是欧洲人用来控制基库尤人的工具。[①] 由于这些青年就是"反对派",殖民者不会让他们做殖民统治的中间人,就自然与酋长阶层区别开来。在土地和劳工问题上,受过西方教育的基库尤精英分子更富于战斗性,群众基础更广泛,而他们在学校和政府的经验也使他们在与欧洲人的谈判辩论中具备优于"酋长"的语言表达能力和行为方式。

综上所述,在东非保护地的建立到一战之前的这段时间中,我们可以清晰地看到基库尤人决策阶层的转移和新旧决策机构的区别。总的来说,新决策阶层的出现是殖民者和部分基库尤人互动的结果,殖民政府一方是重要的推力,这种推力是在殖民扩张过程中的经济利益刺激下形成的;基库尤人中的合作者则是重要的基础,他们在与欧洲人接触的过程中看到了合作的好处,因此也对殖民者的需求进行了回应。于是,原本嵌套在年龄组和氏族这两个体系中的决策阶层失去了效力,而"合法"且权力集中的酋长阶层在行使职权的过程中不断积聚财富、扩大影响力,在进一步巩固自身地位的同时,也促进了基库尤人传统社会秩序的改变。

---

① 参见 Robert M. Maxon, Thomas P. Ofcansky, *Historical Dictionary of Kenya*, Boston: Scarecrow Press, 2000, p. 132。

卡扎菲的文学情缘

——试析卡扎菲作品中的文学特征

徐 娴[*]

一 卡扎菲的文学情缘

作为利比亚的领袖人物,卡扎菲在阿拉伯世界和国际上的地位和影响是不言而喻的。他以其特立独行的言论和政治行为为国际社会所关注,同时也备受争议。卡扎菲的死亡宣告一个时代的终结,但他给世人留下的,不仅是一个个惊心动魄的革命雄狮、阿拉伯勇士的故事,敢于叫板西方世界坚持抗战斗争到底的革命精神,还有代表卡式革命思想和创造了第三世界理论的《绿皮书》以及《卡扎菲小说选》。作为利比亚作家与艺术家协会的名誉主席,卡扎菲的作品在利比亚人手一本,而《绿皮书》更是作为其国民思想和行为的最高指导准则,在利比亚被认为是"国宝式"的著作。

在世界文学史上,政治领袖涉足文学领域的现象并不少,仅在现代文坛上我们就能找到一些很突出的例子,如英国前首相丘吉尔、法国前国务部部长安德烈·马尔罗、苏联国防委员会主席勃列日涅夫、伊拉克前总统萨达姆·侯赛因,甚至新中国的缔造者毛泽东等,无不在文学史上留下重要的一席之地。卡扎菲的文学创作也曾经在阿拉伯世界引起评论家的极大关注,主要体现在他的《卡扎菲小说选集》。这一部作品集中收入了《城市》《乡村啊,乡村》《大地啊,大地》《宇航员自杀》《逃往火狱》《安魂草与该死的树》和《死亡》等12篇短篇小说。早在2001年7月,长江文

---

[*] 徐娴,广东外语外贸大学东语学院阿拉伯语系研究生。

艺出版社出版了该小说集的中文版。2012年5月,《北京文学·中篇小说月报》杂志也刊登了包括《逃往火狱》在内的几篇卡扎菲小说作品,引起了一小阵"卡式文学风",其文字也被国内不少媒体网络、报刊、微博称为"卡式啊啊体"。从严格的小说定义和基本特征上来看,卡扎菲的这些短篇作品并不能称为"小说",而更符合议论性散文的体裁,其中有大量议论、说明,既有政论的性质,又具文学特点,可以看成政论小说。这些作品中故事、情节、人物等小说的基本要素不是很完整,也缺乏对具体人物形象的刻画、丰富复杂的情节叙述以及具体生动的环境描写,更多的是满腹的评论和感慨,更像是在宣泄自我的内心独白。他用大胆直白的语言,激情而愤慨的文字,如狂人呓语般地讲述着自己的政治主张、个人观点和宗教思想。但从这些故事中,可以看出卡扎菲思想成长的过程,他对周围世界的直观感受,以及他对世界重大事件的个人见解等,这实际上是对他在《绿皮书》中所阐述思想的重要补充和背景说明。[①] 我们抛开作品的体裁不论,至少可以将他的这些作品看作文学文本,毕竟其中具备了一些文学的特征,尤其是其中的部分作品还带有小说的明显要素,也有一些阿拉伯评论家把它们看作小说作品。本文将从思想内容和艺术形式两个方面,浅析其小说作品中的文学特征。

二 卡扎菲作品的文学特征

尽管关于卡扎菲小说的争论比较多,但不能否认这些作品表达了卡扎菲的思想,表达了他对一些问题的思考。通过阅读,我们发现卡扎菲的作品有一些显著的特征。首先,各篇小说主题内容联系紧密。如第一篇《城市》中他满腹牢骚地宣泄自己对城市的各种不满和怨恨。而在第二篇《乡村啊,乡村》一开头就写道:"逃走吧!逃出城市!逃离烟雾!远离令人窒息的二氧化碳!远离有毒的一氧化碳!"接着写道:"离开城市,逃到乡村去!"[②] 之后再转到对乡村的赞美和喜爱上:"乡村宁静、干净、连为一体。村民彼此了解,互相关照,同甘共苦。""乡村多么美啊!清新的空

---

① 李振中:《卡扎菲和他的绿皮书》,《阿拉伯世界》2000年第3期。
② 参见穆阿迈尔·卡扎菲《卡扎菲小说选》,李荣建译,仲跻昆校,长江文艺出版社,2001,第19、23页。以下所引该小说选的内容均以此版本为准,文中括注页码。

气,广阔无垠的天地,无须支柱撑起的天穹玉宇,光辉明亮的日月星辰,还有良知、理想和典范,这一切都是道德规范的根本。"(第23页)开篇巧妙地从对城市的厌恶和憎恨过渡到对乡村的向往和赞美,没有多余的文字,自然地将两篇小说的主题内容和形式上紧密联系起来。又如《最后聚礼日的祈祷》和《最后的聚礼日没有祈祷》两篇小说,前篇中他以激昂的笔调,高亢的民族情绪号召全世界的穆斯林兄弟一同在聚礼日祈祷:"真主啊!引导穆斯林走上真理之路吧!让他们相互之间进行圣战!让他们相互指控别人叛教,相互离弃,相互厮杀吧!致使他们同有经书的人结成同盟!"(第96页)而在后篇开头便转笔便写道:"遗憾,全世界的穆斯林没有在有关莱麦丹月最后的聚礼日进行祈祷一事取得一致的意见。"(第97页)在这里,我们不仅从标题上看出了前后两篇小说的相互联系,更是从文字内容上印证了两者间的紧密联系。

其次,宗教立场明确。在《最后聚礼日的祈祷》一文中,卡扎菲讲述了现代实用科学的发展已经让美国和以色列人更进一步地了解了阿拉伯世界的动态,对阿拉伯民族构成了严重的威胁。他强烈而愤慨地向全世界的穆斯林兄弟呼吁道:"谁想要使阿拉伯民族统一起来,以便让她强大、进步、战胜敌人,那他就应该在上述的同一个聚礼日里,站在教长后念叨:真主啊!我们的软弱是瞒不过你的。我们的事情全摆在你面前了。你知道,我们没有有求必应的魔戒指。你也知道,犹太人和基督教徒已经用火箭和卫星升到了你那里。在他们这种以侵袭太空而表现出的亵渎方面,我们可不同他们相比。我们只是向你祈求。"(第94页)很显然,这些文字句句都深深地烙上了浓厚的宗教色彩,淋漓尽致地表达出了他对伊斯兰教的虔诚,以及对真主的敬畏。他希望通过全世界穆斯林兄弟的共同祈祷来得到真主的指引,来统一和团结这个从大西洋东岸延至印度洋西岸的广阔而神圣的阿拉伯大地。他继而说道:"至于另一个符咒,就单纯是在《古兰经》的阴影下念一本书,而不是《古兰经》本身。照穆斯林兄弟的解释,《古兰经》只是一本书,而《古兰经》的阴影则是十本。"(第92页)由此可见,卡扎菲的文字受伊斯兰教经典《古兰经》影响至深。此外,他在政论著作《绿皮书》中所提到的具有独创性的"第三世界理论"思想正是来源于伊斯兰社会主义。他始终认为:伊斯兰教是革命的、不断发展进步的宗教,只有在此宗教经典中才能找到一切问题的根源和答案。

最后，民族意识强烈。如果说埃及第二任总统纳赛尔是践行"泛阿拉伯主义"的第一人，无疑卡扎菲也是"泛阿拉伯主义"的倡议者和实践者之一。纳赛尔敢于挑战西方强权，敢于领导弱小民族反抗强大的西方势力、捍卫本国领土和主权的完整以及阿拉伯民族的利益。而卡扎菲正是深受其影响，在利比亚政变成功后曾多次竭力宣传并践行他的"统一思想与理论"，先是在阿拉伯世界号召各国人民为之奋斗，以实现阿拉伯民族的大团结、大统一，建立统一的阿拉伯国家。这正如他在小说《最后聚礼日的祈祷》中提到的："这仅是阿拉伯民族面临的严重挑战的一个方面。这个民族需要一个强有力的革命计划，为科学、劳动和抗敌而调动一切力量，以达到高度戒备的状态；并为拯救一个遭受威胁和侮辱的民族而负起责任。"（第90页）他认为："穆斯林并非就是阿拉伯人，虽则阿拉伯人是穆斯林。"但是，全世界的穆斯林都应该为了民族的崛起而统一团结起来。与此同时，他还强调非洲的统一性，认为非洲的穆斯林兄弟更有责任和义务推动民族运动的发展。卡扎菲曾多次在重要场合呼吁非洲要统一，要像欧洲那样建立一个非洲联盟，建立自己统一的军队，更要像美国那样成立"非洲合众国"。卡扎菲"泛阿拉伯主义民族"的统一思想，不仅体现在政治实践中，更是淋漓尽致地表现在其小说作品里。

三 卡扎菲作品的写作手法

在写作的手法上，卡扎菲的小说也有一些自己的特点。首先，采用对比的手法。从小说选中的《城市》和《乡村啊，乡村》，我们可以看到卡扎菲眼中的城市："城市是一处生活的聚集地，人们发觉自己是不得不在其中的。没有一个人居住在城市里是为了消遣，而都是为了生活，为了追求，为了劳动，为了需要，为了那个迫使他不得不在一个城市里生活的职务。""城市生活纯粹是一种蛆虫式的生活。人在其中毫无意义、毫无见解、毫无思考地活着和死去。人不论活着还是死去，反正都是在一座坟墓里。在城市里没有自由，没有舒适，也没有清静。到处除了墙还是墙。"（第1页）他痛快地发泄着自己对都市文明的不满和仇恨，通过诅咒，把都市描绘成一个可怕的地狱。相反地，乡村在他的眼中则是另一种截然不同的情景："乡村多么美啊！清新的空气，广阔无垠的天地，无须支柱撑起的天穹玉宇，光辉明亮的日月星辰，还有良知、理想和典范，这一切都是道德规范的根本。不用怕警察、法律、监禁和罚款，无拘无束，不用听任何人瞎指挥，耳边不再有吱哇乱叫的警笛声，眼前也不再有强令执行的指示牌，没有摩肩擦背、熙熙攘攘，不用排队，也用不着等候，甚至连手表也不用看。"（第23页）他通过对比的手法，进一步表达了自己对都市文明的厌恶和对乡村生活的喜爱。作为一名牧羊人的儿子，卡扎菲从小生长在环境恶劣的沙漠地区，常年以沙漠和帐篷为伴，以致后来无论他走到哪，就要把帐篷搭在哪。据报道，他在2009年赴美参加第六十四届联合国大会的时候，抵美第一要事就是把自己的帐篷搭在了中央公园的草地上。卡扎菲的饮食生活也非常的简单，经常是以面包为主食。他反对奢侈，不喜欢多坐高级轿车，却偏偏喜欢骑骆驼。由此我们不难理解为何他曾一度地向往纯净的大自然和宁静的乡村世界，而对都市文明满腹的厌倦情绪和牢骚。

其次，有较强的政治文学性。作为一名政治领袖，卡扎菲的政治思想渗透在他的文学创作之中，使其文学作品难免具有强烈的"政治文学性"以及浓厚的说教色彩。他企图通过掌控文学的途径，继而为自己的政治目的和利益服务，以其蕴含于小说作品中的政治思想观念、政治态度和政治见解等，潜移默化地影响读者的思想感情，从而引起人们对其所描述社会、国家的赞成或憧憬。最典型的要数小说《逃往火狱》一篇，他在里面写道："我多么喜爱群众自由自在，无拘无束，挣脱了束缚手脚的桎梏，又没有头领、主人管治，在历经苦难之后，是欢呼、歌唱。但是我又多么害怕群众，对他们疑惧不安。我爱群众，就像爱我父亲一样；可我又害怕群众，也像怕我父亲一样——在一个没有政府管辖的贝都因人的社会里，有谁能阻止一个父亲对他的儿子进行报复？是啊！他的孩子们是多么爱他！可是同时又是多么怕他！就是这样，我爱群众，又怕他们；就像我爱父亲，却又怕他一样。"（第34~35页）这里的"我"和"群众"象征着卡扎菲本人和利比亚人民，具有鲜明的政治文学性，在一定程度上反映了利比亚的社会形势以及统治者和民众之间的矛盾关系。他感觉到了握有极权的统治者与人民之间的矛盾和冲突，却始终没有认清正是由于社会制度的缺陷导致了权力的过度集中，造成了个人的独裁统治，引起了群众复仇反抗的革命运动。而这里的"火狱"，似乎也预言着卡扎菲最终的下场。卡扎菲曾将纳赛尔视为偶像,也是其"泛阿拉伯主义"的追随者之一。他多次拜读纳赛尔的政治理论著作《革命哲学》并从中汲取养分,因此,其作品带有明显的"纳赛尔政论思想"的影子。

最后,文字慷慨激昂,语气独断。众所周知,卡扎菲最擅长的就是演讲,也从不准备演讲稿。而给世人印象最深刻的要数他在联合国大会上的首次演讲。当时联合国给每个国家发言人的演讲时间是 15 分钟,而卡扎菲"慷慨激昂"滔滔不绝地发言了 96 分钟,这让他的口译员接近崩溃,甚至最后放弃为他翻译,但是卡扎菲仍然沉浸在自己的演讲里。这种激情也明显地体现在其小说作品中:"你们总是想要把我同我的灵魂隔离开来,因为那样做有助于你们放下心来,而不必太劳神。火狱要比你们的城市好多了!你们为什么又让我回来了?我要回到火狱去,而且我希望能在那里居住下去!去那里是不用护照的,你们只要把我的灵魂还给我就行!"(第 43 页)他以象征性的写法,愤慨激昂而独断的语气,强烈的感情向"群众"诉说着内心世界最渴望的独白,歇斯底里地要求回到火狱。

四 受争议的卡扎菲作品

正如卡扎菲本人一样,其文学作品也颇受争议。卡扎菲的小说算是真正意义上的小说吗?它有哪些文学成就?有没有值得研究的价值?《北京文学·中篇小说月报》2012 年第 5 期转载的《卡扎菲小说选》,印在封底有这样一段评价:"这些小说所具有的深刻的分析、对艺术技巧的驾驭,以及在写作中那种真诚而热烈的激情,都使它们成为这样一种作品:它们能让读者感受到精神上的享受;为他照亮人生的方方面面;促使他在心灵里有一种要克服现实中种种消极现象的真诚愿望,而向往去拥抱生活中最绚丽、最美好的一切。这正是文艺赋予我们最伟大的使命。"[①] 知名回族学者、阿拉伯翻译专家李振中教授也给予了极高的评价:"从这些论文和小说来看,卡扎菲有着很高的文化水平和语言表达能力,也有着一定的思想深度和洞察能力,说他是一位'儒将'是毫不夸张的,也是名副其实

---

① 参见《北京文学·中篇小说月报》第五期。

的。"① 然而，利比亚作家与文学家协会前主席艾哈迈德·法格海于2011年9月25日在埃及接受《南方周末》专访谈到卡扎菲的小说时则十分蔑视："事实上他写了一本水平非常低的文学小册子，里面有着两个小故事。但是难道你认为两个小故事算是文学成就吗?"②

  在阿拉伯文学史上也不乏喜欢文学并借文字表达其政治思想的国王君主和政治领袖，他们还亲身创作了不少的文学作品，如埃及前总统阿卜杜尔·纳赛尔著有《革命哲学》《埃及的解放》，伊拉克前总统萨达姆·侯赛因的《宰妯芭和国王》《伟大的觉醒》等。虽说卡扎菲的文学造诣远不及前两者，其作品也算不上是一部惊人佳作，但也并非一文不值。不管怎么说，卡扎菲的文学作品是其思想精神借以表达和传播的载体，也不失为一部洞悉其精神世界、了解利比亚社会形势的作品。

---

① 李振中：《卡扎菲和他的绿皮书》，《阿拉伯世界》2000年第3期。
② 《利比亚作协前主席：卡扎菲的小说算是文学成就吗?》，《南方周末》2011年10月8日。

中非合作论坛与东京非洲发展国际会议之比较

宛 如[*]

21世纪以来,非洲国家在国际政治、经济领域的地位日益提高,国际社会对于非洲的关注度也节节攀升,而亚洲两国中国和日本对非洲的兴趣及在非洲大陆可能的"竞争"更是吸引了许多人的眼球。2013年3月22日至30日,中国国家主席习近平对俄罗斯、坦桑尼亚、南非、刚果共和国进行国事访问。中国新任领导人首次出访便选择了三个非洲国家,引起了世界媒体的议论纷纷。虽然对习近平访非的动机各有所见,但是所有人都同意一个观点——中国对非洲的重视程度极高。

无独有偶,同为亚洲重要经济体的日本也对非洲展现了日渐增长的兴趣。日本早于中国建立了类似的会议——东京非洲发展国际会议(Tokyo International Conference on African Development,以下简称TICAD),讨论援非、与非合作问题,第五届东京非洲发展国际会议于2013年6月在横滨召开。2014年1月,日本首相安倍晋三出访非洲莫桑比克、科特迪瓦、埃塞俄比亚三国及中东国家阿曼,这也是日本首相近十年来首次访问非洲。[①]安倍在访问位于埃塞俄比亚的非洲联盟总部时发表了题为"使'每一个人'变强——日本的非洲外交"的演讲,多次提到了TICAD第五届会议的

---

[*] 宛如,北京大学国际关系学院硕士研究生。
[①] 《法媒:安倍晋三不得不在中国援建的非盟总部发表讲话》,新华网国际版,2014年1月22日,http://news.xinhuanet.com/world/2014-01/22/c_119071632.htm。该文源自法国《费加罗报》网站2014年1月21日文章,题为《日本向"中国非洲"发起攻势》,作者为阿诺·德拉格朗热。

中非合作论坛与东京非洲发展国际会议之比较

作用并承诺坚决执行该会议期间达成的承诺。[①]

中日两国领导人访问非洲,一方面体现了非洲在两国外交蓝图中的重要角色,另一方面亦将人们的目光吸引到不久前召开的、分别由中国和日本主办的中非合作论坛与东京非洲国际发展会议上来。自 2000 年第一届中非合作论坛部长级会议于北京召开之后,中非合作论坛已走过了 5 届、14 年,成为主导中非合作与发展的一个重要机制。在这 14 年里,中非合作论坛参与者逐渐增加,讨论主题不断扩展、深入,机制建设逐步完善,取得了很多成绩。但不可否认的是,中非合作论坛中还存在着许多亟待解决的问题,如双方平等性的体现、后续机制的进一步完善等。此时,观察同为东亚国家的日本在其发起召开的东京非洲发展国际会议上是如何表现的,将对中国打开思路、建设完善中非合作论坛有着重要的参考作用。然而现在国内学者对于东京非洲发展国际会议本身的研究并不多见,仅有的研究也多集中在该会议本身如何与日本对非政策互动这一点,少有对中非合作论坛与东京非洲发展国际会议这两个相似性较高的机制进行横向、纵向比较的研究。本文试图进行对此二者的比较,以填补这一空缺。

目前国内已经有中非合作论坛的专著问世。张忠祥的《中非合作论坛研究》[②] 梳理了前四届中非合作论坛的内容与特点,并从中国对非战略、中国对非合作模式、国际对非合作机制等角度出发,在肯定中非合作论坛取得的巨大成就的同时,系统分析了合作论坛所面临的机遇和挑战。此外,原外交部部长唐家璇在其《劲雨煦风》[③] 一书中,详细记录了 2006 年中非合作论坛北京峰会的情况,并且披露了中国决策层对这次峰会的内部决议过程以及领导人对于此次会议的高度重视。

中国学界对中非合作论坛的集中研究主要开始于 2006 年北京峰会之后。[④] 国内学者对中非合作论坛的研究主要集中在论坛对中非关系的影响,

---

[①] 《安倍内阁总理大臣关于日本的非洲外交演说:使"每一个人"变强——日本的非洲外交》,日本国首相官邸总理演讲,2014 年 1 月 14 日,http://www.kantei.go.jp/cn/96_abe/statement/201401/14speech.html。
[②] 张忠祥:《中非合作论坛研究》,世界知识出版社,2012。
[③] 唐家璇:《劲雨煦风》,世界知识出版社,2009。
[④] 笔者在中国知网里搜索"中非合作论坛",其中 2006 年以前(不含 2006 年)每年的相关文章不超过 90 篇,而 2006 年则激增至 810 篇。此后每年的相关文章基本不低于 200 篇(2008 年只有 95 篇,这可能与次贷危机爆发转移学界视线有关)。

普遍认为论坛是中非合作的新高峰，将有力地推动中非关系的发展，如钟伟云的《开创中非互利合作的新纪元——从中非合作论坛北京峰会看中非关系》[1]、杨福昌的《中非合作论坛北京峰会对中非关系的深远影响》[2]等。也有学者研究中非合作论坛对具体的中非合作有何影响，如姚桂梅的《中非合作论坛及其经贸影响》从经贸角度考察中非合作论坛的影响[3]，徐辉的《中非合作论坛框架下的教育合作》从教育合作角度分析中非合作论坛的作用[4]，张忠祥《中非合作论坛框架下的农业合作——兼论"中国海外屯田"说》分析了具体的农业合作如何在中非合作论坛之下进行[5]，郑先武的《构建区域间合作"中国模式"——中非合作论坛进程评析》从区域间合作的角度分析中非合作论坛的特点与模式[6]，等等。还有的学者从运行机制的角度分析中非合作论坛参与者的变化，如李安山与刘海方的《论中非合作论坛的运作机制及其与非洲一体化的关系》[7]。上海国际问题研究院西亚非洲研究中心 2008 年公布的《中非合作论坛北京峰会：评估与展望》，以及 2010 年公布的《迈向新的十年：中非合作论坛可持续发展研究》对论坛的成果、机遇、挑战和发展进行了评估。北京大学非洲研究中心也于 2011 年完成了《从可持续发展的角度看中非合作论坛》的课题，具体研究成果以英文形式发表，在详细阐明中非合作论坛的建立原因、梳理第一至第四届中非合作论坛的内容后，对论坛的运转机制、相关问题及可持续发展有着深度的解读。[8]

---

[1] 钟伟云：《开创中非互利合作的新纪元——从中非合作论坛北京峰会看中非关系》，《当代世界》2006 年第 12 期。

[2] 杨福昌：《中非合作论坛北京峰会对中非关系的深远影响》，《西亚非洲》2007 年第 12 期。

[3] 姚桂梅：《中非合作论坛及其经贸影响》，《亚非纵横》2008 年第 1 期。

[4] 徐辉：《中非合作论坛框架下的教育合作》，《教育发展研究》2007 年第 17 期。

[5] 张忠祥：《中非合作论坛框架下的农业合作——兼论"中国海外屯田"说》，《国际展望》2009 年第 2 期。

[6] 郑先武：《构建区域间合作"中国模式"——中非合作论坛进程评析》，《社会科学》2010 年第 6 期。

[7] 李安山、刘海方：《论中非合作论坛的运作机制及其与非洲一体化的关系》，《教学与研究》2012 年第 6 期。

[8] Li Anshan, Liu Haifang, Pan Huaqiong and He Wenping, "FOCAC Twelve Years Later: Achievements, Challenges and the Way Forward," published in The Nordic Africa Institute, http://nai.diva-portal.org/smash/record.jsf?pid=diva2:538478andrvn=1.

外国学者对中非合作论坛的研究多从关注论坛的目的和中国的行动入手。Ann Alves 和 MwesigaBaregu 等学者认为,"中非合作论坛的设立是中方主动提出、一手推动的"。① Felix Edoho 认为,中非合作论坛创立后极大地促进了中国和非洲的经贸往来,但是中非之间贸易结构极不均衡,即中国主要向非洲出售机械、服装和高技术产品,而非洲则主要向中国出口原油、原材料等初级产品。② Denis M. Tull 则认为,早在1989 年政治风波之后,中国已经转向非洲寻求政治和经济合作,中非合作论坛只是将这种合作制度化的产物。③

相比对中非合作论坛的研究,国内对东京非洲发展国际会议的关注较少。④ 李安山的《东京非洲发展国际会议与日本援助非洲政策》⑤ 一文就东京非洲发展国际会议与日本援助非洲理念之间的关联做了阐述和分析,但该文未能对东京非洲发展国际会议做历史纵深方向的比较,而是把四次视为一个整体。张永蓬在其《第五届"非洲发展东京国际会议"与日本对非洲战略》一文中梳理了日本对非政策及 TICAD 会议的演变,并分析日本在 TICAD V 会议上展现出的新动态。⑥ 王祎的硕士学位论文以东京非洲发展国际会议为分析案例,研究了日本对非援助的特点与变化,对四次东京非洲发展国际会议的纵向发展做了很好的比较分析。⑦ 此外,国内学术界有一些研究冷战后日本对非政策的文章,其中对东京非洲发展国际会议的召开原因与成果多有涉及,如罗建波的《论冷战后日本对非洲的外交政策》等⑧,但多以关注日本的援助政策为主。

---

① 李安山:《论中非合作论坛的起源——兼谈对中国非洲战略的思考》,《外交评论》2013 年第3 期。

② Felix M. Edoho, "Globalization and Marginalization of Africa: Contextualization of China – Africa Relations," *Africa Today*, Vol. 58, No. 1, 2011.

③ Denis M. Tull, "China's Engagement in Africa: Scope, Significance and Consequences," *The Journal of Modern African Studies*, Vol. 44, No. 3, 2006.

④ 例如,笔者在中国知网中搜索"东京非洲发展国际论坛",出现的相关文章只有7 篇;而搜索"中非合作论坛"则出现3450 条搜索结果(截至2013 年5 月29 日)。

⑤ 李安山:《东京非洲发展国际会议与日本援助非洲政策》,《西亚非洲》2008 年第5 期。

⑥ 张永蓬:《第五届"非洲发展东京国际会议"与日本对非洲战略》,《亚非纵横》2013 年第5 期。

⑦ 王祎:《日本对非援助政策的演变与特点——以东京非洲发展国际会议为例》,复旦大学硕士学位论文,2010 年。

⑧ 罗建波:《论冷战后日本对非洲的外交政策》,《国际观察》2003 年第1 期。

国外方面，Kweku Ampiah 对日本为何在 20 世纪 70~80 年代与非交往低潮后选择于 90 年代开始加大与非洲的接触并设立 TICAD 做了解释。[1] TICAD 召开十周年之际，Howard Lehman 和 Shinsuke Horiuchi 分别对 TICAD 第一至第四次会议的内容与成果进行了梳理。二者不同的是，Lehman 认为 TICAD 体现了日本政府对当时盛行的新自由主义的"逃离"；[2] 而 Horiuchi 则认为，非洲问题是全球化问题的子问题，并站在新自由主义的角度提出 TICAD 及其他国际协议应做的是要为非洲发展制定规则与战略、提供发展机会与能力。[3]

关于中非合作论坛与东京非洲发展国际会议的比较，国内学界目前只有赵丽霞、唐丽霞、李小云所著的《援助非洲的平台：变化与影响——主要对非会议和论坛的比较》[4] 一文中有所涉及。该文涉及 5 个国际论坛：中非合作论坛、美国《非洲增长与机会法案》论坛、欧洲—非洲峰会、东京非洲发展国际会议和印度—非洲峰会。文章从发起动因、参与情况、运行理念、主要议题对比和后续机制几方面对 5 个论坛进行了纵向对比，但由于该文涉及的论坛数量多、跨度大，因此文中对中非合作论坛与东京非洲发展国际会议的重点比较内容较少。

总之，目前中国学术界较多关注中非合作论坛的研究，并对该论坛的发展、原因、变化有着深刻分析。部分学者开始关注东京非洲发展国际会议的状况，并在此基础上研究日本援非的理念，而对二者比较的关注度明显欠缺。本文将从二者的发起时间与原因、主题、参与方、后续机制四个方面，观察二者在与非合作、对非援助方面的异同。

一 中非合作论坛与东京非洲发展国际会议的基本情况

中非合作论坛（Forum of China – Africa Cooperation，简称 FOCAC）于

---

[1] Kweku Ampiah, "Japan and the Development of Africa: A Prelinimary Evaluation of the Tokyo International Conference on African Development," *African Affairs*, 104/414, 2005.

[2] Howard Lehman, "Japan's Foreign Policy to Africa since Tokyo International Conference on African Development," *Pacific Affairs*, 2005.

[3] Shinsuke Horiuchi, "TICAD after 10 Years: A Preliminary Assessment and Proposals for the Future," *African and Asian Studies*, Vol. 4, No. 4, 2005.

[4] 赵丽霞、唐丽霞、李小云：《援助非洲的平台：变化与影响——主要对非会议和论坛的比较》，《国际经济合作》2012 年第 12 期。

2000年10月10~12日在北京召开首届部长级会议并正式成立，其宗旨是"平等磋商、增进了解、扩大共识、加强友谊、促进合作"。[1] 2001年7月在赞比亚首都卢萨卡通过的《中非合作论坛后续机制程序》规定，中非合作论坛部长级会议每三年举行一届，轮流在中国和非洲国家举行。迄今为止，中非合作论坛部长级会议已经举办过五次，分别在中国北京、埃塞俄比亚首都亚的斯亚贝巴、埃及沙姆沙伊赫举行。中非合作论坛的成员包括中国、与中国建交的50个非洲国家（除斯威士兰、冈比亚、圣多美和普林西比、布基纳法索4国之外的其他非洲国家[2]）和非洲联盟委员会（African Union，简称非盟）。

首届东京非洲发展国际会议于1993年10月5~6日在东京举办，其主要目标是促进非洲领导人和发展伙伴之间的高层政策对话，以及动员力量支持非洲自主的发展计划。[3] 东京非洲发展国际会议每五年举办一次，迄今为止已举办了五届。东京非洲发展国际会议的主办方为日本政府、非洲全球联盟（Global Coalition for Africa，简称GCA）、联合国非洲问题特别顾问办公室（United Nations Office of the Special Adviser on Africa，简称UN-OSAA）、联合国开发计划署（United Nations Development Programme，简称UNDP）和世界银行（World Bank）。其中，非洲全球联盟是一个创新型的政府间论坛，致力于促进非洲政策制定者与其伙伴对非洲发展的优先问题进行深入探讨、建立共识；[4] 联合国非洲问题特别顾问办公室于2003年成立，其任务是通过宣传和分析研究工作，加强国际上对非洲发展与安全的支持、帮助秘书长增进联合国系统支助非洲工作的合作与协调，以及促进全球层面对非洲问题的政府间审议，特别是审议与非洲发展新伙伴关系有关的问题。[5] 至于TICAD参与国的数量，则随着每一届的召开而有所变化。

---

[1] 中非合作论坛介绍，中非合作论坛官方网站，http://www.focac.org/chn/ltda/ltjj/t933521.htm。

[2] 虽然马拉维与中国于2007年建交，但是此次中非合作论坛部长级会议马拉维并没有参加。

[3] About TICAD, Tokyo International Conference on African Development website, http://www.ticad.net/about/index.html.

[4] About the Global Coalition for Africa (GCA), World Bank, http://web.worldbank.org/WBSITE/EXTERNAL/COUNTRIES/AFRICAEXT/0, contentMDK: 20267207 ~ menuPK: 538667 ~ pagePK: 146736 ~ piPK: 226340 ~ theSitePK: 258644, 00.html.

[5] 关于非洲问题特别顾问办公室，参见联合国网站，http://www.un.org/chinese/africa/osaa/about.html。

虽然东京非洲发展国际会议创立时间更长，但是中非合作论坛"在发展中国家的对非会议与论坛中获得的关注最多"①。总的来说，中非合作论坛与东京非洲发展国际会议都是由东亚国家发起的，采取论坛或会议的形式，吸引国际关注、发布自己对非政策和援助、开展合作事宜等的平台通过多年的发展，参与各方都很好地利用了会议或论坛的平台加强合作和达成共识，提高了中日两国在非洲的存在感与影响力。

当然，中非合作论坛与东京非洲发展国际会议仍有许多不同。下文将从发起原因、主题、参与方、后续机制四个方面对二者进行比较，寻找异同、分析原因并进行借鉴。

二 两个对非合作机制发起背景之比较

1. 东京非洲发展国际会议发起的背景

日本首次提出举办非洲发展国际会议的意向是在1991年的联合国大会上。② 1993年10月5～6日，第一届非洲发展国际会议（TICAD I）在东京举行。70～80年代，日本对非援助集中在经济方面，但是90年代初举办的这次发展会议有着明显的政治色彩。分析当时日本国内和国际的状况，日本选择在90年代初召开TICAD的理由主要有以下几条。

从经济角度上看，日本经济在遭遇1990年股市腰斩和1991年房地产崩盘后进入了"失去的十年"。此时，日本继续寻找新的振兴经济的触发源，然而美欧与亚洲都无法满足日本的需要。美欧与日本相比，发展水平和产业结构的相似使日本扩大在美欧的市场份额相对较为困难。而东亚国家对日本有着历史的不信任感，且亚洲存在亚太经合组织和东盟等区域组织，日本无法发挥其预期的经济领导能力，"日本在亚洲推行以其为主导的'雁行'发展模式并不顺利"③。这样看来，非洲便成了日本打开经济恢复局面的最佳选择。

从援助角度上看，日本自1964年加入经济合作与发展组织（OECD）后

---

① 赵丽霞、唐丽霞、李小云：《援助非洲的平台：变化与影响——主要对非会议和论坛的比较》，第73页。
② 李安山：《东京非洲发展国际会议与日本援助非洲政策》，第6页。
③ 罗建波：《论冷战后日本对非洲的外交政策》，第73页。

一直是世界最大的援助国之一，并于 1989 年取代美国成为世界第一援助国。① 然而，日本在西方援助体系中的声音与领导权一直与其实际援助力度不符，受西方国家指使。作为援助非洲的后来者，日本必须要更有作为才能成为一个非洲援助的主要捐助国。② 举办东京非洲发展国际会议显然有利于日本宣传其援助理念，改变自身在以西方大国为主导的传统国际援助格局中的地位。

同时，成为政治大国的诉求也是日本召开 TICAD 的国内动因之一。冷战期间日本经济迅速恢复，创造了"日本战后经济奇迹"，并于 1978 年超越苏联成为世界 GDP 总量第二位的国家。但是，与日本"经济巨人"地位形成鲜明对比的便是其"政治侏儒"的形象。因此，日本政府自经济发展以来便一直重视提高日本在国际政治中的地位与影响力。1986 年，日本当选为联合国非常任理事国，但得票率并不高，这使得日本更加注意到了自身政治地位的不稳固。正如国内有的学者指出的，日本政府在之后便有意识地参照中国 1971 年被"非洲兄弟抬进联合国"的经验，③ 在其对外战略中提高拥有联合国选票的 1/4 的非洲国家的潜在政治价值。也正是在 1993 年，日本首次明确表达了希望成为联合国安理会常任理事国的愿望，并将此作为最主要的外交政策目标之一。④ 时任日本外相也表示，日本举行东京非洲发展国际会议并以此为平台推广"亚洲模式"，也是为了实现其成为亚洲大国的目标。⑤

2. 中非合作论坛发起的背景

与东京非洲发展国际会议不同的是，中非合作论坛并非由中国一国独自提出，早在 1997 年非洲国家的一些领导人和驻华使节就提出建立一种"一国对多边的伙伴关系"（one to multi partnership）。⑥ 1999 年 5 月马达加斯加

---

① 顾学明：《大国对非洲经贸战略研究》，中国商务出版社，2011，第 35 页。
② Howard Lehman, "Japan's Foreign Policy to Africa since Tokyo International Conference on African Development," p. 427.
③ 王金波：《日本对非援助战略研究》，《国际经济合作》2011 年第 2 期，第 29 页。
④ Howard Lehman, "Japan's Foreign Policy to Africa since Tokyo International Conference on African Development," p. 442.
⑤ Howard Lehman, "Japan's Foreign Policy to Africa since Tokyo International Conference on African Development," p. 427.
⑥ 对刘贵今的访谈，转引自 Li Anshan and others："FOCAC Twelve Years Later：Achievements, Challenges and the Way Forward," published in The Nordic Africa Institute, http：//nai. diva - portal. org/smash/record. jsf? pid = diva2：538478andrvn = 1。

外交部部长拉齐凡德里亚马纳纳来华访问时，对时任外长唐家璇表达了与中国建立伙伴关系、磋商和平与发展问题的渴望，并建议建立一个"中国—非洲论坛"。[1] 在多方研究后，中国方面终于决心接受非洲国家的建议，创建中非合作论坛这样一个合作交流的平台。1999年10月，时任国家主席江泽民向与中国有外交关系的非洲元首以及非统秘书长萨利姆致信，正式发出召开"中非合作论坛——北京2000年部长级会议"的倡议，并得到非洲国家的热烈响应。[2] 中非合作论坛就此走上世界舞台。

由于中非合作论坛是由中国与非洲国家双方共同倡导的，因此在分析其发起原因时需要从中国和非洲两方面着手。

（1）非洲方面

从非洲国家角度看，20世纪末期的全球化进程不断加速，但是在这个过程中非洲没有享受到经济全球化的积极成果，反而不断被边缘化。因此，在20世纪末期，经历了"失去的十年"的非洲的外国直接投资（FDI）非常不足。根据联合国贸易发展组织的《1999年世界投资报告》，1998年非洲接受外国直接投资在全球总量中的份额仅为1.2%。[3] 与此同时，非洲国家更是债台高筑。1989年全非债务为2530亿美元，而1999年年底更是高达4860亿美元。[4] 沉重的债务使非洲国家年产值的很大一部分都要被用来偿付利息，深陷债务泥淖的非洲很难通过自身力量发展经济。此外，冷战期间非洲一度成为美苏争相"讨好"争取的对象，而随着冷战的结束，非洲地缘政治的重要性一落千丈，受到的国际关注越来越少。总之，非洲在20世纪末期经济全球化的过程中未能摆脱原料产地和商品销售市场的被动地位，自身处于经济困境之中，非洲再次成为世界媒体口中的"黑暗的大陆"。2000年5月13日出版的《经济学人》杂志的封面文章标题即为"没有希望的大陆"（The Hopeless Continent）。[5]

然而在20世纪90年代后半期，非洲大陆的整体暗淡局面慢慢开始出

---

[1] 唐家璇:《劲雨煦风》，第433页。
[2] 张忠祥:《中非合作论坛研究》，第77页。
[3] 中国现代国际关系研究所第三世界研究中心:《当代第三世界透视》，时事出版社，2001，第12页。
[4] 张忠祥:《中非合作论坛研究》，第74页。
[5] *The Economist*, Printed Edition May 13th, 2000, http://www.economist.com/printedition/2000-05-13.

现转机。根据联合国贸易和发展会议（UNCTAD）公布的报告，1995～1999年非洲国家总体的年平均增长率为3.5%，远远高于1990～1994年的0.9%。[①] 开始见到发展"曙光"的非洲国家自然不会甘愿在经济全球化的浪潮中落于人后，开始积极寻求外界的助力。由于受被西方殖民经历的记忆影响、20世纪后半期西方对非洲的援助与结构调整并没有取得预期效果，正在世界经济舞台上崭露头角的以亚洲国家为主的新兴市场无疑提供了不同的路径参照。即使90年代末期西方发达国家重新关注非洲，美、法等西方大国和日本这样未在非洲殖民过的国家都对非洲提出了新的援助计划，非洲国家寻求其他新的合作伙伴、寻找新的经济发展点也是合情合理的选择。在众多的新兴经济体当中，中国改革开放后的发展尤为引人瞩目。在短短十几年内，中国的年均经济增长率保持在10%左右，经济、政治实力不断增强，综合国力不断上升，而这些都是非洲国家想要在本国达到的效果。因此，非洲国家除了依靠日本和西方传统援助国之外，还选择了接近中国，倡议建立中非合作论坛并加强中非合作。

（2）中国方面

全球化将整个世界变成了相互联系的整体，这也对中国的国际贸易提出了新的挑战。如何在经济全球化的形势下发展中国的对外贸易，为中国的经济发展保驾护航成为20世纪90年代的重大课题。一方面，非洲地域辽阔、资源丰富、人口众多，是一个有着极强经济发展潜力的大陆，但90年代时中非贸易却处于低水平、不对称的情形[②]，可作为的空间很大；另一方面，中国与非洲有着长期经济和政治的往来，互信程度较深。同时，中国也意识到非洲市场的竞争态势相当严峻而激烈，发达国家和一些亚洲国家均有自己的传统优势、地域优势或后发优势，中国必须抓住机会，从全局战略和历史高度推动中非合作。[③] 因此，中国也选择了非洲作为打开

[①] United Nations Conference on Trade and Development, "Economic Development in Africa: Performance, Prospects and Policy Issues," http://unctad.org/en/Docs/pogdsafricad1.en.pdf.

[②] 以1998年为例，中非贸易额只占中国外贸额的1.7%，见曾强、朱重贵《全面加强中非经贸关系意义重大》，载中国非洲问题研究会《21世纪中非关系发展战略报告》，中国非洲问题研究会内部书刊，2000，第169页。

[③] 李安山：《论中非合作论坛的起源——兼谈对中国非洲战略的思考》，《外交评论》2012年第3期，第27页。

中国对外贸易、资源进口新局面的关键一环。

同时，90年代末期世界各国对非洲的关注和动作也不断增多，引起了中国的重视。美国议会于1999年通过《非洲增长与机遇法案》，并于同年3月在华盛顿首次举办了"美国-非洲21世纪伙伴关系部长级会议"。日本于1993年举办了首届东京非洲发展国际会议（TICAD I），5年后的1998年又举办了第二届会议（TICAD II）。而法国也在巴黎召开法非首脑会议，与49个非洲国家的领导人商讨安全与经济方面的问题。[1] 随着中国和非洲交往的增多，中国决策层意识到，学习西方国家以及日本建立大规模高层联系机制的做法，"通过集体对话就（中非）共同关心的和平与发展问题加强磋商和交流"[2] 是有可能的、有必要的。

三 两个对非合作机制关注主题之比较

中非合作论坛和东京非洲发展国际会议一样，每一届都会有不同的主题。通过比较其主题，可以看到两个机制关注重点的变化，以及二者的区别。表1便是历届中非合作论坛和东京非洲发展国际会议的主题与颁布文件的总结。

表1 中非合作论坛和东京非洲发展国际会议的主题比较

对比内容	届次	国家 中国	国家 日本
时间及地点	第一届	2000，北京	1993，东京
	第二届	2003，亚的斯亚贝巴	1998，东京
	第三届	2006，北京	2003，东京
	第四届	2009，沙姆沙伊赫	2008，横滨
	第五届	2012，北京	2013，横滨

---

[1] 李安山：《论中非合作论坛的起源——兼谈对中国非洲战略的思考》，第22页。
[2] 姚桂梅：《中非合作论坛及其对中非经贸合作的影响》，载中国非洲问题研究会《中国与非洲：新型战略伙伴关系探索》，中国非洲问题研究会内部书刊，2007，第263页。

续表

对比内容	届次	国家	
		中 国	日 本
主 题	第一届	面向21世纪应如何推动建立国际政治经济新秩序，如何在新形势下进一步加强中非在经贸领域的合作	亚洲经验与非洲发展及政治经济改革
	第二届	务实合作、面向行动	减贫、促使非洲融入世界经济体系（Poverty Reduction in Africa and Integration of African Countries into World Economy）
	第三届	友谊、和平、合作、发展	以人为中心的发展
	第四届	深化中非新型战略伙伴关系，谋求可持续发展	打造充满生机的非洲：一个充满希望和机遇的大陆（Towards a Vibrant Africa: A Continent of Hope and Opportunity）
	第五届	继往开来，开创中非新型战略伙伴关系新局面	携手，为了更有活力的非洲（Hand in Hand for a More Dynamic Africa）
文 件	第一届	《中非合作论坛北京宣言》《中非经济和社会发展合作纲领》	《东京非洲发展宣言》
	第二届	《中非合作论坛——亚的斯亚贝巴行动计划（2004~2006年）》	《东京行动计划》
	第三届	《中非合作论坛北京峰会宣言》《中非合作论坛——北京行动计划（2007~2009年）》	《东京非洲发展国际会议十周年宣言》
	第四届	《中非合作论坛沙姆沙伊赫宣言》《中非合作论坛——沙姆沙伊赫行动计划（2010~2012年）》	《横滨宣言》《横滨行动计划》《东京非洲发展国际会议后续机制》

续表

对比内容	届次	国　　家	
^^	^^	中　国	日　本
文　　件	第五届	《中非合作论坛第五届部长级会议北京宣言》 《中非合作论坛第五届部长级会议——北京行动计划（2013～2015年）》	《横滨宣言（2013）》 《横滨行动计划（2013～2017）》

资料来源：根据新华网、中非合作论坛官方网站和东京非洲发展国际会议网站综合得出。

1. 东京非洲发展国际会议主题的变化

东京非洲发展国际会议的主题侧重点变化非常明显。第一届东京非洲发展国际会议（TICAD I）在主题中突出了"亚洲经验"，与日本创办 TICAD 时希望借此平台推广"亚洲模式"的初衷非常契合，会议的议题也主要集中在援助方面。但是，第二届 TICAD 主题的已经不仅集中在援助方面了。TICAD II 主要讨论减贫，并将减贫和促使非洲融入世界经济体系作为会议的两个最终目标。[①] 在会议发表的《东京行动计划》中，对教育、健康与人口、减贫、私有部门、工业和农业发展、债务减免、政府良政、冲突避免与冲突后发展这几方面详细地进行了规划。[②]

TICAD III 在回顾 TICAD 创建十周年成就的同时，也为未来 TICAD 的发展进程指出了方向。此次会议共有八个议题，分别为：巩固和平、能力建设、以人为中心的发展、基础设施建设、农业发展、私营部门发展、扩大伙伴关系、与公民社会对话。[③]《东京非洲发展国际会议十周年宣言》着重提到了要保护人类安全（Human Security），尊重独特性、多样性和身份（Respect for Distinctiveness, Diversity, and Identity），并在对非洲发展新伙伴计划（The New Partnership for Africa's Development，简称 NEPAD）中提出帮助非洲儿童的计划[④]，呼应了"以人为中心的发展"的会议主题。这与西方强调的

[①] MOFA of Japan, *What is TICAD*, http://www.mofa.go.jp/region/africa/ticad/what.html.
[②] MOFA of Japan, *African Development Towards the 21st Century: The Tokyo Agenda for Action*, http://www.mofa.go.jp/region/africa/ticad2/agenda21.html.
[③] 李安山：《东京非洲发展国际会议与日本援助非洲政策》，第 4 页。
[④] MOFA of Japan, *TICAD Tenth Anniversary Declaration*, http://www.mofa.go.jp/region/africa/ticad3/declaration.html.

安全概念显然有明显区别。有日本学者指出,"以人为中心的发展"是一个更"软"的概念,更不易具有意识形态色彩,这也是日本将自己撇在西方传统援助体系之外、有意与西方援助话语体系做区分的体现。①

TICAD IV 的主题变化最明显。第四届 TICAD 的主题中使用了"希望和机遇的大陆"这样的字眼,这与以往三届主题不同,表明了非洲不只是一个需要帮助的不发达对象,其还是一个充满潜力的地方。此次会议的重点落在了促进增长、达到千年发展目标、巩固和平与民主化、应对环境问题或气候变化之上。

TICAD V 延续了 TICAD IV 的基调,强调了与非洲合作的重要性。同时,在开幕式上,日本首相安倍晋三发表了主旨演讲,不仅承诺了 3.2 万亿日元的援助,还提出了"安倍倡议",要在非洲建立人才培训基地、投资基础设施建设等。② 这表明日本也开始注意到人才培养与交流、基础设施建设等的重要性。

2. 中非合作论坛主题的变化

中非合作论坛则一直贯穿着"伙伴合作"的主题。FOCAC I 着重强调 21 世纪的中非经贸合作;FOCAC II 则表明这种合作需要务实;FOCAC III 将"合作"作为主题的一个关键词,与"友谊""和平""发展"并列。之后的 FOCAC IV 及 FOCAC V 提出了"中非新型战略伙伴关系"这一概念,并且将可持续发展提到一定高度。

从议题上来看,第一届 FOCAC 举行的四场专题研讨会主题分别为中非投资与贸易,中国与非洲国家的改革经验交流,消除贫困与农业可持续发展,教育、科技与卫生合作。③ FOCAC II 提出的《中非合作论坛——亚的斯亚贝巴行动计划(2004~2006 年)》提出了要进行旅游合作、减债,并加强教育合作和民间交流的呼声,④ 这几点在 FOCAC III 的《中非合作论坛——

---

① 与 Mine Yoichi 教授的访谈,2013 年 5 月 31 日。
② "Abe to Africa: Use aid as you see fit," *The Japan Times*, June 2, 2013, http://www.japantimes.co.jp/news/2013/06/02/national/abe-promises-africa-new-3-2-trillion-in-aid-as-ticad-v-kicks-off/.
③ 第一届部长级会议专题研讨会,中非合作论坛网站,http://www.focac.org/chn/ltda/dyjbzjhy/hyqk12009/t155393.htm。
④ 《中非合作论坛——亚的斯亚贝巴行动计划(2004~2006 年)》,http://www.focac.org/chn/ltda/dejbzjhy/hywj22009/。

北京行动计划（2007～2009年）》中得到了重申。北京行动计划还新提出了加强科技、信息、航运、质检等领域合作，新闻合作，以及青年与妇女交流的内容。① FOCAC IV 时则适应21世纪的需要，提出"适时召开'中非合作论坛—科技论坛'，并倡议启动'中非科技伙伴计划'"，以期"帮助非洲国家提高自身科技能力"。此外，沙姆沙伊赫行动计划中将"减债"改为了"减贫"，表明中国已然意识到债务问题只是表象，贫困问题才是根本。同时，此行动计划还首次提出了减灾救灾能力与学者智库建设的计划。② 2012年举办的第五届论坛提出的北京行动计划则增加了信息通信、交通、科技方面的知识共享以及体育合作的内容。③

可以说，随着 FOCAC 的发展，中非由传统的政治经济上的合作慢慢转向政治、经济、发展、社会文化、环境保护等多方面的全方位合作，合作内容上也开始从寻求共同立场向具体合作转变。

3. 二者比较

如果将中非合作论坛与东京非洲发展国际会议的主题进行对比，首先可以发现 TICAD 最初虽然强调了"主事权"（ownership）和"伙伴关系"（partnership），试图与传统西方援助体系划清界限，但其仍不可避免地将日本放在一个援助者的角度，讨论的主要是通过"亚洲经验"进行援助和减贫。TICAD IV 时才在主题上使用了"生机""希望"等词汇，表明在进入21世纪后非洲国家普遍发展提速的大背景下，日本也开始意识到非洲是一个生机勃勃的、有振兴潜力的地区。而由于中非长期强调"同志加兄弟"④式的中非关系，中非合作论坛一开始便在主题中突出了"合作"与"伙伴关系"。

其次，在议题与内容方面，TICAD 的文件将非洲政府的"良政"作为一项重要的主题，而类似的政治议题在 FOCAC 中并没有体现。毕竟，与作为经济合作与发展组织国家发展援助委员会（OECD - DAC）的一

---

① 《中非合作论坛——北京行动计划（2007～2009年）》，http://www.focac.org/chn/ltda/bjfhbzjhy/hywj32009/t584788.htm。
② 《中非合作论坛——沙姆沙伊赫行动计划（2010～2012年）》，http://www.focac.org/chn/ltda/dsjbzjhy/bzhyhywj/t627503.htm。
③ 《中非合作论坛第五届部长级会议——北京行动计划（2013～2015年）》，http://www.focac.org/chn/ltda/dwjbzzjh/hywj/t954617.htm。
④ 周弘：《中国援外六十年的回顾与展望》，《外交评论》2010年第5期，第4页。

员日本不同，中国向来是以互不干涉内政、援助不附带任何政治条件著称的。同时，FOCAC较早地意识到了与非洲进行教育和学者交流的重要性。

然而，东京非洲发展国际会议还是有很多可借鉴之处。首先，中非合作论坛的会议文件形式统一，每次会议主要成果都由一份宣言和一份行动计划组成；而东京非洲发展国际会议的会议文件则没有太多形式上的硬性规定，只有宣言（如TICAD I，TICAD III）、只有行动计划（如TICAD II）、宣言和行动计划共存并增加了后续机制的相关文件（如TICAD IV）的情况都曾出现过。TICAD的这种形式使得一些重要的内容可以随时以大会文件的形式得到强调和补充。其次，值得一提的是，第二届TICAD在《东京行动计划》中采取了将非洲国家应如何行动与援助伙伴应如何行动分开陈述的形式。笔者认为，这样的形式比起在行动计划中逐条陈述应该做哪些事情，要具有更明显的指南性质，也更加突出了非洲国家与合作方国家（或组织机构）的平等性和各自的责任。

四　两个对非合作机制参与方之比较

国际论坛举办的成功与否很大程度上取决于参与者的数量、范围及重要程度。在这一部分，笔者将根据公布的资料和论文对比中非合作论坛与东京非洲发展国际会议在主办方、参与国家和组织等方面的不同。

在主办方问题上，第一届至第四届东京非洲发展国际会议，主办方一直为日本政府、非洲全球联盟、联合国的两个下属机构及世界银行，并没有非洲国家参与。反观中非合作论坛，从一开始便确立由中国与非洲国家共同主办。类似的情况也体现在会议地点的选择上，TICAD的会议地点均在日本（东京及横滨），而FOCAC的举办地则在北京与非洲国家间交替。TICAD的主办方构成与举办地的选择不免让人感觉尽管其谈论的是非洲的发展问题，与会国家中也有大量非洲国家，但是日本仍是站在"高高在上"的援助者角度来举办会议的。而FOCAC的形式则能更好地传达中国与非洲平等、互助的态度。也许也正是意识到上述问题，2010年非盟委员会终于成为东京非洲发展国际会议的主办方之一，2013年横滨举行

表2 中非合作论坛与东京非洲发展国际会议参与方比较

对比内容	届次	国家 中国	国家 日本
主办方	第一届	中国	日本政府、非洲全球联盟、联合国非洲问题特别顾问办公室、联合国开发计划署和世界银行
	第二届	埃塞俄比亚	
	第三届	中国	
	第四届	埃及	
	第五届	中国	日本政府、联合国非洲问题特别顾问办公室、联合国开发计划署、世界银行及非盟委员会
非洲参与国家	第一届	44（包括5位总统）	48（包括4国首脑）
	第二届	44（包括6位总统、3位副总统、3位总理、1位议长）	51（包括8国首脑）
	第三届	48（包括35国元首、6位政府首脑、6位高级代表及非盟主席）	50（包括23国首脑）
	第四届	49（包括6位总统和2位总理）①	52（包括40位首脑）②
	第五届	50（包括9位总统）③	51（包括39位首脑）
其他组织	第一届	17	5个日本NGO及11个外国NGO
	第二届	无数据	27
	第三届	24	39
	第四届	无数据	55个国际机构，16个非洲区域机构
	第五届	无数据	35个发展伙伴国、74个国际和地区组织及非政府组织
		17	5个日本NGO及11个外国NGO

资料来源：根据新华网、中非合作论坛官方网站、东京非洲发展国际会议网站、张忠祥《中非合作论坛研究》、张永蓬《第五届"非洲发展东京国际会议"与日本对非洲战略》、维基百科"TICAD Delegation"等综合得出。

① 分别为埃及、津巴布韦、苏丹、利比里亚、科摩罗、刚果（布）总统，以及埃塞俄比亚、刚果（金）总理。根据2009年11月8日《温家宝会见一些非洲国家领导人》得出，http：//www.focac.org/chn/ltda/dsjbzjhy/dsjbzh2009/t631662.htm。
② 筱雪：《第四届东京非洲发展国际会议》，《西亚非洲》2008年第7期，第29页。
③ 分别为肯尼亚、佛得角、吉布提、南非、贝宁、科特迪瓦、赤道几内亚、尼日尔、埃及总统。

的 TICAD V 上首次看到了非洲主办方的身影。①

然而从另一个角度看，东京非洲发展国际会议的主办方并不局限于日本和非洲国家也有一定的优势。日本联合非洲全球联盟、联合国非洲问题特别顾问办公室、联合国开发计划署和世界银行这些机构共同举办 TICAD，很大程度上可以增加 TICAD 的权威性与国际关注度。随着日本逐渐意识到非洲在政治、经济上的崛起，TICAD 也开始改变以往非洲国家只是"被合作"的态度，加大了非洲国家在 TICAD 中的话语权，提升了非洲国家的地位。国际机构作为 TICAD 联合主办方这样的会议形式，有利于非洲国家将 TICAD 作为向世界传递声音的平台。与此同时，日本则在一定程度上牺牲了一些自主性，与其他联合主办方一起商定议题、援助与合作方案等问题。在这一点上，尽管中非合作论坛的双方主办、多边磋商机制会更有效，却无法直接促进非洲国家加强在国际机构和国际发展议程中的参与度，而是只能通过间接促进非洲国家国际地位提升的方式提供帮助。因此，中非合作论坛可以考虑向东京非洲发展国际会议适度借鉴联合国际机构主办的方式。

在参与国方面，两个机制规模相差无几，中非合作论坛初期参与的非洲国家略少于东京非洲发展国际会议。但是，东京非洲发展国际会议向所有非洲国家开放，而中非合作论坛则只邀请与中国建交的非洲国家。因此，除去与中国没有外交关系的 4 个国家外，其余 50 个非洲国家参与 FOCAC 的比例非常高，甚至在 2012 年举办的 FOCAC V 上全部出席（包括新成立的南苏丹）。

从参与者的级别来看，由于三年一届的中非合作论坛全称为"中非合作论坛部长级会议"，所以参与方大多是各个国家相关经济、外交、农业等领域的部长。但是，每届 FOCAC 仍会有不少非洲国家的元首出席，以示对中非合作的重视。2006 年举办的第三届中非合作论坛暨北京峰会是领导人出席的顶峰——非洲 35 国元首、6 位政府首脑、6 位高级代表及非盟主席出席了北京峰会。而东京非洲发展国际会议由于主办者较多且有重要国际组织及机构，参与者也普遍级别较高，第四届横滨会议时更是有 40 位

---

① Tokyo International Conference on African Development, Co‑organizer, http://www.ticad.net/index.html.

非洲国家元首（总统或总理）出席。众多非洲高层参与两项会议或论坛，表明了非洲国家正在积极寻求传统西方合作方之外的发展与合作方，而东亚的中国与日本两国则提供了很好的机会。

五 两个对非合作平台后续机制之比较

无论是中非合作论坛还是东京非洲发展国际会议，会期不过短短的几天，其间做出的任何关于发展、援助、合作的承诺都有赖于会后的具体执行。由于两届论坛或会议的中间期较长，要想监控、落实这些承诺的具体执行就必须依赖会议或论坛建立的后续机制。对比中非合作论坛和东京非洲发展国际会议的后续机制设立可以考察两方践行承诺的诚意，以及会议或论坛的实际效力。

1. 中非合作论坛的后续机制

在2000年举办的第一届中非合作论坛部长级会议上，通过了《中非经济和社会发展合作纲领》，其中提及"部长们同意，在部长级别上成立中非合作论坛后续行动相应委员会"，并"同意在各个级别上建立联合后续机制，在这一机制下，三年后举行部长级会议，评估纲领的实施情况；两年后举行高官会议；定期举行驻华使节会议"。[1] 根据这一纲领，中非双方于2001年7月在赞比亚首都卢萨卡举行了中非合作论坛部长级磋商会，通过了《中非合作论坛后续机制程序》并于2002年4月生效。

在后续会议方面，除了三年一届的部长级会议外，还会举行另外两个级别的会议：高官级后续会议及高官预备会、非洲驻华使节与中方后续行动委员会秘书处会议。前者在部长级会议前一年及前数日各举行一次；后者每年至少举行两次会议。通过这些会议，中非双方一方面可以在不同级别上贯彻落实前一届部长级会议的决定，另一方面也能提前确立下一届部长级会议的磋商内容。

在后续合作运行者方面，由于中非合作论坛确立的合作范围广、领域多，往往跨越了中国与非洲国家的多个政府部门，为了更精准、更有效率

---

[1] 《中非经济和社会发展合作纲领》，中非合作论坛网站，http://www.focac.org/chn/ltda/dyjbzjhy/hywj12009/t155561.htm。

地进行协调与合作，中方于 2000 年 11 月成立了中非合作论坛中方后续行动委员会。经过几次更改，目前该委员会由中方 27 家单位构成，统筹协调论坛框架下各领域的对非合作。①

中方后续行动委员会的设立以及不同层级会议的举行充分体现了中国政府极其重视对非洲国家的发展与合作承诺，并有意愿通过部委之间的统筹协调将承诺落实。

然而，在参与中非合作论坛后续机制方面，非洲各国参与程度远远不够。根据《中非合作论坛后续机制程序》，非洲高官与驻华使节将会参与到高官级后续会议及高官预备会、非洲驻华使节与中方后续行动委员会秘书处会议这两项后续会议当中，2006 年北京峰会上中非领导人也一致同意建立中非外长级定期政治对话机制，但是在具体执行方面，非洲国家内部和彼此之间的协调还存在制度缺陷。例如，目前在参与中非合作论坛的非洲国家中，仅南非和埃塞俄比亚建立了与中国类似的协调机制，其他国家一般都是由外交国际合作部中的亚太司来负责协调与中非合作论坛的关系。如果中非合作论坛项目涉及其他部门的参与和支持，一般通过当事国外交部负责与有关部门联系落实。② 这些问题限制了合作项目如中非双方意愿中的那样顺利地实施和开展。

2. 东京非洲发展国际会议的后续机制

在 2003 年举办的第三届东京非洲发展国际会议上，一些非洲国家领导人指出 TICAD 已经举办了 10 年，是时候加深制度化建设、建立具体的监管机制了。为此，他们呼吁建立东京非洲发展国际会议的后续机制。

日本方面也正有此意。在 2003 年第三届东京非洲发展国际会议上，日本时任首相小泉纯一郎发表主旨讲话，表示日本将深化 TICAD 的制度化程度以加强后续机制建设，使 TICAD 更有活力。③ 以此为指导，日本政府之后每年召开部长级会议，根据 TICAD III 会议设立的方向就不同的专题进

---

① 背景资料：《中非合作论坛介绍》，人民网，2012 年 7 月 9 日，http://world.people.com.cn/n/2012/0709/c346228 – 18472516.html。
② Li Anshan et al., "FOCAC Twelve Years Later: Achievements, Challenges and the Way Forward," published in The Nordic Africa Institute, 2012.
③ MOFA of Japan, Keynote Speech by Prime Minister Junichiro Koizumiat the Third Tokyo International Conference on African Development (TICAD III), http://www.mofa.go.jp/region/africa/ticad3/pmspeech.html.

行讨论。2008 年于日本横滨举行的第四届东京非洲发展国际会议上，正式建立了东京非洲发展国际会议后续机制。该机制将定期报告 TICAD 宣布的援助措施的进展情况，在部长级层面回顾与评估这些措施，并提出新的建议。① 根据《TICAD 后续机制报告》（*TICAD Follow - up Mechanism*）②，东京非洲发展国际会议后续机制的形式为三层式结构。

第一层为秘书处（Secretariat）。日本将在外务省（非洲事务局）内部设立秘书处，与其他相关政府部门一起，就当前的热点问题开展信息搜集、分析及公共关系活动等事务。秘书处的行动有：（1）通过网站进行信息传送（与 UNDP 网站建立有效链接）；（2）为 TICAD 提供咨询服务，使得 TICAD 与公民社会能够进行互动；（3）非洲外交使团（African Diplomatic Corps，简称 ADC）可以使用该秘书处。

第二层为 TICAD 进程的联合监管委员会（Joint Monitoring Committee of the TICAD process）。该委员会的参与者有非洲国家政府、日本政府和相关政府机构、TICAD 联合主办方、非盟委员会（包括非洲发展新伙伴计划秘书处）、援助国和国际组织（驻日大使馆及联络处）。联合监管委员会的行动有：（1）发布年度进展报告（该报告不进行评估，评估将由 TICAD 后续会议进行）；（2）原则上，每年举办一次联合监管委员会会议。

第三层为 TICAD 后续会议（TICAD Follow - up Meetings）。后续会议的参与者为 TICAD 会议的参与者，包括日本政府（如有需要，也包括相关的政府组织）、TICAD 联合主办方、非洲国家、非盟委员会（包括非洲发展新伙伴计划秘书处）、非洲地区性经济共同体（RECs）援助国和国际组织等。后续会议的行动包括：（1）原则上，每年召开一次部长级（或高官级）TICAD 后续会议；（2）根据年度进展报告，评估正在进行的 TICAD 活动，必要时建立加速实施的方案。③

在 2013 年 6 月召开的第五届东京非洲发展国际会议上发表的《横滨行

---

① MOFA of Japan, *TICAD IV Follow - up*, http：//www.mofa.go.jp/region/africa/ticad/ticadfollow - up/ticad4follow - up.html.
② MOFA of Japan, *TICAD Follow - up Mechanism*, http：//www.mofa.go.jp/region/africa/ticad/ticad4/mechanism.html.
③ 以上关于后续机制的内容均来自 MOFA of Japan, *TICAD Follow - up Mechanism*, http：//www.mofa.go.jp/region/africa/ticad/ticad4/mechanism.html。

动计划（2013~2017）》中，将2008年建立的三层式后续机制进行了部分改动，设立了三部分机制：

（1）联合秘书处，由日本外务省、非盟委员会、联合国非洲问题特别顾问办公室、联合国开发计划署和世界银行组成。

（2）联合监管委员会，由日本政府和相关政府机构、TICAD联合主办方、非盟永久成员委员会、非洲驻东京外交使团、非洲发展新伙伴计划（NEPAD）与协调部、国际组织和援助国组成。

（3）后续会议：包括高官会议（每年一次）、部长级会议（每年一次）和峰会（每五年一次）。[1]

由此可以看出，随着TICAD的召开次数越来越多，日本也开始重视后续落实效果，通过发表宣言与报告、设立机构和召开后续会议加强会议的成果。而在后续机制建立中，也开始加入了非盟的因素，并同意TICAD后续会议将由日非双方轮流举办，[2] 这都体现出日本开始重视非洲作为一个整体在政治经济合作中的地位和声音。

3. 二者对比

对比来看，中非合作论坛与东京非洲发展国际会议的后续机制都建立得相对完备。两者都有相应的后续委员会来负责落实与监管会议或论坛上做出的承诺，也都与两国政府部门有着有效的协调。值得一提的是，TICAD的后续机制中设立了由参会各方组成的联合监管委员会与联合秘书处，而FOCAC仅有后续会议是由中非双方共同参与的。会议的历时毕竟比委员会的存续时间短，比起TICAD的委员会和联合秘书处来说，FOCAC后续会议较难进行一些长期性问题的沟通与协调。

同时，在具体项目的落实方面，中非合作论坛与东京非洲发展国际会议共同存在的一个问题便是非洲国家内部对应的机制建立非常不完善，很少有非洲国家建立了类似的委员会或跨政府部门的机构。中国或日本与非洲国家在制度层面的不对等使得非洲方面仍处于被动的地位，很难最大限度地利用FOCAC与TICAD这两个平台为自身发展谋得最大利益。如

---

[1] MOFA of Japan, *Yokohama Action Plan 2013 - 2017*, http://www.mofa.go.jp/region/page3e_000054.html#23.

[2] MOFA of Japan, *Yokohama Declaration 2013*, http://www.mofa.go.jp/region/page3e_000053.html.

何帮助非洲国家在自己国内或非盟内部建立对应的后续机制，将会成为中非合作论坛与东京非洲发展国际会议后续机制层面未来发展的一个重要课题。

六 小结

本文从发起时间与原因、主题、参与方、后续机制这四方面考察了中非合作论坛与东京非洲发展国际会议的异同。TICAD 的发起早于 FOCAC，主要是日本根据自身的政治、经济考虑而号召发起的；而 FOCAC 则是由中国与非洲结合 21 世纪带来的发展与挑战而共同发起的。在主题方面，TICAD 的主题经历了从援助国主导到双方平等的变化，而中国的 FOCAC 则一直强调中非的平等伙伴关系。尽管 TICAD 和 FOCAC 的参与者都非常广泛，但不同的主办方在发挥主动性、提升影响力、展示平等关系等方面都有不同的效果，从而影响了各参与方。从后续机制上看，二者目前都有建立较为完善的后续监督与落实机制，也有跨国家部门的合作来保证承诺的顺利运转，但是两者也都有发展空间。例如，TICAD 的机制和议程等都不断修补完善，这是 FOCAC 应该学习的。

对于中国来说，中非合作论坛目前的运转仍然主要依靠国家层面进行，尽管在近几届增加了学者和智库的交流，但是民间与个人层面的交流仍稍显不够。同时，如何与非洲国家有效沟通、了解该国与人民的具体所需，因地因时因人制宜制定援助、合作与发展方案，也是中非合作论坛的一个发展重点。此外，还要加强非洲方面后续机制的建立，设立双方共同参与的委员会，在非洲国家内部也成立对应的后续部门，使得合作双方在具体落实层面也能做到平等与对接。

通过与东京非洲发展国际会议的对比，可以看到中非合作论坛的优势与劣势所在。在未来的发展过程中，加强优势、弥补劣势，必能将中非合作论坛建设为中国与非洲国家平等交流、合作、发展的良好平台。

附 录

中国非洲研究评论
（2013）

北京大学非洲研究中心大事记

（2012年12月至2013年12月）

沈晓雷[*]

2012年12月

2012年12月，博士候选人王春燕的文章《不易缔造的和平——乌干达"上帝抵抗军"研究》发表在《亚非研究》第六辑。

2012年12月，博士候选人王春燕的论文《冷战后美国对大湖地区的战略探析》发表在《亚非纵横》2012年第6期。

2012年12月，李安山的英文文章"China – Africa Cooperation: New Challenges and Sustainability"在 Contemporary World（《当代世界》英文版）2012年第2期发表。

2012年12月，非洲研究中心成员、博士候选人李彬（摩洛哥）在《非洲经济评论·2012》上发表题为《中国与摩洛哥经贸合作的历史与现状》的文章。

2013年1月

1月5日，李安山应邀参加由国家开发银行举办的有关非洲国家发展的报告咨询会并发言，外交部、商务部和相关中企公司以及外交学院和中国社会科学院西亚非洲研究所等单位的学者与会。

1月11日，刘海方应安哥拉驻华使馆邀请参加安哥拉使馆与中国人民对外友好协会在京举行的"庆祝中安建交三十周年研讨会暨联欢活动"。

---

[*] 沈晓雷，北京大学国际关系学院博士研究生。

1月11日,王锁劳会见马来西亚大学伊斯兰研究院副院长 Dr. Mohd Roslan Mohd Nor。

1月11日,《中国日报》非洲版记者李傲雪访问中心,与李安山就中非合作问题交流。

1月16日,广西民族大学郑一省博士访问中心,与李安山就非洲华侨史研究的现状与前景进行交流。

1月16日,董昭华博士代表非洲研究中心应邀参加由卫生部、商务部和英国国际发展部(DFID)共同主办的"中英全球卫生支持项目(GHSP)启动会暨全球卫生发展研讨会"。

1月17日,美国大使馆发展参赞梁睿美博士(Maria Rendon)和发展项目专家韩峥女士访问中心并与李安山就发展援助问题进行交流。

1月18日,李安山的专访发表在《中国日报》的非洲版,详情参见 http://africa.chinadaily.com.cn/weekly/2013-01/18/content_16137793.htm。

1月18日,中心成员龙刚[刚果(金)博士候选人]在 PAMBAZUKA 发表题为《卢蒙巴的遗产:当今非洲领导人应该学习的思想》(Patrice Lumumba's Relevance: Ideas for Today's Generation of African Leaders)的英文文章。

1月18日,中心特邀研究员刘然玲、王成安、王正毅和李安山作为中国经济社会理事会增补理事应邀出席在全国政协专委楼举办的中国经济社会理事会第三届五次会议,中共中央政治局委员、政协副主席、中国经济社会理事会主席王刚出席会议并发表讲话。

1月22日上午,日本国际协力机构研究所北野尚宏副所长、研究官员相川明子和工作人员屈维访问中心,与李安山交流对非援助研究情况;下午,李安山应邀出席国防大学防务学院的2013年外请专家教学座谈会。

1月22日,普林斯顿大学威尔逊学校中国项目博士后 Dawn C. Murphy 女士采访刘海方,就中国对撒哈拉以南非洲最新政策动态交流。

1月23日,刘海方代表中心在中国国际扶贫中心参加 China-DAC 小组活动,讨论小组工作计划和农业援助有效性问题等。

1月24日,中心成员刚果(金)博士候选人龙刚在非洲网站 PAMBAZUKA 发表题为"The Tutsi's Contradictions"的文章,详情参见 http://www.pambazuka.org/en/category/features/86051。

1月25日晚上，李安山应邀出席在首都大饭店举办的中国国际问题研究基金会举办的新年联欢会。

1月25日，李安山的文章《非洲经济：世界经济危机中的亮点》发表在《亚非纵横》2013年第1期。

1月25日，北大元培学院学生陈之伊赴坦桑尼亚参加志愿者工作，为时6周。

1月27日，美慈国际总部副总裁Paul Hart先生与刘海方会面，交流对非国际发展援助最新情况。

1月28日，非洲发展银行（AfDB）资源动员分配部首席官员Preeti Sinha女士访问中心，与李安山和刘海方讨论合作的可能性。

1月30日，李安山应邀参加由中非工业合作发展论坛和对外经贸大学区域国别研究所主办的"2012年最值得向非洲推荐的100个中国企业评选揭晓暨2012年中非合作年度经济人物颁奖盛典"。外交部原副部长杨福昌先生出席并发表讲话。

1月31日，刘海方接受美国之音专访，讨论中国青年到海外做志愿者的情况。

1月31日，中心成员、博士候选人龙刚应邀参加中国国际广播电台的"非洲萨赫勒地区的恐怖主义活动"英语节目，参见http://english.cri.cn/8706/2013/01/31/2861s746139.htm。

1月，中心特邀研究员程涛大使和陆苗耕先生主编的《中国大使讲非洲故事》由世界知识出版社出版，李安山的题为《我的那些非洲学生》的文章被选录其中。

2013年2月

2月1日，王勇、李安山应邀参加由非洲三国驻华大使（塞拉利昂的卡马拉大使、几内亚的迪亚雷大使和利比里亚的卡玛拉大使）、北京大学国际关系学院和英国华威大学在国家会议中心联合举办的"新全球格局下中国对非援助研讨会"。中国非洲事务特别代表钟建华大使、联合国系统在华负责人、非洲外交官员及相关银行和企业代表出席。

2月1~7日，中心的博士候选人伊美娜（Imen Belhadjimen，突尼斯）的相关报道发表在《中国日报》非洲版。

2月4日,《中国日报》(国际版)记者陶云德(Todd Balazovic)先生访问中心,就中国非洲研究及中国相关学术机构问题进行交流。

2月5日,宛如代表非洲研究中心参加了由中国农业大学国际发展研究中心和国际发展研究网络举办的题为"新的国际发展架构与中国的角色定位"的讲座,主讲人为原经合组织发展中心研究主任Helmut Reisen。

2月8日,林丰民在福建仙游县龙华寺文化论坛做了关于"阿拉伯人的习俗"的讲座。

2月21日,国际红十字会驻东亚地区代表处主任蒂埃里·梅拉先生和多边事务官员胡向群女士访问中心,与刘海方交流中国在非洲开展经贸活动的情况。

2月25日,美国智库兰德公司(RAND Corporation)研究人员Lyle Morris访问中心,就中非关系以及中国学者对中非合作的看法等问题交流意见。

2月25日,龙刚代表非洲研究中心参加由人民大学国际研究学院全球治理研究中心与非政府组织更安全世界(Saferworld)组织的主题为"冲突、发展和国际发展合作"的国际研讨会并发言。

2月25日,李安山的约稿《军事动乱难挡非洲发展脚步》在《半月谈》(国际报道)2013年第4期发表。

2月27日,中国社会科学在线(CSST)记者采访刚果(金)博士候选人龙刚的部分内容刊登在该刊的《中非学者共斥"新殖民主义"谬论——中非不存在任何殖民关系》一文中。

2月28日,国际美慈(Mercy Corps)副总裁Paul Hart与共青团中央国际部副部长李青女士等访问国关学院,与贾庆国院长和刘海方老师会谈,商议共同召开有关国际发展援助会议的事宜。

2月,博士候选人王春燕的《非洲明珠与美国全球战略》发表在《当代世界》2013年第2期。

2月,中心助研、北大元培学院学生王筱稚的专访《在喀麦隆的勇气》(Courage in Cameroon)在《中国与非洲》(Chinafrica)第5卷(2013年)2月号发表,她介绍了在喀麦隆从事志愿者工作的情况。

2月,李安山的英文文章《中国与非洲:文化相似性与互相借鉴》被收入詹姆斯·斯克瓦蒂(James Shikwati)主编的《中非伙伴——寻求一种双赢关系》(内罗毕,2013)一书。

2013 年 3 月

3月1日，中国社会科学报毛莉女士访问非洲研究中心，采访贾庆国院长，并就非洲社会科学研究状况及中非研究领域的合作采访刘海方。

3月3日，布鲁金斯研究所访问学者孙韵访问中心，就中国对非政策的制定和中非关系等问题与潘华琼交换意见。

3月3日，伦敦经济政治学院博士生 Raj Verma 访问中心，就中国与印度在非洲投资石油方面的对比研究与李安山交换意见。

3月4日，李安山、王成安和王南受中国非洲史研究会等学会委托访问天津职业技术师范大学，就2013年学术会议筹备事宜与苗德华副校长、国际合作处副处长翟凤杰老师和潘良老师进行交流。

3月4日，埃塞俄比亚自由作家、非洲领导力研究者 Dr. Yene Assegid 和南非自由职业者尚可安访问刘海方。

3月5日，几内亚驻华大使马马迪·迪亚雷博士（Dr. Mamadi Diare）访问中心，就非洲和马诺河流域发展问题与李安山和潘华琼交换意见。

3月6日，布鲁金斯研究所的访问学者孙韵女士访问中心，就中国和美国对非政策及中非合作等问题与李安山交流。

3月7日，欧洲联盟驻中国和蒙古代表团政务处一等参赞冯梦锐女士（Marina Vraila）到访非洲研究中心，与刘海方交流中非合作及金砖国家组织等问题。

3月7日，北京周报董启馨女士和著名在非中资公司四达时代（STarTimes）海外市场部总监衣炜女士访问北大，与刘海方交流中非文化合作交流等问题。

3月8日，南非报纸 *Daily Maverick* 记者 Simon Allison 就有关非洲来华留学生话题采访刘海方。

3月9~15日，刘海方应邀赴约翰内斯堡参加南非开普敦大学城市规划学会和南非公民社会组织"城市土地"联合举行的"南半球国家城市发展研究与教学"研讨会，并在会上做有关演讲。

3月12~15日，非洲研究中心副主任林丰民参加由北京大学和中国对外友好协会组织的中国友好学术代表团访问阿曼和黎巴嫩，与阿曼卡布斯苏丹大学和黎巴嫩大学的师生进行交流，代表团由中国阿曼友好协会会长、外交部前副部长、北京大学阿拉伯－伊斯兰文化研究所特聘研究员杨福昌大使任团长。参见 http：//pkunews. pku. edu. cn/xwzh/2013 - 03/29/content_ 267728. htm。

3月17日，刘海方应邀为北京大学"全国中学生模拟联合国大会"做题为"冲突与战后重建"的英文专题演讲。

3月18日，潘华琼老师、博士生龙刚和张旻代表中心参加由中国公共外交协会主办，中华全国工商联、国家开发银行协办的"中国企业在非洲"论坛。

3月19日，李安山应邀参加由中国国际商会和渣打银行举办的"走进非洲"研讨会并就"中国企业在非洲的社会责任"做专题发言，商务部前副部长魏建国先生做主旨发言。

3月20日，李安山和潘华琼老师、博士生龙刚和沈晓雷、硕士生 Williams O. Owino（肯尼亚）和 M. G. Kawoi（利比里亚）、阎鼓润和北大非洲留学生联谊会的负责人达乌德（科摩罗）等十余名同学在湖心岛鲁斯厅会见来自5个非洲国家的新闻代表团。

3月20日，刘海方就中国公民社会在非洲情况接受《中国日报》的采访。

3月24日，李安山的评论文章《中非关系将在问题解决中更上层楼》发表在《央视网评》，详情参见 http：//opinion. cntv. cn/2013/03/24/ARTI1364107510833658. shtml。

3月22～26日，刘海方应乐施会邀请作为观察员在南非德班参加一系列公民社会组织的有关"金砖国家峰会"活动。

3月25日，刘海方与南非外交与合作部副部长 Marius Fransman、非盟"新非洲伙伴关系"能力建设部负责人 Prof Florence Nazare（Nepad）等共同出席 NEPAD 和乐施会共同举行的"金砖国家组织政策论坛"，相关报道见 NEPAD 网站和南非外交部网站链接，http：//www. nepad. org/crosscuttingissues/news/2926/onus - us - ensure - brics - works - africa - % E2% 80% 93 - nepad - head - capacity - development；http：//www. dfa. gov. za/department/gallery. htm。

3月25日，李安山的《美国军事介入非洲的战略谋划》在《瞭望》发表，参见 http：//weibo. com/1718493627/zoMYIBITl。

3月25日、29日,王锁劳老师和博士生李杉(摩洛哥)接受采访的报道刊登在《中国日报》,参见《非洲学生的真实生活经历》(African Students Get Real–Life Experience),http：//africa.chinadaily.com.cn/weekly/2013-03/29/content_16356606.htm。

3月25日下午,中心特邀研究员刘贵今(原中国政府非洲事务特别代表、现任浙江师大中非国际商学院院长)与李安山做客强国论坛,就习近平主席访非和中非关系问题与网友交流,参见http：//fangtan.people.com.cn/GB/147553/359646。

3月27日晚,北大外国语学院亚非系师生在文史楼215室为缅怀尼日利亚文坛巨匠钦努·阿契贝举办纪念仪式。亚非系主任、非洲研究中心副主任魏丽明老师主持了仪式,硕士生吴舒琦介绍了阿契贝的生平与作品,大家就阿契贝的作品进行了热烈讨论。

3月28日,博士生龙刚的文章《外来力量将扼杀刚果(金)最新的和平努力》(External Forces Out to Kill Latest DRC Peace Effort)在非洲网站PAMBAZUKA(Issue 623)发表,参见http：//pambazuka.org/en/category/comment/86762。

3月28日,李安山的文章《"向东看"鼓舞非洲自主自强》在《光明日报》国际版发表。

3月,王逸舟的文章《发展适应新时代要求的不干涉内政学说——以非洲为背景并以中非关系为案例的一种解说》发表在《国际安全研究》(原《国际关系学院学报》)2013年第1期。

3月,李安山与易建平合著的《战争与古代社会》由江西人民出版社出版,这是中国社会科学院世界历史所2003年开始组织编写的多卷本《世界历史》的第19卷。

3月,李安山主编的《世界现代化历程·非洲卷》由江苏人民出版社出版,这是钱乘旦任总主编的《世界现代化历程》十卷本中的一卷;3月,李安山的文章《论非洲与世界现代化进程的关联》在中央党校国际战略研究所编《新战略研究》(九州出版社)上发表;李安山的文章《自主意识崛起为非洲发展提速》在《非洲》杂志3月号上发表。

3月,李安山为《龙的礼物:中国在非洲的真实故事》(Dragon's Gift: the Real Story of China in Africa)写的英文书评在《太平洋事务》(Pacific

Affairs, Vol. 86, No. 1) 杂志上发表。

2013 年 4 月

4月1日，尼日利亚《卫报》(The Guardian) 发表北大非洲研究中心和北大外国语学院亚非系纪念阿契贝的吊唁信和相关活动，参见"中国人在北京为阿契贝举行纪念会"(Chinese Hold A Memorial For Achebe, In Beijing)，参见 http：//issuu.com/theguardian – ngr/docs/ga20130331？mode = window-andpageNumber =36。

4月1日上午，李安山应邀在国防大学防务学院就"国际政治与非洲和平安全"议题讲课并与来自20个非洲法语国家的34名军官交流。

4月1日下午，德国"非洲人的亚洲选择"项目（AFRASO – Africa's Asian Options）研究人员、歌德大学的博士后福克（Falk Hartig）访问中心，就中非关系与李安山交流。

4月3日，博士生龙刚的文章《连接"中国梦"与"非洲梦"》在《中国社会科学报》发表。

4月5日，潘华琼赴摩洛哥穆哈默德五世大学非洲研究中心进行学术访问。

4月6日，林丰民应邀为国家行政学院举办的阿拉伯官员研修班讲课，内容为"阿拉伯文学与文献在中国的翻译与研究"。

4月8日，王逸舟教授和博士候选人龙刚应邀参加中央电视台的英语对话节目"习近平绘制中非关系新时代"，详情参见 http：//english.cntv.cn/program/dialogue/20130410/100721.shtml。

4月8日上午，比利时鲁汶大学 Stephan Keukeleire 教授和 Ching Lin Pang 教授访问中心，与李安山交流中非关系问题。

4月8日，李安山应邀在暨南大学的百年暨南文化素质教育讲堂暨世界华侨华人专题做题为"全球化进程中的非洲华侨华人"的讲座，暨南大学国际关系学院院长曹云华教授主持讲座，参见 http：//www.xiaopang.cn/detail/act – v0i196653。

4月9日，李安山应邀在暨南大学珠海校区做题为"国际政治视野下的非洲与中非关系：历史、现状与展望"的讲座，参见 http：//zh1.jnu.edu.cn/youth/new/htm/xinwenzhongxin/zuixinzixun/772.htm。

4月10日,天津外办钟玲女士访问非洲研究中心,与刘海方交流合作事宜。

4月10日,刘海方就有关非洲接受援助与发展问题接受《人民日报》海外版的采访。

4月10日,李杉(Erfiki Hicham,博士候选人,摩洛哥)的论文《浅析北非巨变与摩洛哥政治改革》在《西亚非洲》2013年第2期发表。

4月12日,赵白生应东方学研究方法论课题组之邀在民主楼208举行题为"大势研究法——非洲文学之主潮"的学术讲座。

4月13日,李安山应邀在南京大学政府管理学院做题为"国际政治视野下的中非关系"的讲座,该校国际政治经济学研究中心李滨主任主持了讲座活动。

4月15日上午,李安山应邀参加凤凰出版传媒集团/江苏人民出版社在南京凤凰台酒店举办的《非洲梦——探索现代化之路》(此书为《世界现代化历程·非洲卷》的另一版本)的新书发布会暨出版座谈会。参见 http://www.dzwww.com/xinwen/guojixinwen/201304/t20130415_8239676.htm;http://www.ppm.cn/Html/Article/3662。

4月15日下午,李安山应邀在中国人民解放军国际关系学院做"国际政治视野下的中非关系:历史、现状与展望"的讲座,讲座由国际维和教研室主任陆建新教授主持。

4月17日,博士候选人龙刚的英文文章"Central African Republic: The Hidden Hands Behind 'Yet Another Good Coup'"(中非共和国:"另一次好政变"的幕后之手)发表在 PAMBAZUKA 网站,参见 http://www.pambazuka.org/en/category/features/87025。

4月19日,联合国发展署的 Sebastian Haug 应非洲研究中心/博士论坛之邀做"南南合作的潜力与挑战:以中国对乌干达的教育与培训援助为例"的讲座。来自津巴布韦、刚果、博茨瓦纳、肯尼亚等国留学生参与讨论,讲座由黄立志主持,刘海方老师点评。

4月19日上午,李安山应邀参加中联部当代世界研究中心举办的"全球化背景下的非洲"研讨会,与会者来自中国社会科学院等单位,中联部副部长于洪君致辞,会议由中心副主任胡昊主持。

4月19日晚,李安山应邀在上海师范大学非洲研究中心做"国际政治视野下的中非关系：历史、现状与展望"的讲座，讲座由中心副主任张忠祥主持。

4月20日，李安山参加由上海师范大学非洲研究中心举办的"泛非主义与非洲复兴"国际研讨会，来自教育部、外交部的领导和尼日利亚、加纳、苏丹、美国及全国近20个高校和科研院所等相关单位的专家学者与会，非洲研究中心主任舒运国主持开幕式。

4月22日，李安山应邀参加由商务部研究院和英国东安格利亚大学举办的有关中非关系的小型研讨会，来自英国国际发展部以及社科院、国开行的专家学者与会，会议由商务部研究院霍建国院长主持。

4月23日，中国社科院世界经济与政治所袁正清博士访问中心，与李安山就中非关系交流意见。

4月23日，中心驻北美代表、哈佛大学非洲史博士生许亮参加了由法国国家科研署（ANR）"中国在非洲的文化空间"（EsCA）课题组召开的"中非互动空间研讨会"（Chinese – African Spaces of Interaction），并在会上发表题为"新堡华人纺织企业与最低工资危机：另一种解读视角"（Chinese Textile Factories in Newcastle and the Minmum Wage Crisis：An Alternative Perspective）的报告。

4月24日上午，英国东安格利亚大学国际发展学院李真金（Rhys Jenkins）教授访问中心，与李安山就中非关系交流意见。

4月24日中午，北大非洲研究中心召开工作会议，讨论教育部"20 + 20"项目、外交部"10 + 10"项目和世界文明与区域研究协同创新体等事宜，来自外国语学院阿语系、亚非系、考古文博学院、宗教系、国际关系学院及商务部的15名成员出席会议。

4月25日，李安山应邀与法国开发署署长Dov Zerah先生共进晚餐，探讨中国、法国与非洲三方合作与援助问题，法国开发署驻华代表处首席代表潘梦虹女士（Sandrine Boucher）和外交学院法语国家研究中心主任齐建华教授参与会见

4月25日，北大学生记者谢旭所写《中国梦携手非洲梦——访北京大学国际关系学院李安山教授》在《北京大学校报》学术专版发表。

4月26日，总部位于南非的非政府组织ACTION AID驻中国代表Tariq访问刘海方，讨论中国援助和金砖国家的有关问题。

4月26日，博士生龙刚和张旻代表中心应邀参加由中国前外交官联谊会在钓鱼台国宾馆举办的主题为"促进和平发展、谋求合作共赢"的第十二届外交官之春活动。

4月28日，环保部环境保护对外合作中心唐艳冬处长、杨玉川副处长一行5人到访中心，交流中非环保合作方面的经验并探讨了合作的可能性。中心特约研究员王成安先生及包茂红、周慕红、肖宏宇、刘海方等老师及6位同学参加活动。

4月29日，博士候选人李杉代表中心参加庆祝南非获得民主自由19周年庆祝晚宴，今年南非"自由日"的主题为"动员社会向巩固民主和自由前进"。南非驻华大使兰加博士及夫人，中国监察部部长黄树贤、中国外交部副部长翟隽及500余名嘉宾应邀出席了本次活动。

4月29日，受北京大学阿拉伯语系邀请，开罗美国大学公共政治学院院长纳比勒·法赫米教授（前埃及驻美国、日本大使）访问北京大学，分别会见了副校长李岩松、研究生院副院长刘明利、非洲研究中心主任李安山，商谈两校合作与交流事宜，阿拉伯语系付志明、林丰民、吴冰冰陪同参观。

4月30日下午，李安山应邀为非洲联盟公共行政管理研修班学员就"中非关系与发展经验分享"主题讲课，与来自12个非洲国家的18名外交官交流。

4月30日晚，博士候选人龙刚参加由 THINK－IN－CHINA 在桥咖啡举办的"渴求力量：中国的能源与安全"（Craving for Power：Energy and Security in China）讲座，讲座由哥本哈根大学教授 Jørgen Delman 博士和清华大学的 Wang Tao 分别做主题发言。

4月，李安山的文章《古非洲的艺术记忆》在《文明》杂志（2013年4月号）发表。

4月，李安山的文章《我的非洲学生》（Mes élèves africains）在《今日中国》的法文版2013年4月号发表。

2013年5月

5月3日，非洲研究中心与社会科学文献出版社签署《战略框架合作协议》，将就编辑出版国内外有关非洲研究之优秀成果，促进国内非洲研究进行合作。社会科学文献出版社社长谢寿光、总编辑杨群和全球与地区问题出版中心负责人祝得彬、高明秀参加了签字仪式。中心参加签字仪式的有李安山教授及博士研究生龙刚和沈晓雷。

5月4日，中国社会科学院世界史所举行"非洲研究与国家战略需要"研讨会，来自国内重要对非研究机构的20多位知名学者出席。中国非洲史研究会副会长兼秘书长毕健康研究员主持会议，世界历史所所长张顺洪研究员和前中国政府非洲特使刘贵今大使致辞，李安山教授做会议总结发言。我中心郑家馨教授、刘海方副教授，杨廷智博士，研究生王春燕、龙刚、沈晓雷、田欣和周灿灿参加会议。

5月5日，非洲研究中心魏丽明副主任的文章《非洲文学：为传统和现实而歌》发表在《半月谈（内部版）》5月号，这是该杂志"走近非洲文化"系列报道第一期。

5月6日，王锁劳、陆骄代表北京大学参加在扬州大学举行的"教育部第十一次对发展中国家教育援外工作会议"。

5月6日，伦敦大学经济政治学院讲师、南非国际问题研究所中非关系项目牵头人Chris Alden博士访问中心，与李安山交流。

5月8日，Chris Alden博士与王逸舟副院长探讨合作的可能性问题并为非洲研究中心师生做题为"南非外交政策"（South Africa's Foreign Policy: Sources, Opportunities and Constraints）的讲座。严军和刘海方老师及非洲、加拿大和中国的十几位同学参加讨论。

5月9日，非洲研究中心资深馆员周慕红老师做客刘海方老师开设的《非洲综合研究》课堂，讲授北大图书馆有关非洲研究的各种资源与非洲研究文献的查找办法。北外亚非学院副院长孙晓萌老师和16名非洲与中国的博士后、研究生和本科生在座。

5月3~9日，北大政府管理学院肯尼亚公共管理硕士生William Oduor Owino接受《中国日报》（非洲版）采访的报道，详情参见http://africa.chinadaily.com.cn/weekly/2013-05/03/content_16471825.htm。

5月9日，林丰民与沙宗平老师应邀参加中央统战部二局在中央民族大学举办的"国外伊斯兰教论著译介项目"座谈会。国家宗教局、中国社科院宗教所、中央民族大学、北京语言大学的相关学者参加了会议。

5月13日下午，李安山应邀参加由国家卫生与计划生育委员会举办的

"卫生援外事业中长期发展规划专家座谈会",外交部非洲司、商务部援外司、中国疾病预防控制中心、北京市卫生局、江苏省卫生厅和北大医学部的相关领导和专家出席了会议。

5月14~16日,李安山参加在京西宾馆举办的"2013年度国家社科基金项目评审工作会议",教育部部长袁贵仁出席,中央政治局委员、全国哲学社会科学规划领导小组组长刘奇葆在开幕大会讲话。

5月17~18日,中心特邀研究员刘贵今、许孟水、王成安与李安山、刘海方、杨廷智及李杉(摩洛哥)、龙刚〔刚果(金)〕和沈晓雷等博士生参加由中国非洲史研究会、中国亚非学会、中国非洲问题研究会、中国中东学会、中国亚非发展交流协会共同举办,由天津职业技术师范大学、《西亚非洲》杂志承办的"非统/非盟五十年与亚非合作"学术研讨会,与会者来自教育部、外交部、文化部、商务部和约37个国内相关科研院校和埃塞俄比亚亚的斯亚贝巴大学,李安山在开幕式上代表五个学会致辞。

5月19日,潘华琼结束在摩洛哥穆哈默德五世大学非洲研究中心的学术访问回国。

5月20日,非洲研究中心与环保部环境保护对外合作中心合作举办题为"环境与发展"的小型论坛,非洲8国的15位环保官员做客中心,与来自北京大学的十几位老师和中外同学共同探讨中国与非洲的环境与发展问题。潘华琼、周玉渊、杨廷智及多位研究生参与。刘海方主持论坛。

5月20日,达乌德同学(科摩罗)代表非洲研究中心参加喀麦隆大使在京举办的国庆招待会。

5月20~22日,李安山应联合国教科文组织邀请参加在亚的斯亚贝巴联合国会议中心举办的联合国教科文《非洲通史》第九卷专家会议,来自28个国家的40余位专家与会,联合国教科文组织、非洲联盟、埃塞俄比亚和巴西政府官员出席开幕式和闭幕式。

5月24日,李安山和中心特邀研究员杨立华应邀在由非洲国家驻华使团为庆祝非统/非盟50周年举办的主题为"泛非主义与非洲复兴"的专题研讨会上分别做"中非关系的历史根源:中国视角"和"中非合作的经验与展望:中国视角"的发言。参见 http://www.chinafrica.cn/chinese/zxxx/txt/2013-05/27/content_544893.htm。

5月24日,刘海方应邀主持中国与国际发展研究网络(CIDRN)公共讲座，演讲嘉宾为伦敦政治经济学院国际发展系教授 James Putzel，题目为"'脆弱国家'与国际发展：中国在非洲的战略性议题"。来自多个政府机构和驻京国际组织的 50 多名代表出席。中心成员宛如参加。

5月25日，中心成员龙刚应邀就"非洲复兴与中非关系"接受中央电视台英文频道采访，详情参见 http：//english. cntv. cn/program/china24/20130525/102952. shtml。

5月25日晚，杨立华、李安山应邀参加由非洲国家驻华使团在凯宾斯基饭店举办的非统/非盟 50 周年庆典宴会，人大常委会委员长张德江出席庆典并讲话。

5月29日，非洲研究中心开会讨论教育部"20 + 20"项目和外交部"10 + 10"项目。来自北大外国语学院阿拉伯语系、亚非系及考古文博学院、历史系、宗教系、国际关系学院的老师、国际合作部副部长李洪权和项目官员陆骄参加了会议。李安山主持会议，王锁劳介绍了扬州教育部援外会议精神和"20 + 20"的执行情况，潘华琼就"10 + 10"项目的设计介绍了情况。

5月30日，博士候选人龙刚应邀参加"第二届中国（北京）国际服务贸易交易会·WTO 与中国：北京国际论坛之分论坛——中非投资峰会"。此次会议主办方为中国世界贸易组织研究会、北京市国际服务贸易事务中心和北京周报社。

5月30日，埃塞俄比亚智库高级研究所（Institute for Advanced Research，IAR）执行主任 Teferra Shiawl - Kidanekal 大使与埃塞驻华使馆参赞 Mr. Adam Tesfaye 一行访问北大，李安山和刘海方代表国际关系学院接待，双方交流了各自的研究状况，探讨了合作的可能性。

5月30～31日，日本国际协力机构研究员、同志社大学教授 Yoichi Mine 访问中心，与刘海方讨论双边合作事宜，中心成员宛如陪同接待。

5月，李安山在《中国与非洲》（CHINAFRICA）"Setting The Record Straight"一文中就非洲自主发展的问题提出了自己的观点。

5月，李安山与南非非洲研究所学者 Funeka Yazini April 主编的 *Forum on China - Africa Cooperation：The Politics of Human Resource Development* 由南非非洲研究所出版，参见 http：//www. africanbookscollective. com/books/forum-on - china - africa - cooperation。

5月，李安山的英文文章"非洲经济：世界经济危机中的亮点"（African Economy: Highlight Amid World Economic Crisis）发表于曲新主编的英文论文集《变化中的全球安全与中国的应对》（Qu Xing ed., *Changing Global Security and China's Response*），世界知识出版社，2013年。

5月，中心特邀研究员杨立华和李安山参加非洲驻京使团5月24日为庆祝非统/非盟成立50周年召开的"泛非主义与非洲复兴"专题研讨会后接受记者的专访发表在《非洲》杂志2013年5月号。

5月，李安山的文章《自主思想是非洲发展的根本》（Le Developpement Independant: Un Principe Pour L'Afrique）发表在《今日中国》法文版五月号。

2013年6月

6月4日，李安山应邀参加由中国人民和平与裁军协会召开的"中非民间友好交流与务实合作"专题研讨会并做主旨发言，与来自8个国家的29位非政府组织代表进行了交流。

6月5日，李安山应邀参加由商务部援外司举办的《中国的对外援助（2013）》白皮书专家会议，北京大学、中国社科院、中国农业大学、农业部、中国国际扶贫中心、清华大学等援外研究机构专家和白皮书编写课题组成员与会，援外司国际处卢峰处长主持会议。

6月7日，奥斯陆大学政治与法学硕士Ingvild O. Helle女士访问刘海方，采访有关法律视角之下的中非关系和相关研究情况。

6月13日下午，美国约翰·霍普金斯高级研究院非洲研究项目主任Peter Lewis及研究生一行7人来访中心并与李安山、潘华琼老师及博士生龙刚和李杉交流。

6月14日上午，魏丽明、潘华琼老师及博士生李杉、龙刚和沈晓雷应邀参加在北京外国语大学举行的埃塞俄比亚总理、非洲联盟轮值主席海尔马里亚姆·德萨莱尼先生的演讲活动。

6月14日下午，李安山应邀在外交学院"外交评论系列学术讲座"做"当前中非关系与非洲研究中的几个问题"的报告并与师生进行交流。《外交评论》执行主编陈志瑞博士主持讲座，非洲研究中心主任唐晓博士做总结。参见http://www.fac.edu.cn/mainweb/kxyj/content.php? topicid = MDAxM-

DA1andcontentid = NDM0。

6月15日，中心项目组成员刘少楠抵达加纳，与加纳大学非洲研究中心的 Kojo Opoku Aidoo 博士在加纳北部产金地敦夸（Dunkwa）进行实地调研。

6月17日上午，"想在中国"（Think in China）的 Chiara Radini 女士访问中心；法国农业发展研究中心的加巴斯先生（Jean‐Jacques Gabas）访问中心，与李安山就非洲发展问题交换意见。

6月19日，李安山应邀参加由林毅夫教授举办的"中国与非洲的结构改革"小型研讨会，出席会议的有世界银行和相关机构的代表。

6月19日，伦敦大学亚非学院（SOAS）研究非洲语言学的博士生张允欣应北大外国语学院亚非系和非洲研究中心之邀请做讲座，宏观介绍了非洲语言及目前国内外非洲语言学的研究概况。

6月19日，北京大学阿拉伯语系举办马金鹏先生诞辰100周年纪念会。国家宗教局副司长李革、北京大学统战部副部长张小萌、中国阿拉伯文学研究会名誉会长仲跻昆、北京伊斯兰经学院副院长铁国玺、上海外国语大学中东研究所名誉所长朱威烈和马金鹏先生的子女、生前所教的学生以及北大阿拉伯语系师生约80人参加了纪念会，缅怀马金鹏先生的业绩，充分肯定了马先生对中国阿拉伯语教学的先驱作用及其所翻译的《伊本·白图泰游记》等译著的地位。

6月20日，中心项目组成员刘少楠在加纳敦夸的当地广播电台接受采访，介绍前往加纳进行实地调研的目的。采访内容在电台午间新闻播出后，在当地引起较大反响。

6月22日，阿拉伯语系举办第二届研究生论坛，以阅读仲跻昆《阿拉伯文学通史》为出发点，重点探讨了北非作家的作品以及其他阿拉伯国家的现当代文学和阿拉伯古代文学。

6月21~22日，李安山应邀参加由新兴市场论坛在科特迪瓦首都阿比让召开的"非洲2013‐新兴市场论坛"并发言，参见 http：//www. emergingmarketsforum. org/downloads/Africa% 20Emerging% 20Markets% 20Forum% 20Program% 200607. pdf。

6月24日，美国驻华使馆政治处负责中东与中国事务的官员龙世民（Mark Rosenshield）先生来访中心，与沙宗平和刘海方就"阿拉伯之春"

与中国—非洲关系等问题交换了意见。

6月24日，李安山应邀参加由德国外交部在柏林联邦外交部大楼召开的"中国、印度与德国在东非的前景展望"小型研讨会并发言，德国外交部国务秘书艾米莉·哈伯（Emily Haber）做主题发言。中国非洲事务特别代表钟建华先生及中国国际问题研究所、华东师范大学、中国传媒大学和《财经》杂志等相关专家出席了会议。参见 http：//china.ahk.de/de/news/single－view/artikel/conference－per-spectives－of－china－india－and－germany－on－east－africa/？cHash=a4c9e3b1dd95a66e8e09c6240df8229c。

6月25日晚，李安山抵达加纳首都阿克拉，前加纳驻华大使、加纳—中国友好协会主席 Kojo Amoo－Gottfried 先生来 JARIA 旅馆与李安山就加中关系交流意见，刘少楠参与讨论。

6月26日，中心博士生龙刚的英文文章"US－Taliban Talks：A Lesson for Kagame and Museveni"发表在非洲网站 PAMBAZHKA，详情参见 http：//pambazuka.org/en/category/features/87995。

6月26日上午，新华社驻阿克拉首席记者邵海军来 JARIA 旅馆与李安山和刘少楠就中加关系交流意见。

6月26日，刘海方应邀参加中国亚非发展交流协会举办的题为"推动中国对非外交全面发展"研讨会。交流协会武东和会长、程涛副会长分别主持会议，与会者来自北京各高校、研究机构和涉非部门。

6月26日下午，李安山和刘少楠访问加纳大学高级国际研究所，与加纳学者进行学术交流，加纳总统办公室高级政策顾问 Sulley Gariba 博士会见学者并就加中关系交流意见。

6月26日晚，中心成员伊美娜（Imen Belhadj，突尼斯博士生）代表非洲研究中心应邀参加马达加斯加驻华大使馆举办的国庆招待会。

6月27~28日，李安山、刘少楠参加在阿克拉 JARIA 旅馆举办的"中国与非洲关系"研讨会，来自尼日利亚、坦桑尼亚、加纳、美国和卡特中心的学者出席会议，李安山在开幕式上做题为"中非关系：过去、现在与未来"的主题讲演。

6月27~28日，博士生张旻参加清华大学主办的第二届世界和平论坛，国家副主席李源潮出席会议并致开幕词，塞拉利昂总统克罗马做关于国际安全趋势的主旨发言，非洲多国驻华大使出席了论坛，讨论由博茨瓦纳驻华大使 Sasara C. George 主持，前副外长吉佩定、尼日利亚国际关系学院院长 Bola A. Akinterinwa 等专家学者先后发言。

6月27日晚，李安山、刘少楠拜访加纳大学历史系主任 Kofi Baku 和挪威科技大学非洲史教授 Per Hernaes，就非洲史研究和中非关系等问题交流意见并共进晚餐。

6月28日晚，Kojo Amoo - Gotfried 大使来访 JARIA 旅馆，就北京大学邀请联合国前秘书长科菲·安南先生参加北京论坛事宜进行协商并为李安山、刘少楠送行。

6月29日，李安山、刘少楠访问位于阿克拉市特马的徐工集团，与徐工集团阿克拉分部的刘永亮等6位同仁交流。

6月30日，李安山应邀接受加纳 Joy News Channel on Multi - TV 电视节目"Tarzan's Take"主持人 Dr. Charles Wereko - Brobby 现场采访，就中非关系和中加关系提出自己的看法，详情参见 http：//www.eyetarzan.org/eyetarzan.php/welcome/page/downloads；下午李安山、刘少楠访问位于阿克拉的北京福星晓程电子科技股份有限公司，与集团分部的负责人段平华和江振全交流。

6月，北京大学国际关系学院本科生杂志《经纬》春季刊发表肖涵今对刘海方老师的专访《刘海方：肯尼亚大选和平中的挑战》。

6月，郑一省和喻艮的《李安山教授访谈录》发表在2013年第2期《八桂侨刊》的"封面学者"栏。

6月，林丰民题为《马哈福兹：书写埃及转型时代》的文章在《半月谈（内部版）》第6期发表。

6月，李安山等著《非洲梦：探索现代化之路》的法语书评"Les Chinois ont besoin de connaitre l'Afrique"在《今日中国》（*La Chine Au Present*）第6期发表。

2013年7月

7月4日，巴西金砖国家政策研究中心助理 Amir Niv 访问中心，向刘海方采访中非关系问题。

7月5日下午，美国杜克大学人类学博士生宫一栋访问中心，与李安山就非洲研究交流意见。

7月5日晚，中国驻尼日利亚大使馆前政务参赞贺萌先生应非洲研究中心和外国语学院亚非系邀请做"非洲啊，非洲"的讲座，来自北大各系的师生和中国社科院、中国传媒大学和媒体百余相关人士出席讲座。

7月8日，应承办方《北京周报》邀请，北大非洲留学生会会长哈尼（Hani Hasan，埃及研究生）和前任会长阿娜莎（Anastasia Ngozi，尼日利亚博士候选人）等4位非洲朋友，中心成员宛如、胡伟晨等代表中心参加在人民大会堂举行的"中国环境与生态农业研讨会"。

7月9日，李安山应邀给正大集团无极书院即将赴非洲三国（南非、马里和坦桑尼亚）的青年学子考察团做题为"国际政治中的中非关系"的讲座，戴志康董事长做总结。

7月10日，龙刚的英文文章《奥巴马在非洲：没有真正问答环节的讲座旅行》（Obama in Africa: A lecture tour without a real Q and A session）发表在638期的非洲网站PAMBAZUKA，参见http://pambazuka.org/en/category/features/88186。

7月12日，陪同尼日利亚总统访问北京的香港中文大学非洲项目负责人马路华（Lawal Marafa）教授访问非洲研究中心，与中心多位成员讨论中国与尼日利亚关系、中非可持续发展问题。

7月13日，李安山应邀参加现代国际关系学院非洲研究所举办的"中国在非洲"小型研讨会，外交部非洲司周平剑副司长、商务部西亚非洲司李小兵副司长与会并致辞，中国外交学会副会长、北大非洲研究中心特邀研究员程涛大使和相关高校与研究机构的代表参会。

7月16~17日，王逸舟和李安山应邀参加在达累斯萨拉姆大学举办的"中国梦、非洲梦：携手实现中非共同梦想"研讨会并发言，坦桑尼亚外交和国际合作部长Bernard Membe先生、联合国前副秘书长Asha-Rose Migiro女士、吕友清大使、外交部非洲司卢沙野司长出席并做主题发言，中国社科院西亚非洲所的杨光所长、浙江师范大学非洲研究院的刘鸿武院长和上海国际问题研究院的张春副研究员也出席了研讨会。

7月17日，中心成员刘少楠从加纳采访归来，与中心多位成员举行小规模的专题调研的经历交流会，来自乐施会（香港）的梅家永先生、李育成先生、博士生黄立志等一起参加谈论。

7月17日，乐施会（香港）驻京代表访问中心，与刘海方、宛如商讨共同赴赞比亚调研事宜。

7月18日，刘海方拜访多个非洲驻华使馆，代表北京大学国际合作部向各国发出参与第十届"国际文化节"的邀请。

7月20日下午，博士生张旻应邀参加北京大学国家发展研究院中国宏观经济研究中心"中国经济观察"第30次季度报告会，国家发展研究院名誉院长林毅夫做"中国经济发展和中非合作"的主题演讲。

7月20~23日，林丰民参加在宁夏银川北方民族大学召开的全国高等教育学会外国文学专业委员会2013年会，受邀做大会发言，题为"阿拉伯现当代文学与社会文化变迁"。

7月23日，李安山应邀给清华大学公共管理学院国际公共管理硕士（IMPA）研讨班做题为"中国—非洲关系与中国发展"的讲座，来自26个国家的30名学员参与交流。

7月24日，北京大学与肯尼亚国立博物馆联合考古队进驻考古发掘地点——肯尼亚马林迪市，考古工作由北京大学考古文博学院教授、非洲研究中心学术委员秦大树率领。

7月27日，李安山、查道炯应邀参加由清华大学公共管理学院和英国发展研究所（IDS）共同举办的"中国与国际发展"项目学术研讨会，张海冰博士主持，谷靖博士介绍了项目主旨。来自现代研究院、外交部、商务部和进出口银行的相关人员出席。

7月30日，查道炯参加在中国农业大学召开的中国国际发展网络联盟预备会议。

7月31日，李安山、周玉渊和宛如参加在昆仑饭店举办的中国国际发展网络联盟（CIDRN）启动仪式暨研讨会，商务部、英国国际发展署、中国国际扶贫中心等机构和大学的相关人士出席，中国农业大学人文与发展学院院长李小云与李安山被推举为中国国际发展网络联盟共同主席。

7月，潘华琼的论文《马里剧变：一波三折，前景堪忧》刊载于张宏明主编、姚桂梅副主编的《非洲发展报告No. 15（2012~2013）：中国与非洲区域经济合作的机遇与路径》（社会科学文献出版社，2013）。

7月，潘华琼的文章《桑戈尔：彰显"非洲个性"的诗人总统》发表在《半月谈内部版》第7期。

2013年8月

8月1日，在哈佛大学任教的尼日利亚教授、北大访学教授拜尔顿·杰伊夫（Biodun Jeyifo）在北京大学外文楼206做题为"后现代主义与非洲研究中的后现代主义"（Postmodernism and/in African studies）的讲座。

8月3日，刘海方访问坦中促进中心（Tanzania – China Promotion Centre），采访执行总裁、坦桑尼亚前驻华大使桑加先生。

8月5日，王涵洁的《非洲音乐靠什么征服世界》（"走近非洲文化"系列报道之四）在《半月谈（内部版）》刊载。

8月5日，刘海方访问莫桑比克—坦桑尼亚外交关系中心（Centre for Foreign Relations，CFR），采访负责学术事务副校长 Dr. Wetengere 和负责计划与管理的副校长 Dr. Achiula。

8月6日，沙宗平博士与北京大学非洲研究中心学术委员、北京大学阿拉伯语系副主任、阿拉伯—伊斯兰文化研究所所长吴冰冰博士应邀前往美国驻华使馆官邸参加开斋节晚宴。

8月6~8日，刘海方赴坦桑农业种植和加工业大省 Morogoro，采访当地民众。

8月9日，刘海方会见中国驻坦桑尼亚使馆政务参赞李旭航、大使秘书赵湘波，讨论在坦桑尼亚调研的情况。

8月10日，潘华琼论文《试论图阿雷格人与马里危机——兼论马里的民族国家建构问题》发表在《西亚非洲》2013年第4期。

8月12日，李安山应邀为卫生部"2013年全球卫生外交培训班"做题为"国际政治背景下的中非关系"的讲座，40余名学员中有11名来自非洲。

8月10~12日，博士后杨廷智在满洲里参加第九届全国青年世界史工作者代表学术研讨会并提交论文《赞比亚传统酋长的现代职能》。

8月12日，刘海方访问达累斯萨拉姆大学孔子学院，与该校学生交流互动。

8月13日，刘海方访问坦桑最有影响力的非政府组织"坦桑青年联盟"（Tanzania Youth Alliance，TAYOA），与执行总裁 Peter Masika 先生讨论中坦关系。

8月15日，刘海方访问坦桑最重要的三大英文传媒之一《卫报》知名记者Mfanga先生，讨论中坦关系。

8月16日，刘海方访问中国驻坦桑使馆经商参处，与二等秘书陈希进先生讨论中国在坦桑经贸合作问题。

8月16～20日，博士后余彬应邀参加在上海市华东政法大学举行的"比较视野下的民族与族群政治研究"学术研讨会并提交论文《国际移民民族认同和国家认同功能重置机制研究》，同时作为评论人参与互动环节。会议由中国社科院民族学与人类学研究所《民族研究》编辑部和华东政法大学政治学研究所联合主办。

8月12～17日，博士生李杉参加由卫生部、北京大学医学部和瑞士日内瓦高等研究院等组织主办的"全球卫生外交培训班"，40多名来自中国和非洲的学员参加了本次培训。

8月16日，李安山的英文文章《里程碑会议规划中非卫生合作的未来》（Milestone Meeting Charts a Shared Future in China – Africa Health Cooperation）在路透社发表，参见http：//www.trust.org/item/20130816121818 – 72q39。

8月17日，博士生龙刚参加在北京国家会议中心举行的"2013中国卫生论坛"和"中非卫生青年领袖圆桌会议"。

8月19日，刘海方访问坦赞铁路中方专家组组长苗忠先生、中坦友谊纺织厂吴斌总经理。

8月20～21日，李安山应邀参加在西郊宾馆举办的北京大学非洲法语国家外交官研修班并做题为"非洲与发展学"和"中非关系的历史、现状与未来"的讲座，与来自12个非洲国家的23名外交官员交流。

8月23日下午，李安山应邀参加在商务部举行的《中国对外援助白皮书》专家意见会。

8月24日，刘海方从坦桑尼亚实地调研回国。

8月29日，《凤凰周刊》记者王衍访问中心，向刘海方采访有关海外志愿者问题；中非基金驻埃塞俄比亚代表李俊先生访问中心，刘海方、宛如会见；中农投坦桑尼亚剑麻农场管善远总经理，第一财经研究院院长助理、研究员陈晓晨访问中心，刘海方、宛如会见。

8月30日，哈佛大学的尼日利亚非洲文学专家、北京大学访问教授拜尔顿·杰伊夫（Biodun Jeyifo）教授结束在北大的讲学回国。

8月,王逸舟的专著《创造性介入:中国之全球角色的生成》由北京大学出版社出版,书中多处以非洲和中非关系为例证。

2013年9月

9月3日,澳门大学经济学院关锋教授及其同事一行4人到访非洲研究中心,与查道炯、刘海方讨论中国与葡语国家论坛成绩与前景问题。

9月3日下午,中心副主任魏丽明教授率北京大学亚非系师生在宋庄非洲小镇参加中心特邀研究员李松山/韩蓉夫妇主办的"斯瓦希里语在中国50年"庆典活动,40多位斯语界对非工作者欢聚一堂,商量筹备成立"斯瓦希里语推广协会"事宜,曾担任中国领导人翻译、在中国教授斯瓦希里语的老一辈坦桑尼亚革命家阿霞老师也应邀与会。

9月5日,北大非洲研究中心特邀研究员、原中国政府非洲事务特别代表、中国亚非学会会长刘贵今大使的专访以《分享合作成果》为题发表在《中国日报》英文版(非洲版)。

9月5日,"走近非洲文化"系列报道之五《非洲人如何纪念祖先》[作者为刚果(金)博士生龙刚]发表在《半月谈(内部版)》第9期。

9月5日,博士候选人龙刚的英文文章"Rwandans Now Weary of Picking up the Pieces of Kagame Leadership"发表在非洲网站PAMBAZUKA第644期,详情参见http://pambazuka.org/en/category/features/88762。

9月9日,德国歌德大学政治学系研究员、德国教育科研部"非洲的亚洲取向"项目参与者Johannes Lejeune访问中心,与李安山就中非关系进行交流。

9月10日,李安山参加中国社会科学院2013年度院级专业技术资格(国际学部)的评审会议。

9月11日,中非基金研究发展部人员来访,就中非经济合作等问题与李安山进行交流。

9月12日,坦桑尼亚达累斯萨拉姆大学校长穆坎达拉访问北京大学。北京大学副校长李岩松会见来宾,并就如何落实两校之间已经签署的合作框架协议交流了意见。北京大学外国语学院语言中心和亚非系聘请的斯瓦希里语老师赵磊及中心成员、亚非系硕士阎鼓润和国际关系学院博士生沈晓雷参加了会见。

9月13日，李安山与中心特邀研究员李松山/韩蓉夫妇参加在北京外国语大学举办的"中非共促民生发展研讨会"并发言，中联部副部长李进军、北外党委书记杨学义和科特迪瓦总统人权与人道主义事务顾问迪亚内等出席开幕式并发表讲话，70余名非洲非政府组织代表出席会议。

9月19日，李安山与刘贵今大使和舒展大使应邀出席由中国驻南非大使馆和南非非洲研究所在南非外交部大楼里共同举办的"庆祝中国—南非建交15周年"研讨会并发言，南非外交部副部长Marius Fransman和中国驻南非大使田学军先生出席并发表讲话，参见http：//www.engineeringnews.co.za/article/sachina‐relations‐a‐basis‐for‐economic‐survival‐2013‐09‐19。会议期间还举办了李安山与南非学者Funeka Yazini April主编的《中非合作论坛：人力资源发展的政治》（*Forum on China‐Africa Cooperation：The Politics of Human Resource Development*）的新书发布会。

9月20日，李安山拜会南非非洲研究所，并与该所负责人Phindile Lukhele‐Olorunju教授、研究主任Thokozani Simelane博士及研究人员Yazini April商谈有关双方合作的问题。

9月23日，清华大学国际关系学院访问教授Horace Campbell和牛津大学地理环境学院讲师Patricia Daley访问中心，与李安山就中非关系进行交流。

9月24日，博士生龙刚应邀参加中央党校国际战略研究所举办的"中非治国理政与发展经验国际研讨会"。

9月26～28日，沙宗平博士应邀参加由北京市民族事务委员会等相关单位举办的"首届回医药学术交流大会"，提交题为《中西交通史视域中的伊本·西那〈医典〉与中医关系浅议——以〈医典〉脉诊与中医脉诊关系为例》的论文并发言，他还被聘为北京市回医药研发基地学术顾问。

9月26日上午，李安山与社会科学文献出版社的编辑部主任高明秀应邀到圭亚那驻华大使馆与著名学者、《欧洲如何使非洲成为欠发达》的作者罗德尼先生的夫人Patricia Rodney博士会面，交流并商谈翻译事宜。

9月27日，英国大使馆负责政务的石峰（Stephen Hill）先生访问中心，就中非关系与李安山交流意见。

9月27日，王逸舟应邀出席由英国驻香港总领馆、岭南大学亚太研究中心和香港科技大学中国跨国关系研究中心在香港举办的"中国崛起：权力 VS. 责任"（China Rising：Power vs. Responsibility）研讨会并做主题发言。

9月30日，李安山应邀出席由韩国产业通商资源部、大韩贸易投资振兴公社和韩国对外经济政策研究院在首尔主办的"2013年新兴市场论坛"并发言，产业通商资源部副部长 Han Jin - Hyun 出席并讲话。

9月，在亚非系已开设的"斯瓦希里语""中级斯瓦希里语"等课程的基础上，北京大学语言中心2013年度秋季学期开设斯瓦希里语课程"斯瓦希里语语法"。

9月，李安山的文章"Les dessous du voyage d'Obama en Afrique"发表在《今日中国》法文版2013年第9期。

9月，博士生沈晓雷与高明秀翻译的《龙的礼物》（Deborah Brautigam, *Dragon's Gift*）台湾版（博黛容著《红色大布局》）由台湾八旗文化/远足文化事业股份有限公司出版。

9月，龙刚的论文《反思非洲殖民主义遗产》刊载于《世界经济与政治》2013年第9期。

9月，余彬的文章《津巴布韦华人朱惠琼生活史研究的一种传记学方法》发表在《八桂侨刊》2013年第3期。

2013年10月

10月5日，魏丽明的文章《非洲最会讲故事的人》发表在《半月谈（内部版）》第10期，这是北大非洲研究中心/半月谈（内部版）"走进非洲文化"系列第六讲。

10月8日，刘海方的文章《大国角力坦桑尼亚》发表在《凤凰周刊》2013年第28期，参见 http：//www.ifengweekly.com/display.php？newsId = 7292。

10月14日上午，经合组织发展援助委员会（OECD - DAC）原发展合作主任 Richard Carey 访问中心，与李安山交流中非合作经验。

10月15日上午，李安山应邀在西郊宾馆给北京大学莫桑比克外交官研讨班做题为"中非关系与发展问题"的讲座，与20余名莫桑比克外交官交流。

10月16日下午，李安山应邀在紫玉宾馆给北京大学非洲法语青年外交官研讨班做题为"中非关系：历史、现状与未来"的讲座，与来自18个国家的33名外交官交流。

10月17日上午，博士生沈晓雷和硕士生田欣应邀参加在北京国际会议中心举行的"2013全球减贫与发展高层论坛"。联合国驻华协调员临时代办白桦宣读了联合国秘书长潘基文的致辞，国务院副总理汪洋与联合国副秘书长、联合国开发计划署副署长丽贝卡·格林斯潘等分别致辞。

10月18日上午，中心的博士候选人龙刚应邀参加由中国国际扶贫中心举办的第16期"发展研究前沿"系列讲座，德国发展研究所、2013年欧洲发展报告核心小组的斯蒂芬·克林格比尔博士做主题为"2015年后：采取全球合作，共创包容且可持续的未来社会"的讲座。

10月21~22日，王逸舟、刘海方和潘华琼在北京国际饭店参加了由浙江师范大学和中国社科院西亚非洲研究所主办的第三届中非智库论坛暨10+10合作伙伴计划启动仪式。王逸舟教授在论坛第一次全体大会上做主旨发言，潘华琼在分论坛"中国的非洲研究与非洲的中国研究：合作与创新"上汇报了关于"中刚矿业合作协议的一些争论"的研究。

10月22~24日，中心副主任赵白生教授应邀参加在津巴布韦首都哈拉雷主办的"中非关系五十年"国际研讨会并做主题发言。本次会议由南部非洲研究与文献中心和中国驻津巴布韦大使馆联合举办。

10月23日，非洲研究中心驻非洲通讯员、贝宁阿波美大学法政学院政治学系副系主任吉尤姆博士访问中心，与李安山交流并共进晚餐。

10月24日下午，国内非洲文学研究奠基者、中国矿业大学英国语言文学系退休教授李永彩先生应魏丽明老师之邀，同亚非语言文学系致力于非洲文学研究的硕士研究生进行了座谈。

10月25日，潘华琼、李安山和李杉参加由中国社科院西亚非洲研究所、世界合作基金会、约翰·霍普金斯大学高等国际研究院和威尔逊中心联合主办的"非洲54个国家和一个联盟：一体化与基础设施国际研讨会"。

10月26日，荷兰社会学研究院副院长、苏丹教授Mohamed Salih做客非洲研究中心系列讲座，报告题目为"从地方视角看气候变化"（Climate Change, From Local Perspective）。

10月26日下午，刘贵今大使受聘北京大学非洲研究中心特约研究员讲座在中关新园科学报告厅举行,讲座题为"中国在联合国发挥的作用和中非关系"。北京大学模联和非洲中国人民友好协会为此次活动的合作单位。讲座反响热烈,与会的中外听众达到200多人。

10月,李安山的文章《奥巴马非洲之行及其对中国的影响》发表在《当代世界》2013年第10期。

10月,李安山的英文文章《金砖国家:动力、弹性与中国的作用》(BRICS: Dynamics, Resilience and The Role of China)刊载于由俄罗斯科学院非洲研究所出版的俄文版《金砖国家与非洲》论文集(莫斯科,2013年)。

2013年11月

11月1~3日,中心成员付志明、吴冰冰、李安山、潘华琼和刘海方老师,博士后杨廷智、博士生沈晓雷、龙刚和张旻及硕士生王唱、宛如、吴孟翰等参加了第十届北京论坛。在"地区合作与冲突:多元文化视角"分论坛上,阿拉伯语系主任付志明教授主持,吴冰冰、李安山和潘华琼分别就"中东战略格局的演变""金砖国家、非洲及中国的作用""摩洛哥移民在西班牙、比利时和法国的问题"做主题报告。来自加纳、尼日利亚、贝宁、刚果(金)等国的非洲学者与会。

11月4日,哈佛大学历史系加纳籍教授Emmanuel Akyeampong访问中心,与李安山和杨廷智就中非关系和双方合作问题交流意见。

11月5日上午,南非国际事务研究所高级研究员、世界经济论坛GAC委员会委员Peter Draper先生应国际政治经济研究中心主任王勇教授之邀在北大国关学院举办题为"多边贸易体制与发展中国家"的讲座。

11月5日,李安山和丁斗教授应邀参加由商务部、国际货币基金组织和商务部研究院在亚洲大酒店举办的"非洲经济前景研讨会",李安山为"撒哈拉以南非洲经济成功模式探讨"专场评论人。

11月5日,非洲研究中心与《半月谈》合作项目"走进非洲文化"系列报道之七《非洲电影之父》(作者为潘华琼博士)刊载在《半月谈(内部版)》第10期。

11月7日,刘海方赴加拿大进行学术访问,调研加拿大援助非洲事务,为期三个月。

11月8日,中国前驻卢旺达大使舒展先生访问中心,与李安山就中国非洲研究和中非关系问题交换意见。

11月8日晚,李安山应邀在中央民族大学世界民族学人类学研究中心做题为"世界历史进程中的非洲与中非关系"的讲座并与师生互动,中心主任包智明教授主持讲座。

11月9日,龙刚接受俄罗斯之声法语台采访,就刚果(金)局势发表意见,详见http://french.ruvr.ru/radio_broadcast/no_program/249566071/。

11月10日上午,李安山应邀参加由中国扶贫基金会举办的"中国国际社会责任丛书终稿评审会会议"。

11月10~12日,卡特中心在亚特兰大总部举行中美关系论坛,刘海方应邀参与"中美在非洲事务合作"议程的讨论,该组发言者还有约翰·霍普金斯大学黛博拉教授、世界银行驻东亚太平洋地区协调员Joyce Msuya女士、中国社科院贺文萍研究员等人。

11月12日,李安山应邀在国家行政学院为国务院侨办举办的非洲侨领研讨班做题为"非洲华侨华人:历史与现实"的讲座,并与来自20余个国家的非洲华侨华人商会领袖交流。

11月12日,应中心副主任赵白生教授之邀,津巴布韦著名女作家Tsitsi Dangarembga来北大演讲,题为"非洲列女传:论潭布三部曲"(Life Stories of African Women: On the Tambu Trilogy)。

11月13日,博士生龙刚的英文文章《刚果民主共和国击败叛军的战略转折》(Spectacular Turn of Events as DRC Forces Crush Foreign-Backed M23 Rebels)发表在PAMBAZUKA网站,参见http://pambazuka.org/en/category/features/89562。

11月15日,付志明、李安山代表非洲研究中心参加在南开大学召开的"国别和区域研究培育基地第二次工作会议",并就2013年工作做汇报发言。

11月17~19日,许亮和刘海方参加耶鲁大学社会研究理事会召开的"中非关系"研讨会,应邀与会的有来自全球各个大陆50多位的非洲研究或者中国研究学者。与会的中国学者还有中国社会科学院贺文萍、上海社科院薛磊、暨南大学张震江等人。

11月18日下午,李安山应邀参加在北京大学国家发展研究院致福轩召开的"非洲经济发展与中国的作用"（Economic Development and China's Role in Africa）小型研讨会，林毅夫教授、埃塞政府顾问 Helen Hai、牛津大学教授 Paul Collier 和英国国际发展部经济学家 Stefan Decron 发表演讲。

11月21~24日，李安山应邀参加在巴西萨尔瓦多市萨乌皮海岸酒店举办的"联合国教科文组织《非洲通史》第九卷国际科学委员会会议"，并被选为联合国教科文组织《非洲通史》第九卷国际科学委员会副主席，详见 http：//www.sis.pku.edu.cn/cn/News/0000000558/do。

11月29日上午，李安山应邀为非洲酋长代表团做题为"中非关系与中国对非政策"的讲座，与来自博茨瓦纳、赞比亚和马拉维的酋长及坦桑尼亚妇女代表共13人交流。

11月，《中国非洲研究评论（2012）》（李安山主编、刘海方副主编）由社会科学文献出版社出版。

11月，卫琛（硕士研究生）的《非洲人口的"马尔萨斯陷阱"与国际援助下的计划生育运动》发表在《中国卫生政策研究》第6卷第11期。

2013年12月

12月4日，美国雪城大学教授、清华大学访问教授 Horace Campbell 访问中心，与李安山交流对非洲局势的看法。

12月4日，北京大学外国语学院亚非系"猴面包树非洲剧团"参加北大剧星风采大赛，剧目《仪式之舞》（索因卡原著）获亚军，晋级复赛，王上获最佳女主角，阎鼓润获最佳原创编剧。

12月5日，李安山参加开罗大学孔子学院2013年度理事会，埃方与会者为开罗大学文学院侯赛因院长和孔子学院李哈布院长，中方与会者还有北大副校长李岩松和国际合作部副部长康涛；清华大学公共管理学院张严冰博士访问中心，与李安山就中国对外援助问题交流意见。

12月5日，博士生沈晓雷应邀作为观察员参加由商务部原副部长龙永图先生主持的贵州卫视的《论道》节目，此次节目的主题为"投资非洲"，本期嘉宾为中国前外交官联谊会副会长兼秘书长董津义大使、中非圆桌会议秘书长蒋正云大使，中心特邀研究员、社科院西亚非洲所杨立华研究员和《财经国家周刊》卞卓丹副总编一起作为观察员参与。

12月5日，名古屋大学国际开发研究科山田肖子博士和特任助教刘靖访问中心，与李安山就非洲研究交流。

12月6日，埃及前教育部部长艾哈迈德·宰基·巴德尔博士率领埃及民间访华团访问北大，在国际关系学院举行题为"埃及目前局势与近期前景"的形势报告会。报告会由北大国关学院中东研究中心与埃及驻华大使馆主办、北大外国语学院阿拉伯语系和北大非洲研究中心协办，中东研究中心主任王锁劳博士主持了报告会，付志明、林丰民和李安山等与会。

12月6日，为了悼念南非前总统曼德拉先生，北京大学非洲研究中心发表纪念特刊并公布了曼德拉总统1999年访问北京大学所做的演讲词（已由北京大学网站转载，详情见 http://pkunews.pku.edu.cn/xwzh/2013 - 12/07/content_ 280295.htm）；博士生龙刚应邀参加中央电视台悼念曼德拉的晚间节目并接受现场采访，详情见 http://english.cntv.cn/program/china24/20131207/100527.shtml。

12月6日，北京大学非洲研究中心博士生龙刚应邀参加中央党校国际战略研究所举办的"非洲发展与中非关系"小型研讨会并做发言。

12月7~8日，非洲研究中心副主任赵白生教授与非洲（津巴布韦）著名作家 Tsitsi Dangarembga 接受中央电视台英语频道《对话》节目主持人杨锐就"非洲聚焦转型"主题的专访，详见 http://english.cntv.cn/program/dialogue/20131208/100816.shtml。

12月8~10日，北大非洲研究中心驻北美代表、哈佛大学非洲史博士生许亮参加由世界银行、非洲发展银行、联合国大学发展经济学世界研究所和北京大学国家发展研究院共同主办的"非洲和经济学"学术研讨会，并在会议上发表题为"The Three Phases/Faces of China in Independent Africa: Reconceptualizing China - Africa Engagement"的论文。

12月9~10日，非洲研究中心成员潘华琼、李安山等先后赴南非驻华大使馆参加曼德拉先生的悼念活动。

12月10日，李安山应邀参加中国社科院西亚非洲所《西亚非洲》杂志的2014年主题策划会；南非罗兹大学国际政治研究主任 Paul - Henri Bischoff 教授及其代表团和暨南大学国际关系学院/华侨华人研究院博士后研究员黄石秀（Tu Huynh）博士、赵思洋博士等访问中心。

12月11日，美国西北大学政治学系 Richard Joseph 教授访问中心，与李安山和查道炯就非洲问题交流。

12月12日下午,中心成员潘华琼、杨廷智、龙刚参加了南非驻华大使馆在中国大饭店为已故前总统纳尔逊·曼德拉举行的追悼会,并向南非驻华大使兰加转交了北大非洲研究中心的唁电。

12月16日,王逸舟、中心特邀研究员杨立华和李安山应邀参加由中国扶贫基金会举办的"中国扶贫民间论坛",王逸舟主持有关"中国国际责任与对外援助"的讨论。

12月16日晚,李安山会长主持在北大国关学院召开的中国非洲史研究会理事会会议,出席会议的有来自全国9个高等院校和相关科研单位、媒体的代表。

12月18日,新华社资深编辑蔺安稳先生和生力军女士访问中心,与李安山就非洲新闻媒体研究交流意见。

12月20日,非洲研究中心与北大国关学院金九论坛合作举办讲座"曼德拉的历史贡献"(李安山主讲)和"反击恐怖的全球之战"(Global War on Terro,雪城大学教授、清华大学访问教授 Harace Campbell 主讲)。

12月21日,李安山应邀参加中国社会科学院世界史所召开的有关中国世界史英文杂志的发行工作会议,来自国内多所大学的专家学者与会,会议由世界史所所长张顺洪博士主持。

12月18~20日,付志明教授与其他中国学者应邀参加在阿尔及利亚首都阿尔及尔举行的"翻译及相关领域:当今阿拉伯语的地位"国际学术研讨会,会议受联合国教科文组织和阿拉伯国家联盟委托,由阿尔及利亚阿拉伯世界高级翻译学院和穆夫迪·扎其利亚文化宫联合主办,来自中国、美国、英国、法国及阿拉伯国家学者100余人参加了研讨。

12月26日晚,潘华琼博士应邀参加由北京交通大学国际教育交流中心举办的题为"黑暗中的光明与东方红——纪念曼德拉与毛泽东"的中外师生论坛。

12月27日下午,王逸舟、潘华琼、李安山出席由外交部非洲司在华风宾馆举办的"中非联合研究交流计划扩大会议",非洲司卢沙野司长主持会议并做重要讲话,来自全国相关研究机构的代表出席会议并发言。

12月27日晚,北大非洲研究中心、北大—开罗留学生联谊会和北大非洲留学生联谊会联合举办新春晚会,约100位非洲和中国嘉宾出席,外交部离休干部汪勤梅先生为获得"汪勤梅非洲研究奖学金"的丁雨(考古系)、沈晓雷（国关系）、田欣（国关系）、王上（亚非系）和宛如（国关系）同学颁奖。晚会由宛如和麦雅琪（Passant）主持。北大非洲留学生联谊会会长哈尼（Hany）及李安山教授和林丰民教授代表三个单位在晚会上致辞。

12月29日，李安山的《非洲——世界经济增长的新亮点》（年终专稿）发表在《光明日报》的"国际新闻"栏。

12月30日，李杉代表非洲留学应邀参加2014年北京大学外国留学生及专家新年联欢会并与北大校长王恩哥先生握手，详见 http：//www.isd.pku.edu.cn/index.php? m = content and c = index and a = show and catid = 8 and id = 802。

12月，王逸舟、李安山和刘海方分别承担的"中非联合研究交流计划"的三个课题分别获得优良等次，受到外交部非洲司的好评。

12月，李杉（摩洛哥博士生）和伊美娜（突尼斯博士后）的《摩洛哥撒哈拉问题地缘政治分析》、沈晓雷（博士生）的《中国对非宣传与国家形象塑造》和李安山的《金砖国家、非洲与中国》发表于翟凤杰、王玉华、潘良主编《非洲的一体化背景下的中非合作》（世界知识出版社，2013年）。

12月，李安山的英文文章"Obama's African Tour and Its Impact on China"（奥巴马的非洲之行及其对中国的影响）发表在 Contemporary World（《当代世界》，半年刊）2013年第2期。

12月，李安山的英文文章"BRICS, Africa and China's Role"（金砖国家、非洲与中国的作用）发表在王缉思、周明伟主编 China International Strategy Review (2013)（《中国国际战略评论（2013）》，外文出版社有限责任公司，2013年）。

图书在版编目(CIP)数据

中国非洲研究评论.2013/李安山主编.—北京:社会科学文献出版社,2014.9
 ISBN 978-7-5097-6106-9

Ⅰ.①中… Ⅱ.①李… Ⅲ.①非洲-研究-2013-文集 Ⅳ.①D74-53

中国版本图书馆 CIP 数据核字(2014)第 123842 号

中国非洲研究评论(2013)

主　　编 / 李安山
执行主编 / 林丰民

出 版 人 / 谢寿光
项目统筹 / 高明秀
责任编辑 / 张金勇

出　　版 / 社会科学文献出版社·全球与地区问题出版中心(010)59367004
　　　　　　地址:北京市北三环中路甲29号院华龙大厦　邮编:100029
　　　　　　网址:www.ssap.com.cn
发　　行 / 市场营销中心 (010)59367081　59367090
　　　　　　读者服务中心 (010)59367028
印　　装 / 三河市尚艺印装有限公司
规　　格 / 开　本:787mm×1092mm　1/16
　　　　　　印　张:27.5　字　数:440千字
版　　次 / 2014年9月第1版　2014年9月第1次印刷
书　　号 / ISBN 978-7-5097-6106-9
定　　价 / 89.00元

本书如有破损、缺页、装订错误,请与本社读者服务中心联系更换

版权所有 翻印必究